DER TRAUM DES KÖNIGS

DIE SCHÄTZE DES GRÜNEN GEWÖLBES

HERZLICHER DANK

FREUNDE DES GRÜNEN GEWÖLBES E.V.

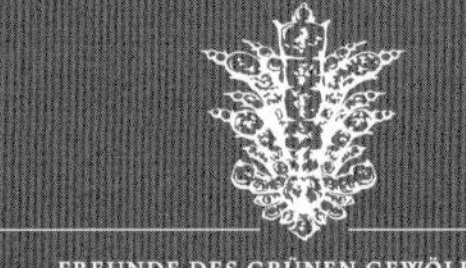

FREUNDE DES GRÜNEN GEWÖLBES E.V.

DER TRAUM DES KÖNIGS

DIE SCHÄTZE DES GRÜNEN GEWÖLBES

STAATLICHE KUNSTSAMMLUNGEN DRESDEN
DIRK SYNDRAM

SANDSTEIN VERLAG

VORWORT

Das vorliegende Buch vermittelt Geschichte und Gegenwart des Grünen Gewölbes in vollendeter Dichte und Anschaulichkeit. Es ist aktuell, denn es resümiert die komplette Forschung, und es bildet die Räume und Werke en détail in ausgezeichneter Qualität ab. Es lässt sich wunderbar lesen und führt tief in die Zusammenhänge von Geschichte, Kunst und Gesellschaft, Materialgeschichte und Natur ein. Nur dem wirklich Gelehrten ist es möglich, einen historischen Abriss von solch scheinbarer Leichtigkeit zu entwerfen. Das Buch kondensiert das über drei Jahrzehnte aufgebaute Wissen Dirk Syndrams.

Im Rückblick bleibt festzuhalten, welch großes Glück es war, dass er meinen Vorgänger Werner Schmidt in den 1990er Jahren von seinem Konzept für das Historische und das Neue Grüne Gewölbe überzeugen konnte. Es ist beeindruckend, wie Dirk Syndram damals schon die komplette Gestaltung des Residenzschlosses als Vision entworfen und als Gesamtheit visualisiert hatte. Bis heute wird die zugrundeliegende präzise Choreografie Stück für Stück umgesetzt. Von Beginn an gehörten dabei die Erforschung der Quellen, die glücklicherweise in großer Dichte überliefert sind und vor Kriegsverlust bewahrt werden konnten, die Durchführung wissenschaftlicher Kongresse sowie Restaurierungen, Rekonstruktionen und die weitgehenden baulichen Maßnahmen, die in engstem Austausch mit dem SIB (Staatsbetrieb Sächsisches Immobilien- und Baumanagement) umgesetzt wurden, zu den wichtigen Schritten im Arbeitsprozess. Die plangemäßen Eröffnungen des Grünen Gewölbes im Jahr 2004 und des als Gesamtkunstwerk nach historischem Vorbild inszenierten Historischen Grünen Gewölbes zwei Jahre später führten zu einem beispiellosen internationalen Erfolg.

Galt das Grüne Gewölbe schon in der Zeit Augusts des Starken als museologisch avanciertes Modell, das ein breites Publikum anlockte, so scheinen es heutzutage folgende Ansätze zu sein, die zur starken Rezeption beitragen: einerseits das offengelegte und reflektierte Spannungsverhältnis zwischen (re)konstruierter Räumlichkeit als Kulisse und der Authentizität der originalen Werke, andererseits der von Dirk Syndram eingeführte Begriff der »Schatzkunst«, der große Resonanz in der Forschung hatte, sowie auch die Analyse der Werke unter material-ästhetischen und politisch-ikonografischen Gesichtspunkten. Außerdem darf die Diskussion über den »Wert« der Kunst und dessen Wandelbarkeit nicht vergessen werden. Letztendlich ist es auch Dirk Syndrams unübertroffene Gabe zur anschaulichen, pointierten und humorvollen Vermittlung, die eine differenzierte Einbettung der sächsischen Geschichte in internationale Zusammenhänge gefördert hat.

Ich wünsche diesem Buch viele Leserinnen und Leser!

Prof. Dr. Marion Ackermann
Generaldirektorin der Staatlichen Kunstsammlungen Dresden

GELEITWORT

Der Verein »Freunde des Grünen Gewölbes e.V.« hat mit Freude Nachricht von der Ver-
öffentlichung dieses Buches durch den langjährigen Direktor der einzigartigen Sammlung
der Wettiner erhalten und sich sogleich zu einer Finanzierung dieser Idee bereit erklärt.
Unser Dank gilt Prof. Dr. Dirk Syndram für die wunderbare und sehr gezielte Arbeit am
Wiederaufbau der Räumlichkeiten im Dresdner Residenzschloss, die während des verheerenden Bombardements der sächsischen Metropole in den letzten Kriegstagen fast
völlig zerstört wurden. Wir können uns heute glücklich schätzen, dass sämtliche Museen
der staatlichen Sammlungen vorausschauend geschlossen wurden, um die unvergleichlichen Kunstschätze vor der drohenden Gefahr in Sicherheit zu bringen. Diese wurden
nach Beendigung des Krieges von der Roten Armee geborgen und als Kriegsbeute in die
Sowjetunion gebracht. Im Jahr 1958 beschloss die Regierung der UdSSR, den Dresdnern
die ehemaligen kurfürstlichen bzw. königlichen Sammlungen zurück zu geben. Über zwei
Jahre wurden die wertvollen Objekte verpackt und verladen, um sie nach Dresden zurück
zu transportieren.

Nach dem Fall der Mauer im Jahr 1989 war es das einvernehmliche Ziel, die Schlossruine
möglichst originalgetreu wiederaufzubauen. Diese Aufgabe wurde seit 2002 für die museale
Nutzung von Prof. Dr. Dirk Syndram geleitet. Ihm ist es zu verdanken, dass die Sammlungen des Grünen Gewölbes einerseits in den historischen Räumen und andererseits – darunter einige herausragende Meisterstücke – in dem »modernen« Teil im ersten Stock des
Schlosses aufgestellt wurden. So haben wir heute das Historische und das Neue Grüne
Gewölbe als einzigartige Zeugnisse der Sammelleidenschaft der sächsischen Kurfürsten.

Wie kaum ein anderer hat sich Prof. Dr. Dirk Syndram in die historischen Vorlagen ein-
gearbeitet, sich in die damalige Zeit versetzt, um den Originalräumen den alten Glanz,
durch neue Technik erweitert und gesichert, zurückzugeben. Über viele Jahre konnten
wir als Verein diese visionäre Aufgabe mit unseren Spenden und dem Erwerb wertvoller
Unikate zur Bereicherung der Sammlung begleiten. Wir freuen uns besonders, dass Prof.
Dr. Dirk Syndram zur Vollendung seiner Amtszeit als Direktor des Grünen Gewölbes
diesen vielfältigen Band zusammengestellt, mit beeindruckendem Bildmaterial versehen
und mit persönlichen Erfahrungen untermalt hat. Wir danken herzlich für diese besondere
Gabe an die Freunde und Bewunderer der sächsischen Kultur und wünschen unserem
Direktor viel Glück, Erfolg und die verdiente Ruhe!

Den Lesern wünschen wir schöne Stunden bei der Lektüre dieses wertvollen Buches!

Alexander Markgraf von Meißen Herzog zu Sachsen
Präsident der Freunde des Grünen Gewölbes e.V.

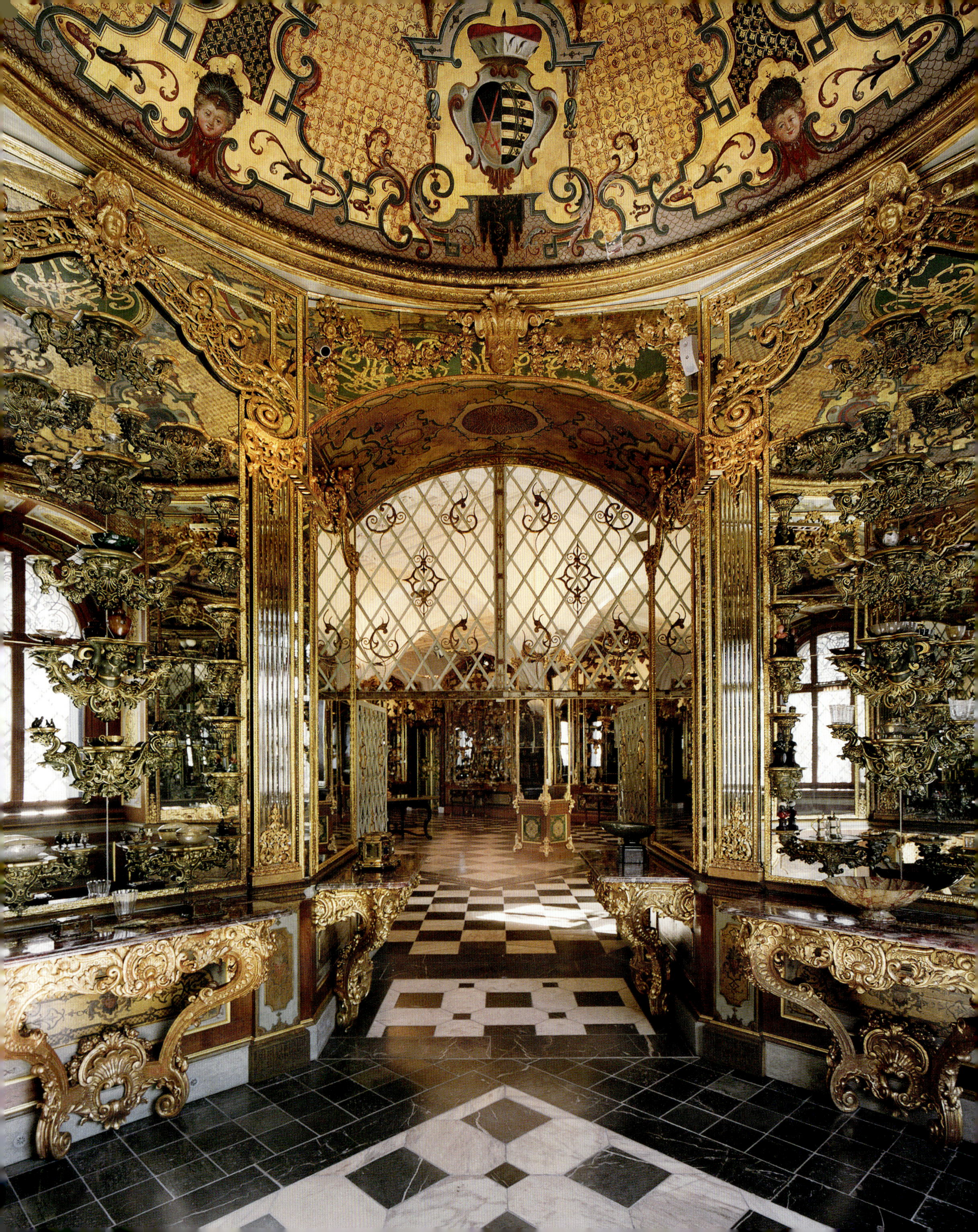

Dirk Syndram

DER TRAUM DES KÖNIGS

DAS GRÜNE GEWÖLBE ZU DRESDEN

Der Rat ist gut und klingt durchaus modern: »In Dresden hat man vor allen Dingen dahin zu trachten, daß man das sogenante grüne Gewölbe oder die Schatz-Cammer zu sehen bekomme.«[1] Johann Georg Keyßler war einer der ersten, die im Oktober 1730 das neu als Schatzkammermuseum eingerichtete Grüne Gewölbe besichtigen konnten. In seiner als Briefsammlung konzipierten Reisebeschreibung der Sehenswürdigkeiten Mitteleuropas, einem vielgelesenen Baedeker des 18. Jahrhunderts, zeigte er sich vom damaligen Grünen Gewölbe fasziniert. Zugleich aber irritierte ihn dessen Name. Auch heute fragen sich die Besucher dieses einzigartigen Museums, woher der seltsame Name stammt.

Woher kommt der Name?

Die Bezeichnung »Grünes Gewölbe« ist erstmals für das Jahr 1572 belegt. Damals hatte Kurfürst August zahlreiche Apfelbaumzweige (Edelreiser) als Geschenk erhalten, die er im Bereich des Zwingers, also auf der großen Freifläche zwischen der Westfassade des Schlosses und dem Festungswall, auf bereits eingepflanzte Wildstämme setzte (pfropfte). »Diese gemeltte reiser seint zu Dresden in gartten nicht weit vom grünen gewelbe durch meines gnädigsten hern eigener person anno 72 gepfropffet worden.«[2] Die Raumfolge im Erdgeschoss des als Wohn- und Regierungsflügel des sächsischen Kurfürsten und seiner Familie dienenden Westflügels im Dresdner Schloss war infolge der Vergrößerung des Herzogssitzes zur Residenz zwischen 1549 und 1552 entstanden. 1548 war Herzog Moritz von Kaiser Karl V. zum Kurfürsten erhoben worden – anstelle seines der Reichsacht verfallenen Vetters zweiten Grades, Johann Friedrich von Sachsen, aus der älteren Linie der Ernestiner. Als Kurfürst von Sachsen gehörten Moritz und – nachdem er 1553 in einer Schlacht tödlich verwundet worden war – sein Bruder August sowie dessen Erben zu den ranghöchsten Fürsten des Heiligen Römischen Reiches deutscher Nation. Die Kurfürsten wirkten in einem sieben Köpfe umfassenden Kollegium an der Regierung des Reiches mit, berieten den Kaiser und wählten nach dessen Tod einen Nachfolger zum römisch-deutschen König. Sachsen war sehr reich an Bodenschätzen, insbesondere Silber, und damals schon hoch industrialisiert. Auch deshalb zählten die albertinischen Wettiner zu den einflussreichsten und mächtigsten Fürsten Europas. Für die neue Kurfürstenwürde benötigten sie aber ein repräsentatives Schloss, das ihrem höfischen Status entsprach. Unter diesem Gesichtspunkt wurden das alte Herzogsschloss erheblich erweitert und der Westflügel des Schlosses erbaut.

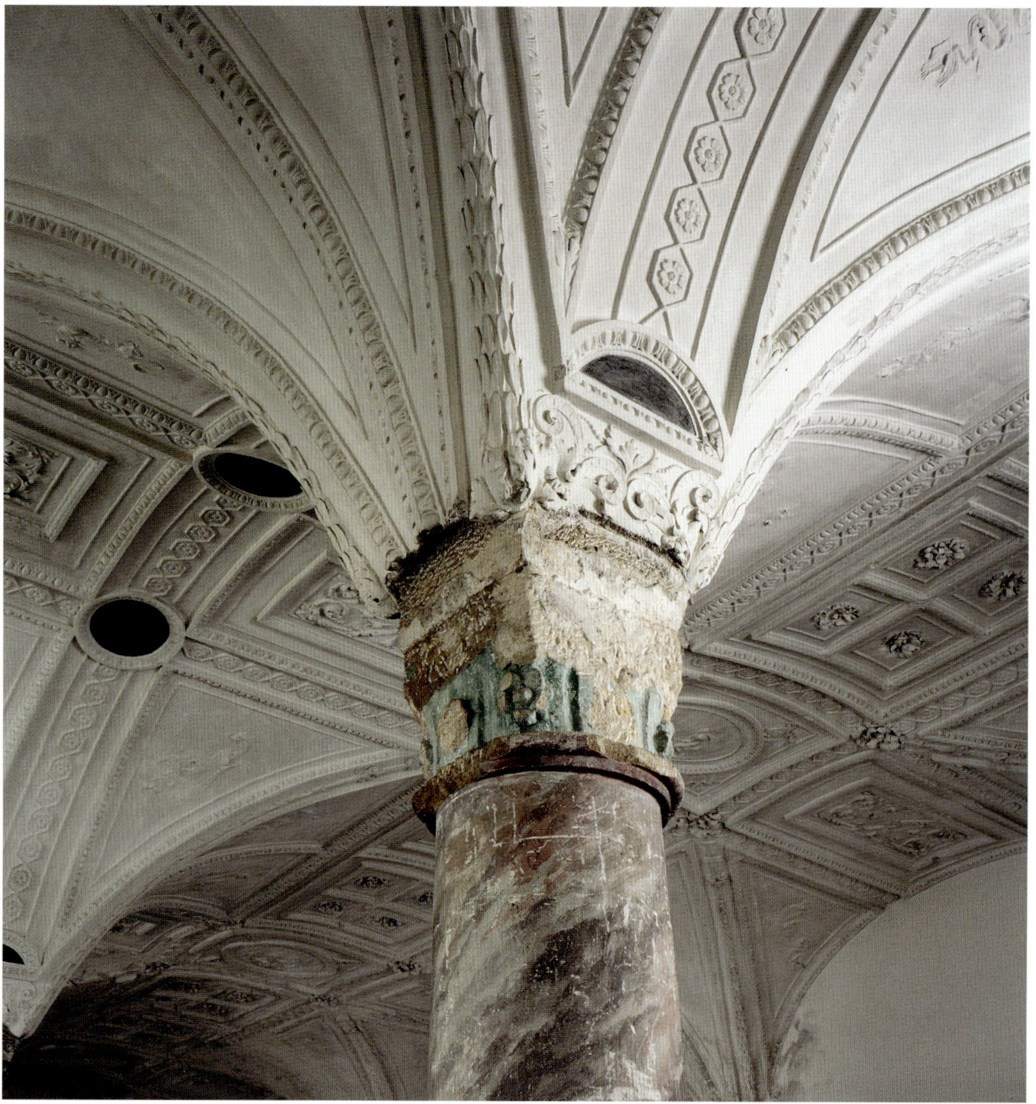

Zunächst grenzte dieser Schlossflügel unmittelbar an die Verteidigungsbastion der schon seit 1546 im Bau befindlichen Befestigung der Stadt Dresden. Zwischen 1569 und 1574 ließ Kurfürst August allerdings die Verteidigungsanlage etwa 100 Meter nach Nordwesten verschieben, um dadurch seinen Schlossbezirk zu erweitern und mehr Fläche für die Annehmlichkeiten des höfischen Lebens zu erhalten. Dieser zwischen den Bastionen Sol und Luna sowie dem Westflügel des Schlosses gelegene Freiraum wurde, wie es üblich war, als »Zwinger« bezeichnet. Die 1572 vom Kurfürsten vor dem Grünen Gewölbe persönlich veredelten Obstbäumchen gehörten somit zum neu angelegten Schlossgarten. Und auch die Raumfolge mit dem großen Saal im nördlichen Teil des Erdgeschosses, die damals schon Grünes Gewölbe genannt wurde, hatte etwas mit dem Garten zu tun. Dieser Abschnitt war bereits bei der Errichtung dieses Schlossflügels als festlicher Bereich vorgesehen, doch mit der Erweiterung des Zwingers wurde aus dem Bankettsaal, an dem sich im Erdgeschoss nach Süden hin Bereiche der Küche anschlossen, auch ein Gartensaal. Es war ein in sich geschlossener Raumbereich, bestehend aus dem Festsaal mit seiner prächtigen Stuckdecke und zwei gleichgroßen Räumen, der eine mit Zugang zum Zwinger, der andere mit Zugang zum Großen Schlosshof. Von dem Saal nur durch ein heute noch vorhandenes Gitter getrennt, gab es ferner unter dem Nordwestturm des Schlosses noch ein kleines Kabinett. Nach Fertigstellung des Schlossrohbaus 1553 hatte Antonio Brocco aus Campione am Lago di Lugano mit seinen Mitarbeitern den Festsaal mit einer figurenreich-antikisierenden Stuckdecke nach modernstem italienischem Geschmack ausgestattet. Zudem wurden die Kapitelle und Basen der im Saal stehenden und auf die Wand aufgemalten Säulen mit kupfergrüner Farbe bemalt (Abb. 2). Beides zusammen gab der Raumfolge ihren heute noch seltsam klingenden, die Phantasie anregenden Namen: das Grüne Gewölbe. Als man nach dem Zweiten Weltkrieg die prunkvolle Innenarchitektur des augusteischen Barock aus konservatorischen Gründen ausbauen musste, wurden im Hauptraum des Grünen Gewölbes Reste der grünen Farbe des 16. Jahrhunderts wieder sichtbar.

Die »neue schatz cammer« und die Kunstkammer

1586, nach dem Tod Kurfürst Augusts, ließ dessen Sohn und Nachfolger Christian I. die Schätze und Kunstwerke, die in den letzten drei Jahrzehnten von seinem Vater erworben worden waren, neu ordnen. Eine »neue schatz cammer« war nötig geworden, und Christian I. entschloss sich, den von meterdicken Wänden und durch Fenstergitter und Eisentüren gut zu sichernden Bankettsaal im Grünen Gewölbe für die Öffentlichkeit zu sperren und zur kurfürstlichen »Geheimen Verwahrung«, zum sächsischen Staatstresor, umzuwidmen. Es war wohl Ende 1586 oder Anfang 1587, als in dem großen Saal sechs voluminöse Schränke aufgestellt wurden, die einem schnell verfassten Inventar zufolge 1 144 Kostbarkeiten aufnahmen. Aufgeführt werden Objekte der Schatzkunst und

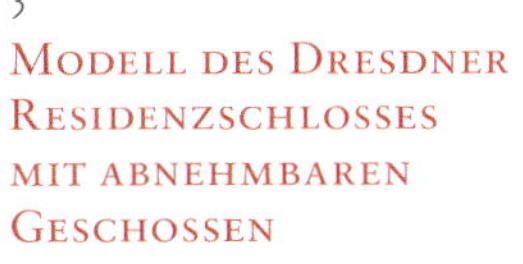

MODELL DES DRESDNER RESIDENZSCHLOSSES MIT ABNEHMBAREN GESCHOSSEN
Blick in die Räume der kurfürstlich-sächsischen Kunstkammer im dritten Geschoss des Westflügels, Paul Buchner, kurz vor 1590 (zerstört)

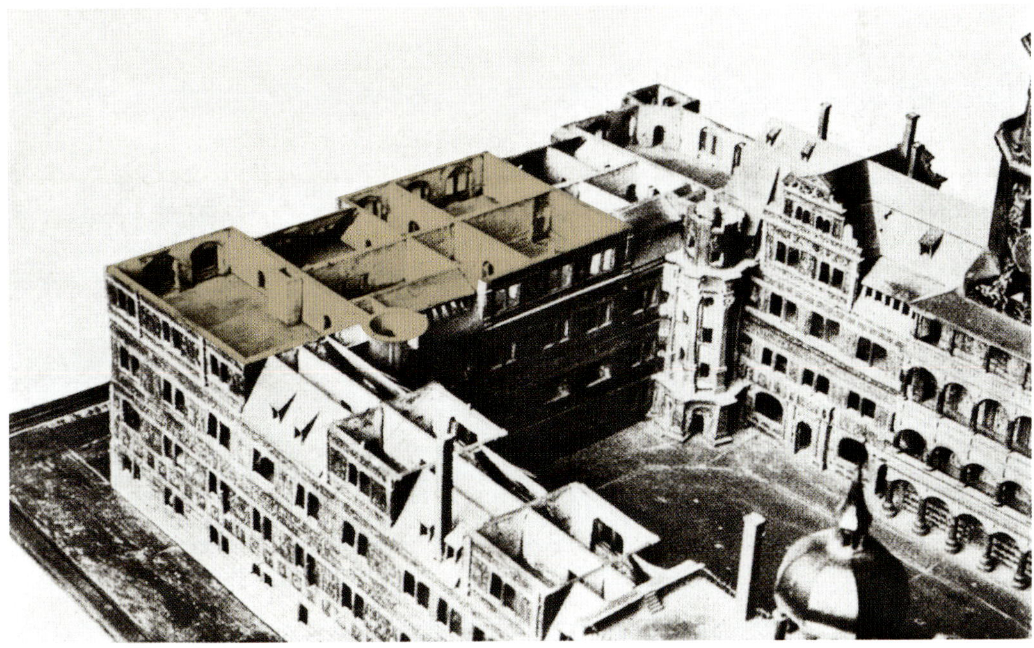

Meisterwerke aus vergoldetem Silber, aber auch Silbererzstufen und damit seltene Hervorbringungen der Natur. In die neue Schatzkammer gelangte aber auch gemünztes sowie ungemünztes Silber und Gold. Bis ins 18. Jahrhundert nutzten die Kurfürsten ihre »Geheime Verwahrung« im Grünen Gewölbe zudem, um Akten, Urkunden und geheimzuhaltende Schriftstücke sicher zu verwahren. Die Schlüssel für das »Hintere Grüne Gewölbe«, den ehemaligen Fest- und Gartensaal des Kurfürsten August, verwahrte über Generationen jeder Kurfürst höchstpersönlich. Der Herrscher Sachsens konnte auch unbemerkt in seinen Staatstresor gelangen, denn eine enge Wendeltreppe führte von seinem darüberliegenden Wohnbereich direkt in den westlichen Raum vor dem Festsaal.

Obwohl im Grünen Gewölbe etliche Objekte der Schatzkunst aufbewahrt wurden, befand sich die eigentliche Kunstsammlung der Renaissance und des Frühbarock in sieben Zimmern der Kunstkammer direkt unterm Dach des gleichen Schlossflügels (Abb. 3). Um die Mitte des 16. Jahrhunderts begannen immer mehr Fürsten, Sammlungen nach ihren persönlichen Vorlieben und finanziellen Möglichkeiten anzulegen, die ihre sich verändernde Welt abbildeten und in denen sie Meisterwerke der menschlichen Kunstfertigkeit, seltsame Hervorbringungen der von Gott geschaffenen Natur und Seltenheiten aus fernen Ländern nebeneinander versammelten. Die im Dachgeschoss des Dresdner Schlosses eingerichtete Kunstkammer war eine der frühesten ihrer Art in Mitteleuropa.

Der Dresdner Kunstkämmerer Tobias Beutel glaubte im späten 17. Jahrhundert, mit dem Jahr 1560 ein Gründungsjahr für die Sammlung gefunden zu haben, doch gibt es keinerlei Hinweise, dass eine formelle Gründung damals stattgefunden hat. Vielmehr begann Kurfürst August bereits kurz nach seiner Herrschaftsübernahme, zielstrebig eine Sammlung ebenso innovativer wie kunstvoller, immer aber auch gebrauchsfähiger Handwerkszeuge anzulegen. Er erwarb zudem in großen Mengen anspruchsvolle Mess- und Zeichengeräte für die Landeserfassung, astronomische Instrumente, komplexe Uhren sowie Automaten. Zudem fertigte er mit seinen Hofdrechslern Elfenbeindrechseleien an. Im Jahr 1572 wurde diese immer stärker und schneller anwachsende, sich aber auch auf die verschiedenen neuerrichteten Schlösser im Land verteilende kurfürstliche Sammlung in der sächsischen Hofordnung institutionalisiert. Mit David Uslaub wurde ein erster Kunstkämmerer zu ihrer Betreuung eingesetzt. Das von ihm nach dem Tod des Sammlungsgründers 1587 geschaffene erste Inventar der Dresdner Kunstkammer verzeichnet fast 10 000 Gegenstände, die man heute großteils nicht der Kunst zuordnen würde, die aber nach dem damaligen Verständnis durchaus die menschliche Kunstfertigkeit erfahrbar werden ließen (Abb. 4). Gemälde und Skulpturen berühmter Meister, aber auch meisterliche Werke der Goldschmiede und Kostbarkeiten der Schatzkunst fanden sich nur vereinzelt in ihrem Anfangsbestand. Für Kurfürst August war seine Kunstkammer im Residenzschloss mehr ein aktiv genutztes Laboratorium menschlicher Kunstfertigkeit, denn eine kontemplative Studierstube. Die umfangreiche Sammlung kreativer Werkzeuge diente ihm auch der tätigen Erholung. Erst sein Sohn Christian I. ließ in seiner kaum fünfjährigen Herrschaft aus dem vorhandenen Bestand und zahlreichen kostbaren Zukäufen eine Schausammlung einrichten, die der Beeindruckung und Bewunderung von Besuchern dienen sollte. Die folgenden Fürstengenerationen setzten dies fort und prägten dabei das Erscheinungsbild ihrer ererbten Kunstkammer nach eigenen Vorlieben. Auf diese Weise wurde die Dresdner Kunstkammer im Verlauf des 17. Jahrhunderts zu einem touristischen Anziehungspunkt, nicht zuletzt, weil Kurfürst Johann Georg I. dann auch Werke der Schatzkunst aus dem verschlossenen Grünen Gewölbe in das Schatzkabinett unter dem Schlossdach bringen ließ.

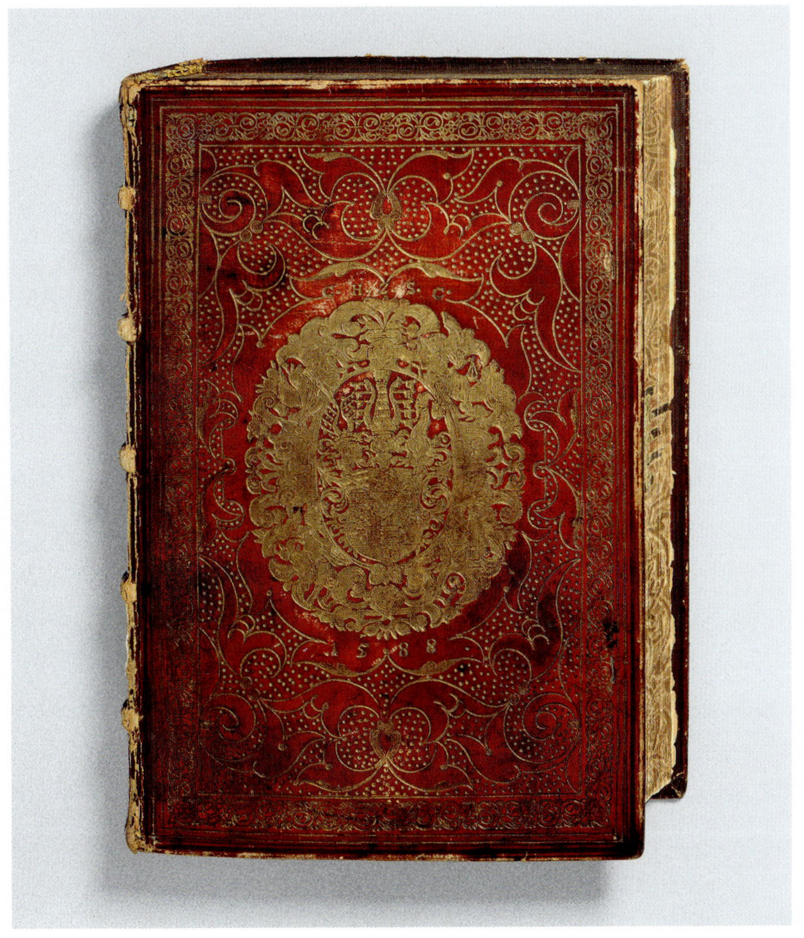

August der Starke: Kunst macht Politik

Als der 24-jährige Herzog Friedrich August – erst lange nach seinem Tod »August der Starke« genannt – im Herbst 1694 seinem plötzlich verstorbenen älteren Bruder Johann Georg IV. als regierender Kurfürst von Sachsen nachfolgte, nahm er die wettinische Familientradition des Sammelns mit großer Lust wieder auf. Während des unruhigen und kriegserfüllten 17. Jahrhunderts war der Bestand der Dresdner Kunstkammer wie auch der der Schatzkammer im Grünen Gewölbe stetig angewachsen. Es konnte aber niemand ahnen, dass der junge Kurfürst zu einem der bedeutendsten Kunstsammler des 18. Jahrhunderts werden und seine Residenzstadt Dresden unter den großen Kunstmetropolen Europas etablieren sollte. Über vier Jahrzehnte trug August der Starke durch den Erwerb zahlreicher Kunstwerke – Gemälde, Skulpturen, Porzellane, Kupferstiche und Zeichnungen, insbesondere aber Juwelen und Meisterwerke der Schatzkunst – zum Anwachsen der Dresdner Kunstsammlung bei. Diese Lust am Sammeln wurde bei ihm noch durch das Repräsentationsbedürfnis eines Königs befördert, das 1697 mit seinem Aufstieg unter die Majestäten Europas in Sachsen Einzug hielt. Nachdem August der Starke, bis dahin

AUGUST DER STARKE
Louis de Silvestre,
Dresden 1723
Öl auf Leinwand
Dresden, Gemäldegalerie
Alte Meister, Gal.-Nr. 3945

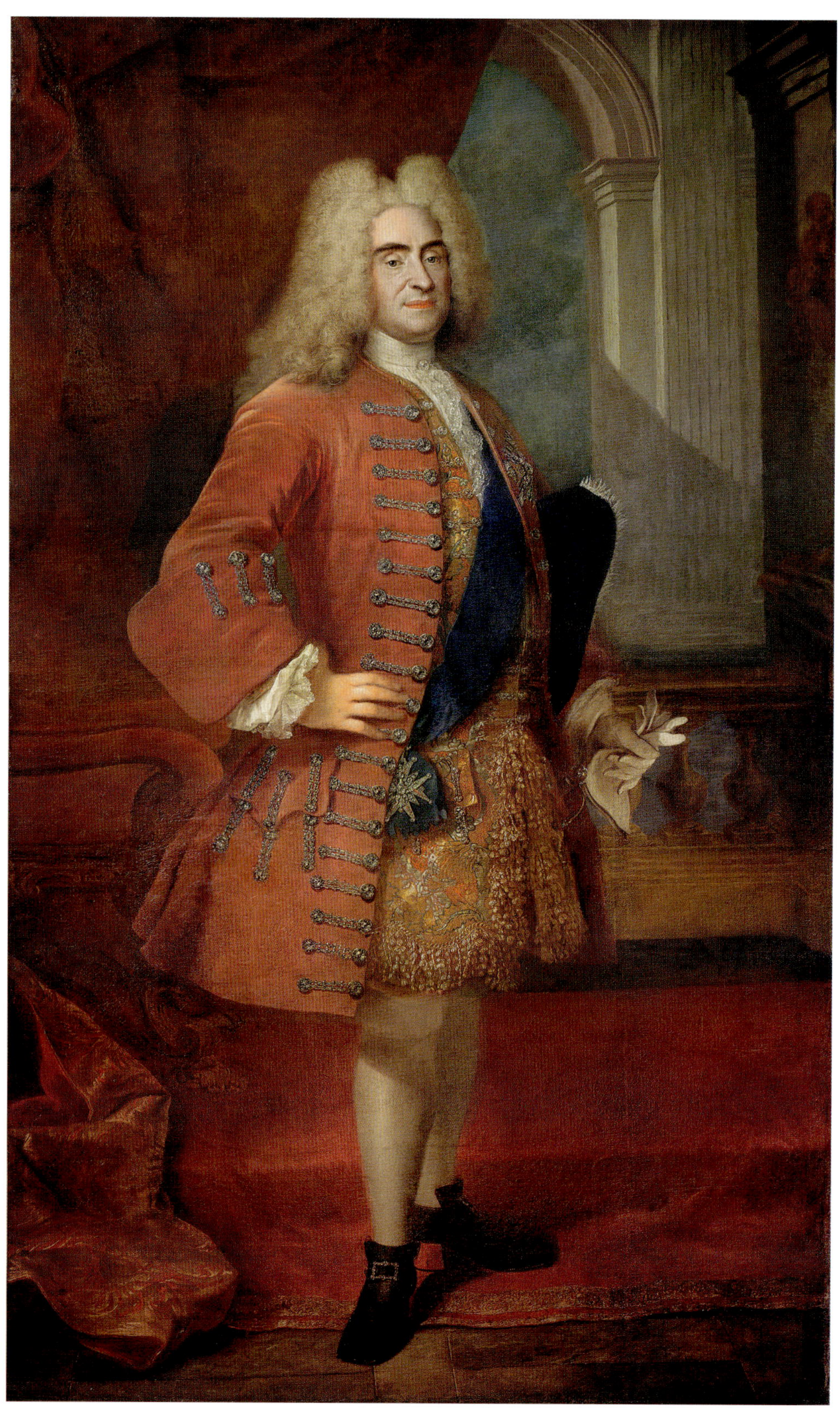

das Haupt der evangelischen Reichsfürsten, zum katholischen Glauben konvertiert war und den polnisch-litauischen Adel durch geschickte Diplomatie und große finanzielle Zuwendung von seinen Qualifikationen überzeugt hatte, wurde er zum polnischen König gewählt und im September 1697 feierlich in Krakau gesalbt und gekrönt. Im Wettbewerb der Königshöfe um größtmögliche Repräsentation verlegte sich der Kurfürst-König auf einen besonders reichen und schönen Juwelenschatz sowie eine vielfältige Schatzkunstsammlung von einzigartiger Qualität. Er selbst und sein Beauftragter, der Geheime Rat Johann Georg Freiherr von Rechenberg, erwarben dafür Kostbarkeiten auf den dreimal im Jahr stattfindenden Messen in Leipzig. Der Dresdner Hof wurde durch seine sich europaweit verbreitende Vorliebe aber auch zum Ziel spezialisierter Händler von Luxuswaren, wie Guillaume Verbecq aus Frankfurt und Charles Le Roy aus Amsterdam. August der Starke erwarb Kostbarkeiten aber auch direkt bei den Juwelenkünstlern, vor allem bei Johann Melchior Dinglinger, mit dem er schon seit 1692 in engen Geschäftsbeziehungen stand.

Die Entwicklung der zunächst privaten Schatzkunstsammlung Augusts des Starken hin zu einem aufsehenerregenden und bis heute bestehenden Schatzkammermuseum ist ursächlich mit dem in Polen-Litauen herrschenden Wahlkönigtum verbunden. August der Starke strebte an, die Königswahl abzuschaffen und eine eigene Dynastie zu begründen. Dafür setzte er auf funkelnden Juwelenschmuck und beeindruckende Schätze. Doch seine Herrschaft begann wenig strahlend. Die ersten Jahrzehnte seiner Regierung in Sachsen und Polen-Litauen wurden vom Großen Nordischen Krieg geprägt, den August der Starke zusammen mit dem König von Dänemark und dem Zaren von Russland durch einen gemeinsam vereinbarten Angriff auf schwedisches Gebiet im Jahr 1700 ausgelöst hatte. Bald schon geriet der als Heerführer nicht besonders überzeugende Kurfürst-König gegenüber dem jungen Karl XII. von Schweden in die Defensive und musste 1706 schmachvoll auf die Macht des Königs von Polen-Litauen verzichten. 1709 gelang es ihm, gestützt vom triumphalen Sieg Peters des Großen über das schwedische Heer, seine Macht in Polen zurückzuerobern. Er sah sich aber einem Bürgerkrieg in seinem Reich gegenüber, der erst 1717 beendet werden konnte. Seitdem konzentrierte sich August der Starke auf die fürstliche Repräsentation und seine Juwelen und vermied kriegerische Handlungen. Das zahlte sich bald schon aus, denn nach längeren diplomatischen Verhandlungen gelang es, die Hochzeit zwischen seinem mittlerweile auch zum katholischen Glauben konvertierten Sohn Friedrich August und der Tochter des verstorbenen Kaisers Joseph I., Erzherzogin Maria Josepha, zu arrangieren. Dieses die europäische Politik und den europäischen Adel bewegende Ereignis erlebte im September 1719 seinen Höhepunkt in mehr als einen Monat dauernden Festlichkeiten. Dort verstand es August der Starke, mit außergewöhnlich prachtvollen Juwelengarnituren zu glänzen (Abb. 5).

Die unermessliche Schatzkunstsammlung des Kurfürsten hat sich aus einem Sammlungsschrank entwickelt, in dem der Sammler die von ihm nach und nach erworbenen Objekte selbst arrangierte. Dann ließ August der Starke neben seinem privaten Schlafzimmer im ersten Geschoss des Westflügels ein Schatzkabinett einrichten. »Die Schlüssel aber zu diesem pretiosen Cabinet haben S. Königl. Majt. von Dato an jederzeit bey sich behalten, undt zwar haben solche auff dero Schreibe Tisch in der Schlaff Gemach jedes Mahl versiegelt gelegen, da Sie denn bißweilen gantz alleine, auch zum öffteren mit Dames und Cavalliers hinein gegangen, ihre Praetiosa besehen, unter weilen verändert auch einige anders faßen laßen.«[3] Schließlich war auch dieses Pretiosenkabinett überfüllt, und so wurde der frisch gelieferte Thron des Großmoguls Aureng Zeb 1709 in der »Geheimen

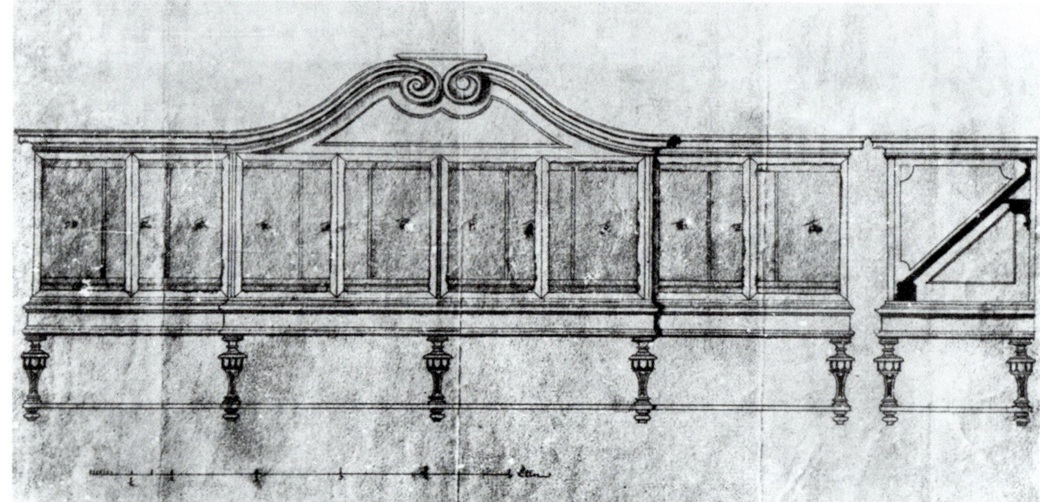

Verwahrung« im Grünen Gewölbe aufgestellt. Besonders eindrucksvoll war der große Saal noch nicht ausgestattet, der die Schatzkammer aufgenommen hatte. Die sechs alten Schränke aus dem 16. Jahrhundert und wohl auch weitere Aufbewahrungsmöbel und Tische standen dort. Nach Ende der Hochzeitsfeierlichkeiten 1719 wurde in diesem Saal Ordnung geschaffen und an seiner Ostwand ein über 5 Meter breiter verglaster Juwelenschrank aufgestellt (Abb. 6). Der Kurfürst-König hatte persönlich »dero Jubelen in dem neuen großen Jubelen-Schranck Selbst im Jahr 1719. allergnädigst rangiret, und sodann in die darzu gehörige Bretter einschneiden laßen«.[4] Die bei der Inventarisierung im Dezember 1719 vorgenommene Schätzung des Juwelenschatzes ergab die damals unfassbare Summe von 3 408 548 Talern. Noch war das Grüne Gewölbe die »Geheime Verwahrung«, doch es kamen die ersten Besucher, die dort unabhängig von der Anwesenheit Augusts des Starken dessen Schatz an Juwelengarnituren bestaunen konnten.

Von der »Geheimen Verwahrung« zum Schatzkammermuseum

Wann sich August der Starke entschied, den verschlossenen Staatstresor zur »Königlichen Schatz-Kammer« umgestalten zu lassen, ist heute nicht mehr genau nachweisbar. Doch er muss es bereits im Februar 1722 beabsichtigt haben. Damals erwarb er in einem Großeinkauf bei seinem Hofjuwelier Johann Melchior Dinglinger neben dem majestätischen Obeliscus Augustalis, dem Kaiserkameo und einem Paar Prunkschalen mit polnisch gezäumten Pferden auch 123 »aus allerhand orientalisch und Europäischen Agat, Sardonix, Carniol, Granat, Jaspis, Calcedon, Lapide Nephritico und Chrystall geschnittene Schalen und andere Curiosa mehr«. Die Schatzkunststücke Dinglingers waren so gearbeitet, dass sie als Raumausstattung einer verspiegelten Schatzkammer genutzt werden konnten. Auch die ungefassten Schalen eigneten sich als Bestandteil der Innenarchitektur – ein Zweck, den sie bis heute erfüllen.

Der Ausbau zum Schatzkammermuseum begann im Juni 1723. Unter Leitung des Oberbaurats Matthäus Daniel Pöppelmann ging man ans Werk und errichtete ein prunkvoll ausgestattetes Gehäuse mit verspiegelten Wänden und Pfeilern sowie geschnitzten Konsolen, die anschließend lackiert oder vergoldet wurden (Abb. 7). Diese erste Bauphase konnte bereits nach einem Jahr weitgehend abgeschlossen werden. Sie umfasste einen Eingangsraum, den man über die im 16. Jahrhundert angelegte Treppe von der Zwingergartenseite her betrat. In diesem Raum, dem »Mittleren Grünen Gewölbe«, hatte man schon zuvor die Bestände an figural gestalteten Goldschmiedeobjekten, die altertümlich erschienen, aber in speziellen Fällen als Repräsentationssilber gebraucht wurden, verwahrt. Nun diente der mit grün lackierten und verspiegelten Holzwänden ausgestattete Raum zugleich als Silberzimmer und Entrée der Schatzkammer. Noch kostbarer waren die Wände des großen Saals mit dem angrenzenden Turmkabinett geschmückt. Aus Respekt vor deren Schönheit und Alter wurden die Stuckdecke der Renaissance und der ebenso alte, aus Marmor und Serpentin bestehende Fußboden bewahrt. Hinter den Verblendungen und Schauwänden aus teuren Spiegeln verschwand aber die namensgebende grüne Architekturfassung. Aus dem Bankettsaal der Renaissance und dem »Hinteren Grünen Gewölbe« der Tresornutzung wurde der Pretiosensaal des Barock. Ihm schloss sich das Turmzimmer an, ausgestaltet in der Form eines königlichen Pretiosenkabinetts für kleine Kostbarkeiten. Der vierte Raum, der einen Zugang zum Großen Schlosshof besaß und traditionell das »Vordere Grüne Gewölbe« genannt wurde, blieb unverändert und diente weiterhin als gesicherter Verwahrort für geheime Akten und angelieferte Güter des Kurfürst-Königs.

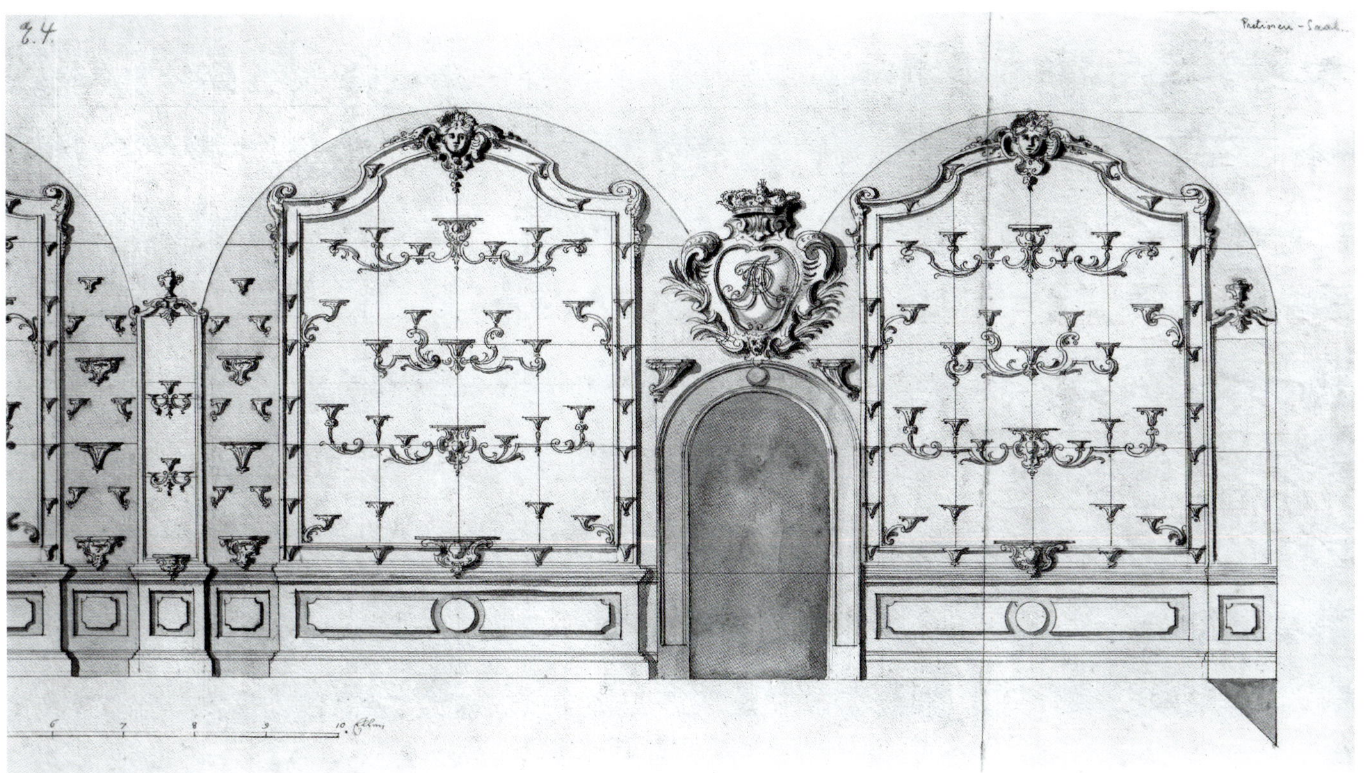

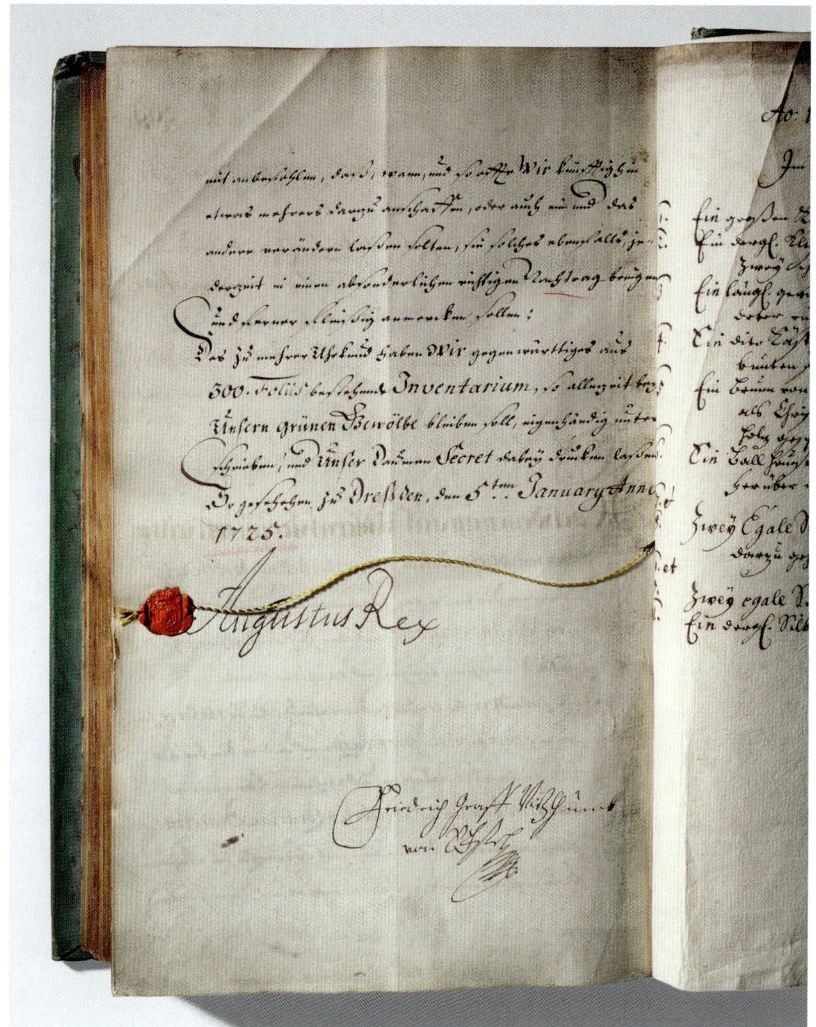

Ende Juli 1724 war die Neugestaltung des Grünen Gewölbes abgeschlossen, und nach
seiner Rückkehr aus Polen unterzeichnete August der Starke am 5. Januar 1725 das erste
Inventar der Pretiosensammlung (Abb. 8). Der für das Grüne Gewölbe verantwortliche
Geheime Kämmerer Friedrich Christian Starcke hatte seinem Kurfürst-König aber bereits
im Juni 1724 von der Wirkung der neuen Schatzkammer auf einen Besucher berichtet:
»[...] habe ich ihn in das Grüne Gewölbe geführet und so wohl alle Praetiosen und
Cabinetstücke, alß auch besonders den gantzen Königl. Schmuck gezeiget, worüber er
sehr vorwundert war, und zum öffteren sagte, daß er Zuvor viel schon darvon gehöret,
sich aber doch nicht einbilden können daß alles so Subberbe, und in der allergösten
Magnificence und Vollkommenheit war, alß er es nun selbst sähe«.[5]

Das Pretioseninventar von 1725 ermöglicht zwar keine Rekonstruktion der damaligen
Aufstellung, verdeutlicht aber eindrucksvoll, wie dicht und ungeordnet die ererbten Kost-
barkeiten und die in 20 Jahren zusammengetragene Sammlung an Kabinettstücken,
Galanteriewaren und anderen Schatzkunstobjekten diesen Saal füllten. Neben dem großen
Juwelenschrank an der Ostwand, den nun auf Konsolen aufgesetzte Bergkristallarbeiten

säumten, fanden sich unzählige Perl- und Elfenbeinfigürchen, Prunkschalen und größere Kabinettstücke von Dinglinger und anderen Juwelenkünstlern, aber auch gefasste Straußeneier- und Nautilusschalen, Arbeiten aus Elfenbein und Nashorn sowie Edelsteinobjekte jeglicher Art. Aufstellung fanden in diesem ersten Schatzkammermuseum auch zahlreiche Bronzestatuetten bis hin zum Reiterstandbild Augusts des Starken aus der Werkstatt François Girardons in Paris. Diese erste »Königliche Schatz-Kammer« trug einen durchaus wichtigen Teil zum Ruhm Augusts des Starken als Kunstsammler bei.

Nach kurzer Zeit in Dresden machte sich der Kurfürst-König im Sommer 1725 wieder auf und reiste in seine königliche Residenzstadt Warschau. Es wurde ein 16-monatiger Aufenthalt, der ihn im Winter 1726 auch in sein Großfürstentum Litauen führen sollte, wo in seiner Gegenwart in Grodno der polnisch-litauische Sejm, das Parlament der Adelsrepublik, zusammentrat. Auf dem Rückweg nach Warschau nahm August der Starke am Hof des Großhetmans der polnischen Krone in Białystok Zuflucht, denn er war so schwer an seinem bereits chronischen Diabetes erkrankt, dass er am 15. Dezember sein Testament diktierte und danach ins Koma fiel. Nur die mutige Notoperation durch seinen Leibbarbier rettete ihm das Leben. Diese Todeserfahrung war wohl der Auslöser, dass er sich noch auf dem Krankenbett entschloss, seine Sammlungen in Dresden, insbesondere die Schätze des Grünen Gewölbes, neu zu ordnen. Zurückgekehrt nach Warschau, ließ er sich vom sächsischen Oberbauamt den Grundriss des Erdgeschosses im Westflügel bringen. Der Ausbau des Grünen Gewölbes hatte in der Vorstellung Augusts bereits genaue Formen angenommen. Auf dem zugeschickten Grundriss markierte er seine Ideen mit energischen Strichen (Abb. 9). Die bis dahin vom Grünen Gewölbe eingenommene Fläche war ihm nicht mehr ausreichend, um alles zusammenzuführen, was er vereint wissen wollte. In den Jahren zwischen 1727 und 1729 wurden den schon ausgebauten Räumen im ursprünglichen Grünen Gewölbe durch Wanddurchbrüche vier zusätzliche Zimmer und Kabinette sowie ein Besucherfoyer mit Nebengelassen angeschlossen. Der bereits 1724 fertiggestellte Bereich wurde stilistisch und funktional überarbeitet. Der Museumsorganismus nahm nun das gesamte Erdgeschoss des Westflügels ein. Den Zugang zum Schatzkammermuseum, den Soldaten streng bewachten, verlegte man vom Zwinger in den Großen Schlosshof.

Der Entschluss, das Grüne Gewölbe zu erweitern und noch spektakulärer als bisher zu gestalten, stand in enger Verbindung mit der gesamten Neuordnung seiner vielfältigen Sammlungen, die der Kurfürst-König seit 1718 anging. Damals wurde im Redoutensaal des Dresdner Schlosses eine Gemälde- und Skulpturengalerie eingerichtet und die in die Jahre gekommene Kunstkammer in das als maison de plaisance dienende Holländische Palais verlegt. 1720 ließ August der Starke das erst zehn Jahre zuvor errichtete Regimentshaus am Jüdenhof, das kurzzeitig als Sitz des Dresdner Stadtkommandanten genutzt worden war, zum »Collectionsgebäude« umwidmen und darin neben einer Bibliothek die Kabinette für Antiken, Gemmen, Münzen und Medaillen unterbringen. Auch das damals als zweite Sammlung seiner Art begründete Kupferstichkabinett fand dort eine erste Bleibe. Zu den Spezialkabinetten, die neu gegliedert ins Regimentshaus gelangten, gehörten auch solche naturwissenschaftlichen Inhalts. So gab es Kabinette für Animalien, Mineralien, Vegetabilien und Muscheln sowie eine Anatomiekammer. 1721 entstand das erste Inventar der im Holländischen Palais aufgestellten Porzellansammlung. Zeitgleich mit dem Ausbau des Grünen Gewölbes erhielten die Pavillons und Galerien des als Festplatz dienenden Zwingers 1728 eine neue Nutzung als Palais Royal des Sciences. Der Besucher fand hier nun frei zugänglich neben einer Bibliothek das Kupferstichkabinett,

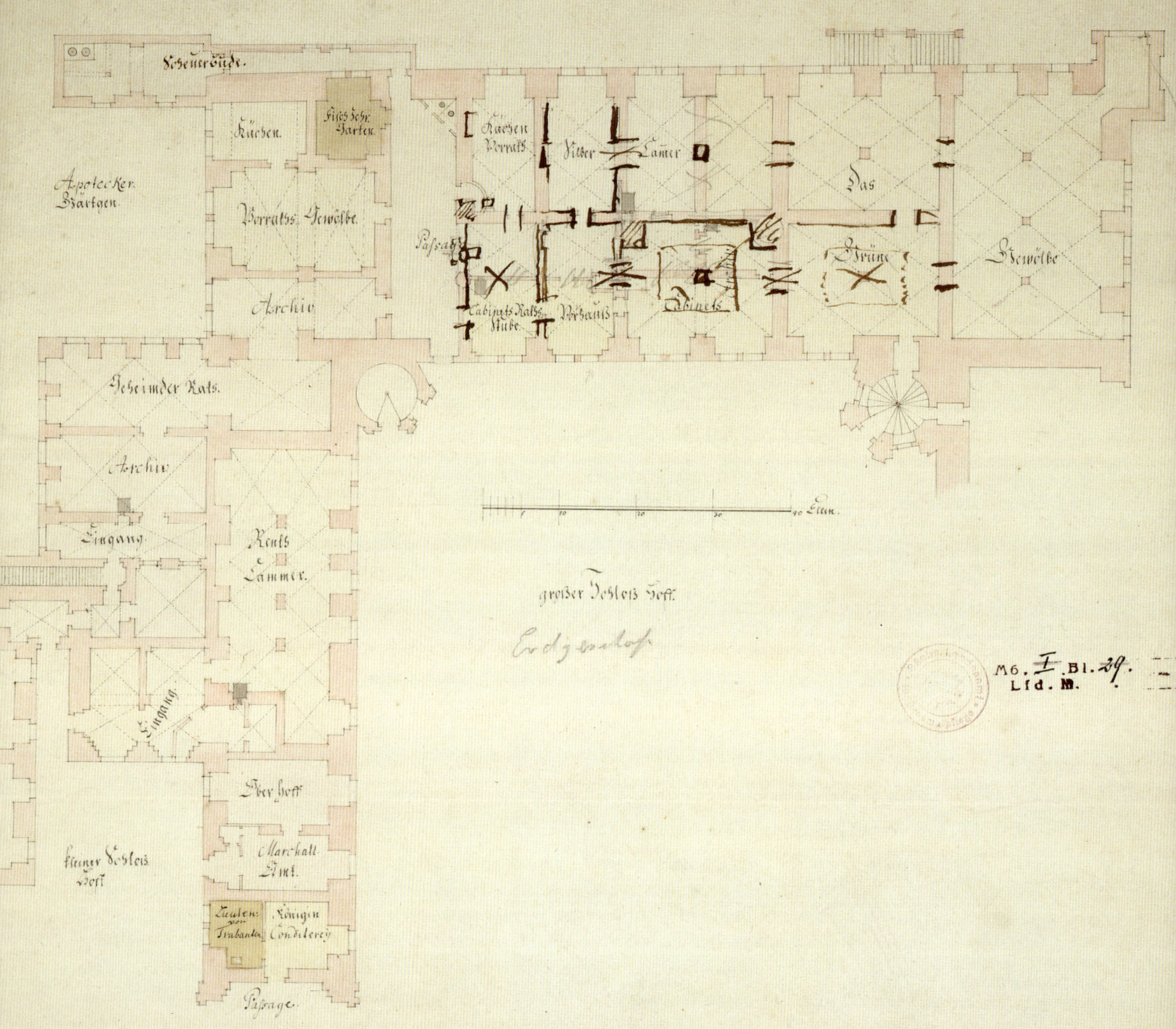

Feuerwach.
Küchen.
Fürst Schr: Garten
Vorraths Gewölbe.
Archiv.
Apotecker Garten.
Kuchen Vorrath
Silber Cammer
Das
Passage
Grüne
Gewölbe
Cabinets Raths Stube
Vorhaus
Cabinets
Geheimder Rats.
Archiv.
Eingang.
Rents Cammer.
Eingang.
großer Schloss Hoff.
Erdgeschoss
Ober hoff
Marschall Amt.
kleiner Schloss Hoff
Leuten von Trabanten
Königin Conditerey
Passage.
10 Ellen.
M6. I. Bl. 29.
Lfd. M.

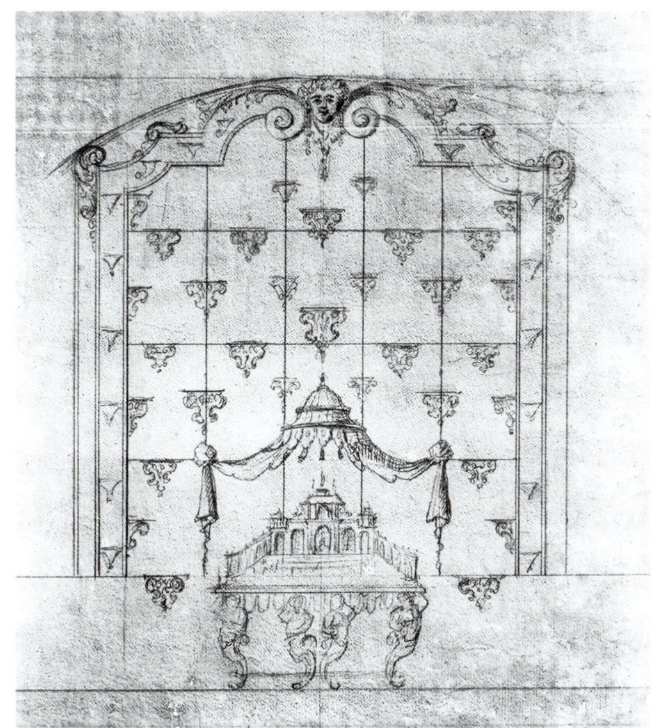

das Mineralienkabinett, die Naturaliensammlungen, die Anatomiekammer und das neu begründete »Cabinet der mathematischen und physikalischen Instrumente«. 1729 schließlich ließ August der Starke die im Jahr zuvor in Rom erworbenen 194 antiken Skulpturen als erste Antikengalerie Deutschlands im Palais im Großen Garten in italienischer Manier aufstellen. In seinem Sammlungsinteresse war der Kurfürst-König ebenso maßlos wie konsequent. In seiner Systematik, wie auch in der Absicht, seine Sammlungen allen interessierten Besuchern zu öffnen, schien er fast schon vom Geist der Aufklärung des späteren 18. Jahrhunderts geprägt gewesen zu sein.

Dem Schatzkammermuseum im Grünen Gewölbe widmete sich der Kurfürst-König im Zuge der Neustrukturierung seiner Sammlungen besonders intensiv. Die räumliche und inhaltliche Planung der Erweiterung des Grünen Gewölbes ging dabei direkt von ihm selbst aus. Zur Realisierung der damals einzigartigen Schatzpräsentation konnte August der Starke auf hervorragende Kräfte zurückgreifen. Neben den Architekten des Oberbauamts unter Matthäus Daniel Pöppelmann arbeiteten unter der Führung des Hofbildhauers Benjamin Thomae auch Christian Kirchner und der junge Johann Joachim Kändler, der später als Schöpfer der europäischen Porzellanplastik in die Geschichte einging. An manchen geschnitzten Figurenkonsolen ist seine Handschrift gut zu erkennen. In erstaunlich kurzer Zeit wurden die Raumwände und Pfeiler zu Kompositionen aus Spiegeln, Ornamentfeldern und vergoldeten oder kostbar lackierten Holzkonsolen gestaltet (Abb. 10). Die kunstvolle Lackierung ganzer Räume bis in die Gewölbe hinein übernahmen die Hoflackierer Martin Schnell und Christian Reinow, ebenso die Anfertigung von den hinterglasradierten Spiegeln für das Juwelenzimmer. Von anderen Meistern ihres Faches wurden die Fußböden und Türgewände der acht Schauräume mit geschliffenem sächsischen Marmor ausgestattet.

Von Anfang an bildeten die Sammlung und ihre museale Präsentation eine unzertrennliche Einheit. Letztere war materialorientiert; die Innenarchitektur der acht verschieden großen Räume war farblich und formal auf die Ausstellungsobjekte abgestimmt. Die je nach Raum in unterschiedlicher Menge verspiegelten Schauwände, an denen Konsolen symmetrisch angebracht waren und vor denen Tische standen, dienten der Ausstellung der Schätze. Die Raumabfolge wurde in einer dramaturgisch inszenierten Weise aufeinander bezogen, um im Durchschreiten beim Besucher ein allmähliches Ansteigen, Abklingen und erneutes Ansteigen der visuellen Reize und sinnlichen Erfahrungen herbeizuführen – das kann auch heute wieder unvermindert erlebt werden. Als Ende des Jahres 1729 die ersten Besucher das Grüne Gewölbe betraten, war dies eine der ersten museal zugänglichen fürstlichen Sammlungen. Es steht damit am Anfang der europäischen Museumsgeschichte.

Der Rundgang durch das Museum Augusts des Starken

Ursprünglich bildete das vertäfelte, nur mit wenigen Spiegeln ausgestattete Bronzenzimmer Auftakt und Ende des Rundgangs. Für das heutige Historische Grüne Gewölbe ist es das letzte Zimmer des barocken Ensembles. Vom Bronzenzimmer gelangte man in das ebenso kabinetthaft große Elfenbeinzimmer mit seinen kostspielig auf Marmorart lackierten Wänden, das nunmehr den Beginn des Rundgangs im Historischen Grünen Gewölbe bildet. Es präsentierte fast schon in Überfülle den großen und qualitätsvollen Bestand an gedrechselten und geschnitzten Kunstwerken aus Elfenbein. Als nächstes gelangte man in das zinnoberrote Weißsilberzimmer. In diesem sah der Besucher in Form eines permanenten Silberbuffets das moderne, unvergoldete – das heißt »weiß« belassene – Tafelsilber des sächsisch-polnischen Herrschers. Es muss eine überwältigende Fülle an Silber gewesen sein, die in Form von 377 Objekten auf den Konsolen, den Tischen und dem Boden standen – Eiskrüge, Kühl- und Gläserkessel, Pasteten- und Suppenschalen, Kettenflaschen und mehrarmige Leuchter, Eis- und Kaffeemaschinen sowie Dutzende Garnituren aus Becken und Kannen. Allein die großen Vasen und Schwenkkessel hatten ein Silbergewicht von 925 Kilogramm – ein damals für jeden Besucher unmittelbar begreifbarer Reichtum. Diese Pracht wurde 1772 – nach dem auf Kosten Sachsens ausgefochtenen Siebenjährigen Krieg – bis auf drei heute noch erhaltene Silberstatuetten eingeschmolzen und zu Münzen geprägt. So wird hier die Überlieferung des Grünen Gewölbes ins 21. Jahrhundert etwas gebrochen.

Das folgende, kupfergrün lackierte Silbervergoldete Zimmer verlor 1772 fast zwei Drittel der ursprünglich dreihundert aus vergoldetem Silber und purem Gold bestehenden figürlichen Trinkgefäße, Gießgarnituren und Prunkgeschirre. Die Verbindung von ererbter Formenvielfalt der Renaissance und moderner barocker Formenstrenge wird auch heute noch in dem verminderten Silberschatz, der zu den größten historischen seiner Art gehört, erkennbar. Eine besondere Wirkung konnte im Silbervergoldeten Zimmer erzielt werden, wenn jede seiner insgesamt fünf verspiegelten und mit Konsolen besetzten Türen geschlossen wurde (Abb. 11). Dann befand sich der Besucher in einem Spiegelkabinett ohne sichtbaren Ausgang, das bis zur stuckierten Renaissancedecke mit goldglänzenden Kostbarkeiten angefüllt war.

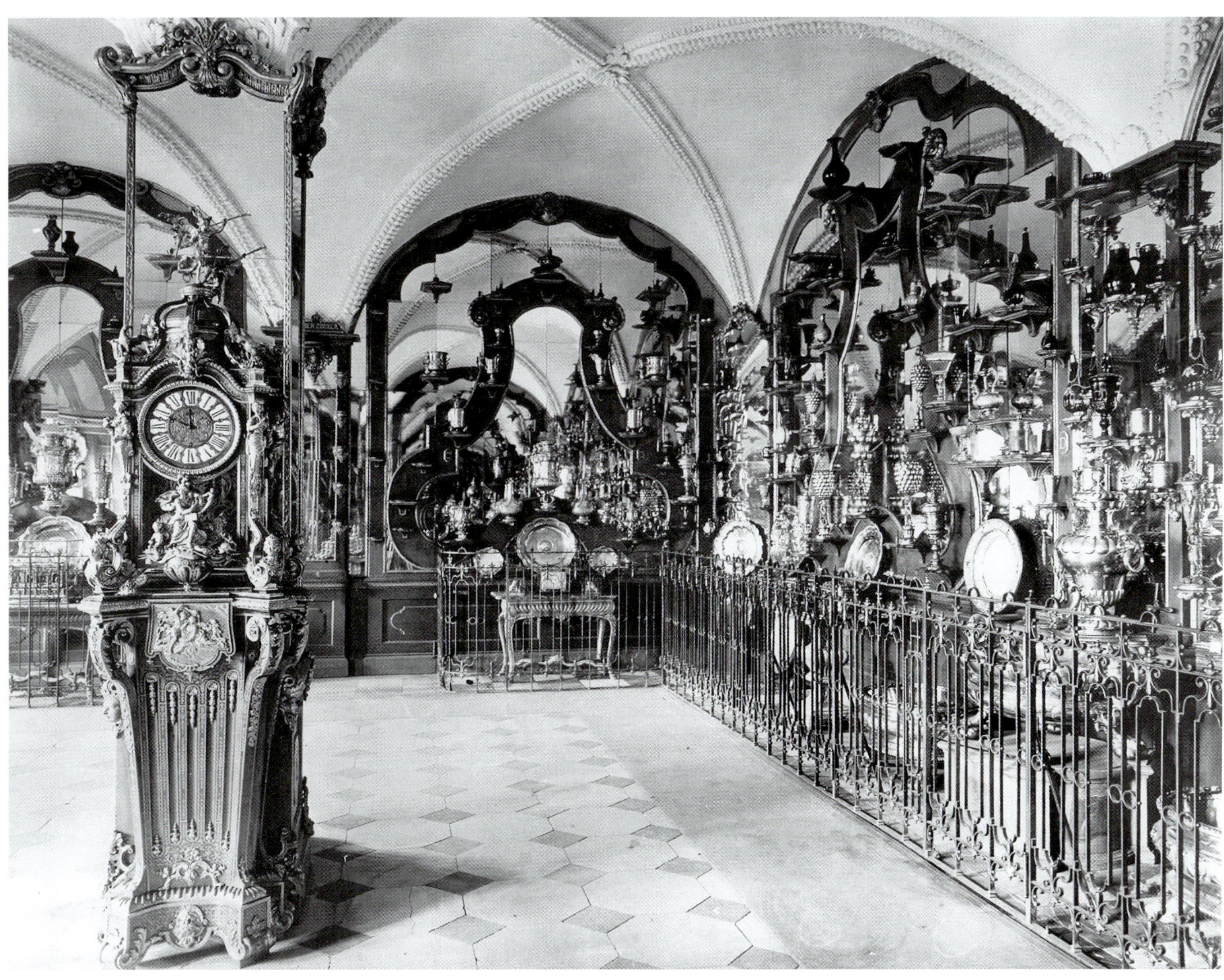

Mit dem fast 200 Quadratmeter großen Pretiosensaal war der erste Höhepunkt des Museumsbesuchs erreicht. Dieser Raum konnte 2006 in seiner ganzen Pracht und barocken Schönheit rekonstruiert werden (Abb. 12). Er hat mit seiner Innenarchitektur nicht nur die Zerstörung Dresdens und des Residenzschlosses am 13. Februar 1945 überstanden – bis auf wenige Ausnahmen haben sich auch alle Objekte erhalten, die in diesem Saal und im Turmkabinett 1733 präsentiert wurden. Mit dem Pretiosensaal ließ August der Starke seine Erinnerungen an die privaten Sammlungsräume des französischen Königs Louis XIV. im Schloss von Versailles, in denen Gefäße aus Bergkristall und Edelsteinen auf Konsolen vor spiegelbedeckten Wänden standen, wieder Gestalt annehmen. Der Kurfürst-König hatte diese Räume als junger Herzog mit 17 Jahren bewundert, ebenso wie die Juwelengarnituren des Sonnenkönigs. Der Pretiosensaal besitzt einen starken dynastischen Bezug, denn die in den tiefen Fensternischen angebrachte Portraitfolge der sächsischen Herrscher aus der albertinischen Linie verbindet Kurfürst Moritz mit dem Sohn Augusts

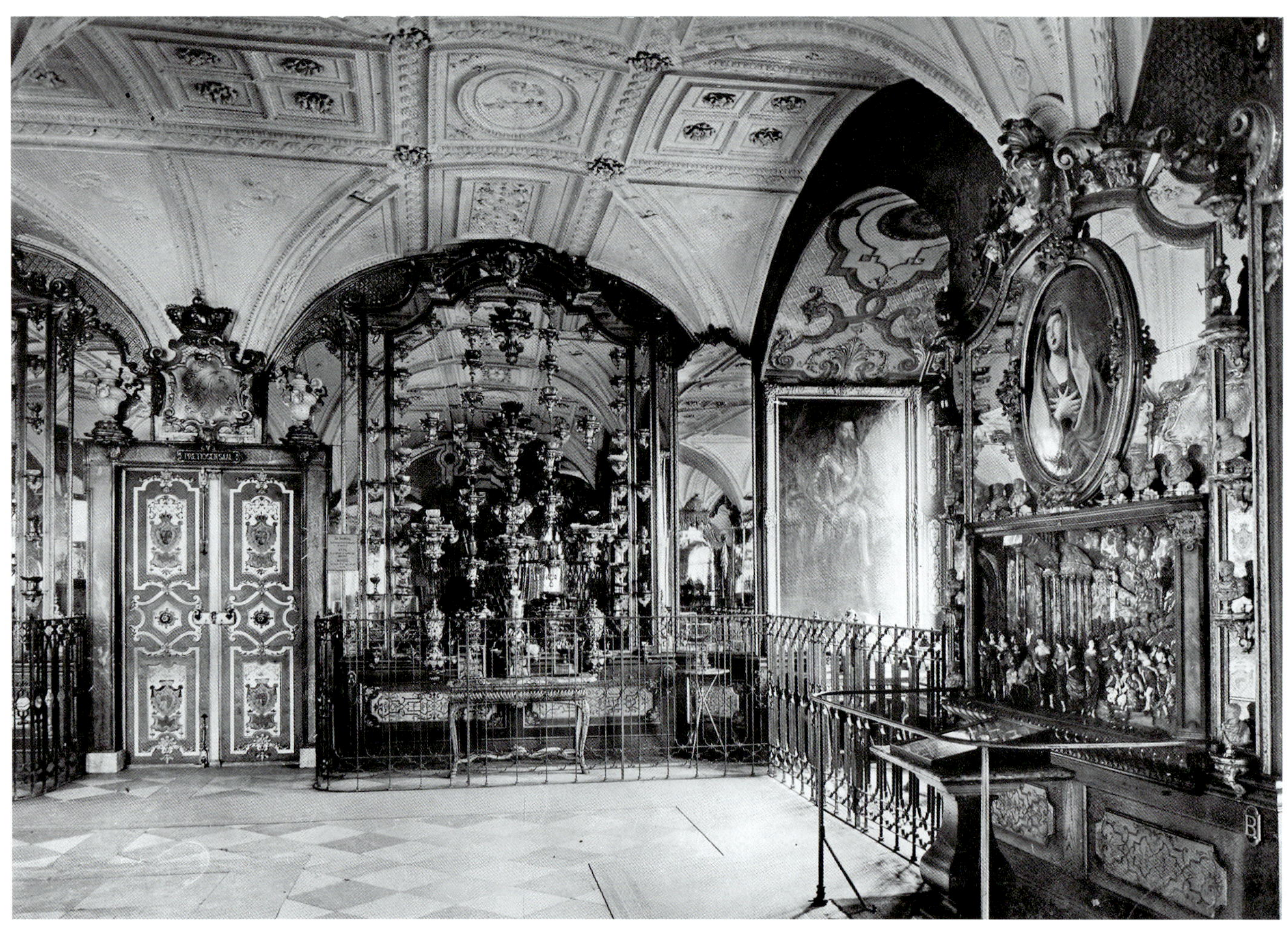

des Starken, den Kurprinzen und polnischen Thronprätendenten Friedrich August (II.).
Die von August dem Starken nicht angetastete Renaissancedecke von Antonio Brocco
verband die spätbarocke Sammlung physisch und ästhetisch mit dem Ursprung der Kurfürstenwürde um die Mitte des 16. Jahrhunderts. Die ererbten und hinzuerworbenen
Schätze wurden vor den nahezu vollständig mit Spiegeln bedeckten Wänden auf kostspielig geschnitzten, vergoldeten Konsolen oder anspruchsvollen Tischen in systematischer
Ordnung präsentiert. Links und rechts vom Zugang zum Silbervergoldeten Zimmer
waren die gefassten und nichtgefassten Schalen aus Lapislazuli, Achat, Jaspis, Chalzedon,
Alabaster, Serpentin und anderen farbigen Edelsteinen ausgestellt. Die beiden Wandfelder, die die Tür zum Wappenzimmer flankieren, füllten phantasievoll gefasste Nauti-
lus- und Seeschneckengefäße, Arbeiten aus Perlmutter und auf dem linken Wandfeld viele
Dutzend Straußeneiobjekte. Die kleinen Konsolen, die den Wandspiegel in der Raummitte
umgeben, waren ursprünglich mit Bernsteinobjekten bestückt, was heute aus konservatorischen Gründen nicht möglich ist. Nunmehr sieht man dort Darstellungen antiker
Kaiser aus geschnittenen Edelsteinen. Die östliche Schmalwand, vor der einst der Juwelenschrank stand, ist über und über gefüllt mit kostbaren Gefäßen und Objekten aus Bergkristall. Die reliefartigen Baldachine aus vergoldetem Holz weisen darauf hin, dass einmal

daran gedacht war, dort die drei großformatigen Meisterwerke Johann Melchior Dinglingers – das Goldene Kaffeezeug, den Thron des Großmoguls und in der Mitte den Obeliscus Augustalis – zur Schau zu stellen.

Inhaltlich so stark mit dem Pretiosensaal verbunden, dass man dessen Bestand 1733 in einem gemeinsamen Inventar verzeichnete, ist das nur durch ein Gitter vom Saal abgetrennte Eckkabinett. Der 14 Quadratmeter kleine, fast völlig mit Wandspiegeln bedeckte Raum vermittelt bis heute die Wirkung, die ein fürstliches Schatzkabinett, wie es sowohl August der Starke als auch viele andere Fürsten seiner Zeit besaßen, einmal hatte. Auf mehr als 100 figural und ornamental geformten Konsolen, die teilweise aus der Hand Johann Joachim Kändlers stammen, sowie auf fünf aufwendig in Bildhauertechnik gearbeiteten Wandtischen standen ursprünglich eng gedrängt fast 500 miniaturhafte Kostbarkeiten aus Barockperlen, Edelsteinen, Elfenbein, Ebenholz, Silber, Gold und Email. Diese unfassbare Fülle an Formen und Farben könnte heute rekonstruiert werden, denn fast alles hat sich erhalten. Da der kleine Raum aber aus Gründen der Sicherheit für Besucher nicht mehr geöffnet werden kann, sind diese Kostbarkeiten aus der Sammlung Augusts des Starken nunmehr in den gut ausgeleuchteten und entspiegelten Vitrinen des Neuen Grünen Gewölbes zu sehen. Doch auch heute sind durch das Renaissancegitter in diesem barocken Schatzkabinett wieder mehr als 200 kleine Objekte sichtbar.

Die von solcher Farbenpracht, Kostbarkeit und Kunstfertigkeit überwältigten Besucher konnten sich im Wappenzimmer, das auf den Pretiosensaal folgt, ein wenig beruhigen. Hier wurde den Gästen der königlichen Schatzkammer die territoriale Macht des wettinischen Kurfürst-Königs vor Augen gestellt. Drei der vier Wände dieses Raumes bestehen aus Einbauschränken, die zu Zeiten Augusts des Starken gut zu verwahrende Akten, Briefe und andere Schriftstücke – von den Rechnungsbüchern des Hofes bis zum Arkanum (Geheimnis) der Porzellanherstellung – aufnahmen. Auf den Schranktüren waren 44 vergoldete Wappen aus getriebenem Kupfer angebracht, die die Territorien darstellten, die zu den Stammlanden der albertinischen Wettiner gehörten und von diesen aus rechtlichen Gründen beansprucht, aber nicht regiert wurden. Die Folge beginnt mit den Wappen des Königreichs Polen und des Großfürstentums Litauen und endet mit den ornamental verschlungenen Initialen verschiedener sächsischer Kurfürsten. August hatte in der Raummitte einen Automaten mit weiblichem Kopf aufstellen lassen, der Töne erzeugen konnte. Sein Sohn ließ dieses »Oraculum« entfernen.

Den endgültigen Höhepunkt einer Führung durch die Schätze Augusts des Starken bildet damals wie heute das Juwelenzimmer (Abb. 13). Dort befindet sich der größte barocke Juwelenschatz Europas, umgeben von atemberaubenden Kostbarkeiten aus der Werkstatt des Juwelenkünstlers Johann Melchior Dinglinger. Das Goldene Kaffeezeug und der Thron des Großmoguls Areng-Zeb sowie mehrere seiner Prunkgefäße, unter anderem die Dianaschale oder die Schale mit dem kämpfenden Herkules, sind heute im Neuen Grünen Gewölbe zu sehen. Es hängt auch nicht mehr, wie zur Zeit des Sammlungsgründers, der sonst nur selten erhaltene Renaissanceschmuck vom Mittelpfeiler herab. Doch mit dem Obeliscus Augustalis, den Drei Phasen der Lebensfreude, dem Kaiserkameo, dem »Mohren« mit der Smaragdstufe und der Schale mit dem ruhenden Herkules finden sich hier noch immer Hauptwerke der europäischen Schatzkunst. Vor allem aber ist es der Schatz an Juwelengarnituren, Prunk- und Repräsentationswaffen wie auch anderen Schmuckstücken, der die vier mehrteiligen Glasvitrinen nach wie vor füllt. Manche der einstigen Exponate des Juwelenzimmers erstrahlen jetzt in der Dresdner Rüstkammer im Residenzschloss. Andere Schmuckstücke aus der augusteischen

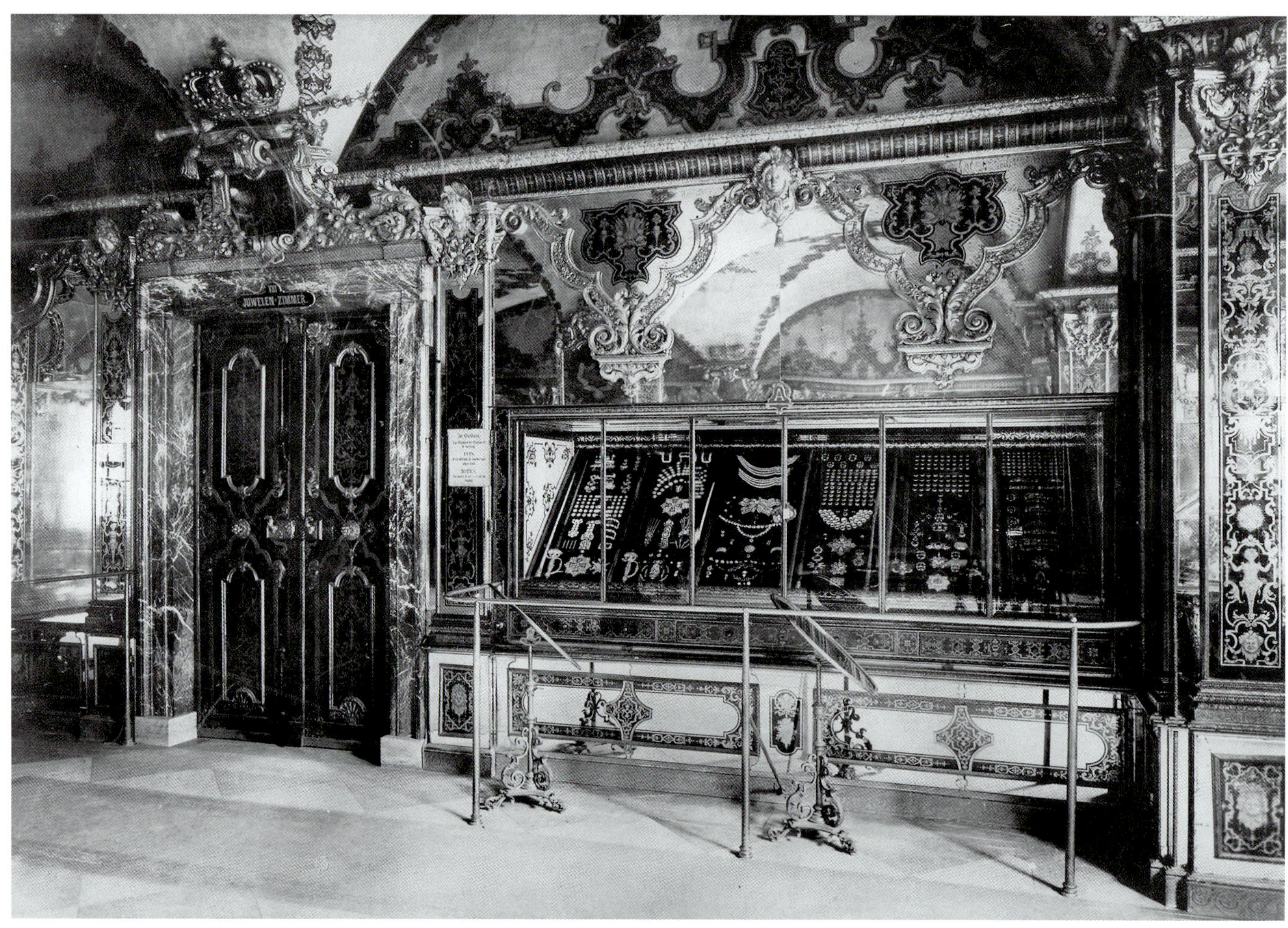

13
GRÜNES GEWÖLBE,
JUWELENZIMMER
1904

Zeit wurden im Laufe des 18. Jahrhunderts neu gefasst. August III., Sohn des Museums-
gründers, gab Unsummen aus, um seine Juwelengarnituren in ihrer Fülle und Qualität
noch zu verbessern. Allein die Erwerbung des 41 Karat schweren Grünen Diamanten ließ
er sich nahezu so viel kosten wie seine gesamte Gemäldesammlung. 1733 waren im
Juwelenzimmer zehn vollständige und knopfreiche Juwelengarnituren ausgestellt: zwei
aus Diamanten, eine im Rosenschliff, die andere im Brillantschliff, dazu jeweils eine
mit Smaragden, Saphiren, Rubinen, Achaten, Karneolen und Schildpatt sowie zwei ein-
fachere, bei der Gold beziehungsweise Silber dominierten. Der Wert dieses künstlerisch
wie finanziell überwältigenden Fürstenschmucks war nach seiner ersten Präsentation im
Jahr 1719 noch erheblich gestiegen. All dies ließ August der Starke in einem musealen
Schatzraum präsentieren, der vom Fußboden bis zum bemalten Gewölbe aus Spiegeln
bestand, in denen in Goldfolie auf blauem und karmesinrotem Grund in Ornamentfeldern abwechselnd das Staatswappen Polen-Litauens, die Initialen des Königs und der
von ihm gestiftete Königlich-Polnische Weiße Adlerorden eingraviert wurden. Über den
Türen finden sich die Herrschaftszeichen Polen-Litauens und Sachsens.

    Mit dem Grünen Gewölbe hat August seinen Traum von Schönheit und Reichtum
eindrucksvoll inszeniert und gleichzeitig der Würde seiner königlichen Majestät unüber-

sehbaren Ausdruck verliehen. Das Schatzkammermuseum war aber nicht nur als monumentales Vermächtnis gedacht. Der Kurfürst-König nutzte es auch als Werkzeug für seine Familienpolitik. Der tagespolitisch aktuelle Sinn, den das Grüne Gewölbe zum Zeitpunkt seiner Fertigstellung hatte, wird noch heute im Bronzenzimmer, dem Entrée und Endpunkt der Besichtigung, deutlich. Dort verlässt der überwältigte Besucher das Grüne Gewölbe durch eine Tür, über der immer noch das Portrait des Kurprinzen angebracht ist; es symbolisierte damals die Fortführung der polnisch-sächsischen Union. Betreten hat er es durch eine Tür, über der sich das Altersbildnis Augusts des Starken befindet. Diese ganze barocke Museumsinszenierung mit ihrem verschwenderischen Reichtum und den zahlreichen Hinweisen auf Bedeutung und Alter des wettinischen Fürstenhauses diente nicht nur zur Verwahrung der von August selbst ungemein vermehrten Familienschätze, sondern war auch dazu gedacht, seinem Sohn später den Weg zum polnisch-litauischen Thron zu ebnen. Diese Botschaft wurde sicherlich von jedem der zumeist adeligen Besucher, der nach der Vollendung des Grünen Gewölbes im September 1729 dieses barocke Gesamtkunstwerk betrat, verstanden. Mit der Einschätzung Johann Georg Keyßlers, der das Grüne Gewölbe ein Jahr nach seiner Fertigstellung besichtigte, wäre August der Starke sicherlich ganz zufrieden gewesen. »Denn alle besondere Kostbarkeiten anzudeuten, ist nicht möglich, wird auch von Jahren zu Jahren schwehrer, weil sich die Sachen immer mehren. Die Florentinische Tribuna mit demjenigen, was dazugehöret, übertrifft vielleicht am Werth diesen jetzt-gemeldten Schatz, allein es ist nicht zu läugnen daß die Fassungen und die wohl ausgesonnene Ordnung, welche man den hiesigen Sachen zu geben gewust hat, ihnen ein Ansehen machet, welches vielmehr als der Florentinische Schatz in die Augen fällt.«[6]

Von der »Königlichen Schatz-Kammer« zum zerstörten Museum: Die Zeit von 1732 bis 1945

Der Wunsch, den überwältigenden Reichtum der Schatzkammer des Kurfürsten von Sachsen und Königs von Polen und Litauen mit eigenen Augen zu sehen, war groß. Deshalb bestimmte August der Starke im Dezember 1732 Regeln, wie dies zu geschehen sei: »Und ob Wir zwar wohl geschehen laßen können, daß denen frembden so wohl als einheimischen die in offtgemeldten grünen Gewölbe befindlichen Jubelen und Kostbarkeiten gezeiget werden; So ist doch ein guter Unterscheid zu machen, daß nicht alle und jede und auch deren niemahls zuviel auf einmahl hinein geführt werden. Damit nun die Inspectores wißen mögen, wie sie sich diesfalls zu verhalten, so haben sie so offt jemand selbige zu sehen verlanget, solches bey Unsern Ober-Cammerherrn oder da dieser nicht gegenwärtig bey dem Cämmerer, in Fall aber da beyde abwesend, bey dem Oberhoffmarschall, wenn auch dieser nicht zu gegen bey hiesigen Gouverneur zu melden und diesfalls Bescheid zu gewarten, und außerdem niemand, der nicht Unsers oder Unsers Ober Cammerherrn und Cämmerers wegen dahin geschickt, oder in seiner aufhabenden Verrichtung bey ihnen allda zu thun, das Ein- und Ausgehen zu verstatten.«[7] Geführt werden sollten zeitgleich höchstens fünf Personen. Die Instruktion schränkte zwar den Besucherkreis ein, ermöglichte aber grundsätzlich und zu fast jeder Zeit nichtoffiziellen Besuchern den Zugang zur Schatzkammer. Zur Zielgruppe des königlichen Grünen Gewölbes gehörten neben Monarchen und Fürsten auf Staatsbesuch auch der einheimische und auswärtige Adel sowie das reiche Bürgertum und Intellektuelle. Für das 18. Jahrhundert war diese umfangreiche Öffnung einer Schatzkammer einzigartig. Dafür wurde dem Besucher aber auch ein stolzes »Trinkgeld« von einem Dukaten abverlangt, einer Goldmünze im Wert von 2 $^2/_3$ Talern. Damals lag der durchschnittliche Verdienst eines einfachen Handwerkers kaum höher als 50 Taler pro Jahr, und ein Geheimer Kämmerer, der als Inspektor des Grünen Gewölbes wirkte, verdiente 600 Taler jährlich. Der Publikumserfolg seines Traums von Reichtum und Schönheit dürfte den Kurfürst-König sehr gefreut haben, doch drei Monate später starb der Sammlungsgründer in seiner polnischen Residenzstadt Warschau.

Nun musste sich das Grüne Gewölbe als überzeugendes Argument für die Befürworter einer wettinischen Lösung im kommenden Wahlkampf um die königliche Majestät von Polen bewähren. August III. wurde gewählt, allerdings nicht unumstritten und nicht ohne anschließenden Thronfolgekrieg. Dieser in der heutigen Wahrnehmung von der kraftvollen Persönlichkeit seines Vaters überstrahlte König, der sich vor allem für Opern, Konzerte und Gemälde interessierte, profitierte am längsten von der suggestiven Wirkungskraft des wohlgeordneten und reich gefüllten Schatzkammermuseums. Der eigene Beitrag Augusts III. zur Bereicherung des Grünen Gewölbes ist nicht so sichtbar wie der seines Vaters, bestand er doch vor allem im Erwerb von großen Diamanten und anderen Edelsteinen, für die er weitaus mehr Geld ausgab als für die später mit seinem Namen verbundene Gemäldegalerie. August III. war zwar von der subtilen Schönheit der Schatzkunst nicht sonderlich fasziniert, in seinen ersten Regierungsjahren vervollständigte er jedoch die Sammlung durch bedeutende Ankäufe aus dem Nachlass des 1731 verstorbenen Hofjuweliers Johann Melchior Dinglinger und anderer Meister. Sein größter Verdienst aber war die Erfassung der Schätze in Inventaren und deren dezidierte Bewahrung. Das war auch deshalb so verdienstvoll, weil die barocke Schatzkunst bis zur Mitte des 18. Jahrhunderts weitgehend aus der Mode gekommen war. Die von August III. am 31. Oktober 1733 unterschriebenen Inventare, in denen – mit Ausnahme des Elfenbeinzimmers – der Bestand aller Räume gemäß ihrer Anordnung im Raum detailliert verzeichnet wurde, dienten bei der Neueinrichtung des Historischen Grünen Gewölbes im Jahre 2006 als Leitfaden des Schatzkammermuseums.

Die großen Gefahren, denen das Schatzkammermuseum im 18. Jahrhundert ausgesetzt war, zeichneten sich erstmals mit dem Beginn des Zweiten Schlesischen Krieges im Sommer 1744 ab. Damals wurde der Juwelenschmuck zur Evakuierung verpackt, um vor den einrückenden preußischen Truppen auf die Landesfestung Königstein in Sicherheit gebracht zu werden. Viel bedrohlicher war der Ausbruch des Siebenjährigen Krieges nur zwölf Jahre später. Am 29. August 1756 überschritt der preußische König Friedrich II. mit seiner Armee ohne Vorwarnung die sächsische Grenze. Als er am 9. September in das kampflos übergebene Dresden einmarschierte, waren die Vitrinen des Juwelenzimmers bereits von den kostbarsten Teilen beräumt; man hatte sie in das neutrale Polen gebracht. Von diesem Tag an gehörte das Grüne Gewölbe in der von August dem Starken geschaffenen und von August III. bewahrten Fassung der Vergangenheit an.

Der Siebenjährige Krieg wurde von Preußen und Österreich vor allem auf sächsischem Boden und mit sächsischem Geld ausgetragen. Um den in Dresden verbliebenen Hofstaat erhalten zu können, ließ die in Dresden verbliebene Königin Maria Josepha aus ihrer Schatzkammer im Grünen Gewölbe Anfang 1758 eine Kiste mit Geschirr aus purem Gold und 62 Kisten mit Arbeiten aus vergoldetem und unvergoldetem Silber zur Verpfändung nach Amsterdam bringen – mit preußischer Erlaubnis.[8] Für den Gesamtbestand des Weißsilberzimmers und des Silbervergoldeten Zimmers – insgesamt 37 Kilogramm Gold und 3 235 Kilogramm Silber – stand ihr der Gegenwert an gemünztem Geld zur

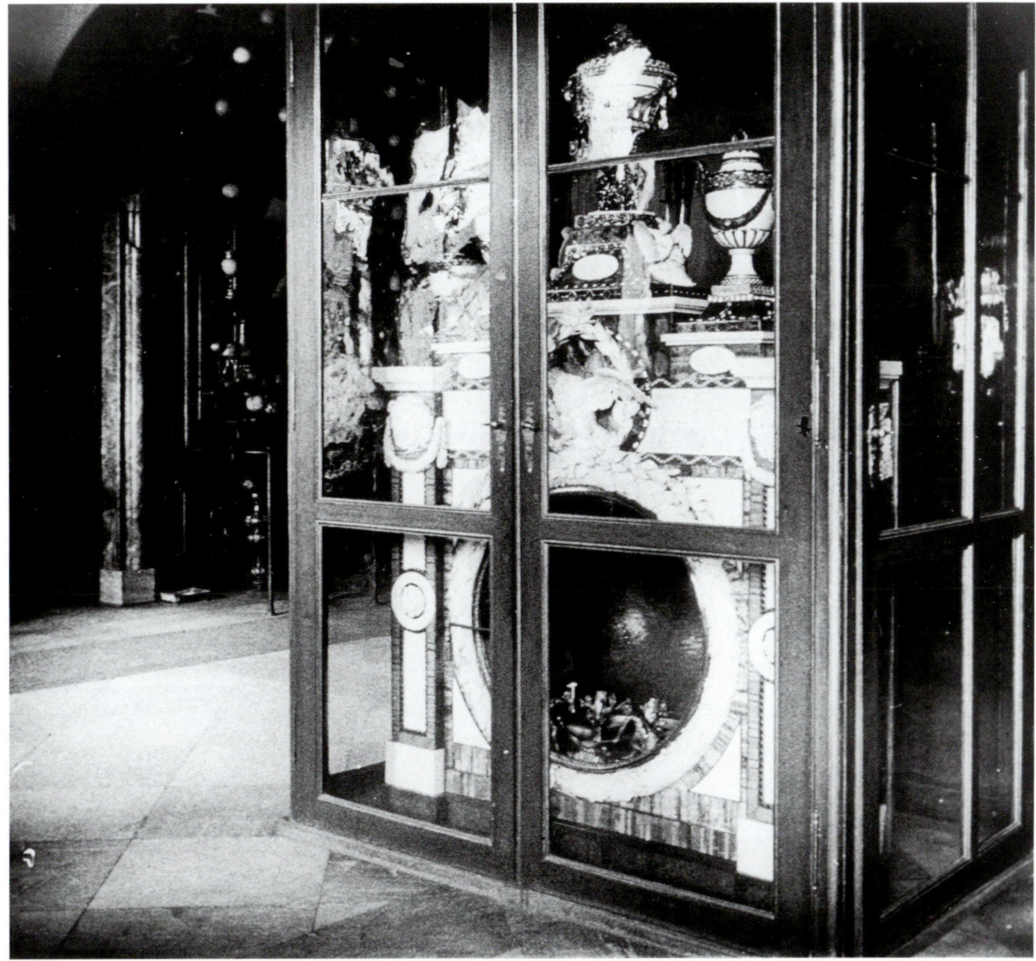

Verfügung. Zwar wurde dieses Pfand von ihrem Enkel, Kurfürst Friedrich August III.,
im Jahr 1772 wieder ausgelöst, doch nur wenige der Goldschmiedearbeiten kehrten in
die Schatzkammer zurück. Bis auf drei Silberskulpturen wurde das aus der Mode
gekommene unvergoldete Silber sowie zwei Drittel des vergoldeten Silbers und ein Groß-
teil des Goldgeschirrs damals in der Dresdner Münze eingeschmolzen und zu einem
Geldbetrag von 159 000 Talern vermünzt.[9] Als die preußische Besatzung Dresden im
September 1759 verließ und an die kaiserlichen Truppen übergab, konnten die Werke der
Schatzkunst, die das Grüne Gewölbe noch anfüllten, verpackt werden. Der kostbarste
Bestand davon wurde auf die Feste Königstein in Sicherheit gebracht, andere Teile gelangten zum Schutz vor kommenden Kriegsgefahren in die Keller des Schlosses. Diese Vor-
sichtsmaßnahme war nur zu berechtigt, denn im Sommer 1760 kam es zu einer heftigen
preußischen Belagerung. Beim schweren Kanonenbeschuss wurden damals weite Teile
des barocken Dresdens, das Canaletto in seinen Bildern feierte und verewigte, unwieder-
bringlich zerstört.

1763 endete der Siebenjährige Krieg. August III., der von Warschau nach Dresden
zurückgekehrt war, verstarb noch im gleichen Jahr. Nur zwei Monate später erlag auch
sein Sohn und Erbe, Kurfürst Friedrich Christian, einer tödlichen Krankheit. Damit gab

es für die dritte Generation des Hauses Wettin keine Möglichkeit mehr, die Herrschaft in Polen und Litauen anzutreten, denn der älteste lebende Sohn des Kurfürsten war erst 13 Jahre alt. Den mündlich formulierten Wunsch Augusts des Starken, das Grüne Gewölbe mit seinem kostbaren Bestand als Familienerbe ungeschmälert zu erhalten, hatte August III. in seinem Testament bestätigt. Bis auf die genannten Silberbestände erfüllte Kurfürst Friedrich August III. das Legat. Auch für ihn wurde das Grüne Gewölbe wiederum zu einem politischen Instrument. In der Zeit des Wiederaufbaus Sachsens nach dem verheerenden Krieg – dem Sächsischen Rétablissement – und auch für das wieder in sich konsolidierte Kurfürstentum diente die Pracht der »Königlichen Schatz-Cammer«, um »Gloire und Ansehen« des sächsischen Kurfürstenhauses und dessen Anspruch auf Majestät nach außen zu begründen. Der Kurfürst bemühte sich auch, die durch die Einschmelzung des Silbers gerissene Lücke zu schließen und ließ 1782 den von Neuber geschaffenen frühklassizistischen Prunkkamin im einstigen Weißsilberzimmer aufstellen – es wurde von da an als Kaminzimmer bezeichnet (Abb. 14).

Die in Dresden zu besichtigenden Schätze waren einmalig. Keinem anderen Reichsfürsten und kaum einem König standen in Europa vergleichbare Juwelengarnituren zur Verfügung, wie sie im Grünen Gewölbe verwahrt wurden. Es ist bezeichnend, dass Kurfürst Friedrich August III. in den Jahren vor Ausbruch der Französischen Revolution, der Zeit des Ancien Règime, die beiden Diamantgarnituren des Hauses Wettin modern fassen ließ. Durch den Besitz dieses Juwelenschatzes und die Möglichkeit, ihn zu verpfänden, wurden das 1806 durch Napoleon zum Königreich erhobene Sachsen und sein Herrscher in den wechselvollen Jahren des Napoleonischen Krieges gleich dreimal vor dem Ruin bewahrt. Wie unter August dem Starken gehörten auch für König Friedrich August I. die Juwelen zur aktiven Finanzpolitik. Durch ihre Existenz war es nicht erforderlich, eine Krone oder anderen Insignien der Macht herstellen zu lassen. Die beiden Diamantgarnituren und der Hutschmuck mit dem Grünen Diamanten reichten dem sächsischen Monarchen durchaus aus. Der letztlich von Sachsen dramatisch verlorene Napoleonische Krieg, der nach dem Wiener Kongress zu einem Landverlust von mehr als der Hälfte des Territoriums führte, hatte mehrmals zur Auslagerung der Bestände des Grünen Gewölbes auf die Feste Königstein gezwungen. Dass der für das Schatzkammermuseum verantwortliche Erste Inspektor und Hofrat Baron Peter Ludwig Heinrich von Block sich zur Finanzierung seiner eigenen Sammlungswünsche an den Juwelen bediente, fiel erst 1817 bei der Rückkehr der Bestände ins Schloss auf. Der manische Sammler von Block landete im Zuchthaus, das von ihm Gestohlene wurde – sofern es noch existierte – zurückgeholt.

Der Wille zur Bewahrung, der von August dem Starken ausgegangen war, konnte die Schatzkunst auch vor dem pragmatischen, zukunftsgewandten Denken des Zeitalters der Aufklärung bewahren. Der Besitz kleinerer und größerer Schatzkammersammlungen gehörte zur Repräsentation eines Fürsten im 17. und frühen 18. Jahrhundert. In der zweiten Hälfte des 18. Jahrhunderts waren diese aus der Mode gekommenen und die ererbten barocken Sammlungen fast überall verschwunden. Von Braunschweig bis Florenz wurden die Objekte der Schatzkunst und das Repräsentationssilber vergangener Zeiten in der Einschätzung ihrer Besitzer auf den Materialwert reduziert und weitgehend zerstört. Doch mit dem Grünen Gewölbe überstand die größte dieser fürstlichen Schatzkunstsammlungen die von den geschmacklich nicht sehr toleranten Anhängern des Klassizismus geprägten Zeitläufte.

1831 kam es dann für die wieder königliche Schatzkammer im Grünen Gewölbe zu einem revolutionären Ereignis: Mit der neuen sächsischen Landesverfassung vom 4. Sep-

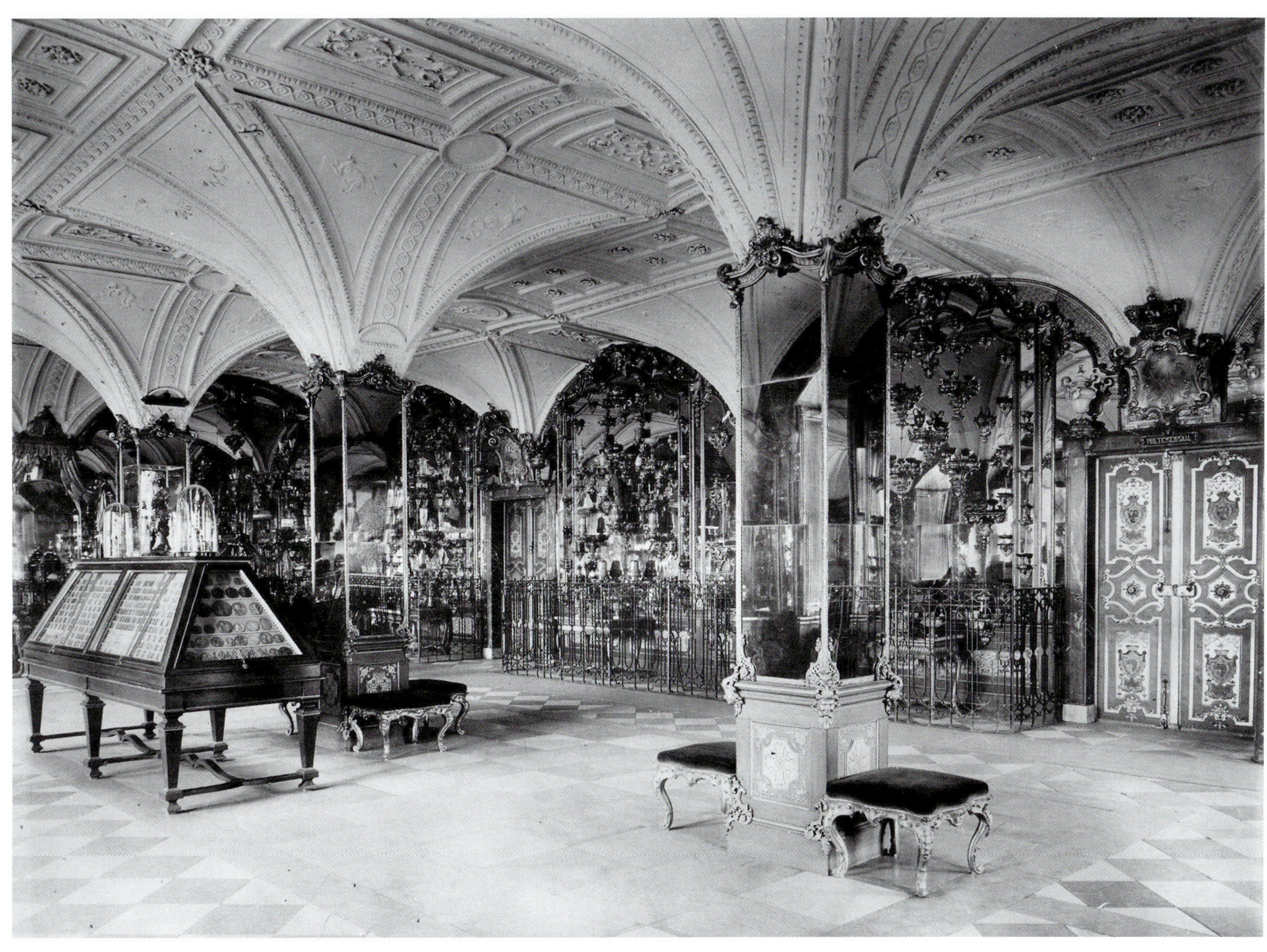

15

Südwand, 1904

tember wurde in Sachsen die konstitutionelle Monarchie eingeführt. Damit änderte sich der rechtliche Status des Grünen Gewölbes. Aus dem königlichen Privatbesitz, über den der Monarch bis dahin nach Belieben verfügen konnte, wurde nun auch offiziell ein Hausfideikommiss, der nicht geteilt oder veräußert werden durfte. Im gleichen Jahr veröffentlichte der kurz zuvor zum ersten Inspektor beziehungsweise Direktor berufene Carl Andreas Adolph Baron von Landsberg seinen Führer durch die Sammlung. Nach der erstmals 1737 erschienenen, nicht sehr präzisen »Beschreibung des Grünen-Gewölbes in Dreßden« war dies der erste Sammlungsführer, der sich etwas an wissenschaftlichen Kriterien orientierte.

Am 30. April 1832 verfügte der Sächsische Landtag die Auflösung der Dresdner Kunstkammer. Nach 260 Jahren verschwand diese ehrwürdige Sammlung damit als Institution. Ihr Bestand wurde in die anderen Königlichen Sammlungen integriert oder versteigert. Das Grüne Gewölbe nahm etwa 500 Objekte seiner Bestände auf, die zuvor nie zum barocken Schatzkammermuseum gehört hatten – etwa den berühmten Kirschkern mit den 185 (eigentlich 113) eingeschnitzten Köpfen. Die fast ein Sechstel des ursprünglichen Bestandes des Grünen Gewölbes ausmachenden Zuwächse durch die Kunstkammer konnten zwar die 1772 entstandenen Lücken auf den Konsolen des Weißsilberzimmers und Silbervergoldeten Zimmers füllen, passten aber nur unzureichend in das barocke Erscheinungsbild. Der Schwerpunkt der Sammlung verschob sich von der Juwelenkunst zum Kunsthandwerk und zur Kulturgeschichte.

Seit den 1870er Jahren änderten sich für die Besucher die Besichtigungsbedingungen der Schatzkammer. Bisher war das Grüne Gewölbe ein reines Führungsmuseum, in der Inspektoren kleinen Gruppen von bis zu fünf Personen die Räume zeigten, in denen die kostbaren Objekte frei zugänglich auf Konsolen und Tischen standen. Je Besuchergruppe musste seit der Verstaatlichung des Grünen Gewölbes 1831 ein Taler für den Eintritt gezahlt werden. Wegen des so kaum noch zu bewältigenden Besucheransturms wurde nunmehr auf Führungen verzichtet und der freie Rundgang der Besucher durch Einbauten von Sicherungsmaßnahmen ermöglicht (Abb. 15). Die vor den Schauwänden und Fensternischen errichteten hohen und engmaschigen Eisengitter schützten die Schauwände zwar, griffen aber auch ästhetisch in das Erscheinungsbild des barocken Schatzkammermuseums ein. Immer wieder kam hoher Besuch, so unter anderem Napoleon III. von Frankreich oder auch der kunstsinnige König Ludwig II. von Bayern. Mit der Epoche des Historismus standen die verspielten Pretiosen und einzigartigen Kunststücke immer stärker im Mittelpunkt der kunstinteressierten Besucherschichten. Die barocken Kostbarkeiten wurden stilbildend für Peter Karl Fabergé, der ab 1860 einen Teil seiner Jugend in Dresden verbrachte, wie auch für einige der fähigsten Kunstfälscher des späten 19. Jahrhunderts.

Gegen 1860 wurde der in die Jahre gekommene Zustand des Grünen Gewölbes zum Problem. Ungeheizt und unzureichend durch das Tageslicht beleuchtet, waren die Schätze nur im Sommer gut zu besehen. Im Herbst und Winter bewegten sich die Besucher durch kühle, halbdunkle Räume. Diese nahmen nun auch konservatorisch erkennbaren Schaden. Man begann damit, nach und nach Schäden zu beseitigen, alte Spiegel auszutauschen und parallel dazu die barocke Architektur dem Farb- und Stilempfinden der eigenen Zeit anzupassen. Als dann der Westflügel des renovierungsbedürftigen Dresdner Residenzschlosses zwischen 1890 und 1892 eine umfassende Modernisierung erlebte und unter anderem seine neue Fassade erhielt, erfuhr auch das Grüne Gewölbe erhebliche bauliche Veränderungen. Diese betrafen nicht nur die nach Westen und Norden reichenden Fenster, sondern auch das Elfenbeinzimmer und das Eckkabinett. Das mit lackierter Vertäfelung ausgestattete Elfenbeinzimmer war in den vergangenen 160 Jahren vom Holzwurm zerfressen. Deshalb wurden seine Wandverkleidungen vollständig ersetzt und nach dem damaligen Geschmack farblich zurückhaltender lackiert. Die Kapitelle und Konsolen des 18. Jahrhunderts blieben allerdings erhalten. Auch das bauphysikalische prekäre Eckkabinett wurde umfangreich saniert und restauriert.

Jean Louis Sponsel, der von 1908 bis 1923 als Direktor für das Grüne Gewölbe verantwortlich war, rückte dann die Kunstwerke und ihre Präsentation für den zeitgenössischen Besucher in den Mittelpunkt seines Interesses. Die barocke Inszenierung erschien ihm weniger wichtig. Deshalb ließ er von 1910 an in die Fensterlaibungen des ehemaligen Weißsilberzimmers und damaligen Kaminzimmers, des Silbervergoldeten Zimmers und des Juwelenzimmers Schauvitrinen einbauen, die es ermöglichten, die darin präsentierten Kunstwerke besser als auf den verspiegelten Wänden zu betrachten (Abb. 16).

Im September 1912 erhielt Sponsel die lange von ihm erbetene Erlaubnis zu einer räumlichen Erweiterung des seit 1729 bestehenden Ausstellungsbereichs. Seine baulichen Veränderungen waren einschneidend und wurden im Juni 1913 begonnen. Die bisher aus acht Räumen bestehende Folge erhielt als neunten Raum das neue Kaminzimmer, in dem der Neuberkamin und weitere größere Objekte in neutraler Umgebung ausgestellt wurden.

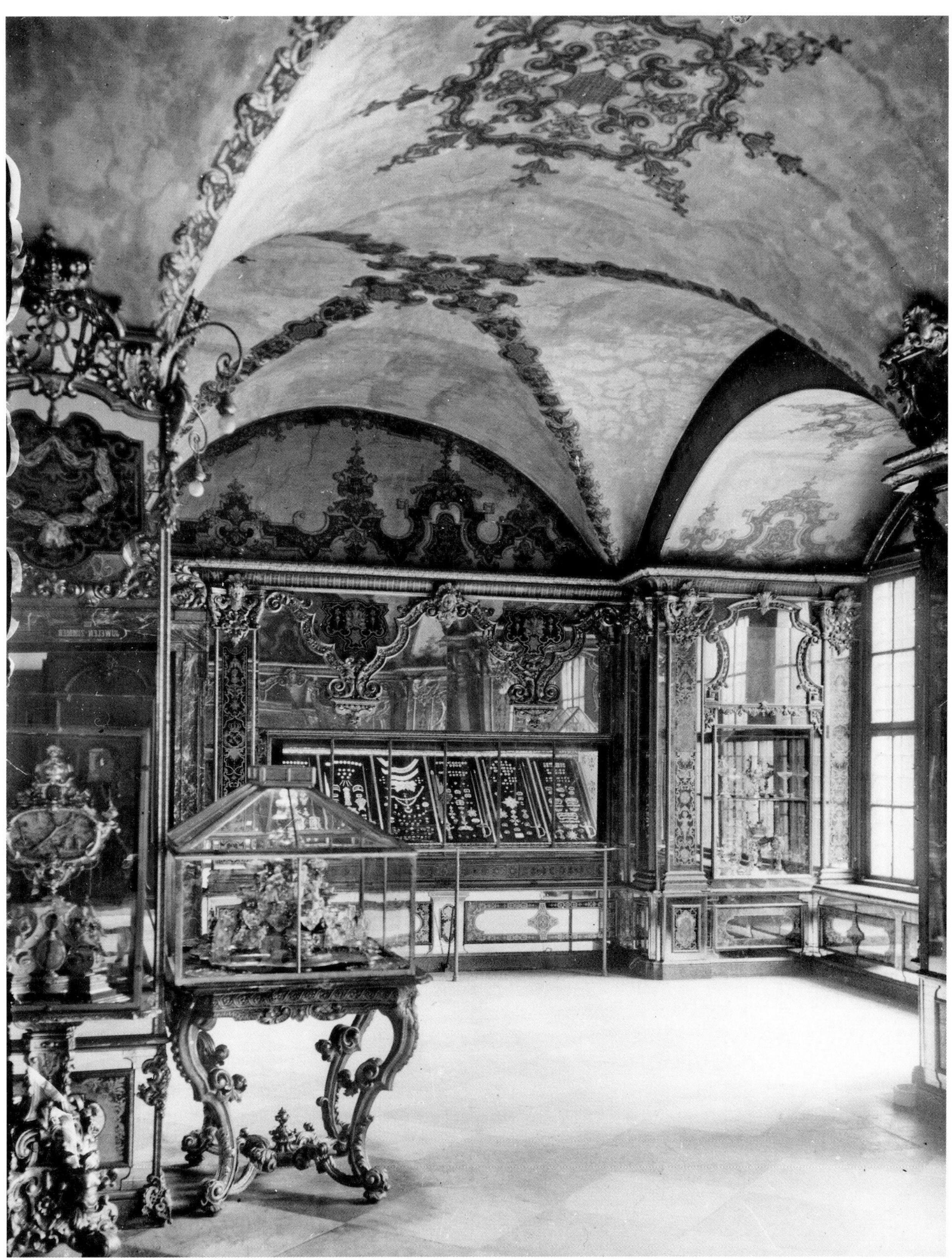

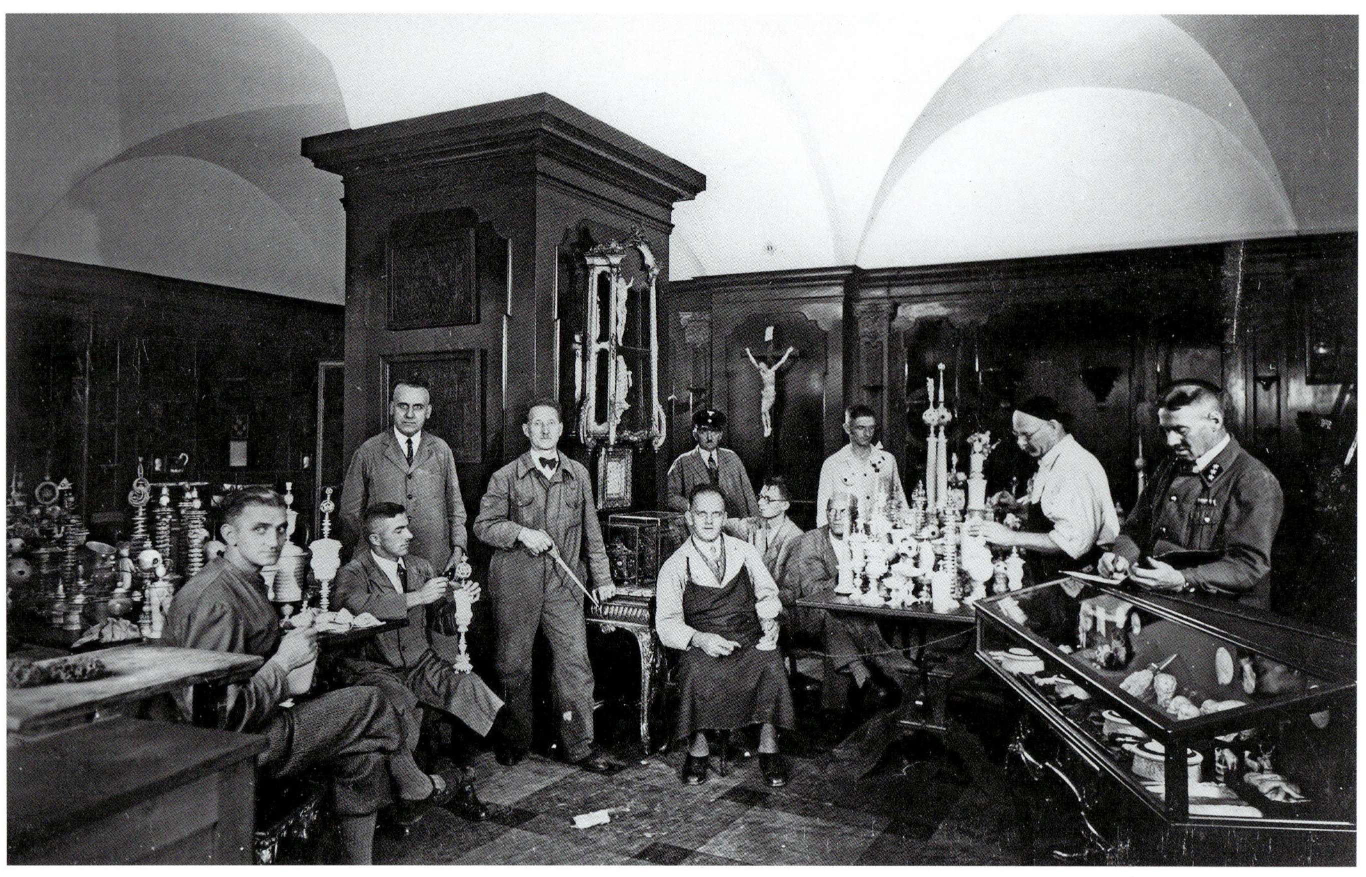

Sponsel ließ zudem das Bronzenzimmer und das Elfenbeinzimmer auf das Doppelte ihrer ursprünglichen Fläche vergrößern, indem er südlich angrenzende Verwaltungsräume mit diesen Kabinetten vereinen ließ. Es entstanden damit zwei jeweils 90 Quadratmeter große Räume. Zugleich ließ Sponsel aus Beleuchtungsgründen die barocke Vertäfelungen der Schildbögen abbauen. Während der Bauarbeiten wurden die kostbaren Prunk- und Zeremonialwaffen des Juwelenzimmers, das Kurschwert und goldene Rapiere, an das Historische Museum (heute Rüstkammer) abgeben. Als Ausgleich erhielt man von dort unter anderem Aufbewahrungsmöbel der Renaissance, die im neuen Kaminzimmer Aufstellung fanden.

Als das Museum Ende Januar 1914 wieder für das Publikum öffnete, gab es in allen Räumen eine moderne Fußbodenheizung, die auch im Winter den Besuch angenehm machen sollte. Es gab elektrische Beleuchtung in den Zimmern und weitaus mehr Platz für die Kunstwerke. Die Atmosphäre der barocken Schatzkammer hatte sich aber wesentlich verändert. In den folgenden Jahren, die bereits von den zunehmenden Nöten des Ersten Weltkriegs geprägt waren, gelang es Sponsel, die Modernisierungsmaßnahmen fortzuführen. Damals erhielten die Juwelenvitrinen eine elektrische Beleuchtung, und die Aufstellung der Kunstwerke wurde so weit verändert, dass die interessantesten Kunstwerke ins rechte Licht gerückt waren.

Das auf diese Weise modernisierte Ausstellungsensemble blieb bis 1938 erhalten, und die Besucherzahlen stiegen bis auf 135 000 Personen an. Für das Grüne Gewölbe begann die Kriegszeit bereits im Spätsommer 1938 (Abb. 17). Im Zusammenhang mit der Sude-

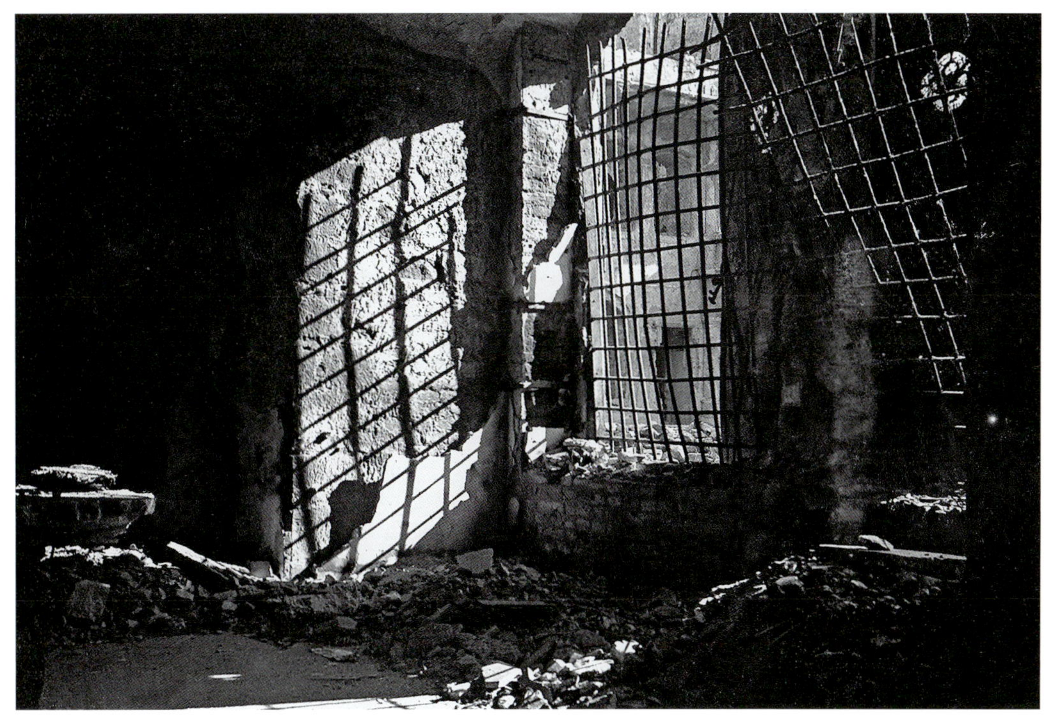

18

GRÜNES GEWÖLBE,
BRONZENZIMMER

1945

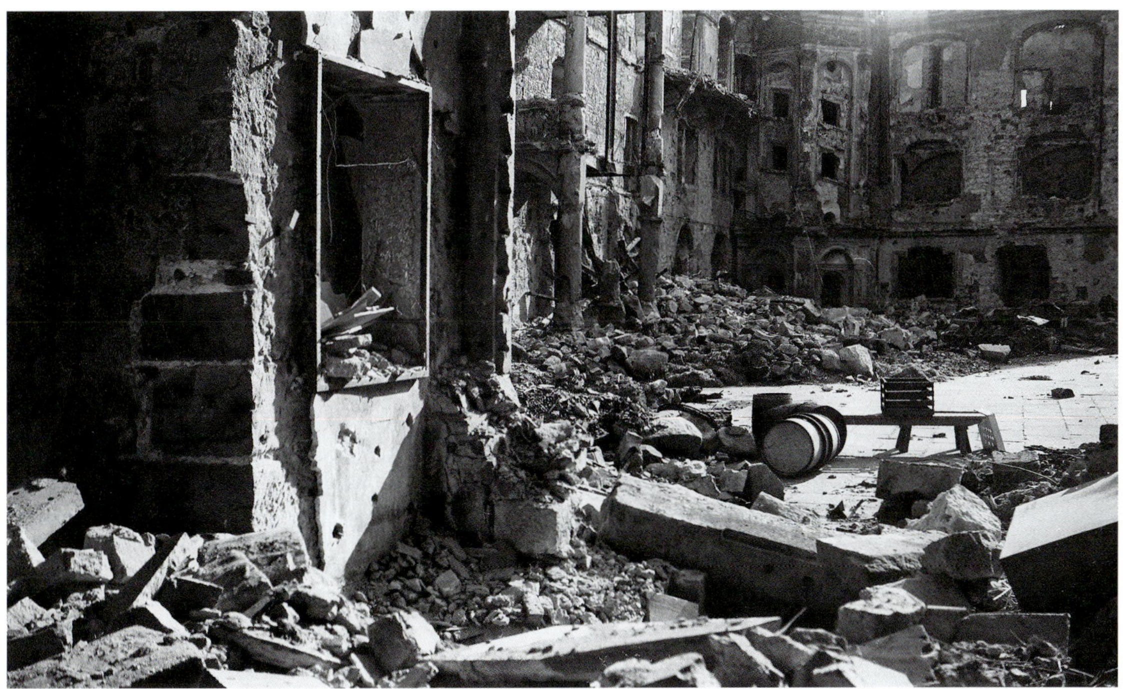

19

GRÜNES GEWÖLBE,
JUWELENZIMMER

1945

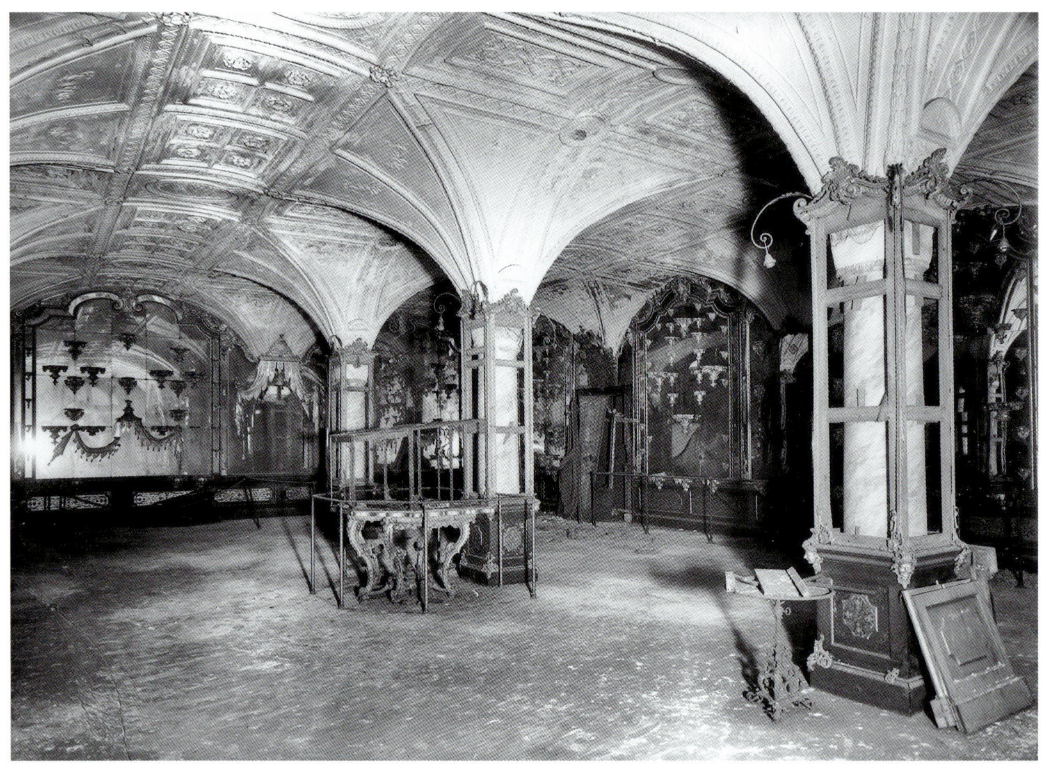

tenkrise wurden die empfindlichsten und zerbrechlichsten Gegenstände, darunter die Hauptwerke von Dinglinger und die Juwelengarnituren, sorgfältig in bereits bestellte Kisten verpackt und im vorgesehenen Bergungsraum im Keller des Schlosses untergebracht. Noch vor Beginn des Überfalls auf Polen am 1. September 1939, mit dem der Zweite Weltkrieg begann, räumte man die restlichen Teile des Objektbestandes aus. Als der Bombenkrieg für die deutschen Städte im Juni 1942 immer zerstörerischer wurde und man auch um Dresden fürchtete, entschloss man sich, den transportablen Bestand des Museums in eine extra dafür ausgestattete Kasematte der Feste Königstein verbringen zu lassen. Bis zum 14. Mai 1945 verblieben die Kisten gut gesichert auf der Festung, dann beschlagnahmte sie die Trophäenkommission der siegreichen Roten Armee. Der gesamte Kunstbestand des Grünen Gewölbes sowie einige Präsentationsmöbel gelangten damit für 14 Jahre in die Sowjetunion. Zu diesem Zeitpunkt war das barocke Ausstellungsgefüge im Residenzschloss schon längst ein Opfer des Krieges geworden. In der Nacht vom 13. auf den 14. Februar 1945 wurde das Residenzschloss zerstört. Die zum Schlosshof gelegenen Sammlungsräume, das Bronzenzimmer, das Juwelenzimmer und das Wappenzimmer mitsamt der noch in ihnen befindlichen Möbel waren vernichtet (Abb. 18 und 19). Vernichtet wurden auch die historischen Akten in den nicht durch eiserne Türen und Fensterladen gesicherten Büroräumen im gleichen Erdgeschoss. Die zur Sophienstraße gelegenen Ausstellungsräume, das Elfenbeinzimmer, das Weißsilberzimmer und auch der Pretiosensaal mit dem Eckkabinett überstanden dank der geschlossenen eisernen Türen und der eisernen Fensterladen den Untergang des alten Dresdens (Abb. 20). Das Silbervergoldete Zimmer hingegen wurde teilweise zerstört, denn dort drang das Feuer durch moderne Lüftungskanäle ein, wurde aber wegen des fehlenden Sauerstoffs erstickt.

Die Rückkehr des Grünen Gewölbes

Die Innenarchitektur der barocken Sammlungsräume in ihrer letzten, vom Museums-
direktor Jean Louis Sponsel bestimmten Fassung von 1912 bis 1917 war zu etwa 40 Pro-
zent zerstört. Doch gleich nach der Vernichtung im Jahr 1945 gab es die Vision, die
barocke Schatzkammer wieder aufzubauen. Anders ist es nicht zu erklären, dass aus dem
Brandschutt des Wappenzimmers alle nur auffindbaren Teile der Kupferschilde geborgen
und über Jahrzehnte an wechselnden Orten aufbewahrt wurden (Abb. 21). Doch zunächst
lagen die Räume des Grünen Gewölbes ungesichert und der Witterung ausgesetzt in der
Trümmerwüste, zu der das Residenzschloss und die Innenstadt Dresdens geworden
waren. Immer wieder drangen Diebe in die mehr und mehr verrottenden und von Haus-
schwamm befallenen barocken Ausstellungsräume ein und bedienten sich an den Spiegeln
und Konsolen. Erst der Ausbau der Wandverkleidungen in den Jahren 1962 und 1963
sicherte den noch vorhandenen Bestand. Bis 1989 erlebten die nunmehr völlig leeren
Räume verschiedene Nutzungen als Büro- und Ausstellungsräume wie auch als Auf-
führungsräume für Konzerte oder legendäre Fastnachtsfeste.

    Die Geschichte des Grünen Gewölbes als Museum hatte 1958 eine neue Wendung
genommen. Am 8. September beschloss der Ministerrat der UdSSR unter Vorsitz von
Nikita Chruschtschow, die 1945 auf Anordnung von Josef Stalin von der Trophäen-

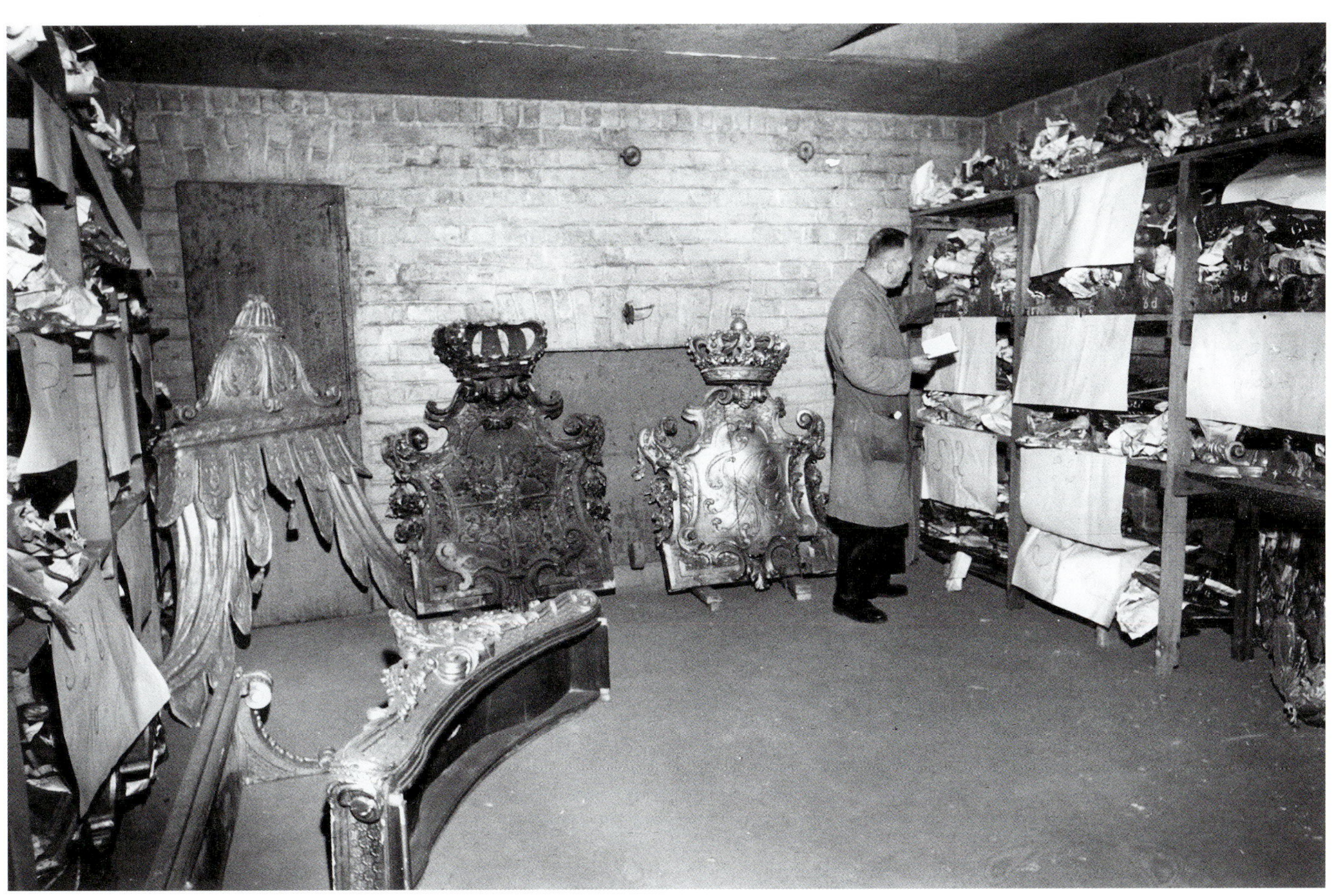

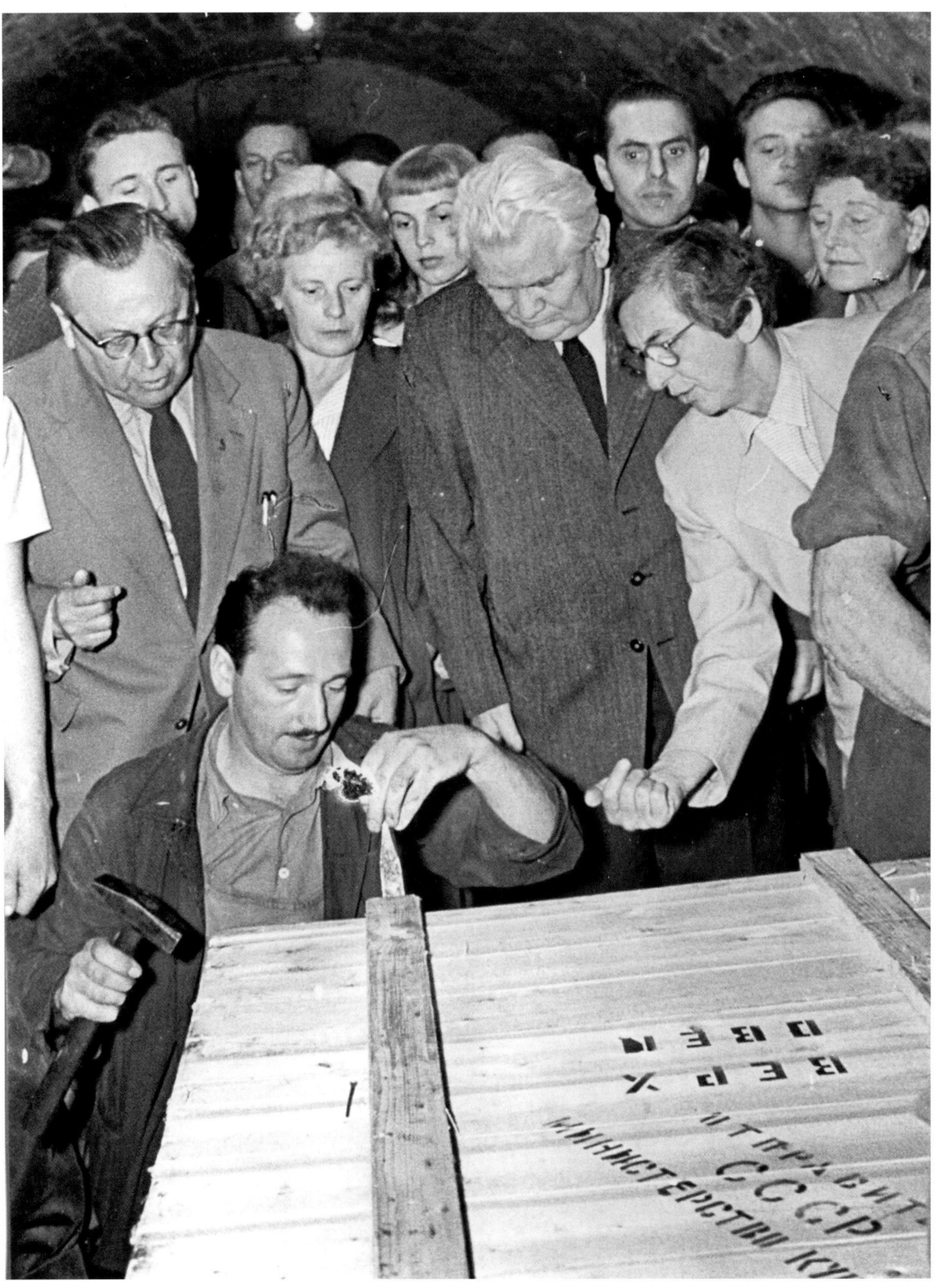

ВЕРХ
ВЕРХ
С С С Р
МИНИСТЕРСТВО КУ
ПРАВИТ

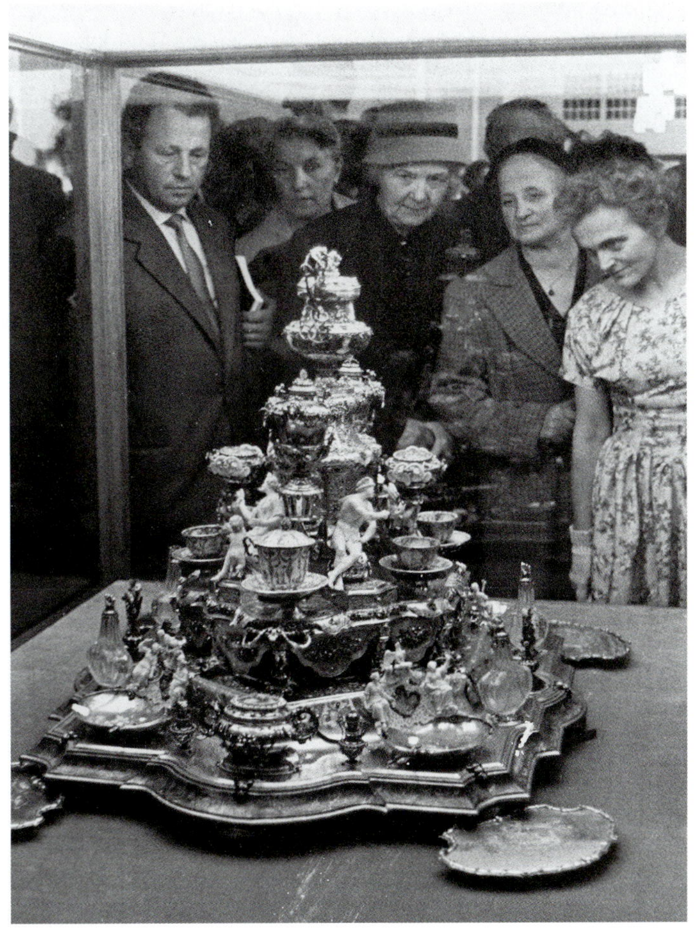

kommission der Roten Armee als Kriegsbeute und Kompensation für die Zerstörungen des Zweiten Weltkriegs beschlagnahmten Kunstschätze – soweit sie zu Staats- und Landesmuseen der DDR gehörten – zurückzugeben (Abb. 22). Am 28. November 1958 wurden die Bestände des Grünen Gewölbes feierlich in Dresden übergeben. Die ersten fast 400 Objekte des Grünen Gewölbes konnten dann ab dem 8. Mai 1959 in der Sonderausstellung »Der Menschheit bewahrt« im Erdgeschoss des weitgehend erhaltenen Albertinums den Einwohnern Dresdens gezeigt werden (Abb. 23). Danach wurde eine Auswahl restaurierter Objekte des Schatzkammermuseums im gleichen Haus dauerhaft ausgestellt. Joachim Menzhausen, als leitender Kunsthistoriker zwischen 1961 und 1992 Direktor des Grünen Gewölbes, gelang es, das Grüne Gewölbe als weltweit wahrgenommenes und bestauntes Museum der Deutschen Demokratischen Republik zu etablieren. Das Schatzkammermuseum Augusts des Starken gewann im Rahmen der sozialistischen Kulturpolitik der DDR eine bis dahin nie erreichte Popularität. Die Bevölkerung Dresdens machte das aus Platzgründen früher schon nur einer beschränkten Anzahl von Besuchern zugängliche Museum zu ihrem persönlichen Erbe. Am 1. September 1974 wurde im ersten Geschoss des Albertinums eine neue Dauerausstellung eröffnet, die eine größere Anzahl an Ausstellungsstücken besser zur Geltung brachte und zudem durch die Einbeziehung rekonstruierter Wandfelder die Ästhetik des barocken Schatzkammermuseums vorstellbar

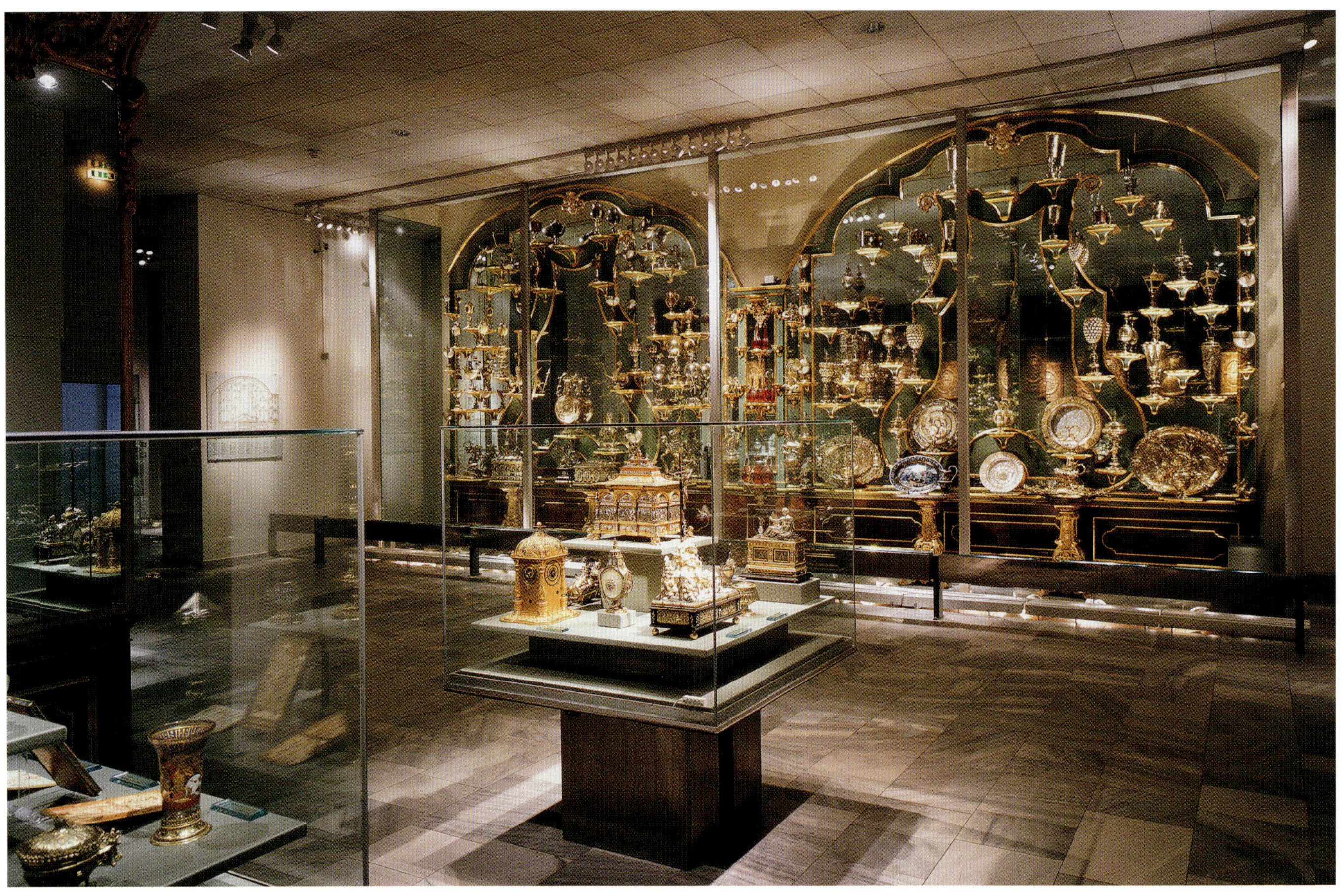

werden ließ (Abb. 24). In den kommenden 30 Jahren wurde diese Dauerausstellung von fast 19 400 000 Menschen besucht. Seit den späten 1960er Jahren war zwar die Rückkehr des Grünen Gewölbes in seine ursprünglichen Räume im Dresdner Residenzschloss zum allgemeinen Konsens geworden, dennoch mussten erste Restaurierungs- und Rekonstruktionsversuche sowie intensive Planungen des Umzugs der Schätze aus dem Albertinum bis zum Januar 2004 warten.

Das heutige Grüne Gewölbe ist neu und historisch-getreu zugleich. Es setzt den Besucher wieder der barocken Überwältigungsstrategie aus und verschafft einem Teil seiner Kunstwerke den Raum, um in all ihrer Schönheit die Neugier und Schaulust des Publikums zu erregen. Das geht aber nur, weil es nunmehr zwei Teile eines gemeinsamen Museums gibt: das am 7. September 2004 eröffnete Neue Grüne Gewölbe im ersten Geschoss des Westflügels und – genau darunter und an seinem ursprünglichen Ort – das am 1. September 2006 eröffnete Historische Grüne Gewölbe. Die Fläche, die August der Starke ursprünglich für die Ausstellung seines künstlerischen Staatsschatzes vorgesehen hat, hat sich heute auf fast 2 400 Quadratmeter verdreifacht. Das heutige Grüne Gewölbe kann sich dem barocken Schatzkammermuseum nur noch annähern. Zu stark waren in den letzten nun bald 300 Jahren seiner Existenz die Eingriffe in den Sammlungsbestand und die Sammlungsräume.

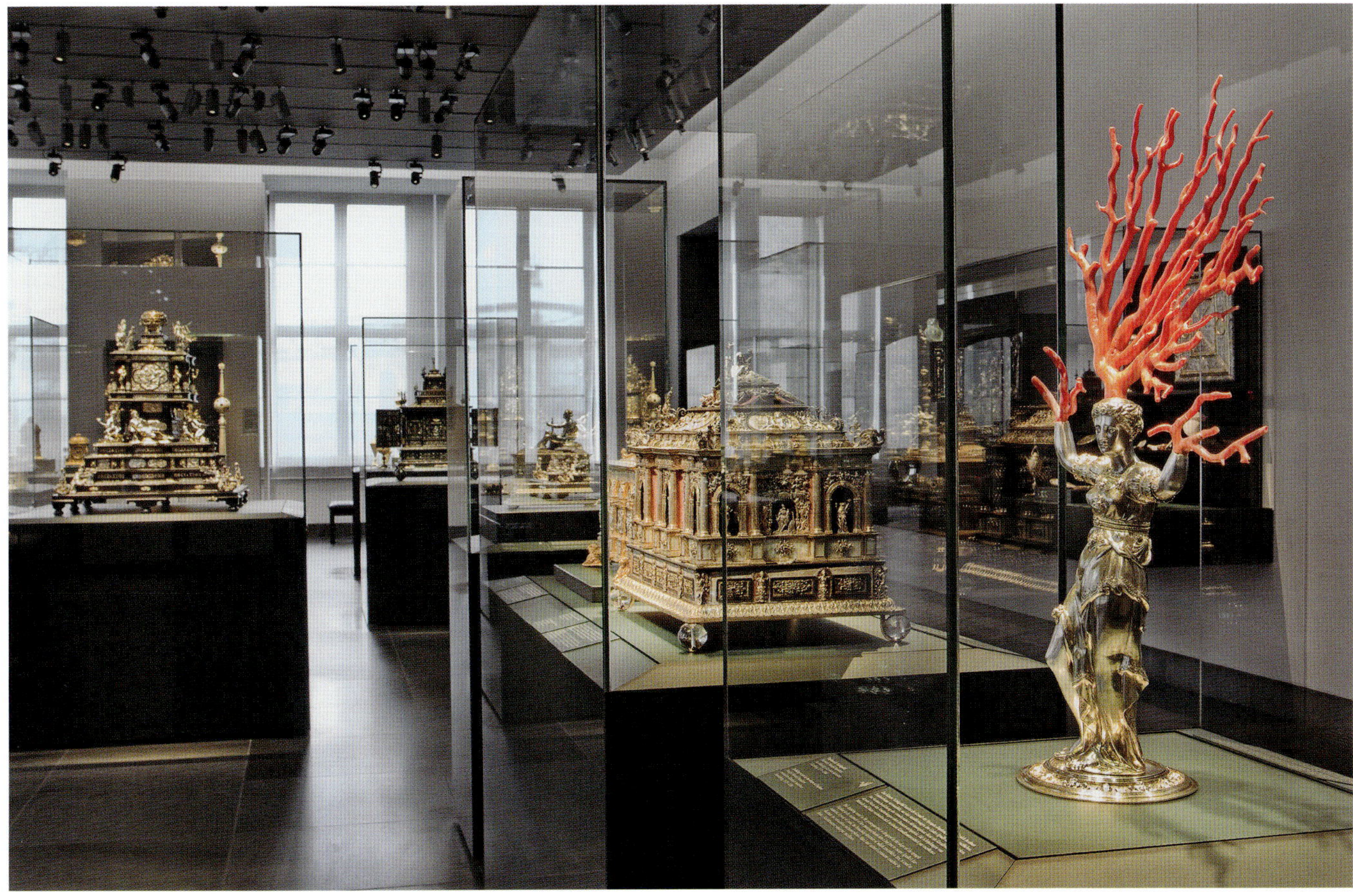

Die zwei Teile des Grünen Gewölbes

Mit dem Neuen Grünen Gewölbe konnten gleich mehrere der oben angedeuteten Probleme gelöst werden. Das Neue Grüne Gewölbe nimmt Kunstwerke und Objekte auf, die sich sammlungsgeschichtlich nicht für das barocke Raumgefüge eignen, bietet besonders schutzbedürftigen Kunstwerken eine optimale Präsentationsfläche und erlaubt, die dort ausgestellten Gegenstände in einer Weise zu präsentieren, die es dem Besucher ermöglicht, sie als eigenständige Schöpfungen bei bestem Licht und aus nächster Nähe zu betrachten (Abb. 25). Damit gewann das Grüne Gewölbe als Sammlung der Schatzkunst der Renaissance und des Barock eine bis dahin nicht denkbare Ausstellungskraft. In elf Ausstellungsräumen von unterschiedlicher Größe finden in 186 Vitrinen 1071 Kunstwerke und Objekte ihren Platz. Das Neue Grüne Gewölbe ist im weiteren Sinne chronologisch konzipiert. Es versteht sich auch darin als ergänzendes Gegenstück zum materialorientierten barocken Schatzkammermuseum. Seine bewusst moderne, sich zurücknehmende Architektur dient als Bühne, auf der sich sorgfältig ausgesuchte Teile der Sammlung in einer Weise präsentieren, in der sie von den Sammlern des 16. bis 18. Jahrhunderts wahrgenommen wurden (Abb. 26).

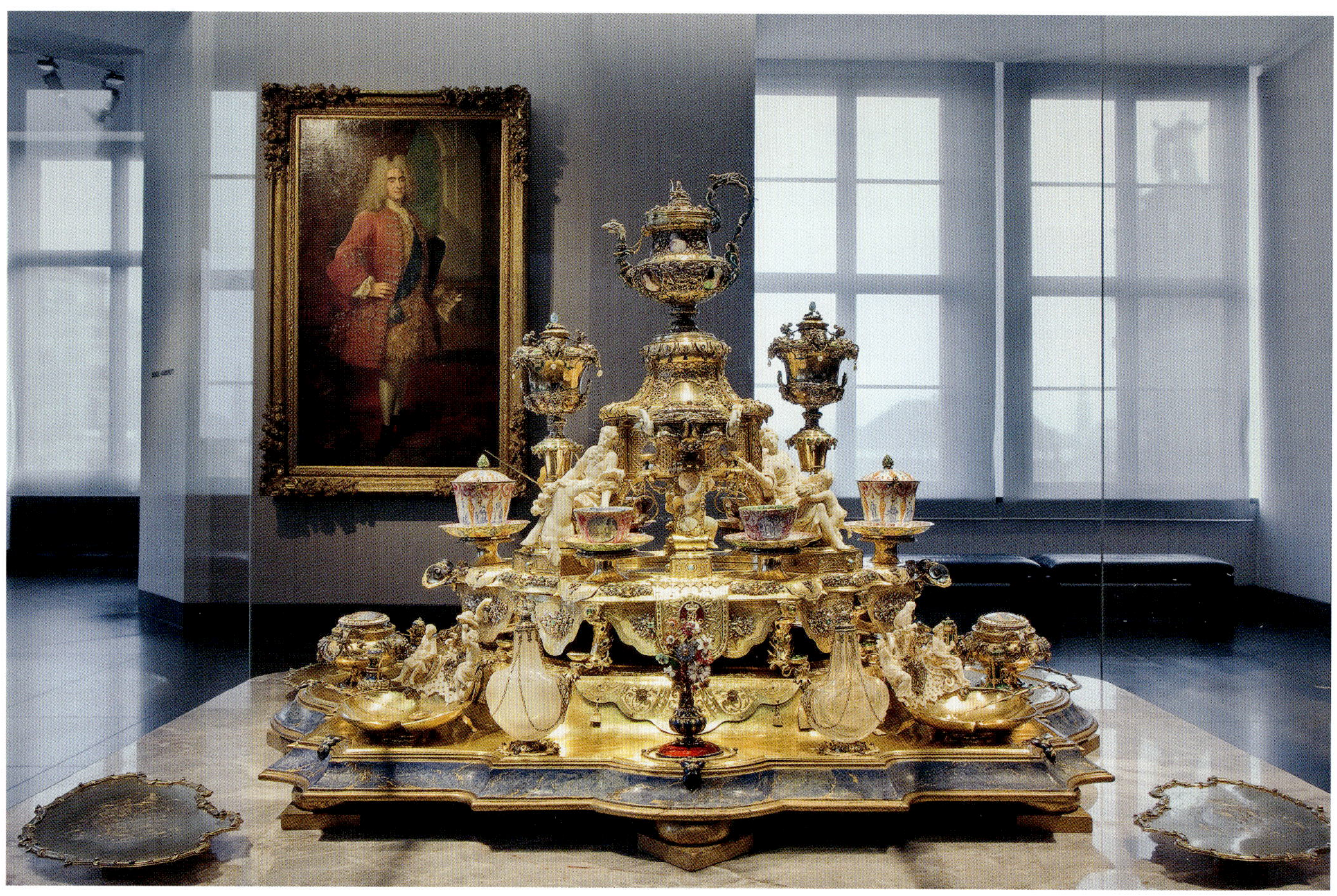

Als Ergänzung zum Neuen Grünen Gewölbe befindet sich im südlichen Bereich des Erdgeschosses, dem Vorgewölbe, eine weitere moderne Ausstellungsfläche, auf der
Sammlungsbestände der Schatzkunst des Mittelalters und der Frührenaissance, aber auch
der Bestand an Limogesemail aus fünf Jahrhunderten präsentiert werden (Abb. 27). Der
nordwestliche Eckturm ist dabei den im Grünen Gewölbe bewahrten dinglichen Zeugnissen der Reformationszeit gewidmet. Heute ist es wieder möglich, das Grüne Gewölbe
so zu erleben, wie es der junge Philosoph Arthur Schopenhauer 1804 festhielt: »Auch jetzt
nachdem ich so viele Schazkammern gesehn habe, finde ich noch daß es alle an Reich-
thum weit übertrifft. Man glaubt sich in einem Feen-Pallast versezt, u. wird von der
unendlichen Pracht geblendet, wenn man die glänzenden Zimmer betritt, in denen sich
die kostbaren goldenen Gefäße u. Spielwercke von Diamanten, an den Spiegelwänden
vervielfachen […]«[10]

Die Neukonzeption einer Präsentation für das zu rekonstruierende Grüne Gewölbe
nach 1958 musste sich also verschiedenen Fragen stellen. Die wesentliche war: Wie kann
das barocke Raumgefüge wieder zurückgewonnen und zugleich der wachsenden Publi-
kumsresonanz Rechnung getragen werden? Daraus folgte als nächste Frage: Wie kann
die von August dem Starken vorgegebene Ausstellungskonzeption trotz der unwieder-
bringlichen Verluste an wichtigen Sammlungsteilen im Jahr 1772 wieder hergestellt wer-

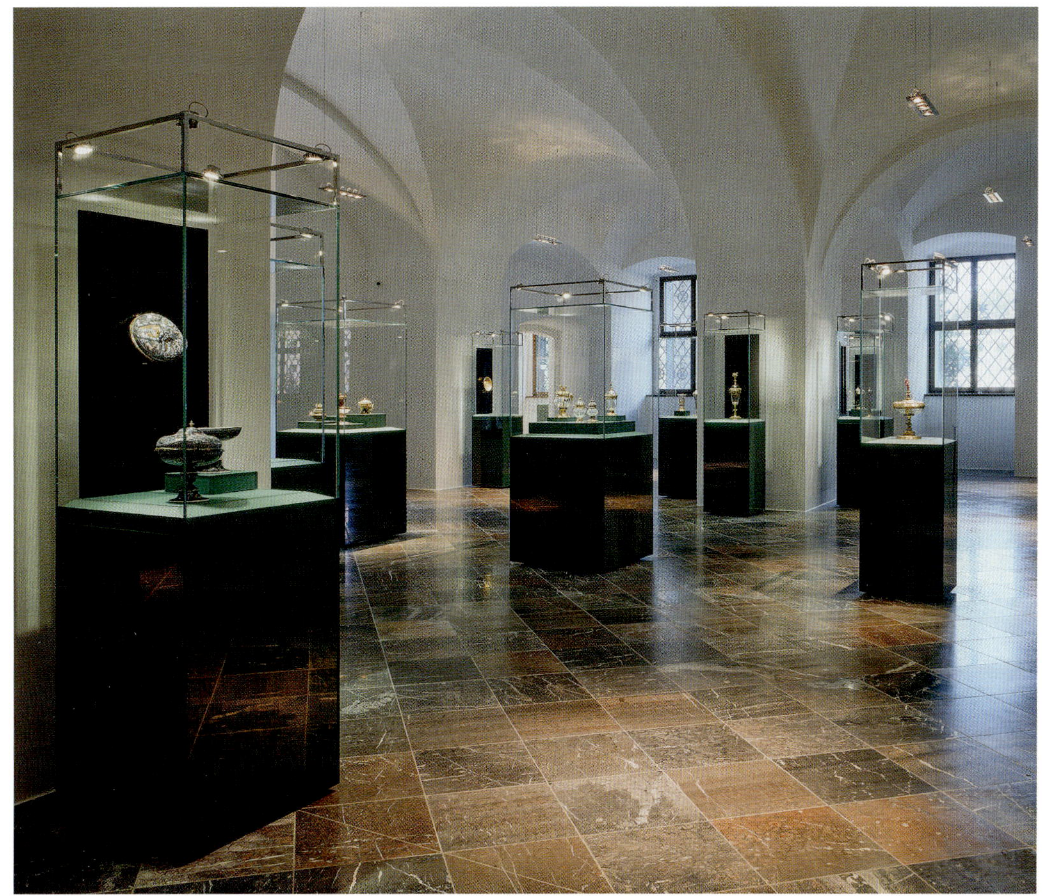

den? Zugleich musste eine Integrationsmöglichkeit für die später in die Sammlung aufgenommenen Kunstwerke der Kunstkammer gefunden werden. Auch musste man sich dem Problem widmen, reizvolle Sammlungsobjekte ihrer außergewöhnlichen künstlerischen und kulturellen Bedeutung gemäß zu präsentieren. Als letztes stellte sich die Frage nach dem bestmöglichen konservatorischen Schutz für die Sammlungsbestände, zumal gerade diejenigen, bei denen Goldemail Verwendung gefunden hatte, in der zweiten Hälfte des 20. Jahrhunderts bedenkliche Schadensbilder aufwiesen.

Seit dem 15. September 2006 ist der historische Teil des Grünen Gewölbes für die allgemeine Öffentlichkeit zugänglich. Damit wurde auch die neue Gesamtkonzeption für das Grüne Gewölbe sichtbar, bei der das über die wechselhaften Zeitläufte erhaltene barocke Museumsgesamtkunstwerk vom Neuen Grünen Gewölbe ergänzt wird. Neben der rauschhaften Anhäufung der Schätze in einem dramaturgisch inszenierten Museumskunstwerk bietet die moderne Präsentation der Objekte unter besten Lichtbedingungen und in bisher in keinem anderen Museum realisierten Vitrinen aus entspiegeltem Glas die Sicht auf die Erzählfreude und den ästhetischen Zauber des Einzelkunstwerks und passt sich damit den heutigen Sehgewohnheiten an. Unmittelbar mit der Wiedereröffnung wurde das barocke Grüne Gewölbe wieder zu einem Ort der kulturellen und politischen Kommunikation.

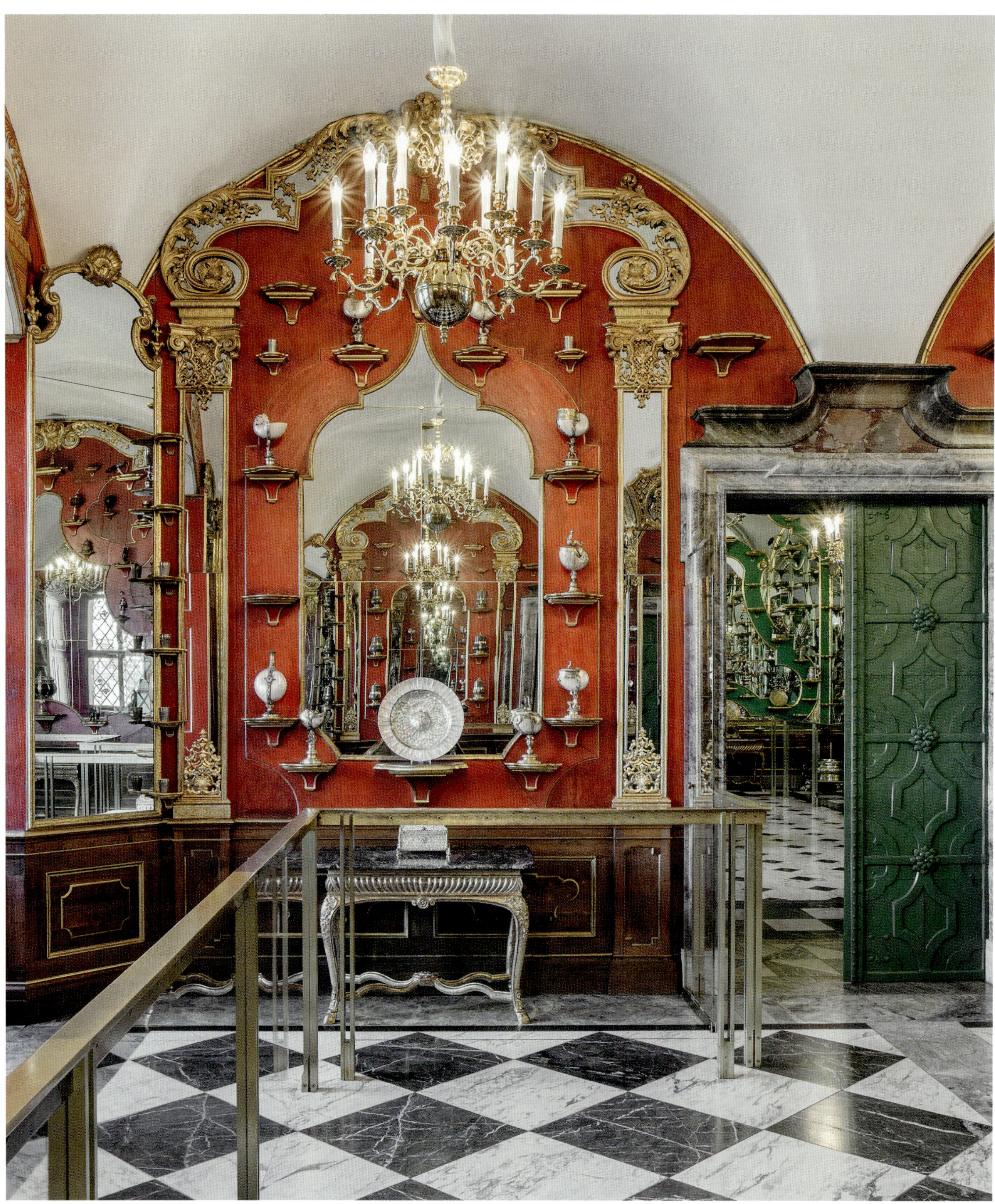

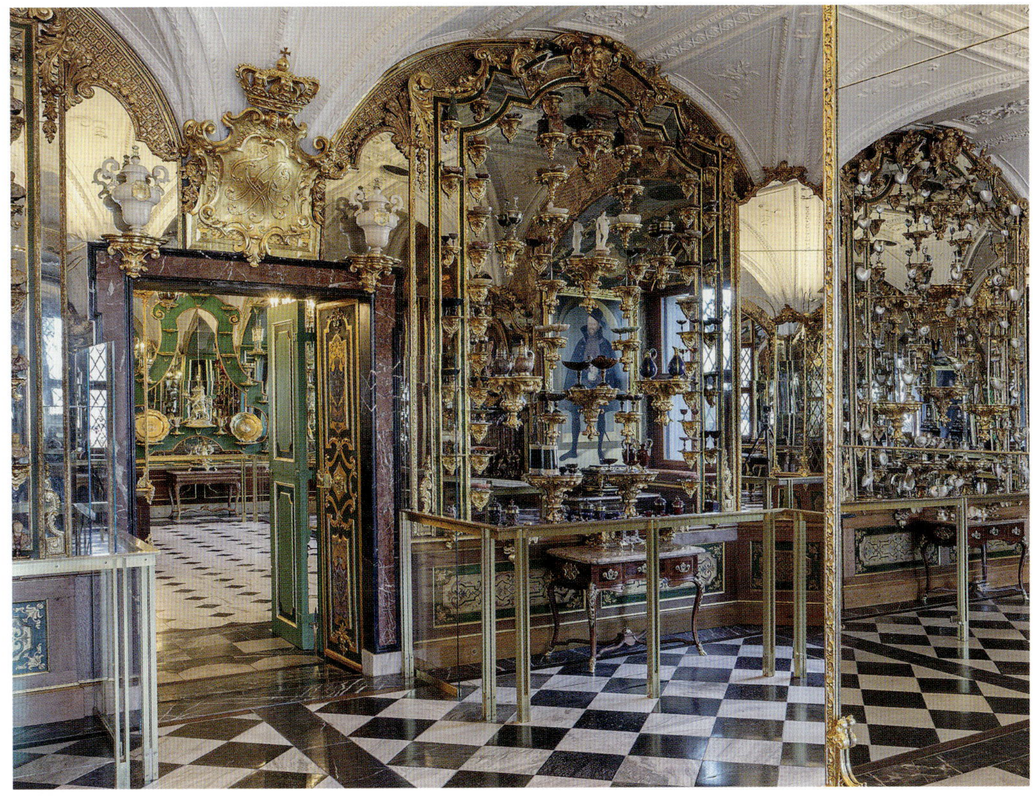

Der Besucher begibt sich nunmehr in eine Situation hinein, in der sich die Kunstwerke in fast schon greifbarer Nähe zu ihm, ohne erkennbaren zusätzlichen konservatorischen Schutz, auf den Konsolen und Tischen in Aufstellung befinden (Abb. 28 und 29). Zum Erhalt des vitrinenmäßigen Raumklimas, aber auch aufgrund der räumlichen Gegebenheiten müssen die Besuchermenge und die -folge geregelt werden. Dies stellen Klima- und Sicherheitsschleusen am Zu- und Ausgang sicher. Von dort beginnt die visuelle Zeitreise in eine barocke Schatzkammer, die der sonst üblichen Präsentation von wertvollen Kunstwerken zuwider läuft. Der Besucher betritt das älteste in seiner ursprünglichen Form erlebbare Museum Europas.

Zur Neuinszenierung des Staatsschatzes der sächsischen Kurfürst-Könige gehören zwei kleinere Räume, die den Besuch der ungewohnten barocken Pracht als ästhetische Übergänge am Beginn und Ende des Rundgangs erleichtern sollen. So betritt der Besucher als erstes das geheimnisvolle Halbdunkel des Bernsteinkabinetts, in dem die umfangreiche Bernsteinsammlung aus drei Jahrhunderten mit ihren fragilen Objekten auf eine weitgehend moderne Weise ausgestellt ist. Zugleich stimmt der Raum mit dem kostbar honigfarbenen Goldklang des Bernsteins auf den formalen Reichtum der folgenden, bereits durch die geöffnete Tür sichtbaren Schatzräume des Barock ein. Ähnlich verhält es sich mit dem Renaissancebronzenraum, in dem der Besucher, nachdem er das überquellende Bronzezimmer Augusts des Starken erlebt hat, einige der schönsten und bedeutendsten Bronzestatuetten der Renaissance in Nahansicht und akzentuierter Beleuchtung sehen kann. Damit beginnt für ihn zugleich die Rückkehr in die Präsentationsformen seiner Gegenwart.

Bei der Einrichtung des barocken Schatzkammermuseums waren für die Museumsleitung zwei Prämissen besonders wichtig. Die erste betraf die Beleuchtung: Das Grüne Gewölbe war als Tageslichtmuseum konzipiert, deshalb ist es unter Berücksichtigung eines optimalen Lichtschutzes erforderlich, den sich im Tages- und Jahreswechsel verändernden Lichteinfall seitens der Fenster zu erhalten. Die für einen tageszeitlich unbegrenzten Besuch notwendige Zusatzbeleuchtung sollte den Charakter eines Allgemeinlichts besitzen und keine Akzentuierung bewirken. Auf Vorhänge, die für das 18. Jahrhundert nachweisbar sind, konnte aufgrund der Schutzfunktion des modernen Fensterglases verzichtet werden.

Die zweite Prämisse betraf die Rekonstruktion der Innenarchitektur: Von großer Bedeutung für das Museum war, dass diese sich soweit wie möglich an derjenigen des Jahres 1733 orientierte – selbst wenn nicht alle damals an den Schauwänden befestigten Konsolen wieder mit Kunstwerken besetzt werden könnten. Großer Wert wurde von der Museumsseite auch auf die genaue Rekonstruktion der Möblierung mit den 1733 vorhandenen Tischen und dazugehörigen farbigen Tischplatten gelegt, die von Jutta Kappel mit kriminalistischem Spürsinn wieder zusammengeführt werden konnten. Zur optischen Vervollständigung des Bronzenzimmers wurden Postamente in Boulletechnik, die heute noch in Russland verschollen sind, durch Kopien ersetzt.

PS oder Der Albtraum des Königs

Eine verstörende weltweite Bekanntheit erlangte das Grüne Gewölbe, als Diebe in einem detailliert geplanten und durchgeführten Coup am Montag, dem 25. November 2019, kurz vor fünf Uhr morgens in den im Erdgeschoss gelegenen Pretiosensaal der Schatzkammer Augusts des Starken eindrangen. Durch eine Großbaustelle an der Augustusbrücke – und den kurz bevorstehenden Neumond – vor der Öffentlichkeit geschützt, hatten sie in dieser Nacht den Transformator für die Straßenbeleuchtung des Theaterplatzes zerstört. Ihnen war es gelungen, eine Schwachstelle in der 20 Jahre zuvor nach damals höchsten Standards eingebauten Außenhautsicherung zu finden. Mithilfe modernster Technik durchtrennten sie die Vergitterung eines Fensters und drückten das dahinterliegende, fest mit der Wand verbundene Sicherheitsglas aus seiner Verankerung. Mit brachialer Gewalt zertrümmerten sie mit einer Spaltaxt Teile der Vitrinenscheiben im Juwelenzimmer und stahlen in weniger als vier Minuten 13 bedeutende Schmuckstücke, acht Knöpfe der Diamantrautengarnitur sowie eine große Diamantrose. Von der Brillantgarnitur wurden drei bedeutende große Schmuckstücke, darunter die Epaulette mit dem »Sächsischen Weißen«, erbeutet, während die Garnitur mit dem altertümlichen Diamantrosenschliff weitaus größere Verluste erlitt. Aus dem Diamantschmuck der Königinnen wurden die Große Brustschleife und Teile des Brillantkolliers sowie zwei kleinere Stücke entwendet.

Der Wert dieses Diamantschmucks besteht nicht so sehr im Materialwert, handelt es sich doch um Edelsteine in alten Schliffen, die teilweise farblich, aber auch aufgrund von Einschlüssen heutigen Qualitätsnormen nicht mehr entsprechen. Es ist vielmehr der einzigartige kulturhistorische Wert der zumeist im späten 18. Jahrhundert neugefassten Ensembles, der die Schmuckstücke so bedeutend macht.

Die Polizei ermittelte, dass mindestens sieben Personen an diesem hochprofessionellen Einbruch beteiligt waren. Am 17. November 2020 konnten drei dringend tatverdächtige junge Männer in Berlin festgenommen werden. Ein weiterer Täter wurde am 14. Dezember 2020 verhaftet. Vom Raubgut findet sich bis heute (Stand 15. Dezember 2020) keine Spur.

1 Johann Georg Keyßler, Neueste Reisen durch Deutschland, Böhmen, Ungarn, die Schweiz, Italien und Lothringen. Hannover 1740/41, Band II, S. 1053.

2 Sächsische Landes- und Universitätsbibliothek (SLUB), MSCR.Dresd.K.340, Vortzeichnus, zu welcher tzeit der Churfürst zu Saxen […] Augustus dieses 1572. Jhar allerley Junge Obst beume gesetzt, gepfopffet, Auch allerley Kernn gestecket, und sehen lassen, fol. 26r.

3 Dirk Syndram, Die Schatzkammer Augusts des Starken, Leipzig 1999, S. 76. Quelle: Akten Grünes Gewölbe, Aktenauszüge Zu- und Abgänge 1702–1748 (Verlust).

4 Sächsisches Staatsarchiv – Hauptstaatsarchiv (StA-D), 10009 (Kunstkammer, Sammlungen Galerien), Nr. 12 Inventarium derer Königlichen Juwelen, besiegelt am 8. Juni 1722, S. 92. Vgl. auch Ulli Arnold, Juwelen Augusts des Starken, München/Berlin 2001, S. 293 (Transkription des Inventars).

5 Starcke beschreibt den Besuch des weitgereisten Monsieur de Prohengue: StA-D, 10026 (Geheimes Kabinett), Loc. 354/03, Schatullensachen 1697–1748, Vol. I, fol. 276v.

6 Johann Georg Keyßler, Neueste Reisen durch Deutschland, Böhmen, Ungarn, die Schweiz, Italien und Lothringen. Hannover 1740/41, Band II, S. 1058 f.

7 StA-D, 10026 (Geheimes Kabinett), Loc. 896/01, Sachen, das Grüne Gewölbe, dessen Revision und die den Geheimen Kämmerern Starcke und March darüber aufgetragene Aufsicht betreffend, 1681 ff., fol. 76r–78r.

8 Siehe dazu und zum weiteren Verlauf des Silberpfandes: Ulli Arnold, Der historische Bestandsverlust an Silber im Jahre 1772, in: Jahrbuch der Staatlichen Kunstsammlungen Dresden, 21, 1989/90, S. 59. Eine spezifizierte Liste mit den Edelmetallgewichten findet sich in: StA-D, 10026 (Geheimes Kabinett), Loc. 896/01, Sachen, das Grüne Gewölbe, dessen Revision und die den Geheimen Kämmerern Starcke und March darüber aufgetragene Aufsicht betreffend, 1681 ff., fol. 94 i–k.

9 Am 4. August 1772 wurden die Kisten mit Silber, »qui sont arrivé d'Hollande«, durch den Aufwärter Leschke geprüft und mit den Inventaren abgeglichen. Am 18. Januar 1773 wurden 44 Gefäße aus Gold, 216 Gefäße aus vergoldetem Silber und 377 Gefäße aus Weißsilber aus dem Inventar gelöscht. Insgesamt wurden Objekte des Grünen Gewölbes im Gewicht von 105,85 Mark Gold und 10 829,0 Mark Silber, die einen Wert von 159 000 Talern hatten, eingeschmolzen. Siehe hierzu Ulli Arnold, Der historische Bestandsverlust an Silber im Jahre 1772, in: Jahrbuch der Staatlichen Kunstsammlungen Dresden, 21, 1989/90, S. 60.

10 Arthur Schopenhauer, Reisetagebücher aus den Jahren 1803–1804, hrsg. von Charlotte von Gwinner, Leipzig 1923, S. 308–309, Eintrag am 12. August 1804. Ich danke Herrn Jochen Stollberg für den Hinweis auf dieses Zitat.

30 (folgende Doppelseite)

Juwelenzimmer
im Historischen
Grünen Gewölbe

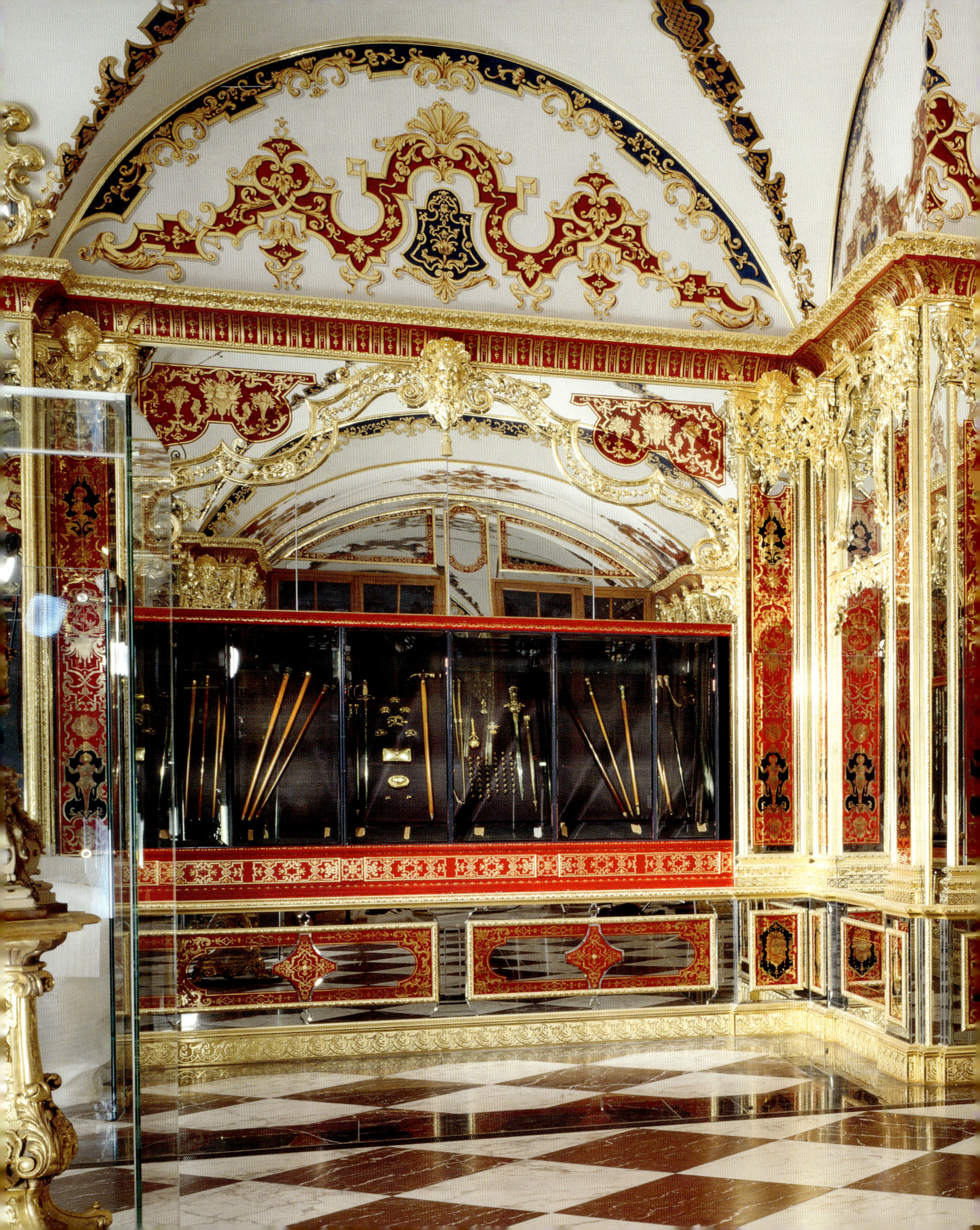

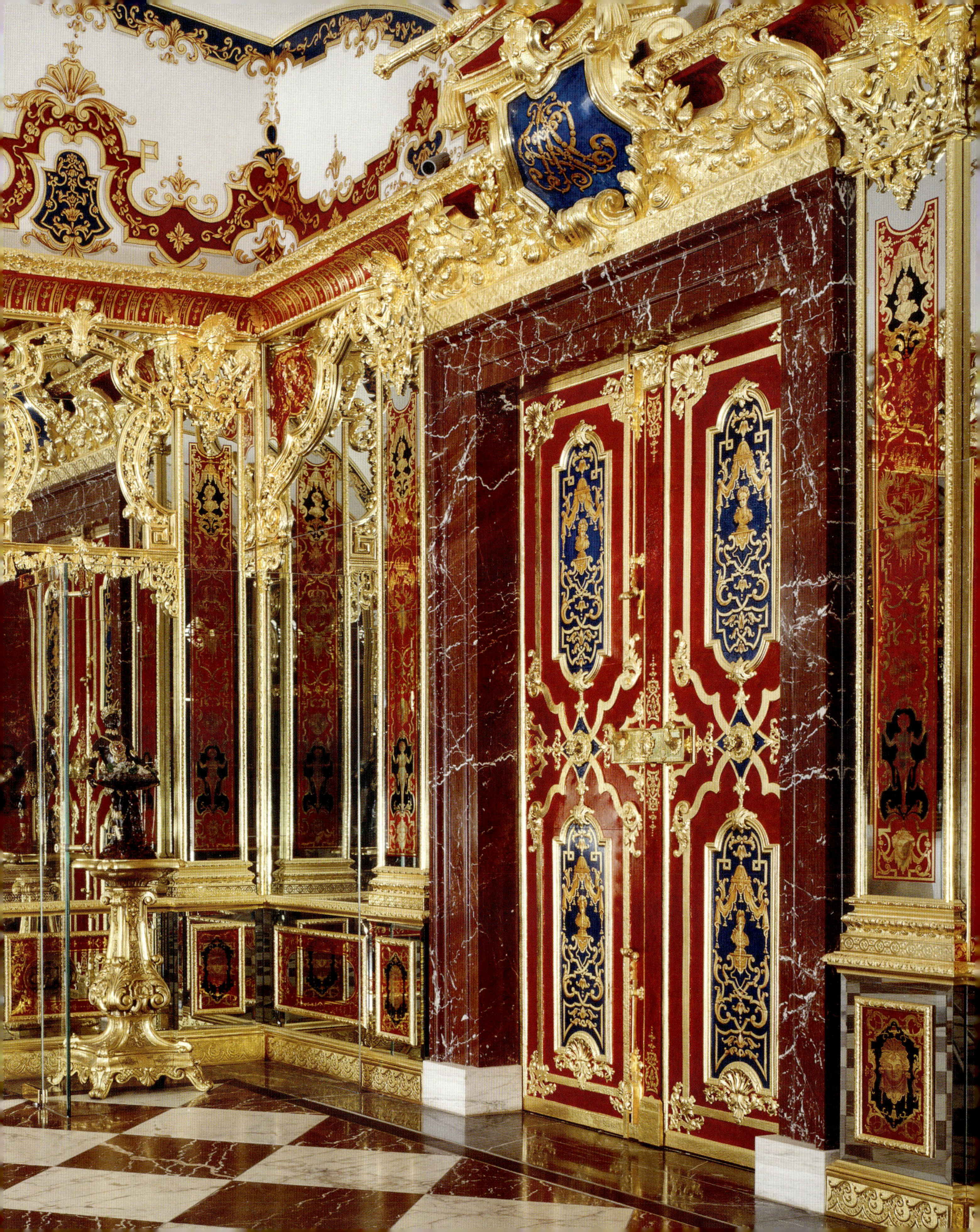

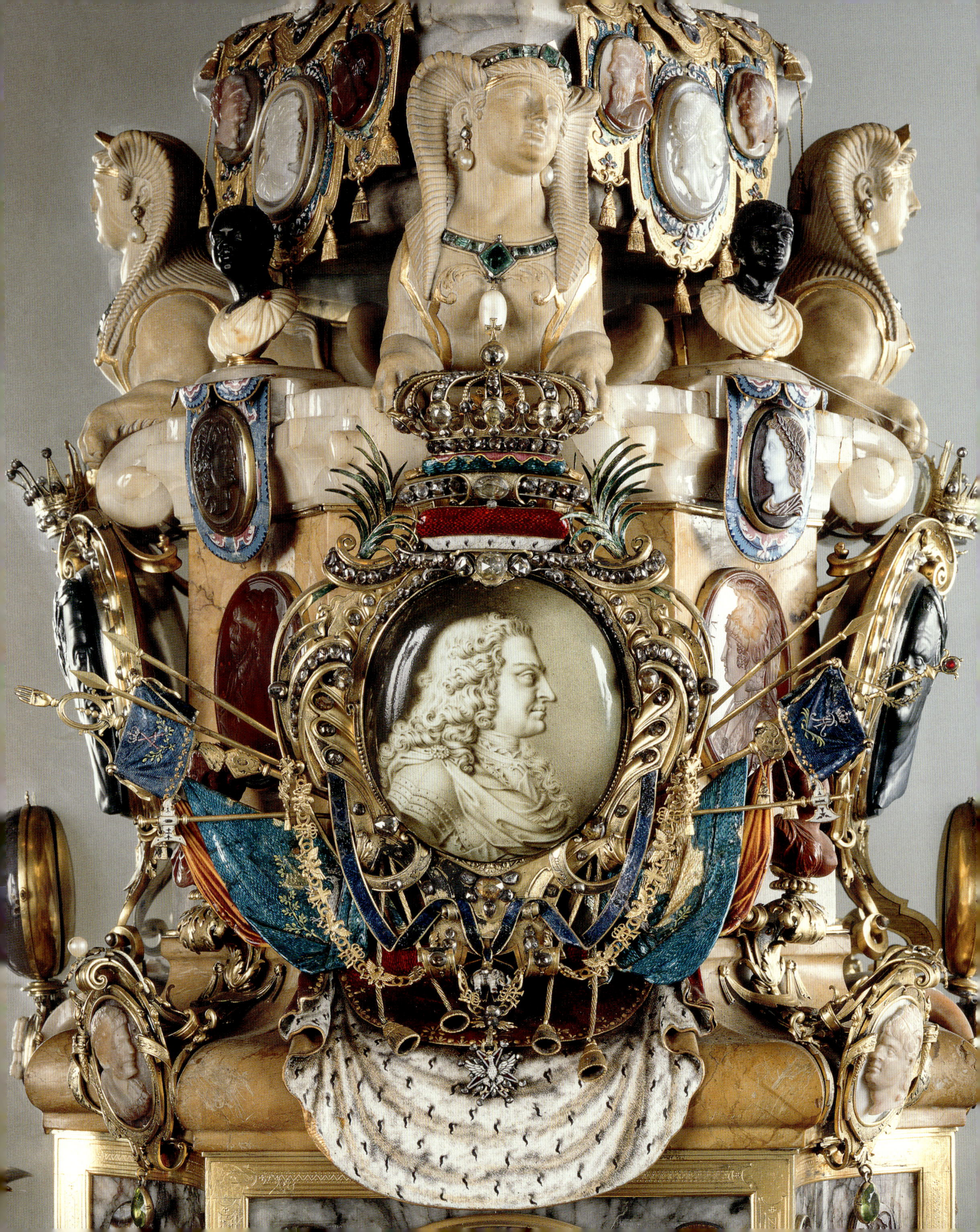

DIE SCHÄTZE
DES GRÜNEN GEWÖLBES

Der Ursprung der Schatzkammersammlung des Grünen Gewölbes liegt im 16. Jahrhundert und damit in der Renaissance. Das Grüne Gewölbe besitzt aber auch eine kleine, sehr qualitätsvolle Sammlung mittelalterlicher Kunstwerke. Ihre geringe Anzahl mag zunächst verwundern, da doch in Sachsen seit dem Ende des 12. Jahrhunderts enorme Mengen Silber gefördert wurden. Sie begründet sich aber aus den kulturellen und politischen Umwälzungen der Reformationszeit, in der die katholischen Kirchenschätze des Landes weitgehend vernichtet wurden. Auch das bis zum Beginn des 16. Jahrhunderts recht seltene Repräsentationssilber schmolz man zum größten Teil ein, da seine spätgotischen Formen dem neuen künstlerischen Selbstverständnis störend erschienen. Es verblieben im Schatz der sächsischen Fürsten aber Stücke, denen man eine ursprüngliche religiöse Bestimmung nicht ansah und deren geringer Edelmetallanteil die Zerstörung nicht lohnte.

Dazu gehört auch der schon durch seine Höhe eindrucksvolle Deckelpokal aus Bergkristall und vergoldetem Silber. Er zählt nicht nur zu den frühen Zeugnissen venezianischen Bergkristallschliffs, er ist auch einer der ältesten profan genutzten Deckelpokale, der erhalten und heute nachweisbar ist. Die konisch sich erweiternde Kuppa aus 16 abwechselnd schmalen und breiten Facetten, die den Glanz und die Lichtreflexion erheblich steigern, lässt ihn zudem zum ältesten erhaltenen Bergkristallbecher mit dieser Schliffform werden. Facettierte Becher mit geschliffenem Boden sind erst seit Ende des 13. Jahrhunderts archivalisch nachweisbar. Das Trinkgefäß ist ausgesprochen prächtig mit zeittypischem venezianischem Silberfiligran gefasst. Der von einem hohen Knauf mit drei Schlangenköpfen bekrönte Pokaldeckel nimmt die Ornamentmotive und den Edelsteinbesatz des Fußes wieder auf. Der halbkugelige Deckel besteht nicht aus Bergkristall, sondern aus Glas. Als der Pokal angefertigt wurde, hatte man gerade die technologisch anspruchsvolle Glasproduktion, für die Venedig bereits berühmt war, aus Sicherheitsgründen auf die Insel Murano verlagert. Die sorgfältige Gestaltung und Größe dieses seltenen Trinkgefäßes des späten 13. Jahrhunderts weist auf einen königlichen Besitzer hin. Er entstand in einer Zeit, als Marco Polo von seiner Chinareise zurückkam und im nördlichen Teil Europas die großen gotischen Kathedralen errichtet wurden. Dieser Bergkristallpokal ist bereits im ersten Dresdner Schatzkammerinventar von 1586/87 verzeichnet und gehört damit zu den frühesten Schatzkunstobjekten der Sammlung.

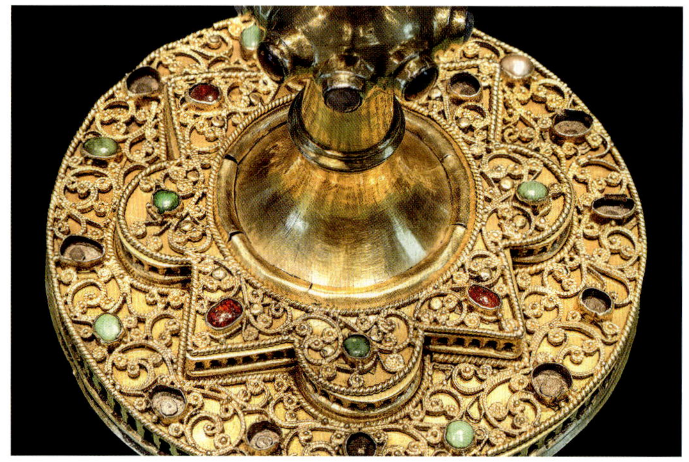

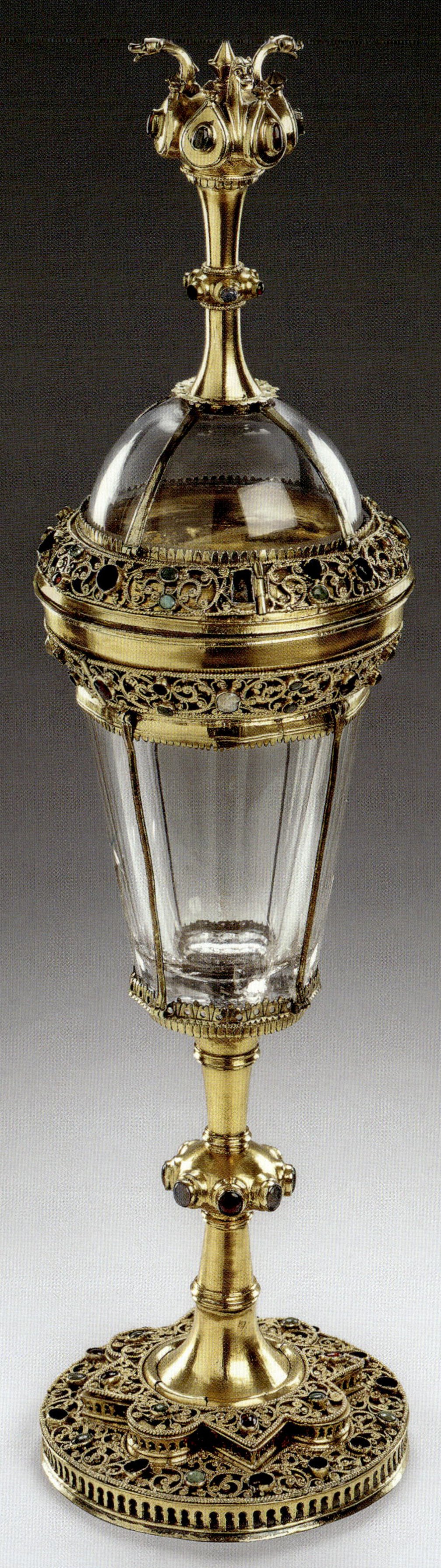

▶

**GLASBECHER
MIT REIHERJAGD**

Glas, Email, Silber, vergoldet
Glas: Syrien, um 1300
Goldschmiedearbeit: Deutsch-
land, spätes 15. Jahrhundert
oder frühes 16. Jahrhundert
H. 34,0 cm / Inv.-Nr. IV 192

Die beiden gut 700 Jahre alten Glasbecher entstammen dem mamelukischen Kultur-
kreis. Sie wurden gegen 1300 in Syrien angefertigt und gelangten auf unbekannten
Wegen nach Nordeuropa, wo sie zu Beginn des 15. Jahrhunderts, wohl in Deutschland, mit silbernen Standringen und Deckeln versehen und so dem abendländischen
Gebrauch angepasst wurden. Bis heute vermitteln die kostbaren Glasgefäße eindrucksvoll
das aristokratische Lebensgefühl der Herrscher des Orients. Auf der Wandung des kleineren der beiden Becher galoppieren drei Reiter. Sie spielen das ritterliche Polo, das aus
Persien stammte. Die beiden goldenen, ornamenthaft wirkenden Inschriftenfriese preisen
– am oberen Rand in alter Naskhi-Schrift und am unteren mit gleichem Text in kursiver
Schrift – den Ruhm eines namentlich nicht genannten Sultans. Die Bemalung des höheren
Bechers mit einer Wasserjagd stimmt im figürlichen Stil weitgehend mit dem kleineren
überein. So darf angenommen werden, dass beide aus der gleichen Werkstatt stammen.
Dargestellt ist ein Jäger, der mit Pfeil und Bogen auf Kraniche und Wildgänse schießt,
während ein zweiter die Vögel mit einem Tuch aus dem Schilfdickicht aufscheucht.

Die beiden Meisterwerke der Emailmalerei entstammen der Blütezeit der syrischen
Glasindustrie. Die zylindrische Trinkbecherform mit auslandendem Rand und ange-
schmolzenem Ringfuß ist typisch für das islamische Mittelalter. Bis zum Ende des Mittelalters war das vom Islam beherrschte südliche Mittelmeergebiet dem Abendland kulturell
weit überlegen. Derartige mit farbenfroher Emailmalerei geschmückte Glasbecher wurden nicht allein für die reichen Höfe der Luxusstädte Samara, Bagdad und Kairo geschaffen. Die zerbrechlichen Kostbarkeiten gelangten auch als »Souvenire« von Kreuzrittern
und hochgestellten Pilgern nach Europa oder wurden über Venedig importiert. Die beiden
Becher sind seit 1640 im Bestand der Dresdner Kunstkammer nachweisbar, aus dem sie
bei deren Auflösung 1832 in das Grüne Gewölbe gelangten.

**GLASBECHER
MIT POLOSPIELERN**

Glas, Email, Silber, vergoldet
Glas: Syrien, um 1300
Goldschmiedearbeit: Deutsch-
land, 2. Hälfte 14. Jahrhundert
H. 27,0 cm / Inv.-Nr. IV 193

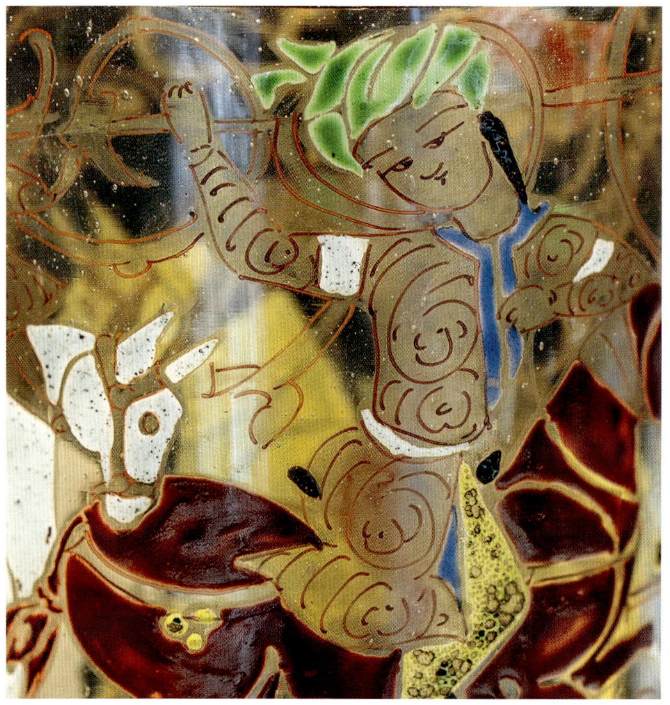

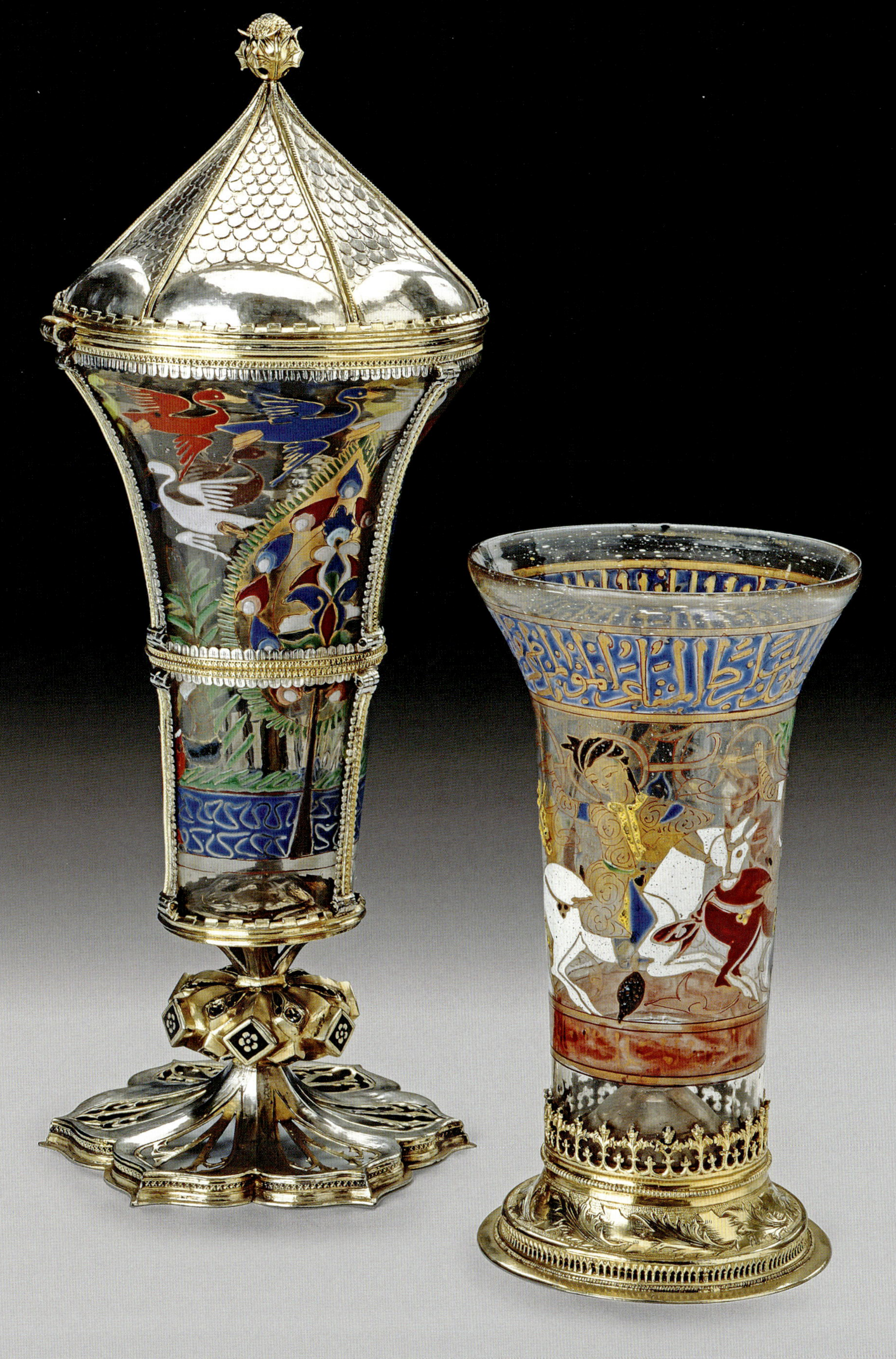

B ergkristall galt den Menschen des Mittelalters und der Frührenaissance als reinster Lichtstoff. Das wasserklare, steinharte Material symbolisierte die Weisheit des göttlichen Wortes ebenso wie die Reinheit der Jungfrau Maria. Deshalb diente Bergkristall im Sakralbereich als Altarstein oder als kostbare Hülle für Heiligenreliquien. Im profanen Leben war es auch ein für fürstliche Trinkgefäße geschätztes Material, denn man war sich sicher, dass der Bergkristall magische Kräfte besitzt: Das seltene und schwer zu bearbeitende Material sollte die Frische des darin befindlichen Getränks bewahren, aber auch den daraus Trinkenden vor Blutsturz, Wassersucht und Zahnschmerz schützen.

Kurz vor dem Jahr 1400 wurde im polnischen Krakau die Fassung dieses Bergkristallgefäßes, das Jahrzehnte zuvor wohl in Paris aus einem großen Kristall geschnitten worden war, in Auftrag gegeben. Die angefügte Inschrift besagt, dass die junge polnische Königin Jadwiga (Hedwig) das Gefäß als Votivgabe für den Wawel Dom in Krakau bestimmt hatte, um den Heiligen Wenzel, Namenspatron der Kathedralkirche, zu ehren. Jadwiga (Hedwig) von Polen aus dem Hause Anjou starb, bevor das königliche Geschenk fertiggestellt worden war. Das einzigartige und prachtvolle Beispiel polnischer Goldschmiedekunst des ausgehenden Mittelalters gelangte auf noch unbekanntem Weg in den sächsischen Herzogsbesitz.

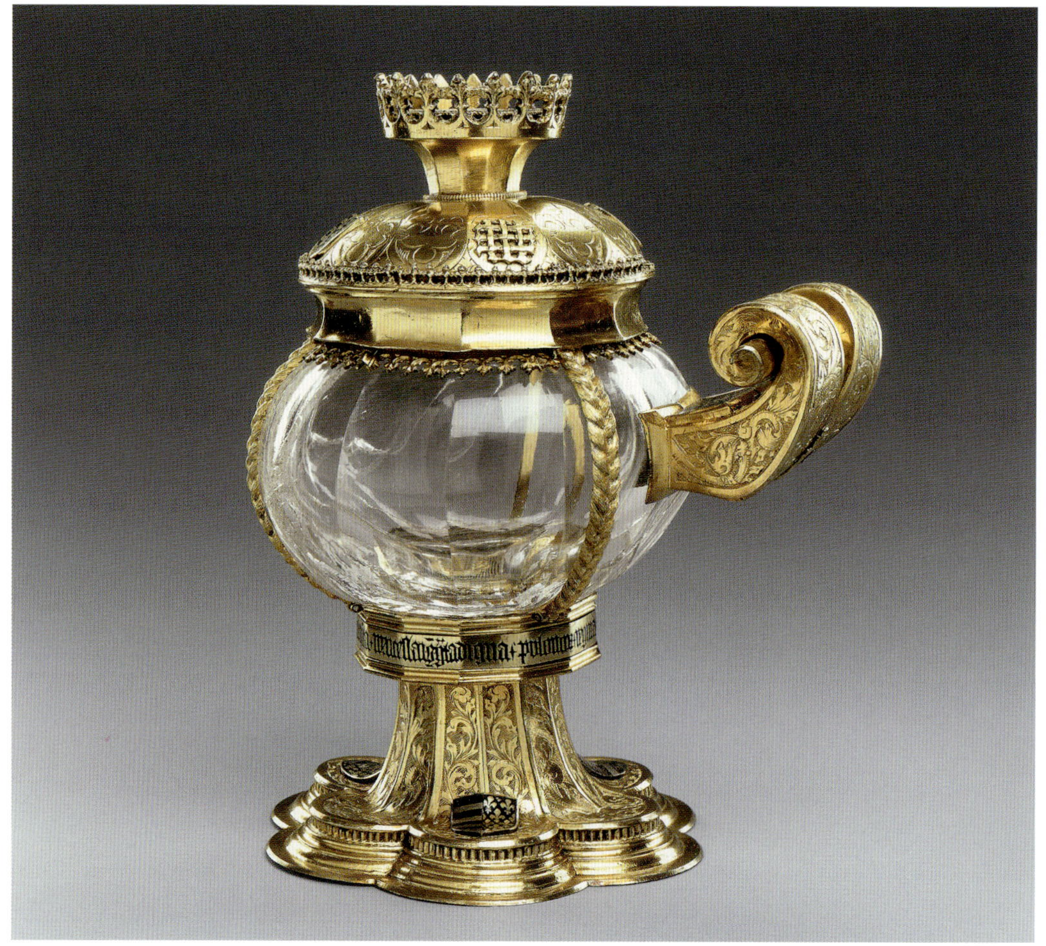

Ebenfalls königlicher Herkunft dürfte die elfkantige Trinkschale aus einem seltenen
dunklen Edelstein mit ungewöhnlich reicher Fassung sein. Der für den Gefäßkörper verwendete Stein ist etwas Besonderes; er kommt aus der im Auftrag Kaiser Karls IV. nord-
westlich von Prag erschlossenen Mine bei Ciboušov (Zibich) im böhmischen Erzgebirge.
Ein Teil der dort gefundenen Amethyst-Achate wurde zur Ausstattung der Wenzelskapelle
im Prager Veitsdom und der Katharinenkapelle der Burg Karlštejn (Karlstein) verwendet.
Es entstanden aber auch Prunkgefäße, von denen eine Gruppe von elf Objekten in verschiedenen international bedeutenden Museen und Sammlungen erhalten blieb. Die
Trinkschale mit ihrer angesetzten Handhabe besitzt eine für diese Werkgruppe typische
Form. Ihre reiche, mit verschiedenartigen profanen Symbolen in derben Einzelformen
durchsetzte Fassung erhielt sie wahrscheinlich gut 100 Jahre später im burgundischen
Kulturraum. Auf dem Deckel der erstmals im Kunstkammerinventar von 1640 ver-
zeichneten Prunkschale soll sich nach dem ersten Inventareintrag eine Platte mit dem
sächsischen Herzogswappen befunden haben.

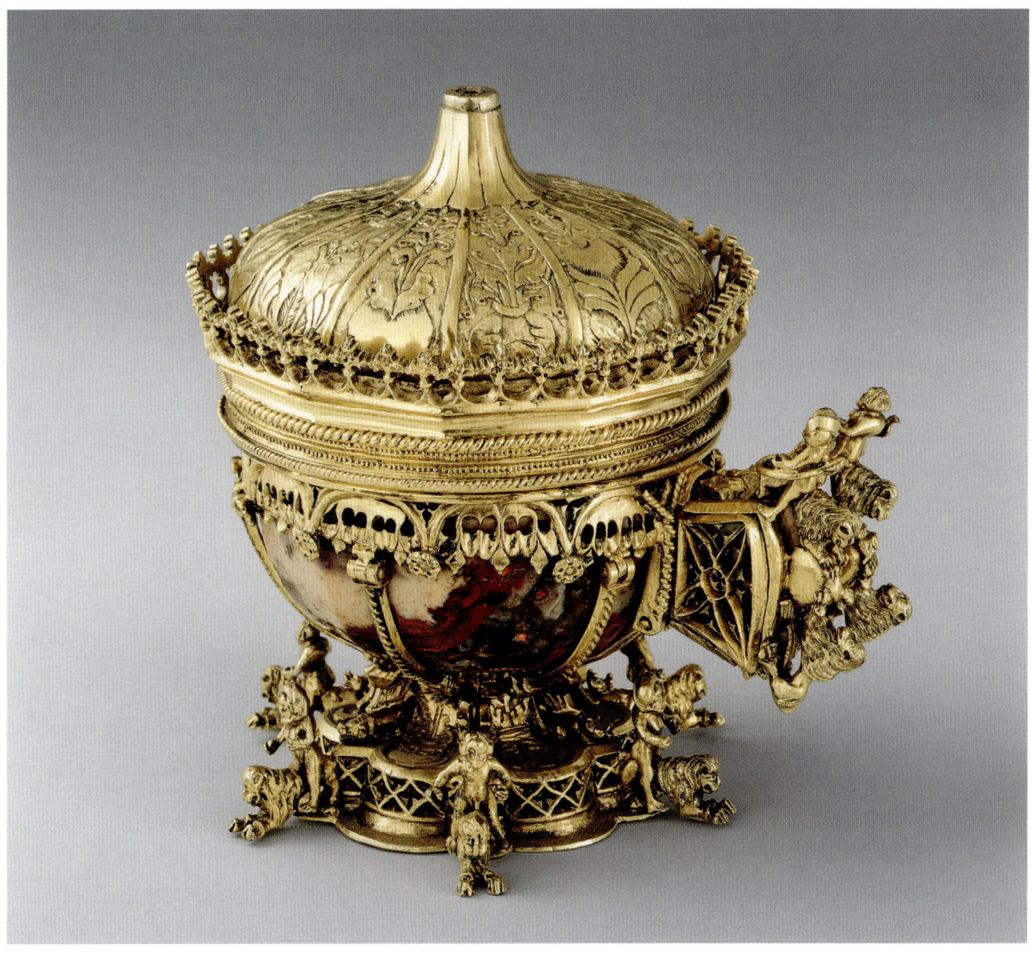

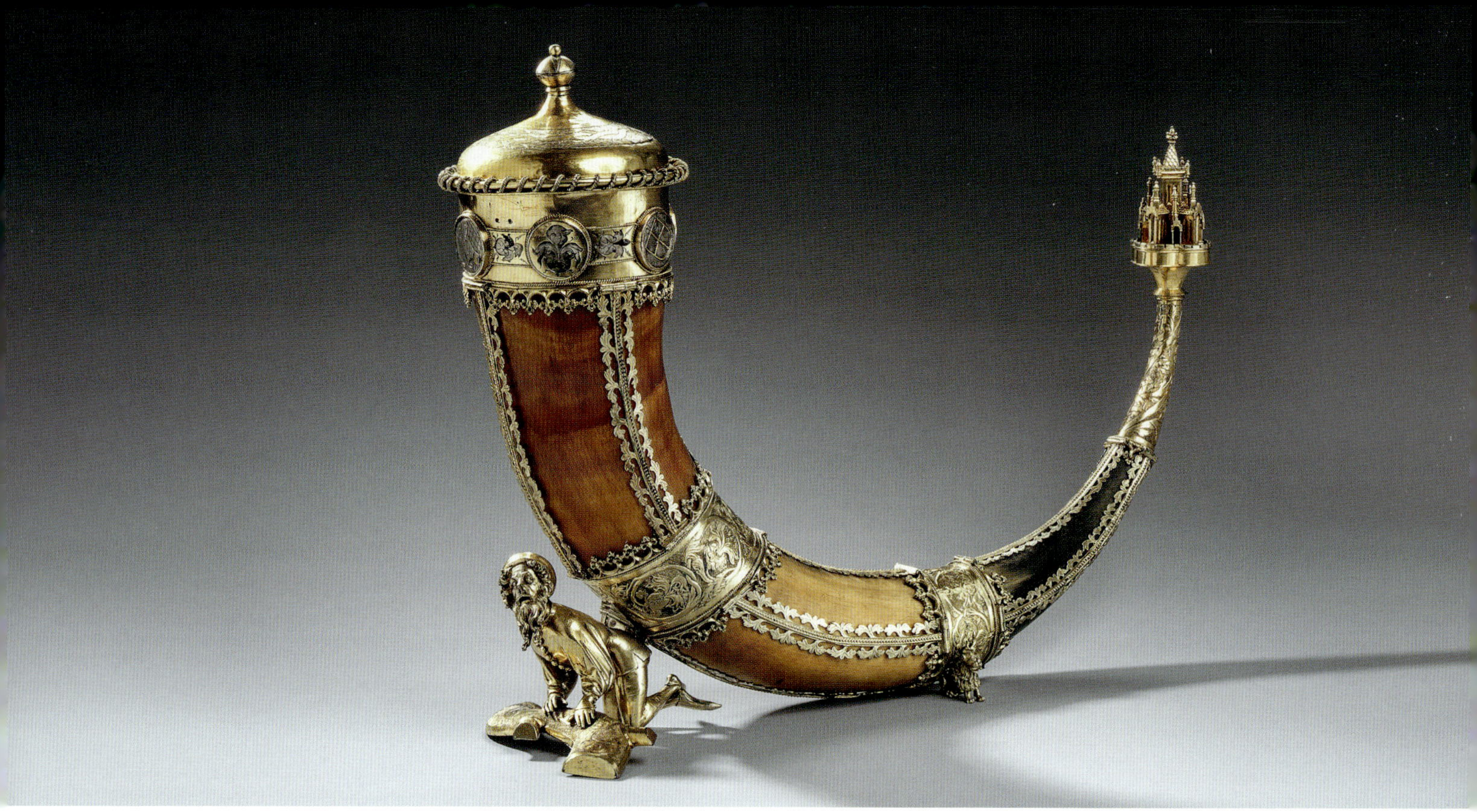

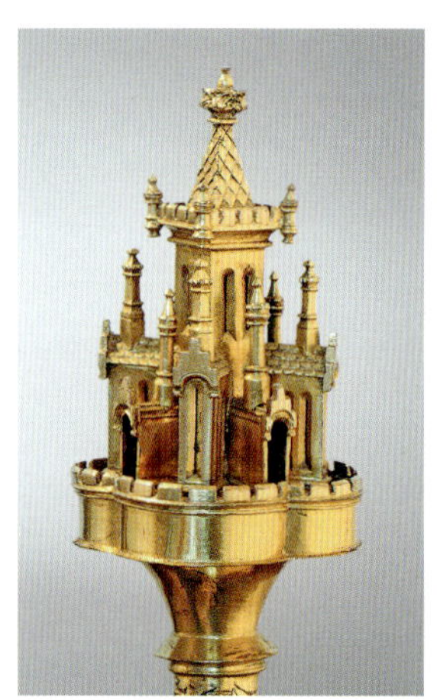

Silbermontierte Büffelhörner werden bis heute als Greifenklauen bezeichnet. Nur noch wenige Zeugnisse dieses uralten Gefäßtyps, der über Jahrhunderte beliebt war, sind überliefert. Das Grüne Gewölbe besitzt gleich acht davon aus dem späten 14. und frühen 15. Jahrhundert. Diese besonders prächtig gestaltete Greifenklaue wurde wohl im kaiserlichen Prag um 1400 geschaffen. »Halt veste us / komen geste« – diese Aufforderung, die auf dem Ast eingraviert wurde, auf den sich die kriechende, bärtige Tragefigur des Trinkhorns stützt, bezeichnet seine Funktion sehr genau. Es handelt sich dabei um ein zeremonielles Trinkgefäß, dessen silbervergoldeter Einsatzbecher erlaubte, es als Willkommpokal für Gäste, aber auch für festliche Gebräuche wie das Minnetrinken zu Ehren von besonders verehrten Heiligen, zu Hochzeiten, Vertragsabschlüssen, Versöhnungsfeiern und Beerdigungen zu benutzen.

Die silbervergoldete Fassung mit ihrer hohl gegossenen Stützfigur in modischer Tracht der Zeit um 1400 ist sehr sorgfältig gearbeitet. Auf dem hohen Lippenrand finden sich sieben Medaillons: drei davon mit Blüten vor goldenem Grund und zwei mit Wappenschilden, von denen eines mit dem böhmischen Löwen, das andere mit dem Relief des segnenden Christus und der Gottesmutter Maria verziert ist. Reste der stark beschädigten opaken Emaillierung weisen darauf hin, dass das Trinkhorn einstmals noch erheblich prächtiger ausgesehen hat. Die aus massivem Silber gearbeitete Hornspitze endet in einer Miniaturarchitektur, bestehend aus einer Ringmauer, hinter der sich ein kreuzförmiger Bau mit schräggestelltem Vierungsturm erhebt. Die kostbare Verzierung des großen Büffelhorns steht dem »Schönen Stil« der Prager Hofwerkstatt nah und lässt sich in die Jahre um 1400 datieren. Dabei ist eine enge Beziehung des Trinkhorns zum böhmischen König Wenzel IV. durchaus möglich.

Die frühesten Nachrichten über die wundersamen Kräfte der Natternzungen stammen aus der zweiten Hälfte des 13. Jahrhunderts. Mit diesem Namen, aber auch als Otternzungen, Schlangenzungen oder Drachenzähne bezeichnete man im späten Mittelalter die fossilen Zähne verschiedener Haifischarten. Natternzungen wurde die Fähigkeit zugesprochen, durch Schwitzen oder Verfärben vor Gift in Speisen und Getränken zu warnen. Die etwa ein bis drei Zentimeter großen dreieckigen Naturgebilde gelangten aus Malta nach Nordeuropa und wurden dort oft einzeln in Silber gefasst. Für besonders kostbare Tischkredenzen vereinten Goldschmiede aber auch mehrere davon zu Natternzungenbäumen, die dann auf fürstlichen Tafeln ihren Dienst taten. Zahlreichen schriftlichen Quellen zufolge waren solche kunstvollen Gebilde zuweilen Geschenke unter Fürsten und bildeten auch Teile der Aussteuern von Prinzessinnen.

Nur noch drei dieser im späten Mittelalter in ganz Europa sehr beliebten baumartigen Gebilde mit »naterköpf« und »naterzungen« haben sich erhalten, zwei davon in zwei Sammlungen in Wien, eines im Grünen Gewölbe. Der als Wurzel Jesse – also als Stammbaum Christi – gearbeitete Baum aus dem Ende des 15. Jahrhunderts, auf dem die Gottesmutter mit dem Jesuskind thront, zeichnet sich nicht allein durch seinen sakralen Charakter aus, der ihn eher als privates Andachtsbild, denn als magisches Tischgerät erscheinen lässt. Der hinter Maria hoch aufragende fossile Haifischzahn besitzt auch eine ganz ungewöhnliche Größe.

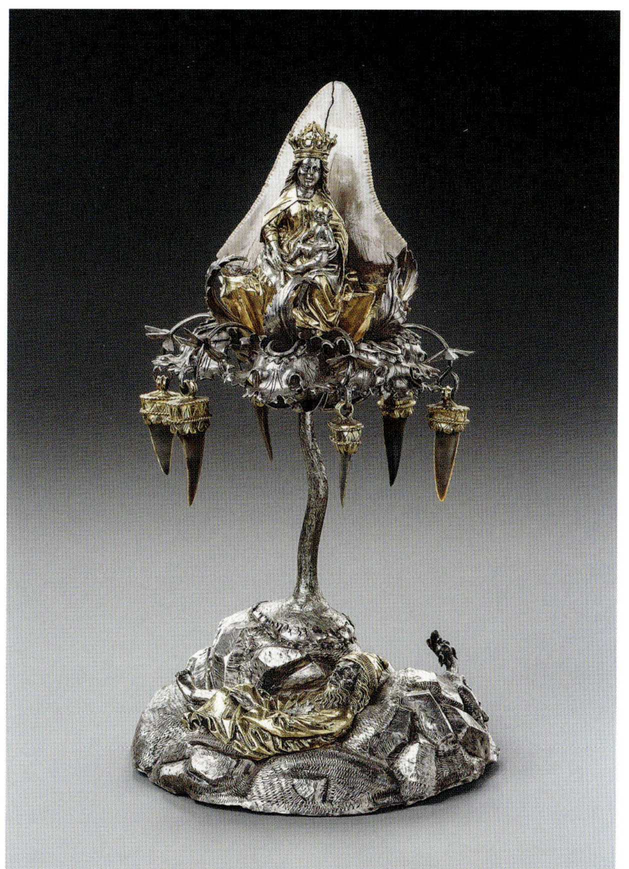

D ie Perlmuttgarnitur aus Becken und Kanne ist ein frühes Zeugnis der beginnen-
den wirtschaftlichen Weltaneignung Europas zu Beginn des 16. Jahrhunderts.
Über portugiesische Händler wurden das Becken und die Kanne, die dicht mit
Perlmutterplättchen bedeckt sind, aus Gujarat im nordwestlichen Indien nach Süddeutschland importiert. Wahrscheinlich erhielt der Abglanz der märchenhaften Pracht
des fernen Orients seine einheitliche, dem europäischen Lebens- und Luxusbedürfnis der
Renaissance gemäße Fassung durch einen technisch wie künstlerisch herausragenden
Goldschmied um 1540 in Antwerpen. Der originale Kupferkern der indischen Kanne ist
noch heute unter der neuen Silberfassung verborgen. Diesem wurde ein Halsstück mit
einer vogelartigen Tülle übergestülpt. Dazu wurden ein rankenartiger Griff sowie ein
hoher, schön geformter Fuß angebracht. Dabei hielt sich die europäische Fassung erstaunlich nah an der indischen Gefäßtradition. Selbst der flache Deckel der Silberfassung findet
sich bei den beliebten zeitgenössischen Rosenwassergarnituren der Mughalpaläste wieder.

Das Perlmutterbecken umzieht ein breiter Rand mit plastisch aufgelegten Fürsten-
büsten nach den damals neuesten Entwürfen des Graphikers und vielseitigen Künstlers
Peter Flötner. Durch Kitt und Stifte verband man diesen aufgesetzten Rand mit dem
gleichfalls vergoldeten Edelmetallstreifen im Schalengrund und den Standring mit dem
hölzernen Kern des Gefäßes. Würde man die aufgelegte Standfläche aus Silber vom
Gefäßkörper lösen, so würde der erhaltene hellrot lackierte Grund sichtbar, wie er bei
den meisten dieser indischen Perlmutterarbeiten zu finden ist. In der schon wegen ihres
hohen Alters besonders wertvollen Gießgarnitur hat man traditionell das erste Tauf-
becken der protestantischen Wettiner gesehen. Archivalisch lässt sich dies allerdings nicht
belegen. Die vorzügliche Goldschmiedearbeit der deutschen Frührenaissance ist bereits
zwischen 1581 und 1586 im Inventar der Silberkammer verzeichnet.

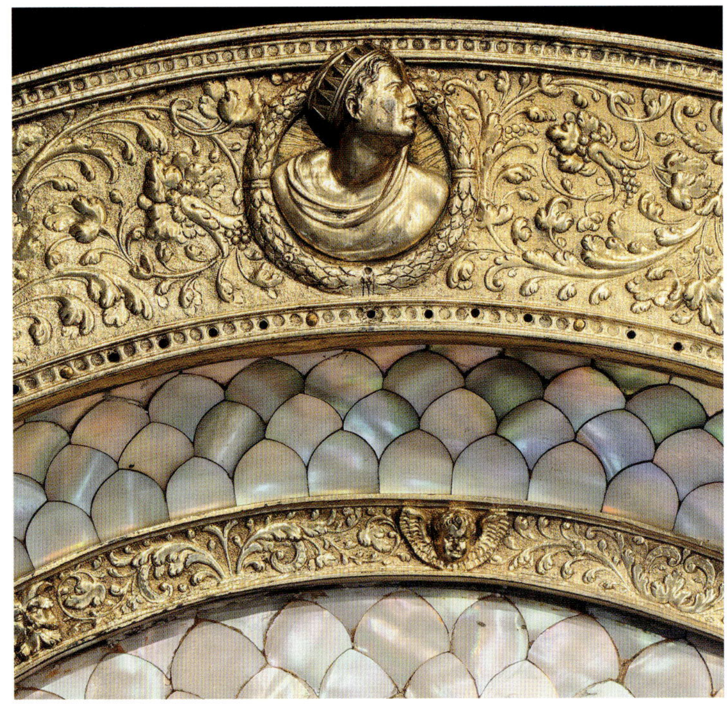

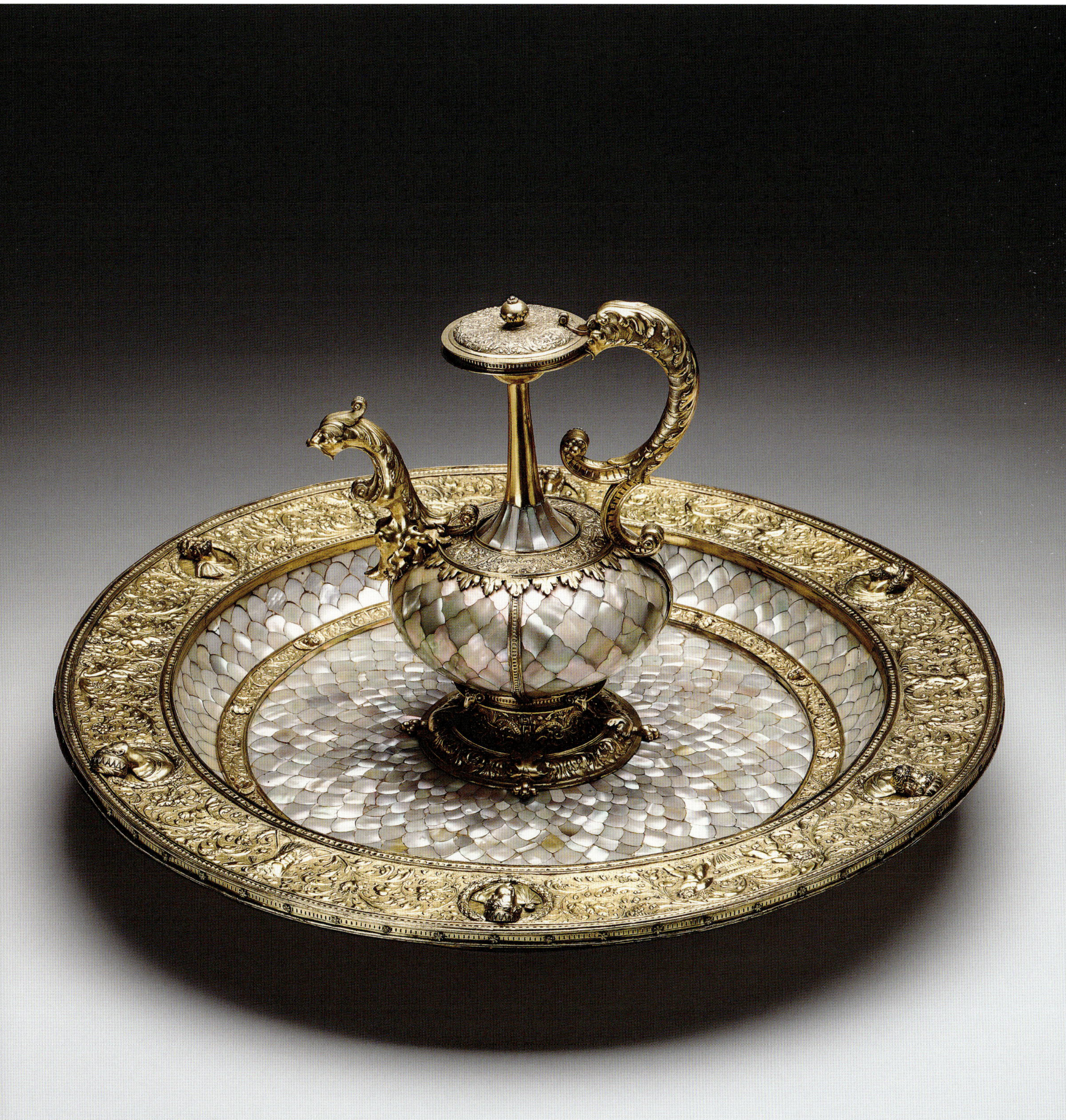

D ie 802 Gramm schwere, schon zu ihrer Entstehungszeit außergewöhnlich wertvolle Goldschale, in die 22 antike Goldmünzen eingesetzt sind, wurde 1508 der »Gelehrten Donaugesellschaft«, einer Humanistenvereinigung zur Pflege der Künste und Wissenschaften, vom Propst Augustin Kesenbrot aus Olomouc (Olmütz) in Nordmähren gestiftet. Der Stifter war als Kanzler des Königs Władysław (Ladislaus) II. der mächtigste Beamte des ungarischen Königreichs. Lateinische Inschriften auf der Unter- und Innenseite der Schalenmitte überliefern die Umstände der Stiftung und den vorgesehenen Gebrauch des Gefäßes. Am Schalenrand findet sich eine Inschrift, die übersetzt lautet: »Der Phöbussöhne heilige Schar und der Orden der Eingeweihten mögen mit dieser Patera des Bacchus reichliche Gaben spenden. Ferne von hier, ferne seid, Uneingeweihte«. Auf dem Boden wird die »Sodalitas Litteraria Danubia«, die »Gelehrte Donaugesellschaft« im damaligen Pest, Teil des heutigen Budapests, als Beschenkte genannt. Das Gefäß folgt in seiner Form dem Schalentyp einer antiken Patene, die für Trinkopfer bestimmt war.

Nur sehr wenige Werke der Goldschmiedekunst setzen sich derart konsequent mit dem humanistischen Gedankengut der beginnenden Hochrenaissance auseinander wie diese Goldschale, deren weitere Geschichte eher sagenumwoben klingt. Nach dem Tod des Stifters im Jahr 1513 soll das antikische Trinkgefäß in dessen Begräbniskapelle seiner Geburtsstadt aufbewahrt worden sein. Von dort hätten es im 17. Jahrhundert plündernde osmanische Soldaten geraubt. Als die russischen Truppen Zar Peters des Großen 1696 die damals türkische Festung Asow am Schwarzen Meer erstürmten, tauchte das kostbare Gefäß dort wieder auf. Wenige Jahre später wurde die goldene Trinkschale durch den sächsischen Kanzler Graf von Beichlingen für August den Starken erworben und nach Dresden gebracht. Die seltenen 22 Goldmünzen der römischen Kaiserzeit ließ der Kurfürst-König der Schale entnehmen und in seine Münzsammlung einfügen. Sie wurden auf Anordnung des Sammlers durch weniger rare Goldmünzen sowie Kopien antiker Münzen ersetzt.

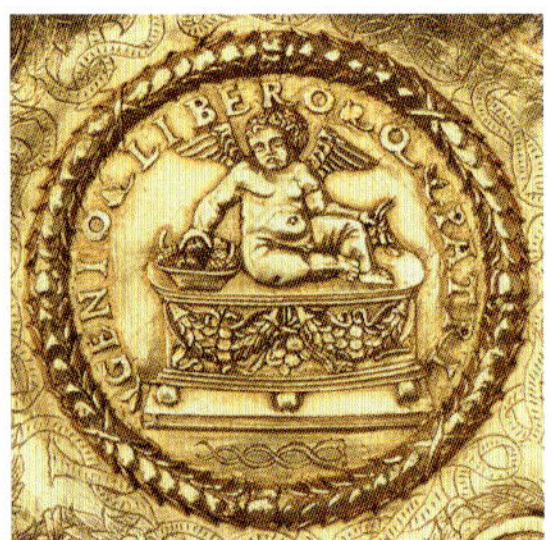

Gold, 22 römische Goldmünzen
Süddeutschland, datiert 1508
Dm. 18,5 cm / Inv.-Nr. IV 40

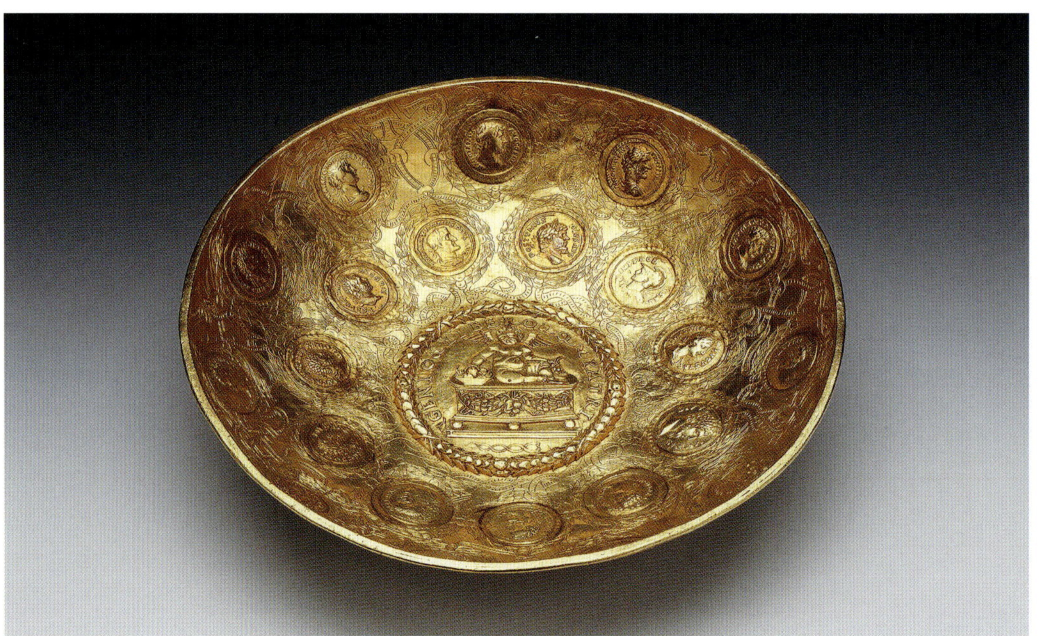

»Diese Schale befahl der Herrscher aus Polozker Gold zu fertigen, als er sein Erbe, die Stadt Polozk, im Jahre 1563 am 15. Februar erobert hatte.« Die wahrhaft kaiserliche Trinkschale aus gut 1046 Gramm reinem Gold, Saphiren, Rubinen und Perlen offenbart sich mit ihrer russischen Inschrift unter dem Standring als Siegeszeichen und dauerhaftes Denkmal russischer Expansionswünsche. Zar Iwan IV., genannt »Grosny« oder »der Schreckliche«, hatte befohlen, aus dem erbeuteten Gold der Handelsstadt Polozk an der Düna für sich ein Trinkgefäß anfertigen zu lassen. Für den Zaren war die Einnahme von Polozk ein besonderer militärischer Höhepunkt in dem zermürbenden Krieg gegen Polen-Litauen, den er 1561 begonnen hatte und der sich noch bis 1583 hinzog. Zugleich war dieser Sieg ein wichtiger Schritt in seinem »Sammeln der russischen Lande«.

Das in der Tradition der Koffsch, der altrussischen Schöpfkelle, geformte Trinkgefäß ist zugleich ein Symbol der neuen kaiserlichen Majestät des ersten russischen Zaren. Davon zeugt die in zwei Reihen am äußeren Rand der Trinkkelle eingravierte vollständige Titulatur des »Großherrschers, Zaren und Großfürsten« von Russland. Auf dem Gefäßboden wurde zudem eine Goldscheibe mit dem in Niellotechnik gravierten russischen Doppeladler, dem Symbol russischen Kaisertums, aufgelegt.

Es ist anzunehmen, dass dieser Koffsch mit ungewöhnlich hochgezogener Gefäßwandung von einem westeuropäischen Künstler, wohl aus dem Moskauer Kreml, geschaffen wurde. Alle anderen derartigen Gefäße aus Silber und Gold im Schatz des Kremls sind wesentlich flacher und breiter. Unter welchen Umständen der Koffsch Iwans des Schrecklichen in den Besitz der sächsischen Kurfürsten gelangte, ist heute unbekannt. Der Koffsch aus massivem Gold ist bereits 1660 im Besitz des Kurfürsten Johann Georg II. nachweisbar und begleitete August den Starken 1697 zu den Feierlichkeiten anlässlich seiner Krönung als König von Polen und Großfürst von Litauen.

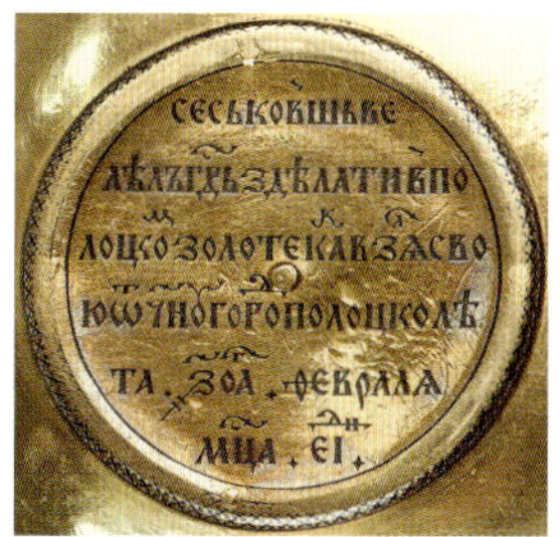

TRINKSCHALE DES ZAREN IWAN DER SCHRECKLICHE

Gold, Niello, Saphire, Rubine, Perlen
Moskau, 1563
H. 12,4 cm, B. 23,0 cm, T. 13,8 cm / Inv.-Nr. IV 43

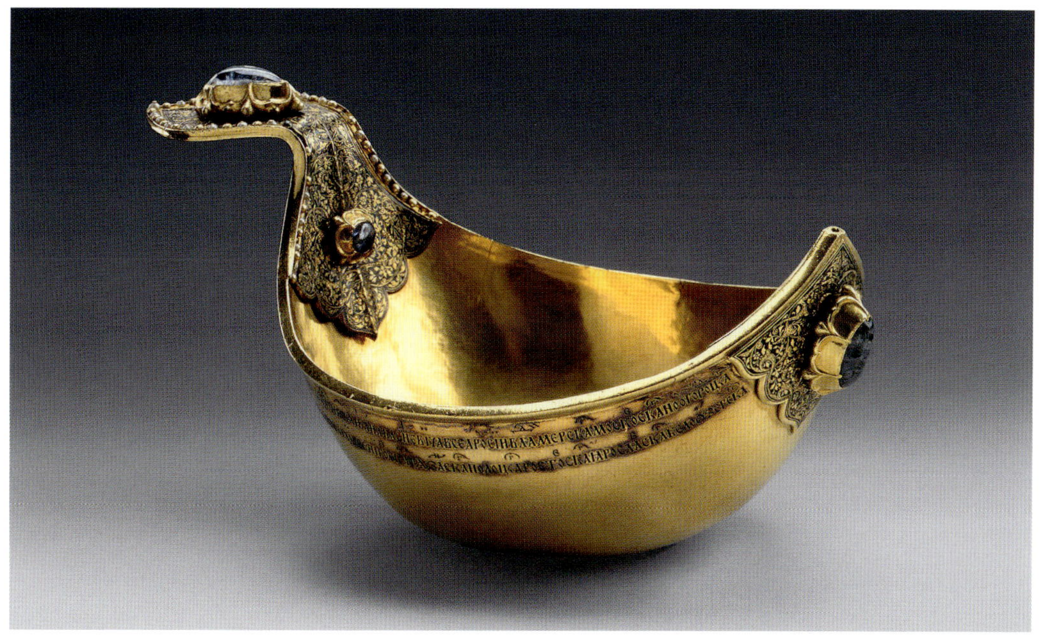

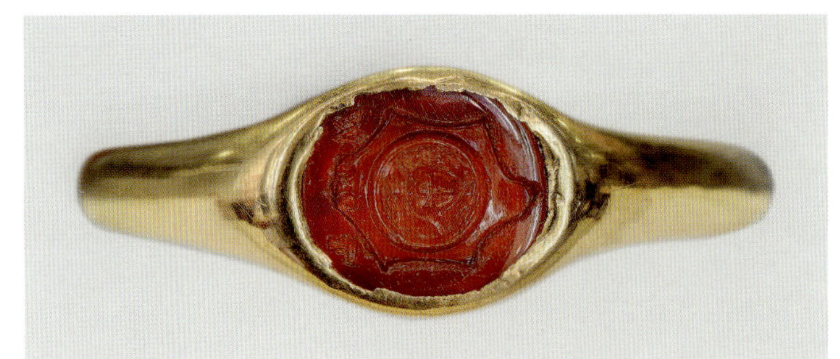

D er Siegelring verdankt seine Existenz einem der bedeutendsten Ereignisse der europäischen Geschichte. Im Sommer 1530 waren die Fürsten und Reichsstände in Augsburg mit Kaiser Karl V. zu einem Reichstag zusammengekommen. Ein wichtiges Thema war, die Anhänger der von Martin Luther ausgelösten Reformation mit ihrem Kaiser und den altkirchlichen Teilen zu versöhnen. Auf dem Spiel stand die eine und einigende Kirche des Heiligen Römischen Reiches deutscher Nation. Die von den Protestanten dazu erarbeitete Confessio Augustana wurde vom Kaiser brüsk abgelehnt und doch zugleich zur Grundlage für die neue christliche Konfession. Der seit 1521 mit dem Reichsbann versehene Reformator Martin Luther verfolgte das Geschehen aus der Ferne von der damals sächsischen Veste Coburg aus. Um ihn etwas zu besänftigen, ließ Kurprinz Johann Friedrich, der spätere Kurfürst, in Augsburg einen Karneol mit dem von Luther selbst entworfenen Wappen mit der Lutherrose – ein Kreuz in einem Herzen, umgeben von einer Rose sowie den spiegelbildlichen Initialen »M/L« – in einen goldenen Ring fassen. Der Goldschmied war wohl davon ausgegangen, dass der Ring für den hochadeligen Besteller sei und machte den Reif recht weit. Für die Finger des Theologieprofessors und Reformators Luther war der Ring zu groß. So berichtete Luther im September 1530 seinem Freund Philipp Melanchthon über die Erfahrungen mit seinem Siegelring: »[…] aber daß ich mercken sollte ich wäre nicht gebohren Gold zu tragen ist er mir alsbald vom Daumen auf die Erde gefallen denn er ist etwas zu weit und groß an meinem Finger.«

Der Siegelring Martin Luthers gelangte über dessen Urenkel in den Besitz des Kurfürsten Johann Georg I. Der strenge Lutheraner bedankte sich bei Johann Martin Luther für das kostbare Geschenk seinerseits mit einem Rittergut und behielt den Siegelring noch auf seinem Sterbebett am fürstlichen Finger.

Außer dem goldenen Siegelring besaß Martin Luther eine ansehnliche Menge Tafelsilber, von der sich einige Trinkgefäße in verschiedenen Sammlungen erhalten haben. Zu den wissenschaftlich gesicherten Silberobjekten aus dem Besitz des Reformators gehört auch der niedrige Deckelbecher des Grünen Gewölbes. Er trägt weder eine Stadt- noch eine Meistermarke. Gegen 1540 wurde er Martin Luther von dessen Freund und Mitstreiter für den evangelischen Glauben, dem Wittenberger Theologen und Probst Justus Jonas geschenkt. Dessen Wappen ziert eine kleine Medaille auf dem Deckelknauf. Eine größere aus dem Jahr 1538 mit dem Bildnis Luthers und dessen Wahlspruch »Im Stillsein und Hoffen werdet ihr stark sein« befindet sich im Deckelboden. Am 29. August 1677 schenkte der Pastor und Generalsuperintendent Calovius (Abraham Calov) diesen Becher seinem Kurfürsten Johann Georg II., der ihn neun Monate später in seine kurfürstliche Kunstkammer stellen ließ.

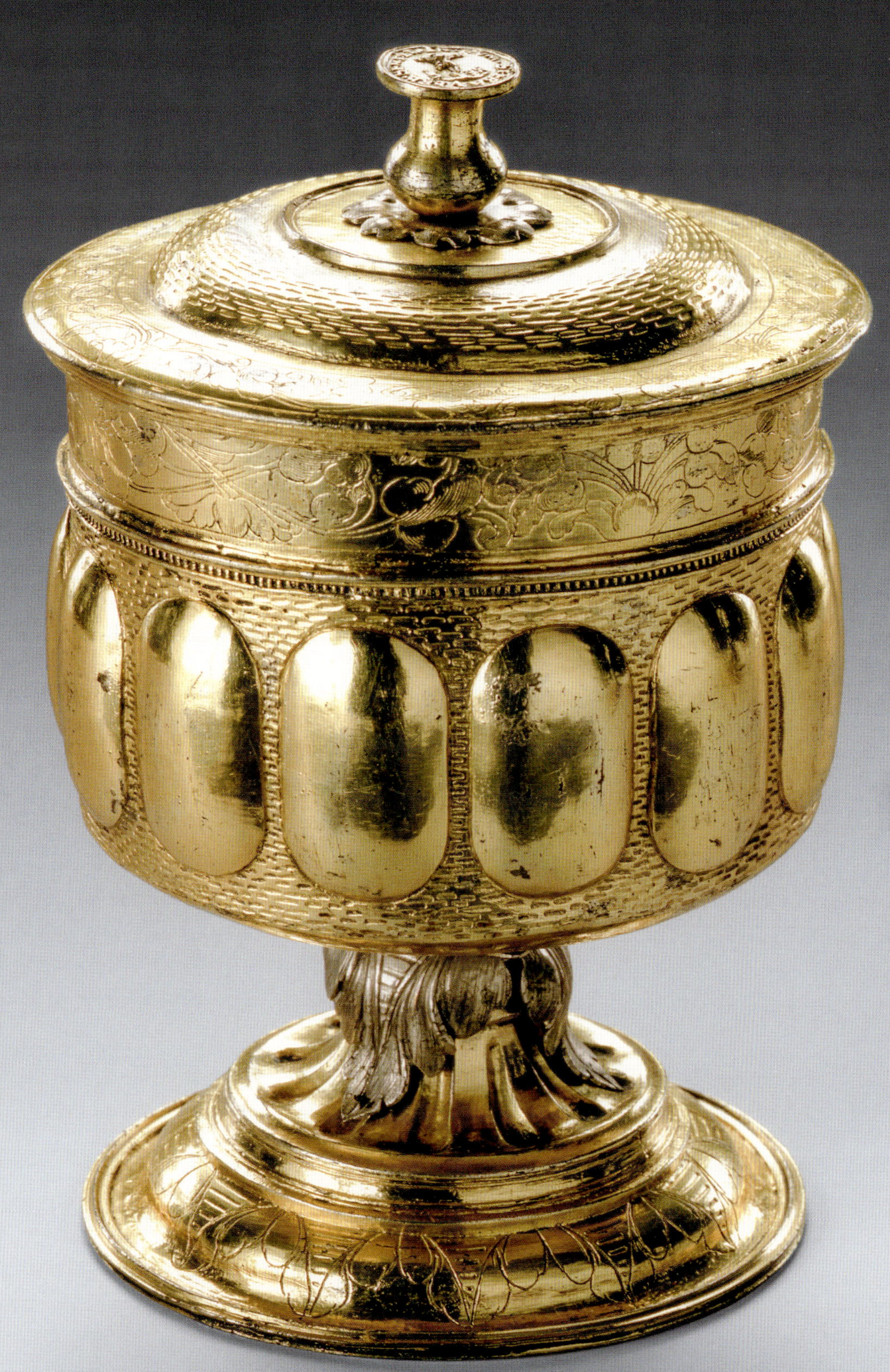

A ls Schatzkammer der protestantischen sächsischen Kurfürsten besitzt das Grüne Gewölbe nur wenige Objekte, die aus einem sakralen Zusammenhang stammen. Dazu gehören dieser kostbare goldene Abendmahlskelch und das Weinkännchen. Sie sind rare Zeugnisse des einstigen reichen Bestandes an Goldgefäßen, die das Grüne Gewölbe zunächst besaß und von denen vier Fünftel im Jahr 1772 eingeschmolzen wurden. Die Abendmahlsgeräte stammen aus der Mitte des 16. Jahrhunderts und befanden sich 1641/42 im Nachlass der Kurfürstin Hedwig, Gemahlin Christians II. Ein noch früherer Besitzer offenbart sich im Wappen, das den Kelch ziert. Es war der eher weltlich lebende Graf Johann Gebhard von Mansfeld, von 1558 bis zu seinem Tod 1562 Erzbischof und Kurfürst von Köln.

Seit 1547 war das erst 1539 zur evangelischen Reformation übergetretene albertinische Sachsen die Führungsmacht der protestantischen Reichsstände und der Hort der »wahren Lehre« des Luthertums. So ist es nicht verwunderlich, dass sich in der kursächsischen Kunstkammer auch historische Zeugnisse Martin Luthers finden. Neben seinem Siegelring und dem Mundbecher ist der Nesensche Lutherpokal ein Erinnerungsstück und ebenfalls gleichsam eine protestantische »Reliquie«. Der schlichte Bergkristallbecher, den Martin Luther aus eigenem Besitz seinem Freund, dem in Wittenberg lehrenden Professor Wilhelm Nesen, geschenkt hatte, stammt möglicherweise aus dem aufgelösten Wittenberger Heiltum, dem Reliquienschatz Kurfürst Friedrichs des Weisen. Der Kristallbecher wurde nach dem Tod des Schenkenden und des Beschenkten von einem Goldschmied in Nürnberg prachtvoll in vergoldetes Silber gefasst. Der letzte männliche Nachfahre dieser Familie vermachte das Werk im Jahr 1793 als Andenken an seinen ursprünglichen Besitzer der Dresdner Kunstkammer.

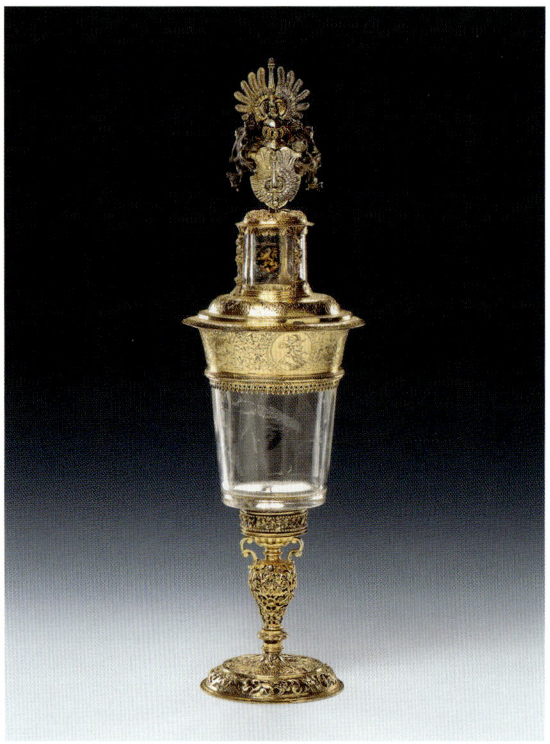

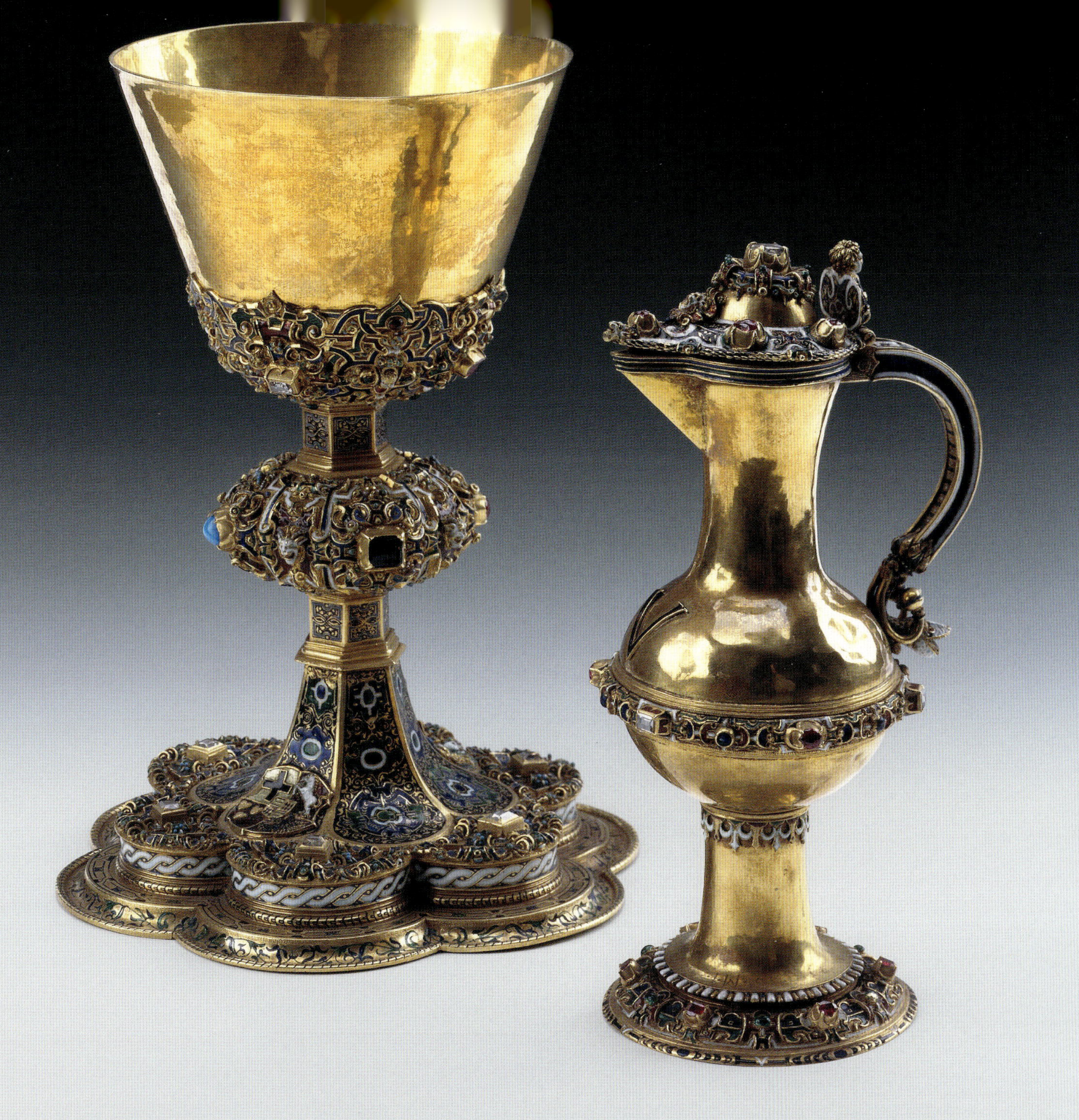

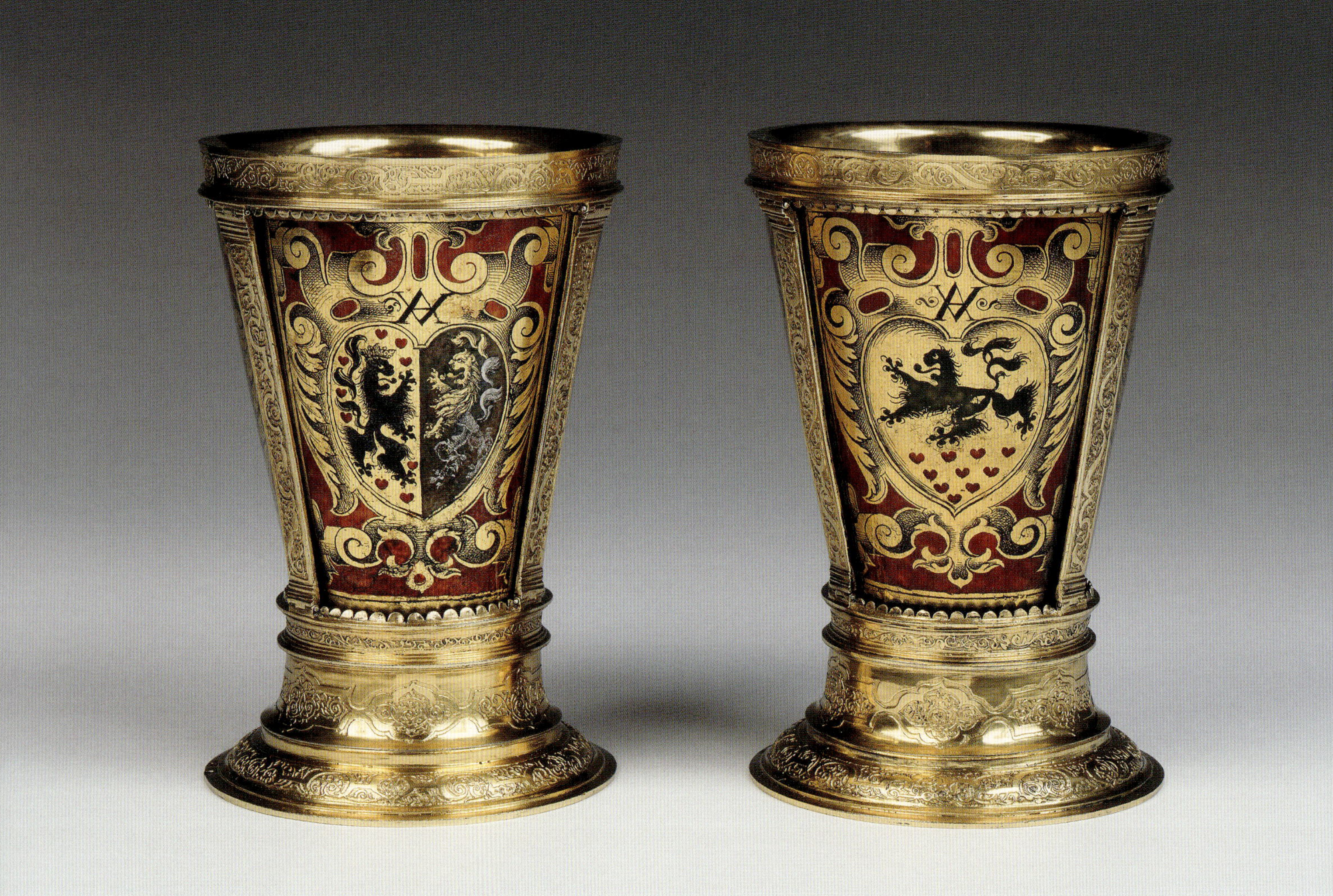

Größere Gefäße in Hinterglastechnik, wie diese beiden Becher, entstanden nur sehr selten. Es handelt sich trotz ihrer Becherform nicht um Trinkgefäße, denn aufgrund der Empfindlichkeit der hinter einem Glasmantel verborgenen Malerei gegenüber Flüssigkeit war diese Nutzung eindeutig ausgeschlossen. Die prunkvollen Glasbecher waren daher Zeugnisse eines vergänglichen Virtuosentums, deren Erhaltung besondere Sorgfalt verlangte. Sie waren vor allem aber Ausdruck des dynastischen Selbstverständnisses des sächsischen Herrscherpaares August und Anna, die ihren Platz in einer Kunst- oder Schatzkammer hatten.

Die Außenwand des Bechers, der Kurfürst August gewidmet ist, gliedern drei gespaltene Schilde mit sechs Provinzwappen (Pfalz Thüringen und Pfalz Sachsen, Orlamünde und Pleißen, Landsberg und Altenburg). Auf dem Boden findet sich das Wappen des Burggrafentums Magdeburg. Ein weiteres Wappen unter dem Boden ist zerstört. Beide Becher sind innen mit grünen Ranken und bunten Blumen auf Goldgrund geziert. Der zweite Becher nimmt Bezug auf Kurfürstin Anna und geht auf deren königlich dänisch-norwegische Herkunft ein. Seine Außenwand schmücken die Wappen von Schweden, Jütland und Wendenland; im Becherboden sind die Wappen Schleswig-Holsteins und Stormarn-Oldenburgs sichtbar.

Auch ihr Sohn Kurfürst Christian I. schätzte die prachtvolle Schmuckfunktion der hinterglasbemalten Radierungen auf Gold- und Silberfolie. Vielfach ließ er gemalte Scheiben mit seinem Wappen in Werke der Goldschmiedekunst einfügen. Sie finden sich aber auch in den virtuosen Elfenbeinkunststücken seiner Hofdrechsler. Valentin Geitner war es, der aus »Cronengold« die Fassung eines Portraits des Kurfürsten August schuf, das Christian I. seiner Frau Sophia wohl am Gründonnerstag 1587 als Erinnerung an ihren ein Jahr zuvor verstorbenen Schwiegervater schenkte. 1587 befand sich dieses Bildnis bereits in der kurfürstlichen Schatzkammer. Die große, gut erhaltene Wappenscheibe eines wohl süddeutschen Amelierers (Hinterglasmalers) bildet die Rückseite des auf Kupfer gemalten, heute stark zerstörten Bildnisses. Es stellte August laut Überlieferung als Halbfigur, bekleidet mit hohem Hut und Schaube dar. Die Wappenscheibe zeigt das Landeswappen der sächsischen Kurfürsten mit den Kurschwertern im aufgelegten Herzschild. Die Helme der Landgrafschaft Thüringen, des Herzogtums Sachsen-Wittenberg und der Markgrafschaft Meißen bekrönen das Wappen.

**Zwei Doppelwand-
becher mit den Wappen
von August und Anna**

Glas, Silber, vergoldet
Hinterglasmalerei:
wohl Nikolaus Solis
Goldschmiedearbeit:
Hans Selber
Augsburg, um 1571–1584
H. etwa 14,9 cm,
Lippenrand Dm. 9,9 cm
Inv.-Nrn. IV 208, IV 273

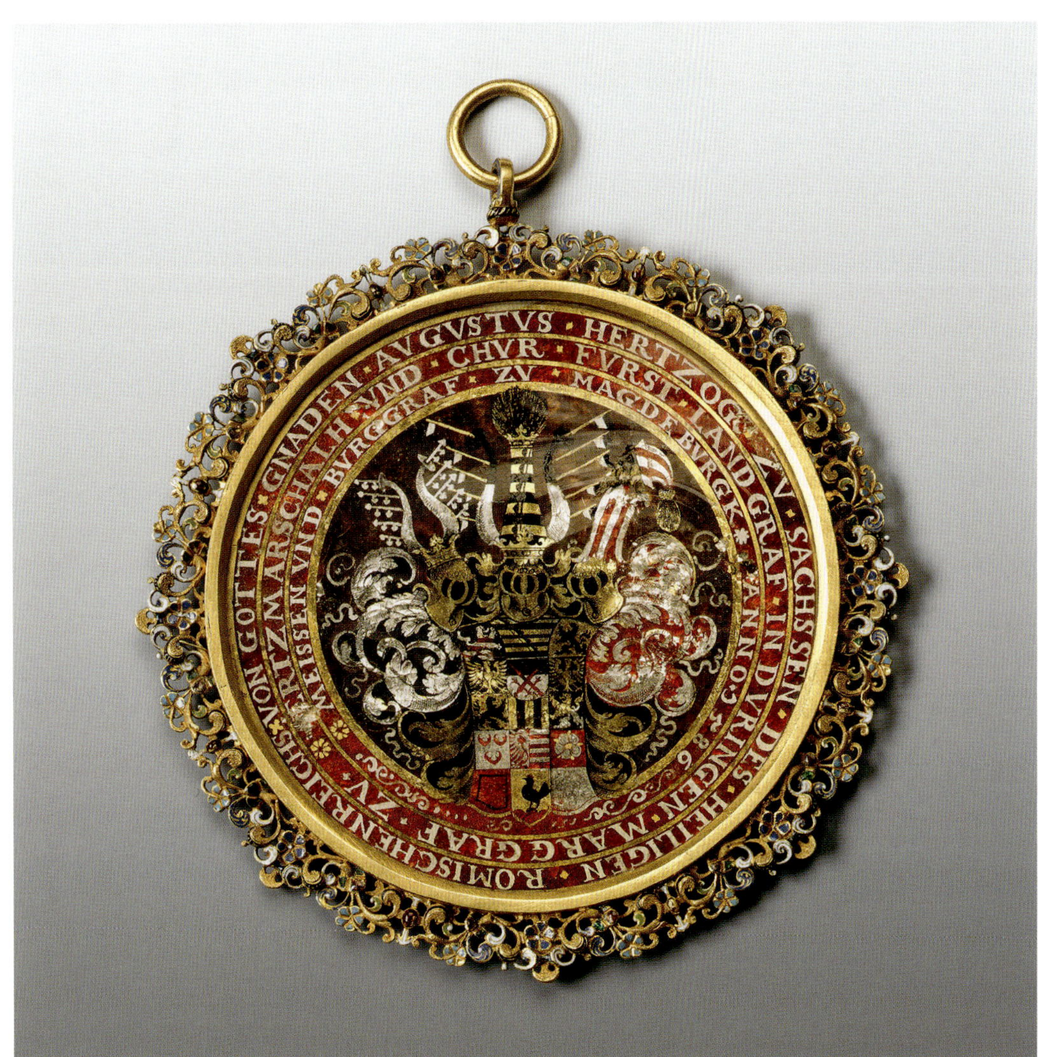

Wappenscheibe

Hinterglasmalerei, Gold, Email,
Miniatur in Öl auf Kupfer
Hinterglasmalerei: Augsburg
oder Nürnberg
Goldschmiedearbeit:
Valentin Geitner
Dresden, datiert 1586
Dm. 12,5 cm / Inv.-Nr. V 614

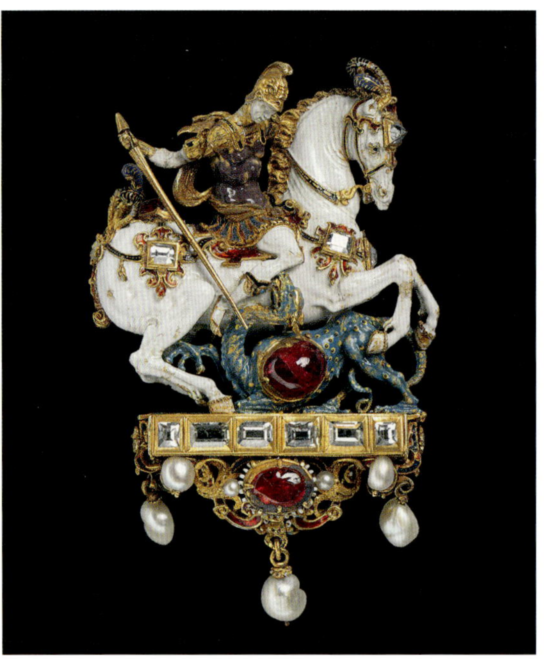

Für kaum etwas anderes waren die Angehörigen des albertinischen Kurfürstenhauses eher bereit erhebliche Summen auszugeben als für ihren Schmuck. Gold- und Edelsteinschmuck diente ihnen zur eigenen Zierde und Darstellung ihrer hohen Würde. Kostbarer Schmuck wurde aber auch an andere Fürsten oder deren adelige Untergebene verschenkt. Zum Bestand des Grünen Gewölbes gehören heute noch gut zwei Dutzend Hals- und Gürtelketten, fast 40 Anhänge- und Besatzstücke sowie gut zehn Ringe. Dieser Bestand an Schmuckstücken des 16. und 17. Jahrhunderts ist nur ein geringer Rest der in den Inventaren jener Epochen für den Dresdner Hof genannten Kleinodien. Trotz der erheblichen Verluste durch wechselnde Moden bildet der Schmuck aus dem frühen 16. bis zum späten 17. Jahrhundert im Grünen Gewölbe bis heute eine der umfangreichsten historischen Sammlungen. Besonders wertvoll wird er dadurch, dass sich die Herkunft einzelner Schmuckstücke zum Teil bis zu ihrem Auftraggeber zurückverfolgen lässt. Entstehungsort oder gar Name des anfertigenden Goldschmieds können aber sehr selten identifiziert werden. In der Renaissance und auch im Barock war Fürstenschmuck international. Seine Gestaltung folgte erstaunlich rasch übermittelten modischen Strömungen und weist nur in wenigen Fällen lokale Eigentümlichkeiten auf.

Eines der ältesten Schmuckstücke des Grünen Gewölbes ist ein goldenes Anhängestück, das aus zwei sich überschneidenden Buchstaben »A« besteht. Kleinode dieser Art waren Bestandteile der strengen spanischen Hofmode. Auf den hochgeschlossenen, meist dunklen Kleidern aus kostbaren Stoffen wurden sie von beiden Geschlechtern, oft mehrere an verschieden langen Ketten übereinander, auf der Brust getragen. Die gewählten Buchstaben sind die Initialen des Kurfürstenpaars August und Anna. Die Buchstaben sind aus den damals immer beliebter werdenden, aber noch schwer zu schleifenden Diamanten zusammengesetzt, während die Herzogskrone darüber aus damals besonders kostbaren Rubinen besteht. Zwei Smaragde flankieren das Doppelmonogramm. Den

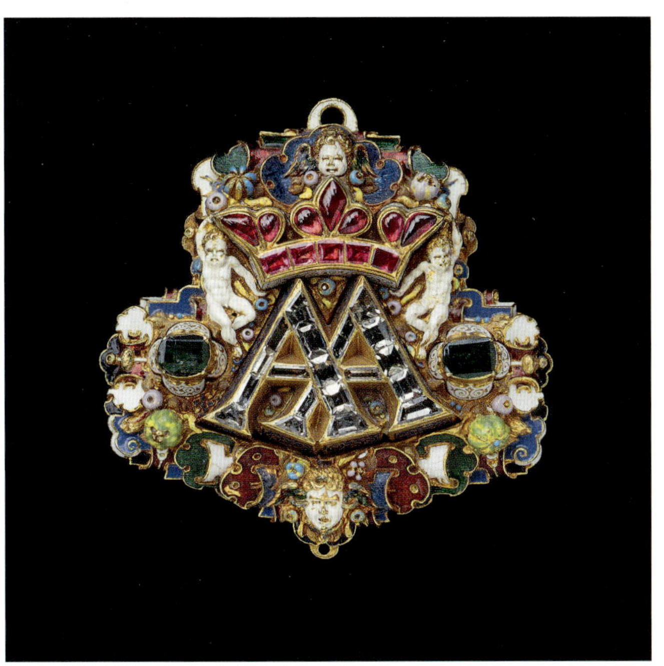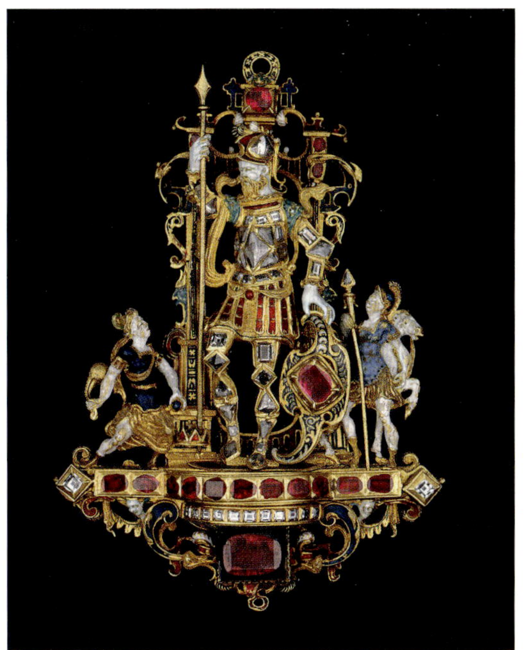

unteren Abschluss des Schmuckstücks bildete einst eine Hängeperle. Die dekorativen Schmuckformen auf der gegossenen Grundplatte – Früchte, Puttenköpfchen und zwei vollplastische Putten – spiegeln die modischen Strömungen nach 1560 wider. Für das Kleinod ist ein zeitgenössischer Preis überliefert. Danach wurde es mit stolzen 554 Talern bewertet, davon 60 Taler als Macherlohn.

Das wenige Jahrzehnte später im Jahr 1590 in Nürnberg entstandene Anhängestück mit dem Ritterheiligen Georg beim Drachenkampf zählt zu den künstlerisch bedeutendsten Schmuckstücken der Renaissance im Grünen Gewölbe. Das vollplastisch durchgearbeitete Schmuckstück ist bemerkenswert kraftvoll modelliert und in einer ausgesprochen differenzierten Weise anatomisch gestaltet. Ebenfalls meisterhaft ist die subtile Farbgebung des opaken Emails des Schmuckanhängers, das so dünn aufgetragen wurde, dass an erhabenen Stellen das Edelmetall durchscheint. Das Anhängestück ist ein Geschenk Kurfürst Christians I. an seine Frau Sophia und wurde vom Dresdner Juwelier und Händler Hieronymus Kramer für 686 Gulden erworben.

Wohl ebenfalls aus den letzten Jahrzehnten des 16. Jahrhunderts stammt der Anhänger mit David und Goliath. Seine Gestaltung wurde ebenso wie bei dem heiligen Georg von der französischen Mode geprägt. Diese war bestimmend für die im Ornament durchbrochene Form der Grundplatte und die bühnenartige Wirkung der Komposition, die den zwergenhaft kleinen David dem Riesen Goliath gegenüberstellt. Anhänger mit solcherart christlich-sinnhaften Themen sind mehrfach in dem umfangreichen Schmuckverzeichnis der Kurfürstenwitwe Sophia aus dem Jahr 1599 zu finden. Einer ihrer Schmuckschränke enthielt in vier Schubladen allein 164 Anhänger. Mehrfach sind im Inventar dekorativ-figurale Pretiosen wie die Darstellungen des heiligen Georgs, König Davids, des Salomonischen Urteils oder auch der Geburt Christi aufgeführt.

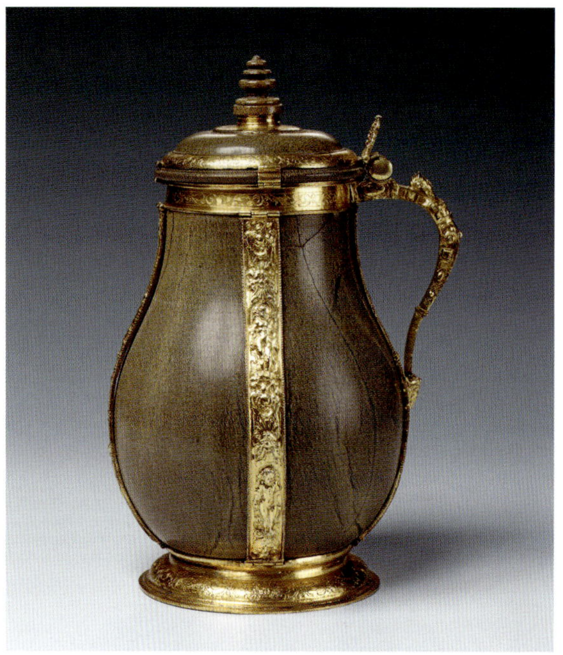

Sachsens Reichtum beruhte in der Renaissance vor allem auf seinen Bodenschätzen. Neben Silber, Gold und vielen anderen Metallen wurden im Kurfürstentum auch verschiedene seltene und kostbare Mineralien gefunden. Künstlerisch genutzt wurden zudem Gesteine wie Marmor und Serpentinit. Seit dem 15. Jahrhundert baute man in Zöblitz im Erzgebirge das schlangenhautartig gefärbte und nach seinem Abbau weiche und damit drechselbare Serpentin (Serpentinit) ab und schuf daraus Gefäße. Um die Verwertung der Gesteine Sachsens zu optimieren, holte Kurfürst August 1575 den italienischen Bildhauer und Gestalter Giovanni Maria Nosseni nach Dresden. Seine Hauptaufgabe war zunächst, weitere verwertbare Gesteine zu suchen, die sich »insonderheit zu allerlei Kunstarbeit gebrauchen lassen«. Nosseni und der geschäftstüchtige Landesvater entwickelten aber auch für den vielseitig verwendbaren Serpentinit, dem überdies magische Eigenschaften zugeschrieben wurden, eine neue Vermarktungsstrategie. Deren Erfolg belegen noch heute viele Serpentingefäße in historischen fürstlichen Sammlungen Europas.

Wenige Jahre bevor die eigenen Ressourcen intensiv für die Herstellung von Werken der Schatzkunst genutzt wurden, entstand das kleine gedeckelte Schälchen aus granatfreiem, durchscheinend grün gefärbtem Serpentinit. Es war als Geschenk an die Kurfürstin Anna zum Weihnachtsfest 1572 bestimmt. Der Goldschmied Urban Schneeweiß hatte es in »Cronen golt« gefasst und erhielt am 29. Dezember 1571 eine Bezahlung von 74 Gulden 2 Groschen für das Gold und 4 Gulden 12 Groschen für seine Arbeit. Die auf der Innenseite des Deckels eingravierten Wappen Kursachsens und des Königreichs Dänemark-Norwegen verweisen auf den Schenker und die Beschenkte. Die ebenfalls auf der Deckelinnenseite eingravierte Jahreszahl 1572 datiert es als eines der frühesten Werke dieses Goldschmieds für den Dresdner Hof.

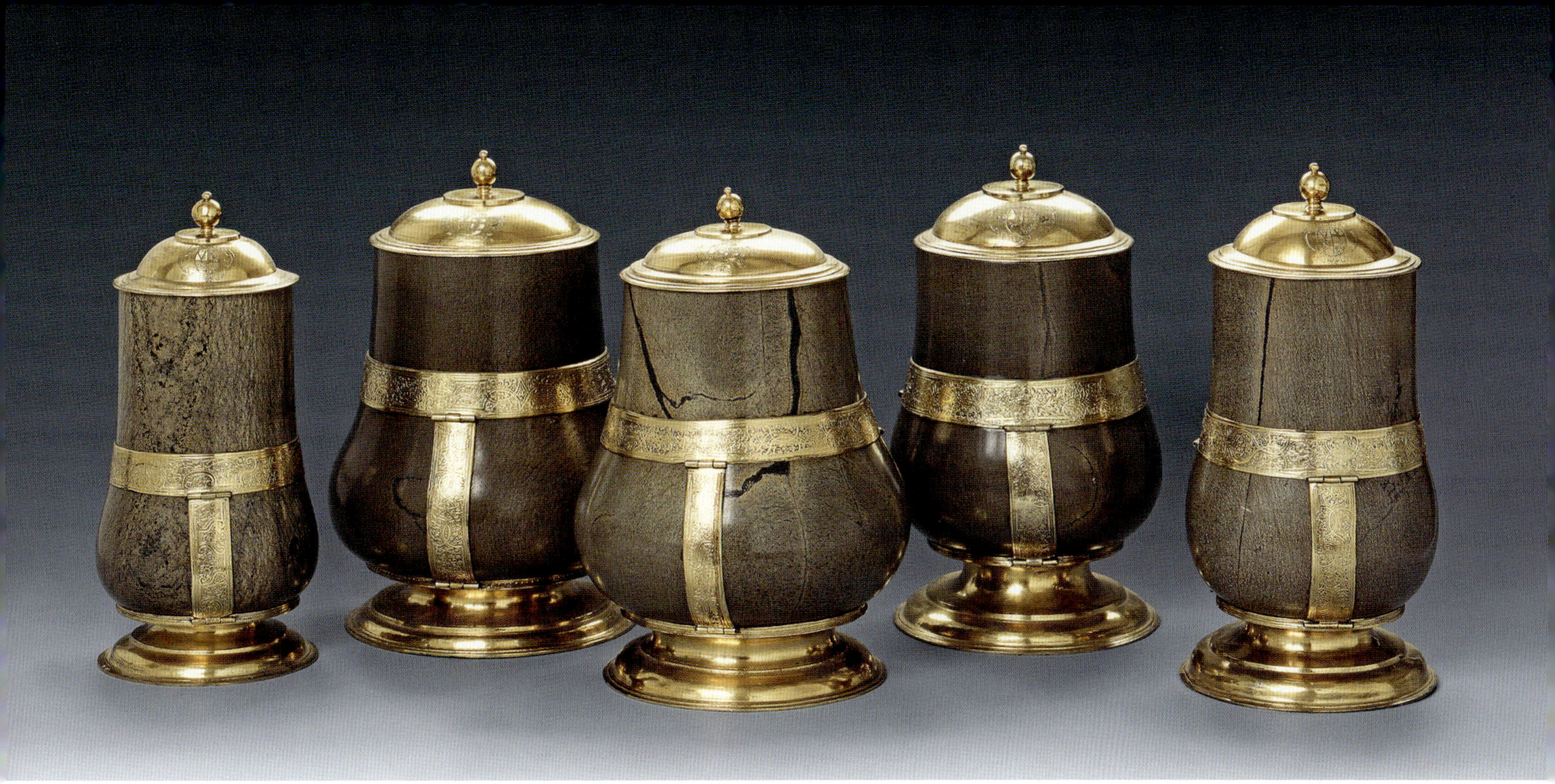

Auf der vor- und zurückrotierenden Drehbank, der Fitschel, entstanden sechs zylindrische Prunkgefäße, die bereits 1587 in der Schatzkammer des Grünen Gewölbes nachweisbar sind. Diese bauchigen Gefäße aus graugrünem sächsischen Serpentinit erscheinen fast wie Variationen über ein Gestaltungsthema der Renaissance. Sie wurden wohl zwischen 1575 und 1585 von Nosseni entworfen und in Dresden vom Goldschmied Urban Schneeweiß mit silbervergoldeten Standringen und durch Maureskenornamente gezierte Bänder gefasst. Die Deckel schmücken das sächsische Wappen des Kurfürsten und das dänische Wappen seiner Frau, der Königstochter Anna. Der gleiche Goldschmied fasste für das Herrscherhaus auch die Kanne aus edlem graugrünem sächsischem Serpentinit mit seinen typischen Granateinschlüssen.

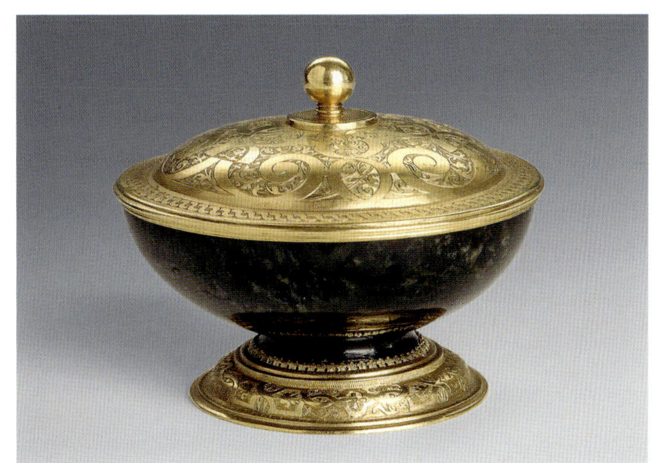
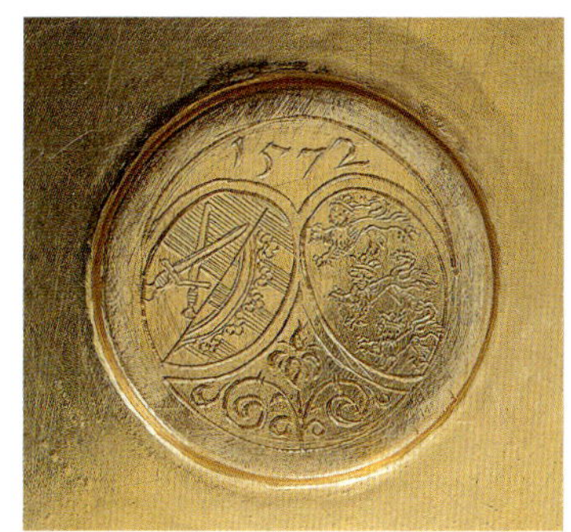

Kaum ein anderes Werk im Grünen Gewölbe erläutert so eindringlich das Weltbild, das die Kunstkammern des 16. und 17. Jahrhunderts prägte, wie diese Schreibkassette. Der Schöpfer des programmatischen Kunstwerks war Wenzel Jamnitzer. Der Nürnberger Goldschmied hat sein Meisterwerk nicht nur datiert – was für ein Werk der Goldschmiedekunst eher ungewöhnlich war –, sondern auch durch eine Inschrift auf der goldenen Tafel, welche die blanksilbern belassene Figur einer jungen Frau vor sich hält, genauer erläutert. Aus dem Lateinischen übersetzt, lautet sie: »Die Wissenschaft weckt erinnernd vergängliche Dinge zum Leben, sie errichtet bleibende Denkmale der Künste, sie ruft zurück ins Licht, was ins Dunkel fällt 1562«. Demnach ist es dem menschlichen Geist möglich, den Hervorbringungen der schöpferischen Natur – und damit der göttlichen Schöpfung – gleichzukommen, sie verbessert in menschliche Kunstfertigkeit zu wandeln und so Vergängliches zu verewigen. Die trotz ihrer geringen Größe monumental wirkende Schreibkassette bestätigt selbst dieses Wechselspiel zwischen Natur und Kunst. Die antikisierend nackte Personifikation der Philosophie liegt auf einer künstlichen Gesteinsstufe, nach der Natur gegossene Tiere in Silber bevölkern ihren Meditationsort, und ein künstlicher Zweig aus Silber schmückt eine Vase aus Bergkristall. Als weiteres Symbol des zur Abstraktion fähigen menschlichen Geistes ist auf der Rückseite der gleichen goldenen Tafel eine Tabula Pythagoraea, ein Zahlenquadrat mit den Grundrechenarten, eingraviert.

Das Denkmal menschlicher Gelehrsamkeit ist ein wahres Kunstkammerstück, auch wenn es über Jahrhunderte nicht dort, sondern in der Schatzkammer im Grünen Gewölbe verwahrt wurde: Es reizt den Intellekt und erfreut durch seine Feingliedrigkeit und Schönheit die Sinne des Betrachters. Zudem ist es voller Überraschungen. Drückt man mithilfe einer Nadel eine verborgene Feder in diesem Kästchen nieder, so lässt sich die Wand zu Füßen der Figur abnehmen. Im Inneren finden sich mit feinem Stoff bezogene Schubladen, in denen einstmals alles aufbewahrt wurde, was der fürstliche Besitzer dieses Kunstwerks zur schriftlichen Fixierung seiner geistigen Tätigkeiten benötigte. Kurfürst August selbst pflegte den persönlichen Kontakt zu dem genialen Goldschmied. Das einzigartige Kunstwerk hat Jamnitzer wohl im kurfürstlichen Auftrag geschaffen.

Der in seiner Art einmalige Kalvarienberg ist ein Objekt fürstlicher Privatandacht, wie auch ein kostbarer Kunstkammergegenstand von hohem sinnlichem Reiz. Es ist die große Anzahl schimmernder Perlen, die als unregelmäßig gewachsene Barockperlen oder als mit der Schale verwachsene Blisterperlen das Erscheinungsbild des Kunstobjekts prägen. In der christlichen Symbolik stehen die Perlmutter von Muscheln sowie die Perlen für die stetige Erneuerung des Lebens auf Erden und das ewige Leben in Gott sowie für die göttliche Reinheit und für die Taufe. Schon in der mittelalterlichen Natursymbolik wurde die Perle als Ergebnis einer himmlischen Befruchtung gedeutet. Der irisierende Glanz der Perle und der Perlmutter galt zudem als Widerschein des himmlischen Lichts.

Das aus einem seltenen und sehr harten Tropenholz bestehende Kreuz Christi erhebt sich über dem Schädelberg Golgatha, der Richtstätte des Gottessohns. Die langgliedrige Silberskulptur des Gekreuzigten wird von einem Lendentuch verhüllt, an dem noch Spuren roter Farbe erkennbar sind. Unten am Kreuzstamm fand sich mit Gold einst die Jahreszahl 1577 aufgemalt. Zu seinen Füßen befinden sich die Schlange der Ursünde und eine Silber-

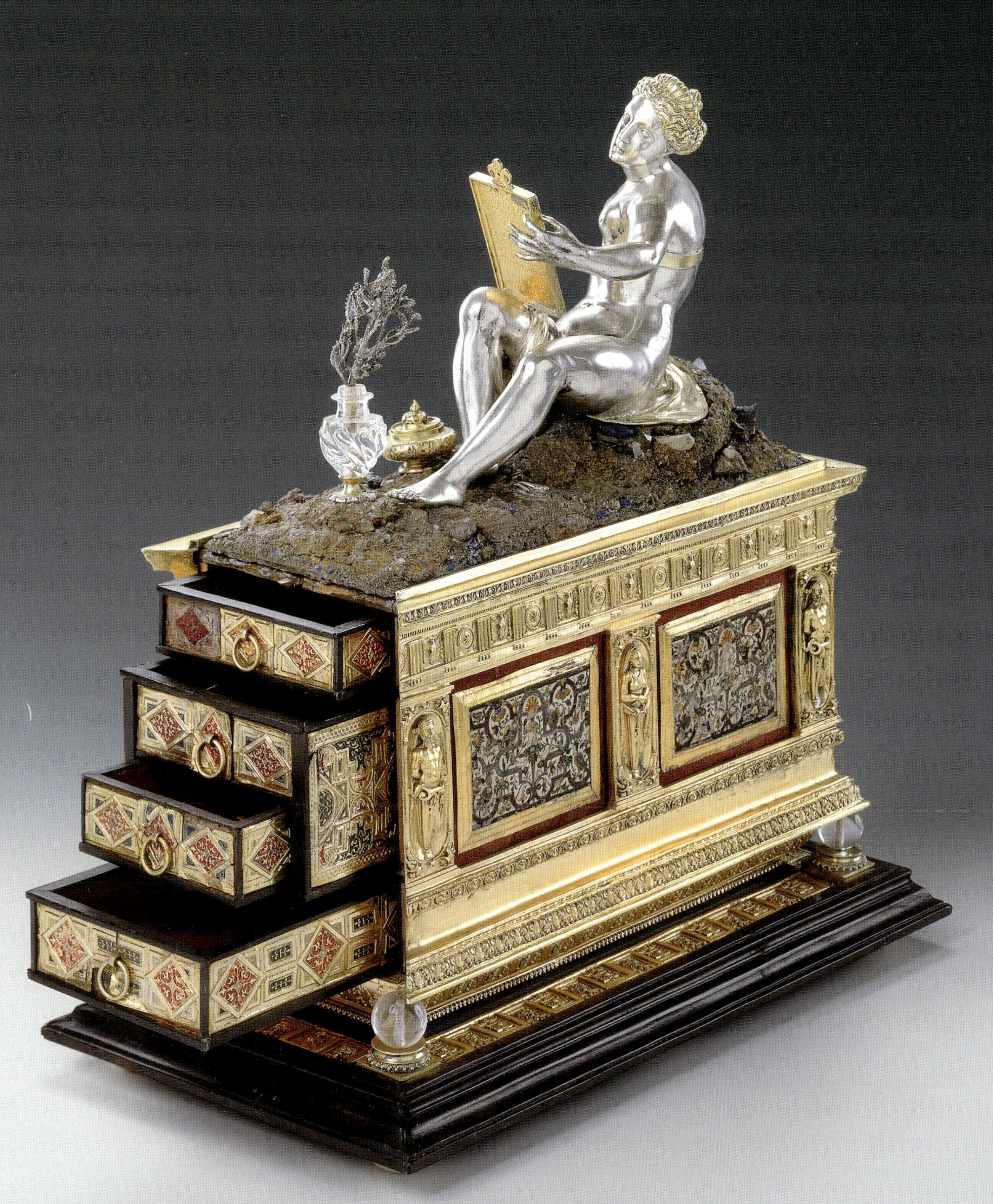

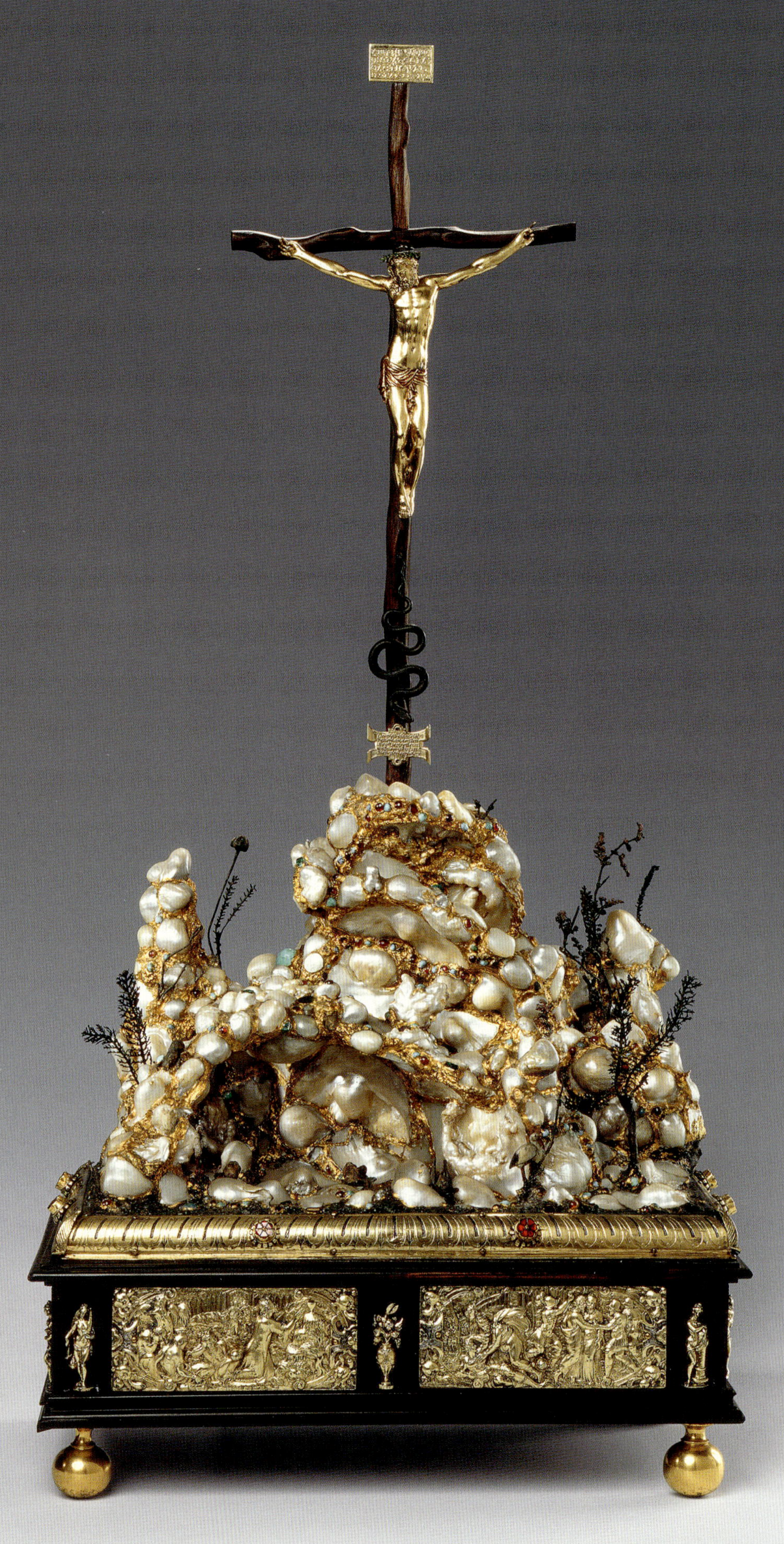

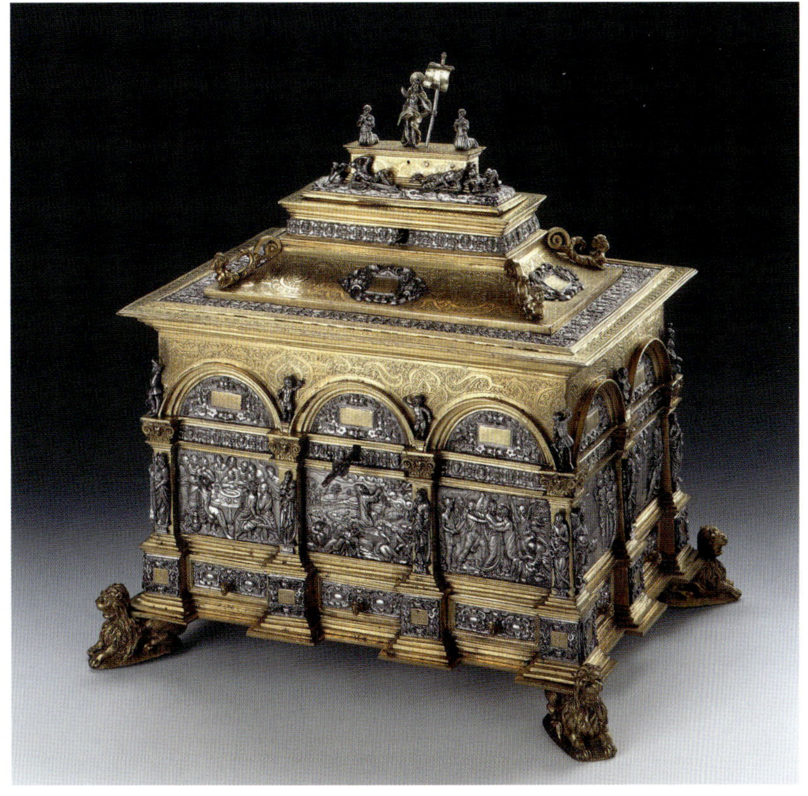

platte mit einem Spruch aus der Bibel (Genesis 3). Im Sinne des damals besonders in Nürnberg beliebten »Style rustique« bevölkern den Perlenberg zwischen silbernen Zweigen kleines Getier, Frösche, Eidechsen, Käfer sowie eine Heuschrecke. Den Berg aber durchziehen wie Goldadern erscheinende, mit Türkisen und Granaten besetzte Bänder. Die eingetiefte, mit Perlen besetzte Grotte verweist auf das kommende Grab, aus dem der Erlöser wieder auferstehen wird. Ebenso kunstvoll wie der Kalvarienberg ist der Ebenholzsockel, den sechs vergoldete Reliefs mit Darstellungen aus der Passion Christi umziehen. Die beiden Tafeln der Hauptseite, die Christus auf dem Ölberg und seine Gefangennahme darstellen, verbergen Schubfächer. Der Opfertod des Heilands und die dadurch herbeigeführte Erlösung waren für Menschen evangelischen Glaubens von tiefer Bedeutung.

Der schwere, aus gegossenen Kupfer- und Messingplatten montierte Schmuckkasten ist innen wie außen mit prächtig geätzten Mauresken bedeckt. Die umlaufenden Reliefs schildern detailreiche Episoden aus der Leidensgeschichte Christi. Die Figurengruppe mit der Auferstehung des Gottessohnes auf dem Deckel, die zwischen den Reliefs eingefügten kleinen Statuetten sowie die Schmuckbänder sind in Silber gegossen. Der prachtvolle Schmuckkasten wurde wegen seiner Beziehung zu einer erhaltenen Zeichnung lange Zeit dem Hamburger Goldschmied Jacob Mores d. Ä. zugeschrieben. Vergleichbare Kästchen in anderen bedeutenden Sammlungen Europas verweisen aber eindeutig auf die Werkstatt Wenzel Jamnitzers als Herkunftsort. Wenn auch das verwendete unedle Material für einen Goldschmied eher ungewöhnlich ist, so lässt sich nicht leugnen, dass Jamnitzer der geistige Schöpfer dieser prachtvollen Kassette war.

Dass Wenzel Jamnitzer ein außergewöhnlich kreativer, wissenschaftlich interessierter Goldschmied war, der die engen Grenzen seiner Zunft mit virtuosen Kunstwerken überwand, belegt neben der Schreibkassette ein weiteres Werk im Grünen Gewölbe. Dieses wurde zwar von seinem Sohn Abraham Jamnitzer ausgeführt, geht aber unmittelbar auf Entwurf und Modell des Vaters zurück. Es handelt sich um die kostbare Silberstatuette der Daphne. Der Mythos der kleinasiatischen Nymphe wird im ersten Buch der Metamorphosen des antiken Dichters Ovid geschildert. Dieser beschreibt, wie Amor mit einem goldenen Pfeil das Herz des Gottes Apollo für die schöne, keusche Nymphe Daphne entflammte und in ihr gleichzeitig mit einem bleiernen Pfeil die Ablehnung für den Gott erweckte. Als sie sich den vehementen Nachstellungen des Gottes des Lichts, der Weissagung und der Künste nicht mehr erwehren konnte, verwandelte ihr Vater sie auf ihr Flehen hin in einen Lorbeerbaum. Dies ist der Moment, den die Silberstatue darstellt: Wie erstarrt steht die junge, reich bekleidete Nymphe da. Aus ihren Händen und aus ihrem Haupt sprießt das Gezweig eines Baumes, durch den sie für immer aus dem Bereich der Menschen und Götter in den der Natur überwechselt.

Zur Herstellung dieser prachtvollen Silberplastik griff Abraham Jamnitzer auf die Gussform seines Vaters Wenzel zurück und verband diese, wie sein Vater, mit einem der damals sehr seltenen, stark verzweigten Korallenzinken. Das ist ausgesprochen tiefsinnig, denn so wie Daphne sich gemäß den Metamorphosen des Ovid von einer Nymphe in menschlicher Gestalt in einen Baum verwandelte, so hatten sich die Blutstropfen aus dem von Perseus abgeschlagenen Haupt der Medusa im Mittelmeer in Korallen verwandelt. Korallen waren Kunstkammerobjekte par excellence, denn nach dem Verständnis der Zeit vereinigten sich in ihnen Mineral, Tier und Pflanze – und damit die drei Naturreiche.

Die erste Daphne Wenzel Jamnitzers, die nach Untersuchungen der Beschauzeichen zwischen 1571 und 1575 entstanden ist, war möglicherweise im Besitz Kaiser Maximilians II., eines sehr engen Jugendfreundes des sächsischen Kurfürsten. Sie befindet sich heute im Musée national de la Renaissance im Château d'Écouen bei Paris. Die im Grünen Gewölbe aufbewahrte Daphne kann erst nach 1579 entstanden sein, weil Abraham Jamnitzer erst in diesem Jahr Goldschmiedemeister wurde und seine Meistermarke führen durfte. Die von ihm geschaffene Wiederholung ist gleichfalls von höchster Qualität, sehr sorgfältig ziseliert und graviert. Der von Abraham Jamnitzer verwendete Korallenzinken, der die Verwandlung deutlich macht, ist besonders breit, vielgliedrig und schön geformt. Der einstmals mit grünbemalten Silberblättern bestückte Korallenzinken verleiht der antikisierenden Figur den Charakter eines genuinen Kunstkammerstücks, vereint sie doch eine seltene, besonders ästhetische Hervorbringung der Natur mit dem schöpferischen Produkt menschlicher Kunstfertigkeit. In Dresden war die Daphne allerdings von Anfang an im Grünen Gewölbe, wie der Eintrag im ersten Schatzkammerinventar von 1586/87 belegt: »1 Silbern brust bilt von einer Jungfrau, mit einem großen gewechß von Corallen Zincken.«

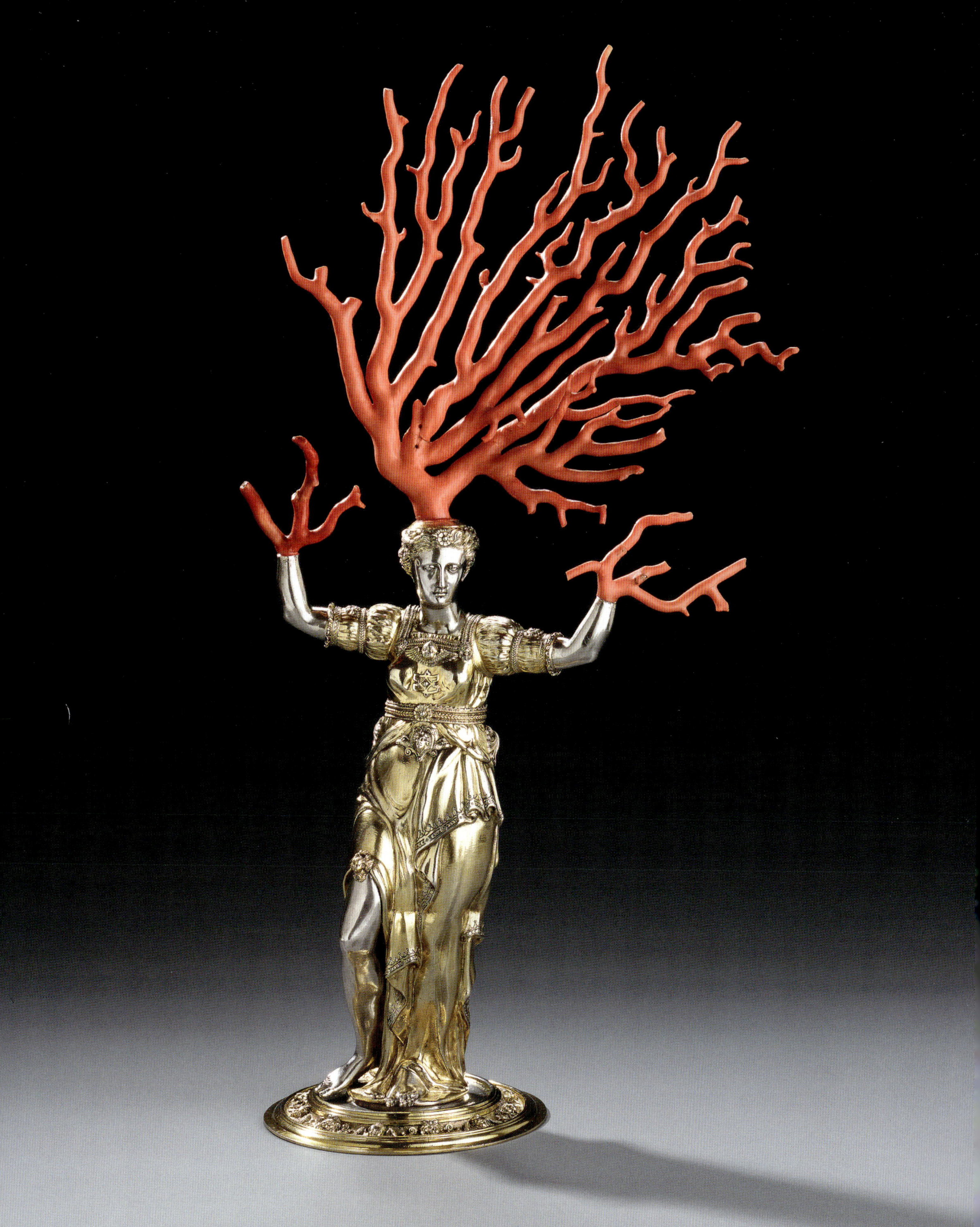

Fürstliche Kunst- und Schatzkammern der Renaissance und des Barock enthielten
eine Vielzahl von Objekten, bei denen wertvolle Materialien zusammen mit seltenen
und exotischen Naturstoffen wie Bergkristall und farbigen edlen Steinen, exotischen Hörnern, Nautilus- und Seeschneckenschalen, Korallenzinken oder Kokos- und
Maledivennüssen zu kleinen Kunstwerken verbunden wurden. Es sind objekthafte Kunstwerke, bei denen eine virtuose Gestaltung und betont sinnliche Erscheinung die Funktionalität bewusst überlagern und verdrängen. Diese »objets d'art«, die auf einen tatsächlichen Gebrauchswert verzichten, gehören in den Bereich der Schatzkunst. Derartige
Objekte, die für reiche und privilegierte Käufer von zumeist adeliger Herkunft geschaffen
wurden, waren aber vor allem kostbare und sehr repräsentative Sammlerobjekte mit
hohem Prestigewert. Der »Zweck«, dem sie dienten, war der Genuss ihrer Form durch
den geübten Blick und die tastende Hand. Sie eigneten sich zugleich als Ausgangspunkt
und Inspirationsquelle für kultivierte Gespräche am fürstlichen Hof, denn sie besaßen
– und besitzen auch heute noch – die Fähigkeit, Neugier und Wissbegierde zu erwecken.

Ein Beispiel für derartige Kunstobjekte ist das kleine, reich ausgeschmückte Nautilusgehäuse, das auf einem Baumstamm ruht, den ein kniender Bauer gerade fällt. Den Prunkpokal fertigte ein noch unbekannter Meister um 1570 in Süddeutschland. Das ehemals
zugehörige Gegenstück wurde 1907 aus dem Grünen Gewölbe gestohlen.

Die burleske wie hintersinnige Silberstatuette von Christoph I Lindenberger nimmt
Bezug auf die verbreiteten Laster der Trunksucht und Völlerei. Die silbervergoldete Figurengruppe besteht aus einem satyrartigen Teufel, gehüllt in ein Weinfass, der einen Vielfraß in einer Schubkarre vor sich her schiebt. Derbe Trinksprüche zieren die Schürze des
Fassteufels und die Wände des Karrens. Sie geben Auskunft über die wenig gottgefällige
Lebensweise des Epikureers. Teufelskopf und Hahnreimütze können abgenommen werden. Sie verbergen als Deckel Gefäßteile, die die Figurengruppe zu einem Trinkspiel
werden ließen, das zum Alkoholmissbrauch durchaus geeignet war.

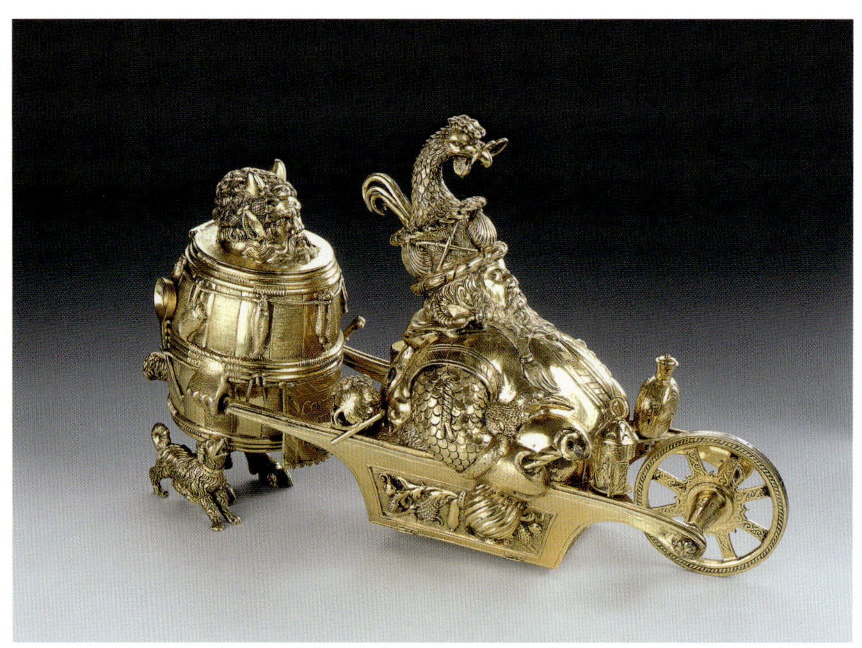

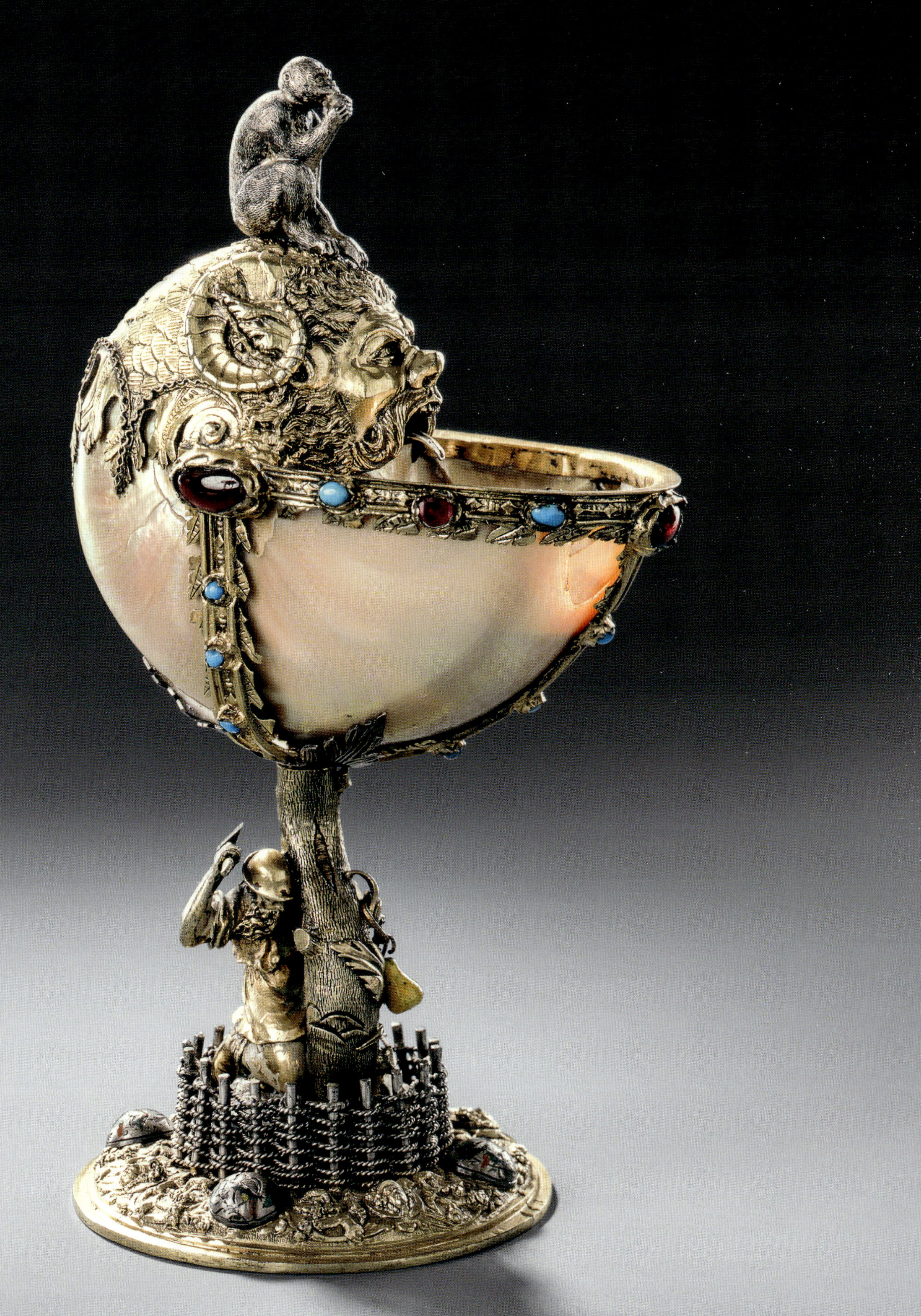

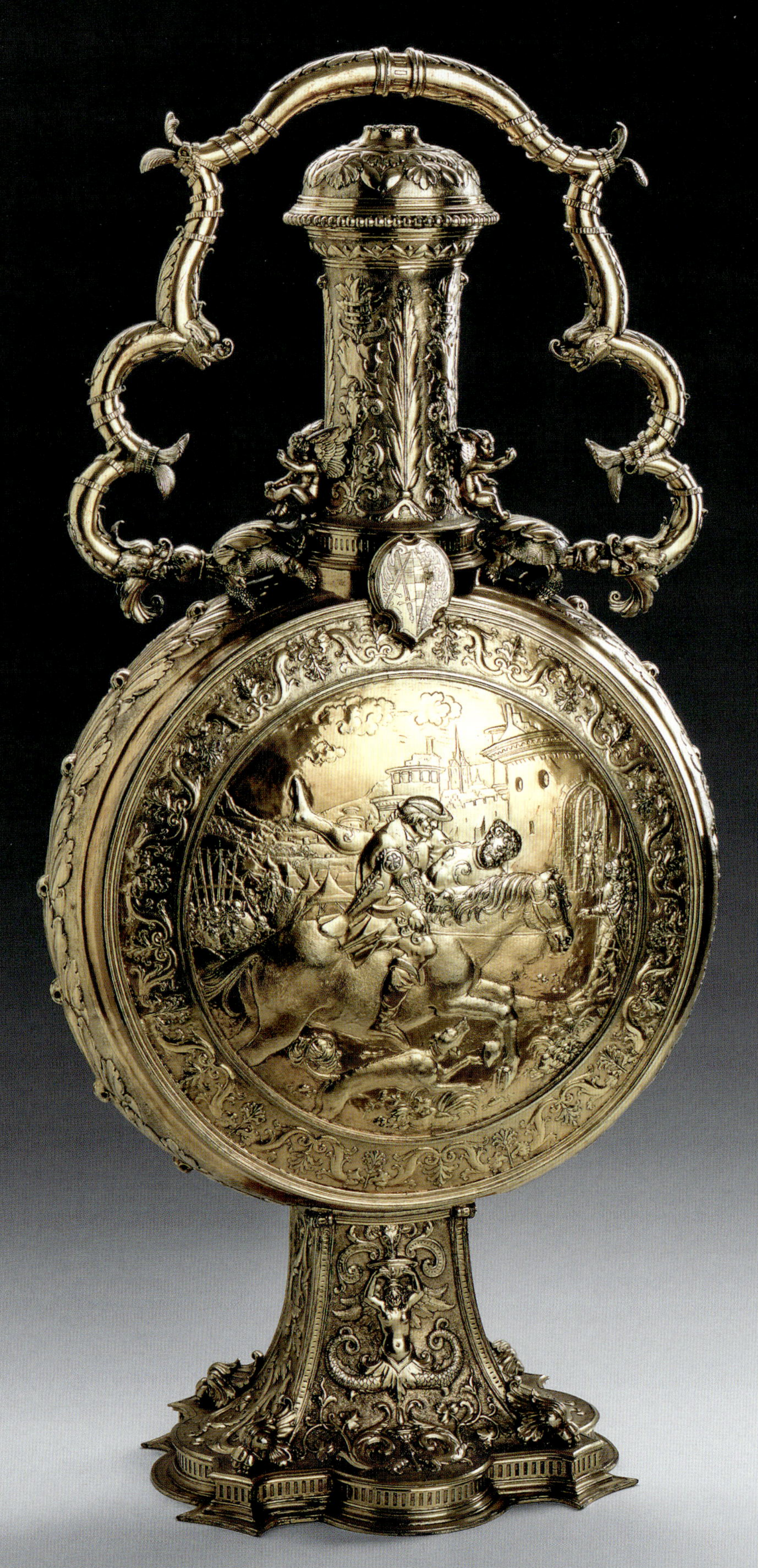

Von dem umfangreichen Bestand an Repräsentationssilber, das Kurfürst August während seiner Regierungszeit zwischen 1553 und 1586 erwarb, haben sich nur wenige Stücke erhalten. Sein älterer Bruder Moritz war 1547 nach der Zerschlagung des gegen Kaiser Karl V. gerichteten Aufstandes protestantischer Fürsten – des Schmalkaldischen Krieges – anstelle seines Vetters Johann Friedrich I. von Kaiser Karl V. zum Kurfürsten von Sachsen ernannt worden. Damit begann die Herrschaft der jüngeren, albertinischen Linie des Hauses Wettin. Der 27-jährige August übernahm 1553 mit der Herrschaft über das Kurfürstentum Sachsen von seinem in der Schlacht getöteten Bruder Moritz neben außenpolitischen Problemen auch eine immense Schuldenlast von 1,5 Millionen Gulden. Nach 33 Jahren hatte dieser ökonomisch und organisatorisch besonders begabte Herrscher bei seinem Tod 1586 nicht nur die Staatsverschuldung ausgeglichen, sondern in seinem Staatsschatz neben Kostbarkeiten und Silbergeschirr auch knapp zwei Millionen Gulden angehäuft.

Der ungewöhnlich hohe, silbervergoldete Doppelpokal des Augsburger Goldschmieds Hans Schebel vermittelt noch heute die solide finanzielle Kraft des sächsischen Kurfürstentums unter August. Der Gesamtentwurf dieser Doppelscheuer, die in der deutschen Renaissance als Repräsentationssilber besonders beliebt war, wie auch ihre Details lassen die Hand eines mit zahlreichen Techniken und damals aktuellen Ornamenten bestens vertrauten Meister erkennen. Die abwechslungsreiche Oberflächengestaltung, die fein geätzten Mauresken und das ursprünglich weitaus leuchtendere Grubenemail in Grün, Violett und Blau sind von höchster Qualität. Der 1571 verstorbene Hans Schebel war ein herausragender europäischer Goldschmied der zweiten Hälfte des 16. Jahrhunderts, der unter anderem auch für das bayerische Herzogshaus arbeitete. Als dieses enorme Gefäß kurz nach 1723 im Schatzkammermuseum Augusts des Starken Aufstellung fand, waren die beiden Hälften voneinander getrennt und mit ursprünglich nicht-zugehörigen Deckeln versehen. Erst vor einigen Jahren wurde erkannt, dass die beiden Schebel-Pokale im Grünen Gewölbe als mächtiger Doppelpokal angelegt sind.

Silber, vergoldet
wohl Österreich/Ungarn,
Mitte 16. Jahrhundert
H. 81,0 cm / Inv.-Nr. IV 253

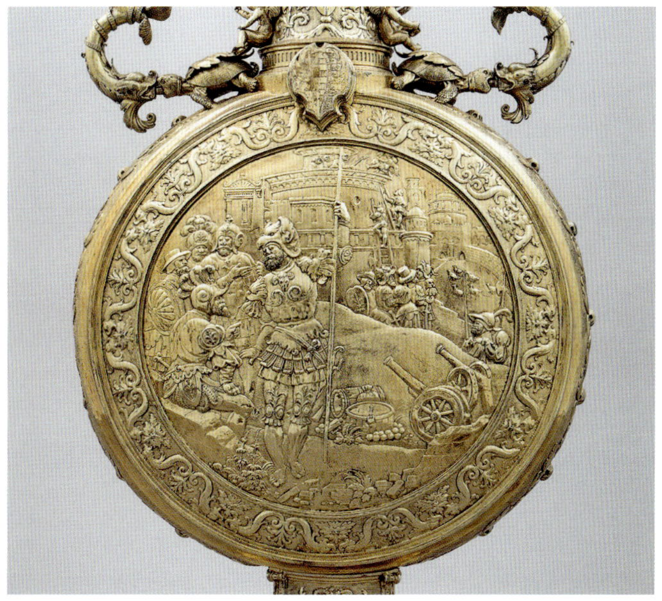

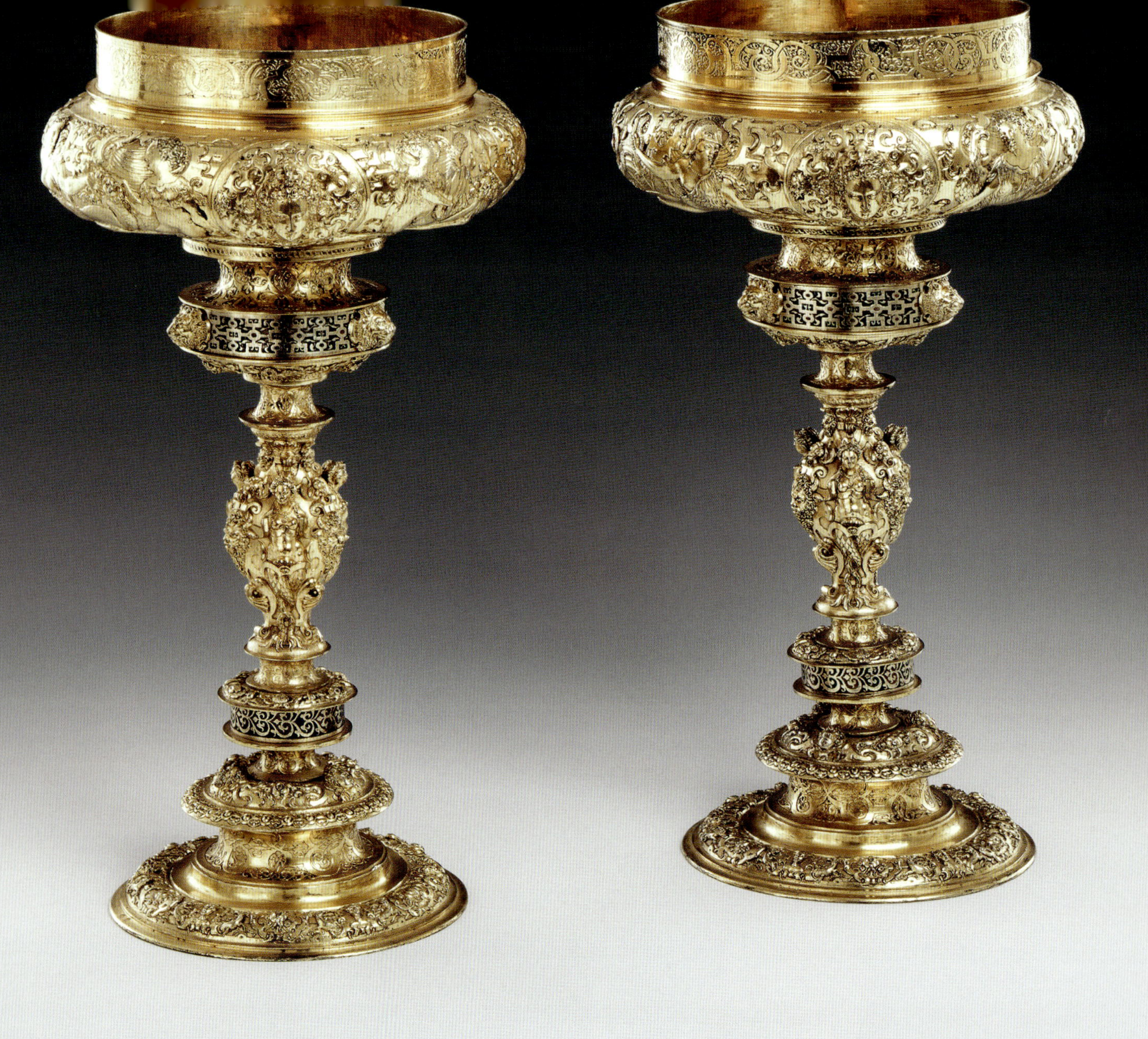

Etwas früher als der Pokal entstand das silbervergoldete Gefäß in Form einer überdimensionierten Pilger- oder Feldflasche. Das reich mit Ornamenten und kriegerischen Szenen in Treibarbeit geschmückte Prunksilber besitzt keine Marken, die eine Zuordnung an einen bestimmten Goldschmied oder einen Herstellungsort ermöglichen. Es ist wohl um die Mitte des 16. Jahrhunderts im habsburgisch-ungarischen Raum entstanden. Die den flachen Flaschenkörper ausfüllenden runden Silberreliefs zeigen auf einer Seite die Beschießung und Erstürmung einer Festung. Vor dieser Kampfszene stehen im Vordergrund fünf Feldherren in antiker Kriegertracht. Das Relief der anderen Seite nimmt die Darstellung eines nach rechts reitenden Bauern mit einem gefangenen Krieger in antiker Tracht vor einer belagerten Festung ein. Das über jeder dieser Darstellungen angebrachte kursächsische Wappen belegt, dass es sich bei dem überdimensionalen Silbergefäß um alten wettinischen Besitz handelt. Seit der Schlacht bei Mohács im Jahr 1526 war Ungarn zu zwei Dritteln vom osmanischen Reich besetzt. Das verbleibende, unbesetzte königliche Ungarn wurde vom Haus Habsburg beherrscht und wie die Grenzregionen zu einem Schlachtfeld dieser beiden unterschiedlichen Kulturen. Herzog Moritz kämpfte 1542 in Ungarn auf habsburgischer Seite gegen die Osmanen.

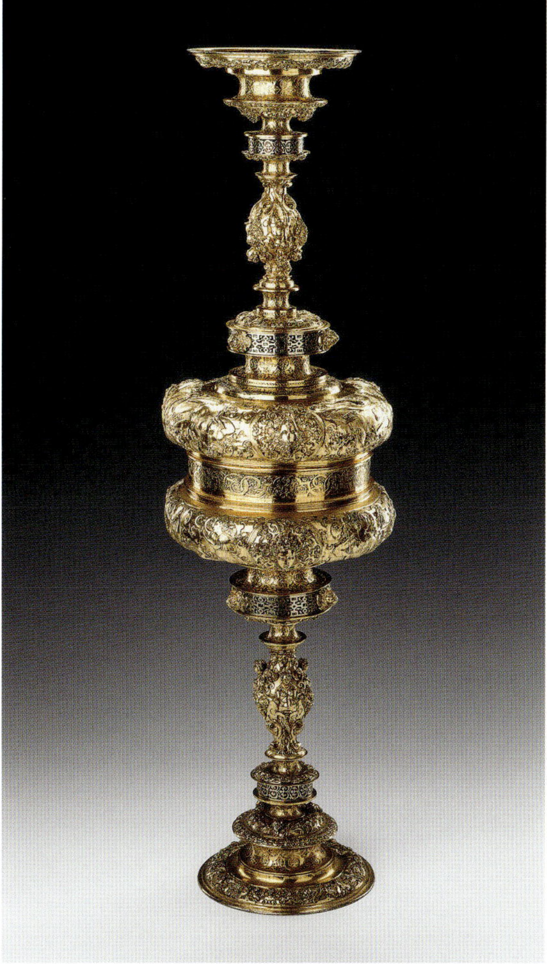

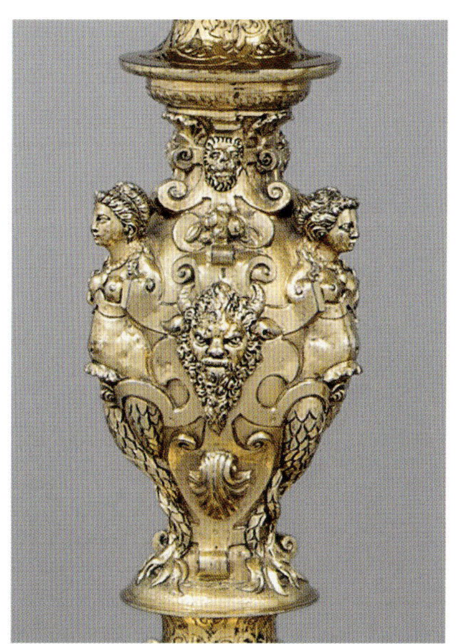

Schon seit der Antike waren Kokosnüsse aus Südostasien über Karawanen ins Abendland gelangt. Die ältesten Gefäße, die aus dieser tropischen, hartschaligen Nuss geschaffen und in vergoldetem Silber gefasst wurden, stammen aus dem 13. Jahrhundert. Erst nachdem portugiesische Seefahrer gegen 1500 Indien erreicht hatten und etwas später mit Südostasien Handelskontakt aufnahmen, gelangten immer mehr Nüsse der im Tropengürtel wachsenden Kokospalmen auf den europäischen Luxusmarkt. Bis weit ins 16. Jahrhundert galt die aus der Ferne importierte Kokosnuss vielen sogar als seltene »meernuß«, von der man annahm, sie sei in »ewiger Nacht auf dem Grunde des Meeres« gewachsen. Vor allem deutsche und holländische Goldschmiede waren es, die die hartschaligen Früchte phantasievoll zu Pokalen, Kannen oder Trinkspielen verarbeiteten. Sie nutzten dazu Nüsse, deren Wandungen von spezialisierten Künstlern zuvor mit reichen Reliefdarstellungen versehen worden waren. Manche wurden allerdings auch an ihrem Ursprungsort auf diese Weise verziert und nach Europa exportiert. Das Grüne Gewölbe besitzt eine Reihe solcher Kokosnussgefäße, die sorgfältig von den Herkunftsgesellschaften verzierte Wandungen aufweisen.

Bei weitem kostbarer als Kokosnüsse waren die bis zu 15 Kilogramm schweren zweiteiligen Früchte der Seychellenpalme. Ihren bis zum 18. Jahrhundert gebräuchlichen Namen »Coco de Mer« erhielten sie von der südwestlich von Ceylon gelegenen Inselgruppe der Malediven, an deren Strände sie ab und an durch die Strömung des Indischen Ozeans über mehr als 2 000 Kilometer angeschwemmt wurden. Im südostasiatischen Raum wurden derartige Nüsse als große Kostbarkeiten gehandelt. Die fruchttragenden Palmen wuchsen auf den Seychellen, die den Europäern bis 1769 unbekannt waren. Nicht

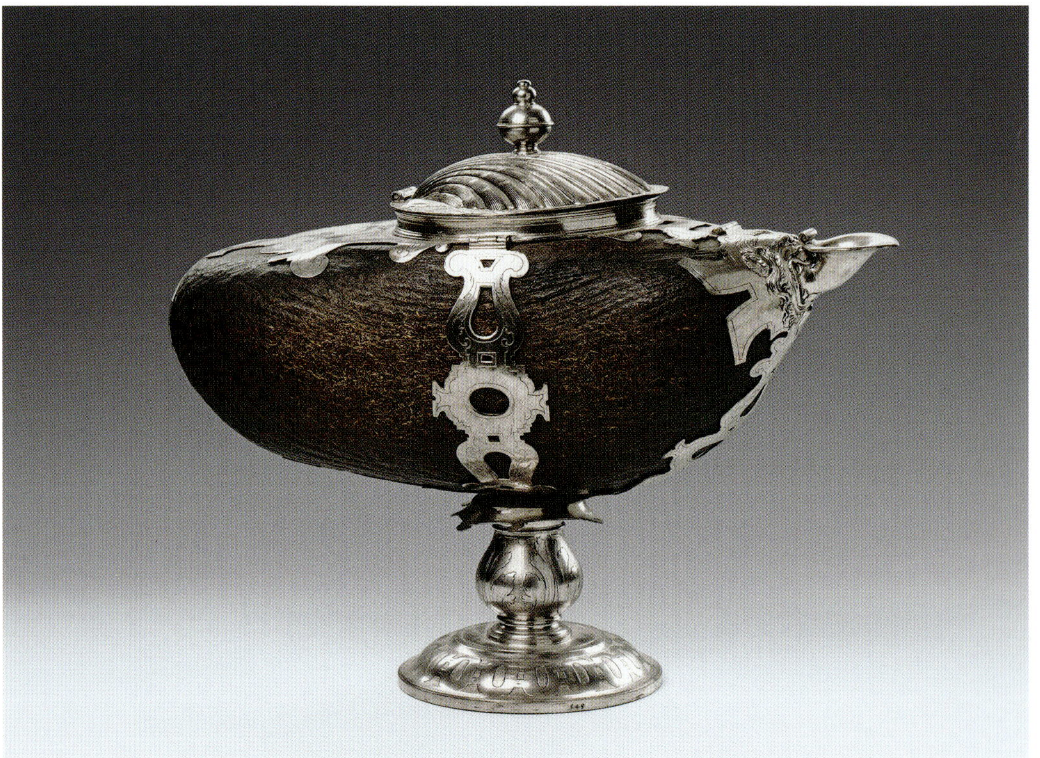

KANNE AUS EINER SEYCHELLENNUSS

Seychellennuss, Silber, vergoldet
wohl Portugal oder Goa, vor 1579
H. 32,5 cm, B. 39,0 cm
Inv.-Nr. IV 314

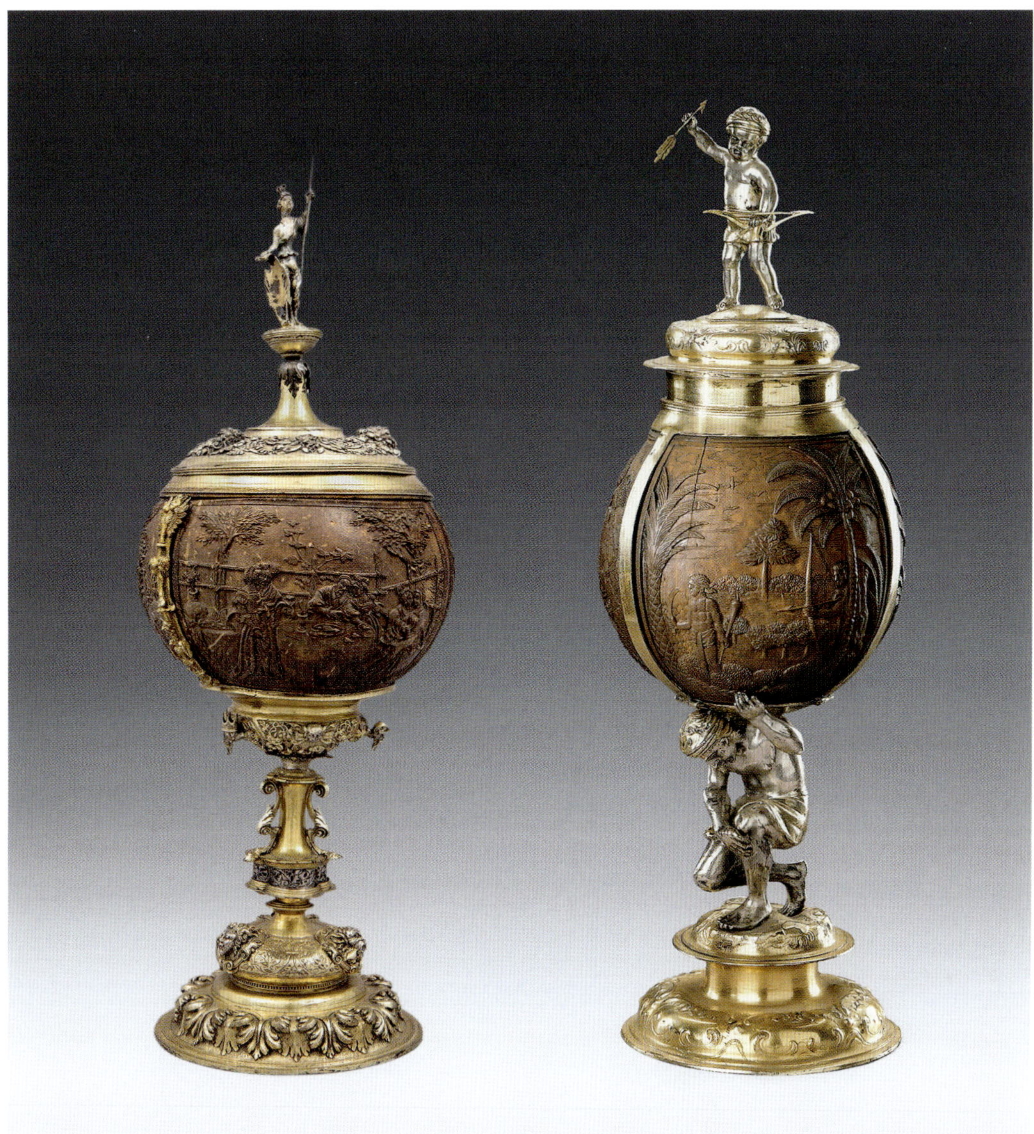

vielmehr als zehn jener einstmals sehr kostbaren Naturwunder, die bis Ende des 18. Jahrhunderts nach Europa gelangten, sind heute noch nachweisbar. Seychellennüsse wurden seit etwa 1570 von portugiesischen Händlern nach Europa importiert. Sieben Exemplare wurden von Goldschmieden verarbeitet und damit in Kunstobjekte umgewandelt. Die wohl älteste findet sich im Grünen Gewölbe.

Um Luxusgüter anzukaufen, hatte Kurfürst August seinen Diener, den Juwelier und Händler Hieronymus Kramer, nach Portugal gesandt. Er kehrte 1579 unter anderem mit der in ihrer natürlichen Rauheit belassenen, nur lackierten und eher zurückhaltenden, mit unvergoldetem Silber gefassten Kanne zurück, wie eine Rechnung aus dieser Zeit ausweist: »Eine cocha de Maldifa in silber eingefast, so für güfft gegen zorn, und melancholia.« Sie gelangte erst nach 1624 in die kursächsische Kunstkammer.

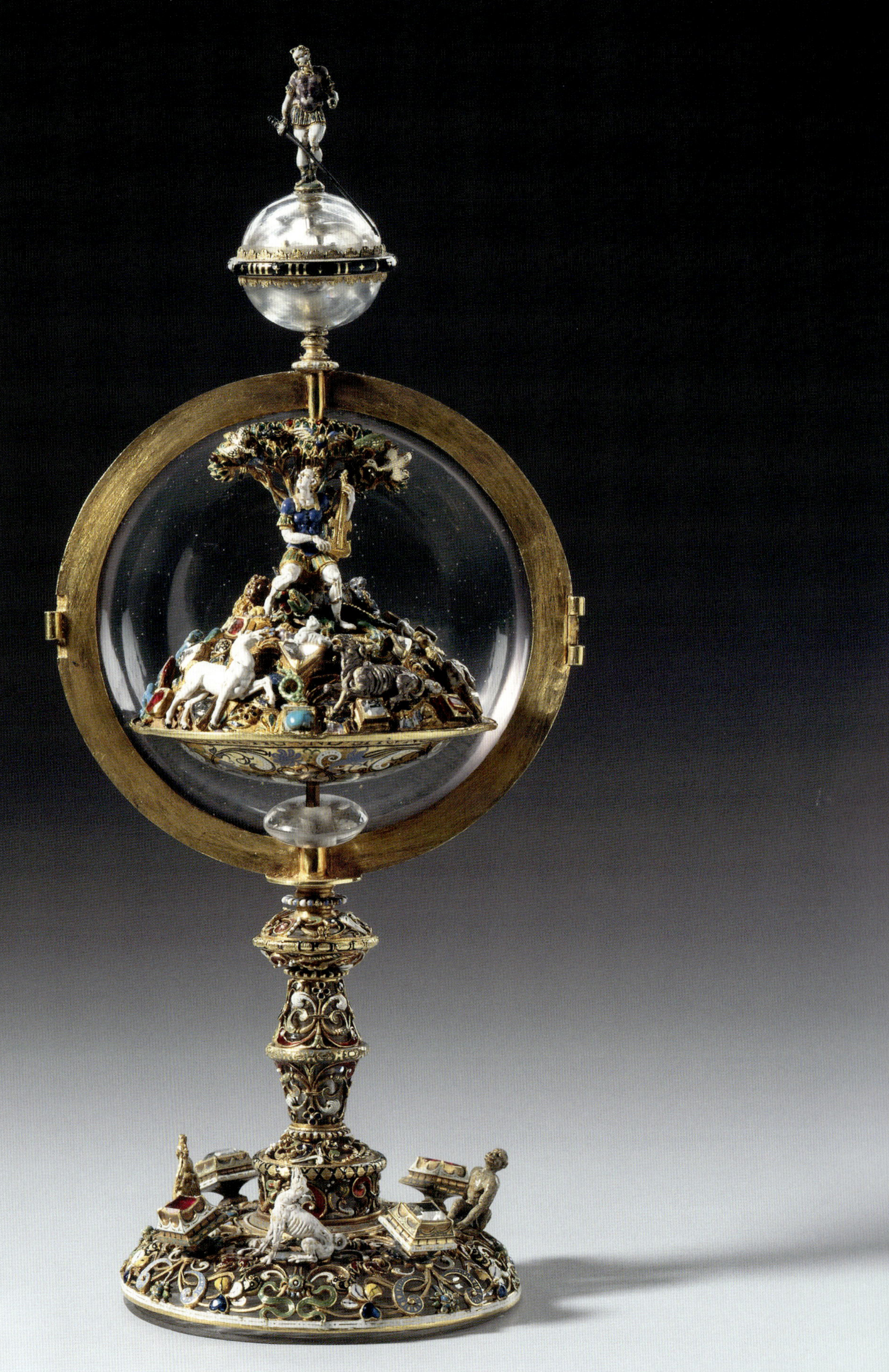

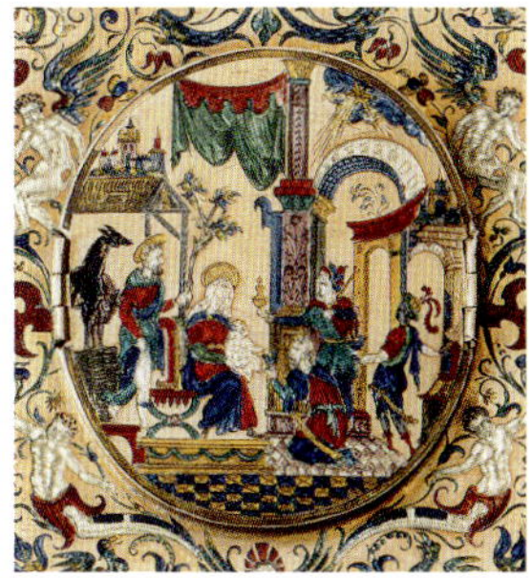

Gold, Email, Spiegelglas,
Ölminiatur auf Silber
wohl München, vor 1576
H. 18,0 cm, B. 15,0 cm
Inv.-Nr. VI 64

Detail oben: Die Anbetung
der Weisen, Vorderseite der
Tür zum Miniaturbildnis
im rautenförmigen Spiegel

◀

Glas, Gold, Email, Brillanten,
Rubine, Bergkristall
Entwurf: Valentin Drausch
Goldschmiedearbeit:
Georg Bernhard
Augsburg, um 1575
H. 21,3 cm / Inv.-Nr. VI 19

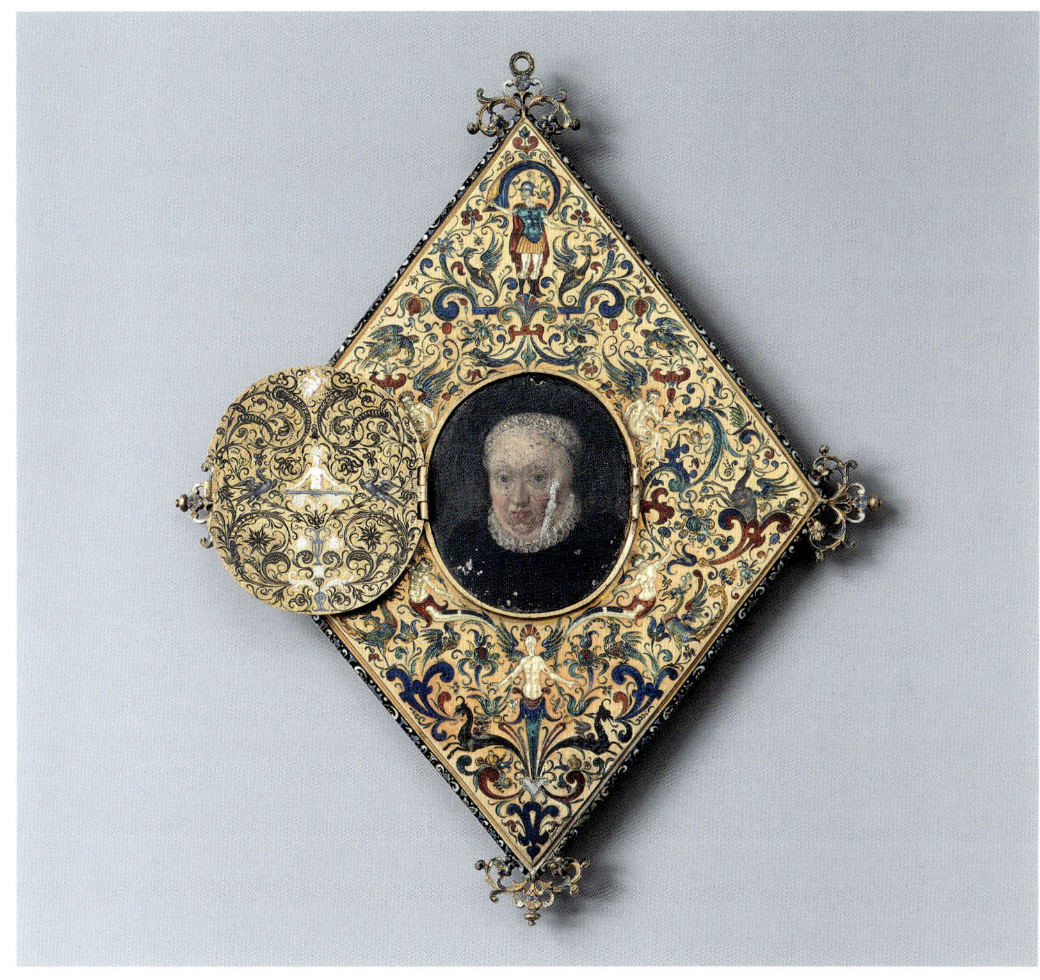

Die zweigeteilte Orpheus-Uhr wird im ersten Schatzkammerverzeichnis von 1586/87 aufgeführt. Im Inneren der hohlen Kugel sitzt auf einem aus Gold getriebenem Hügel die emaillierte Gestalt des sagenumwobenen griechischen Sängers Orpheus, dem die Macht gegeben war, mit seiner Musik selbst wilde Tiere zu zähmen. Die Goldschmiedeminiatur umhüllen zwei Halbkugeln aus Glas in einer fein emaillierten Goldfassung. Roll- und Pflanzenwerk aus blauem und weißem Goldemail bedecken den hohen Schaft und den gleichartigen Fuß. Über der Orpheus-Kugel ist eine kleinere, waagerecht geteilte Glaskugel angebracht. In ihr befindet sich ein miniaturhaftes Uhrwerk. Die Bekrönungsfigur des Gottes Saturn diente zum Aufziehen, seine Lanze als Stundenzeiger. Dieses verspielte Wunderwerk der Technik der Spätrenaissance ist wohl im Auftrag des Herzogs von Bayern entstanden. Aus der Korrespondenz Albrechts V. geht hervor, dass er 1573 die Juwelenarbeit für eine Orpheus-Kugel aus Bergkristall nach einem Entwurf des Steinschneiders Valentin Drausch bei dem Augsburger Goldschmied Georg Bernhard bestellt hat. Der Herzog schenkte diese seiner Gemahlin Erzherzogin Anna, der Schwester Kaiser Maximilians II. Heute befindet sie sich in der Kunstkammer des Kunsthistorischen Museums in Wien.

Die in Dresden vorhandene gläserne Variante der Orpheus-Kugel fertigte der gleiche Goldschmiedemeister wohl drei Jahre später ebenfalls für das Wittelsbacher Herzogshaus. Es kann vermutet werden, dass das kostbare Objekt als Gastgeschenk beim Besuch des bayerischen Herzogs und seiner Gemahlin im Sommer 1576 oder anlässlich des Reichstags in Augsburg 1582 in den Besitz Augusts gelangte.

Kurfürst August und Herzog Albrecht hatten sich 1562 beim Wahl- und Krönungstag Kaiser Maximilians II. in Frankfurt am Main persönlich kennengelernt. Trotz gravierender konfessioneller und politischer Unterschiede – Kurfürst August war das Oberhaupt der lutherischen Protestanten im Reich und der Herzog von Bayern der Anführer der katholischen Gegenreformation – waren sie seitdem »freundlich und vertraulich verbrüdert«. Das führte zu einer intensiven Korrespondenz der beiden fürstlichen Ehepaare und zu Geschenksendungen. Wein aus Süddeutschland kam Jahr für Jahr nach Dresden, Bier aus Sachsen nach München.

Eine weitere Kostbarkeit dieser Fürstenfreundschaft hat sich im Grünen Gewölbe erhalten. Es handelt sich um einen kleinen rautenförmigen Spiegel, der in Gold gefasst ist. Die Rückseite überzieht ein Gespinst aus besonders fein emaillierten Phantasie- und Mischwesen, Vögeln, Insekten und Schnecken in einem Rankenwerk mit Blüten. Im Zentrum dieser ornamental überzogenen Fläche befindet sich eine ovale Öffnung, auf deren Abdeckung – ebenfalls im Tiefschnittemail – die Anbetung des neugeborenen Christkindes durch die Weisen aus dem Morgenland dargestellt ist. Öffnet man diese, kommt das in Ölfarbe auf Silber gemalte Miniaturportrait der bayerischen Herzogin Anna mit gekräuseltem Kragen und Haube zum Vorschein. Sie hatte Anna von Sachsen diesen prachtvollen Spiegel als Neujahrsgeschenk für das Jahr 1577 nach Dresden gesandt. Das »männliche« Pendant dazu ist die goldene, mit wunderbarem Email verzierte Garnitur aus Rapier und Dolch, die Herzog Albrecht seinem Freund Kurfürst August zu einem unbekannten Zeitpunkt schenkte. Sie befindet sich heute in der Dresdner Rüstkammer.

Im ersten verfassten Inventar der Schatzkammer im Grünen Gewölbe von 1586/87 findet sich auch dieser glattwandig geschliffene Deckelpokal aus Bergkristall in reicher, goldemaillierter Fassung. Beschrieben wird er als ein »Christalin glaß […] oben uf dem deckel, stehet ein weiß und blau geschmelzter man«. Freiburg im Breisgau, in der die bergkristallene Pokalkuppa wohl entstand, gehörte damals zum habsburgischen Vorderösterreich und war seit dem 14. Jahrhundert der Hauptort einer florierenden Bergkristallindustrie. Die von der dortigen Bruderschaft hergestellten Steinschnitte wurden als Rohmaterialien für Trinkgefäße, Kannen oder Kerzenleuchter häufig in den Goldschmiedehochburgen Nürnberg und Augsburg weiterverarbeitet. Solche Prunkgefäße waren an den europäischen Fürstenhöfen reich vertreten. Die mit aufwendig emailliertem Ornament verzierte, schmuckartige Goldfassung ist wohl David Altenstetter zuzuschreiben. Der Augsburger Goldschmied war ein Meister des Tiefstichemails. Seine Arbeiten waren bei fürstlichen Sammlern der Zeit sehr begehrt.

Seit der Auflösung der Kunstkammer im Jahr 1832 befinden sich zahlreiche Besteckteile – Messer, Gabeln und Löffel – im Grünen Gewölbe, die ausgesprochen prächtig, aber kaum zu benutzen sind, denn die jeweiligen Griffe bestehen aus kostbaren und zerbrechlichen Korallenzinken. Ursprünglich waren es 24 Messer, 12 Gabeln und 12 Löffel. Sie

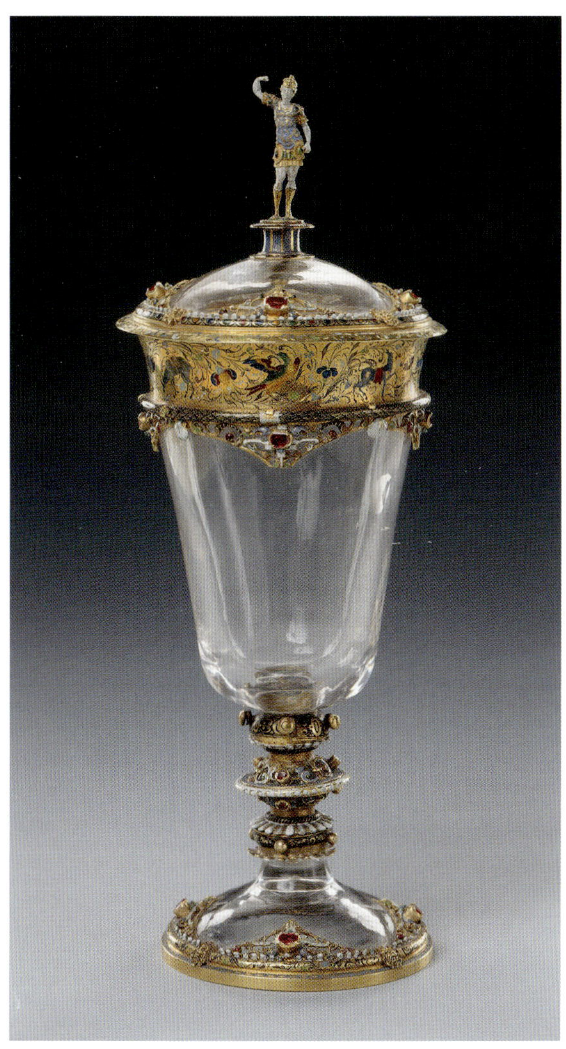 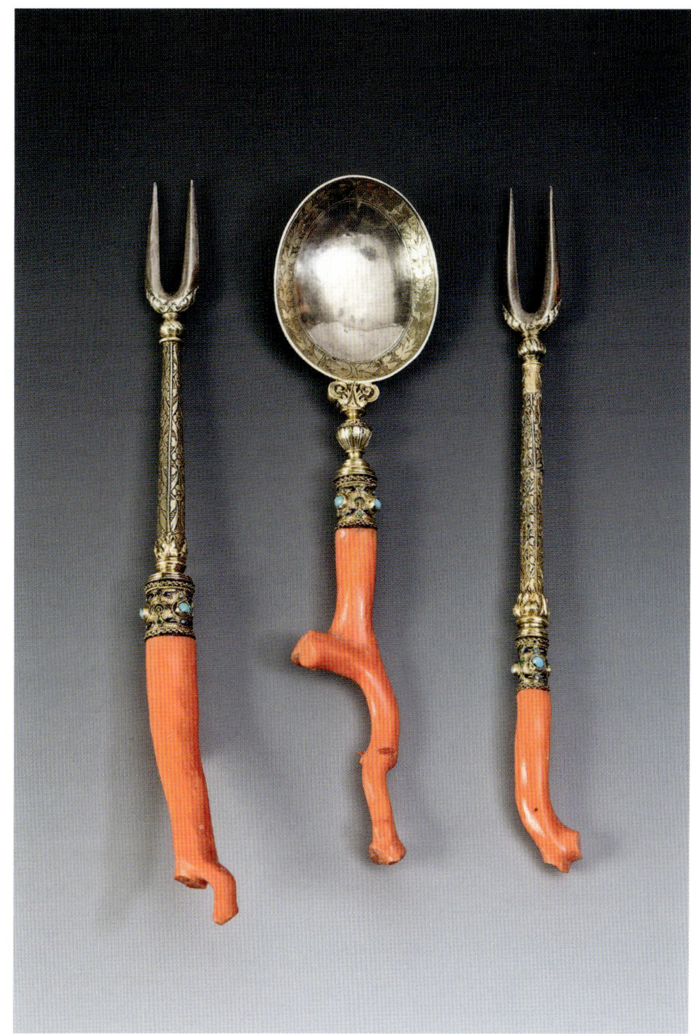

wurden wohl im an der ligurischen Küste gelegenen Genua, der mit Venedig konkurrierenden Handelsstadt und Seemacht im Mittelmeer, geschaffen. Berühmt war »la Superba« auch als Stadt der Bankiers der österreichischen und spanischen Habsburger.

Die Stiele aus roten Korallenteilen sind mit den Messerklinken, Gabelzinken und Löffellaffen durch silbervergoldete Fassungen verbunden, die aufeinander abgestimmte Blattgravuren besitzen. Die Griffhülsen, die die Korallenzweige befestigen, sind mit dunkelblauem und grünem Zellenemail mit in hohen Fassungen dazwischen sitzenden Türkisen verziert. Sowohl das Zellenemail als auch die Türkise sowie die verwendeten gekordelten und verdrehten Drähte weisen auf einen orientalischen Einfluss hin. Das umfangreiche Besteckensemble befand sich wohl seit 1575 in der kurfürstlichen Silberkammer, in der die für die Tafel gebrauchten Geschirre, Bestecke, Trinkgefäße und Tischtextilien verwahrt wurden. Bei Tisch benutzt wurden die mit zierlichen Fassungen und wenig stabilen Verbindungen versehenen exotischen Besteckteile wohl kaum. Als genuine Sammelstücke gelangten sie dann zu Beginn des 17. Jahrhunderts in die Dresdner Kunstkammer.

Im letzten Viertel des 16. Jahrhunderts waren die in Florenz herrschenden Medici sehr an guten Beziehung mit dem sächsischen Kurfürsten interessiert. Ihr Bestreben war, den ihnen zunächst nur vom Papst verliehenen Titel eines Großherzogs der Toskana vom Kaiser bestätigen zu lassen. Um dies zu bewirken, schien es hilfreich, Kurfürst August, der sehr gut mit Kaiser Maximilian II. befreundet war und dessen Sohn und Nachfolger Rudolf II. beriet, positiv zu stimmen. Man griff auf Bewährtes zurück: Vor allem kostbare Diplomatengeschenke dienten dazu, die Wertschätzung der miteinander kommunizierenden Fürstenhöfe auszudrücken.

Im Bereich des fürstlichen Steinschnitts vergaben die Großherzöge der Medici seit der Mitte des 16. Jahrhunderts zahlreiche Aufträge an die berühmten Werkstätten Mailands. Sie begannen aber zugleich damit, bedeutende Mailänder Kunsthandwerker an ihren eigenen Hof zu verpflichten. Als eigenständige, für Florenz typische Hartsteingefäße entwickelten sich damals solche aus Lapislazuli. Dieser ausgesprochen kostbare Edelstein wurde in einer schwer erreichbaren Mine in den Gebirgen von Afghanistan gefunden und über gefährliche Wege nach Florenz transportiert.

Aus einem monolithen, besonders schön gezeichneten und außergewöhnlich großen Stück dieses Minerals wurde die Henkelkanne mit glatt geschliffenem, nur sparsam mit Schnittmotiven versehenem Gefäßkörper in der Werkstatt von San Marco in Florenz gefertigt. Das antikisierend anmutende Gefäß geht auf eine Entwurfszeichnung des Bildhauers und Architekten Bernardo Buontalenti zurück, die zwischen 1574 und 1576 datiert werden kann.

Die muschelförmige Bergkristallschale hingegen kann der Werkstatt des in Mailand tätigen Gasparo Miseroni zugeschrieben werden. Den Schalenboden nimmt eine präzise geschnittene Wasserzone ein, an deren Rand Hippokampen und Tritonen zu sehen sind. Sie zeichnet sich durch eine herausragende plastische Qualität der Gefäßform aus und besitzt emaillierte Fassungsringe, die Fuß, Schaft und Schale zusammenfügen. Die Jahre bis 1573, als Gasparo bis zu seinem Tod die Miseroni-Werkstatt dominierte, waren die erste Blütezeit der Mailänder Gefäßglyptik.

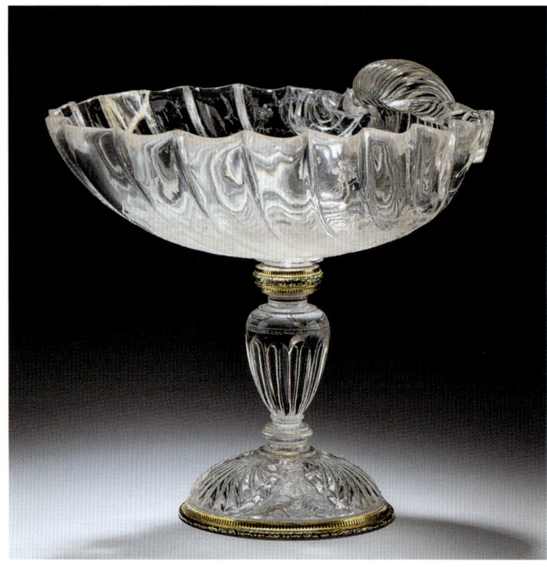

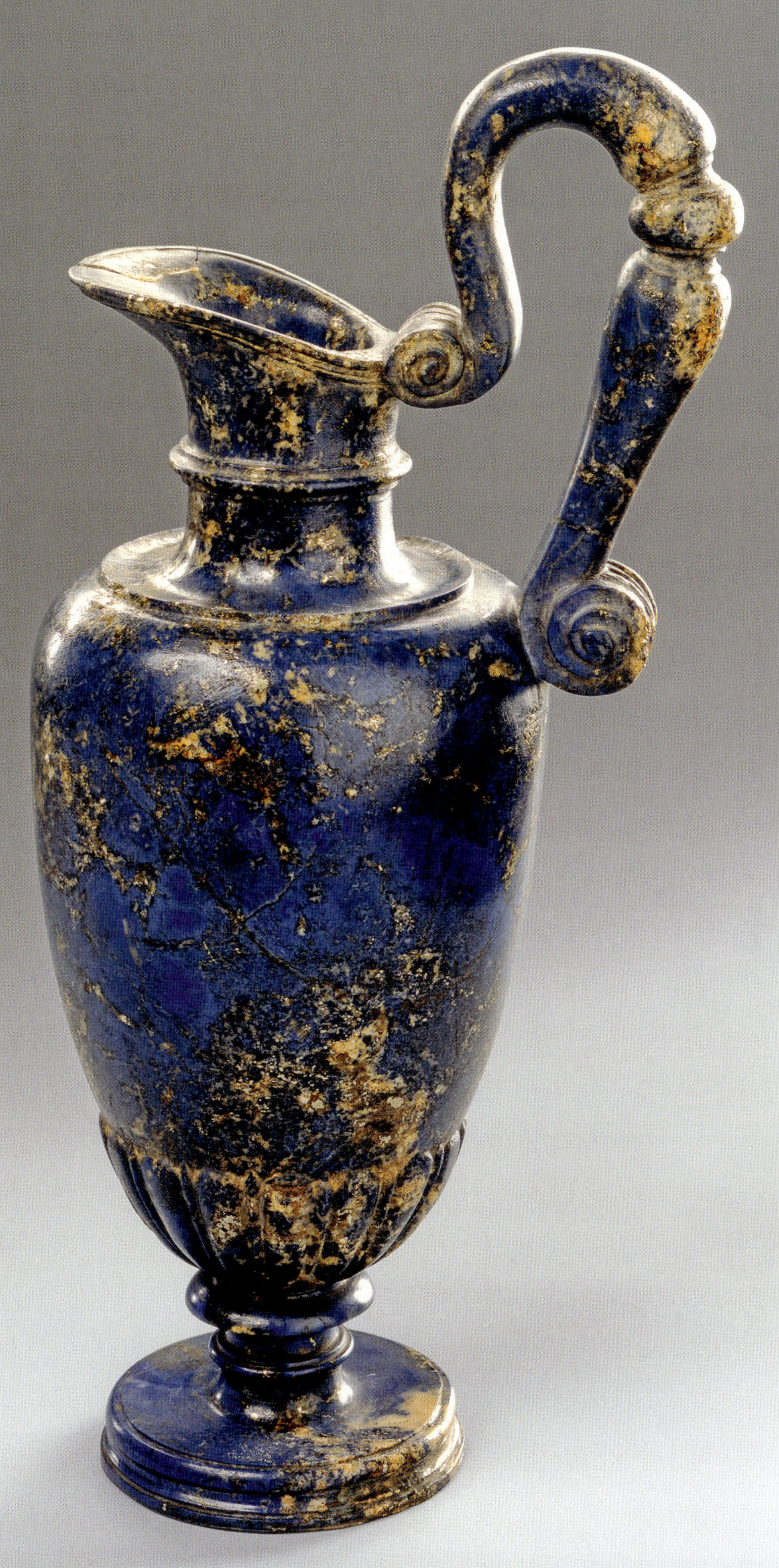

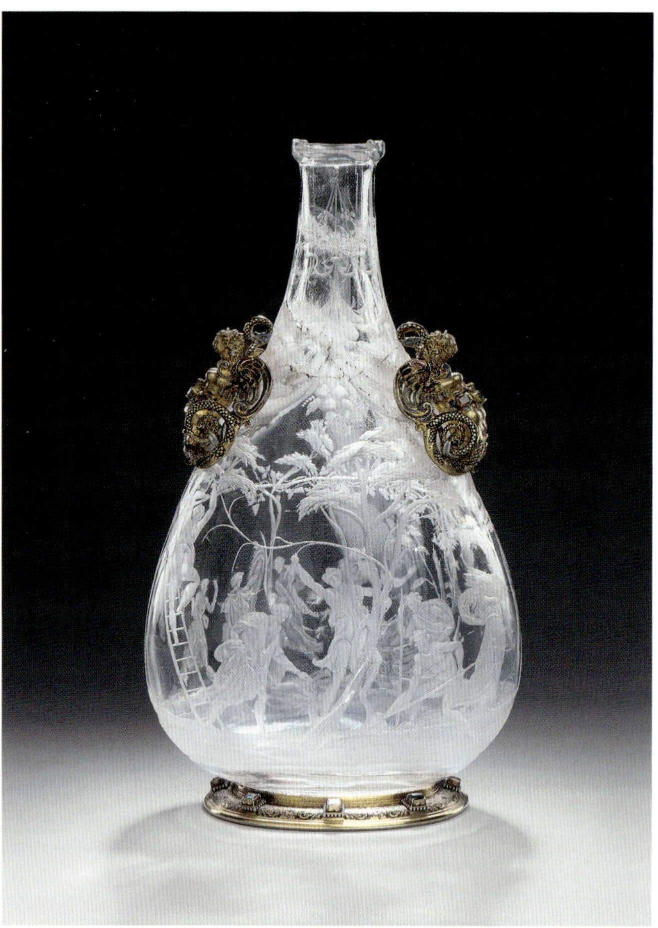

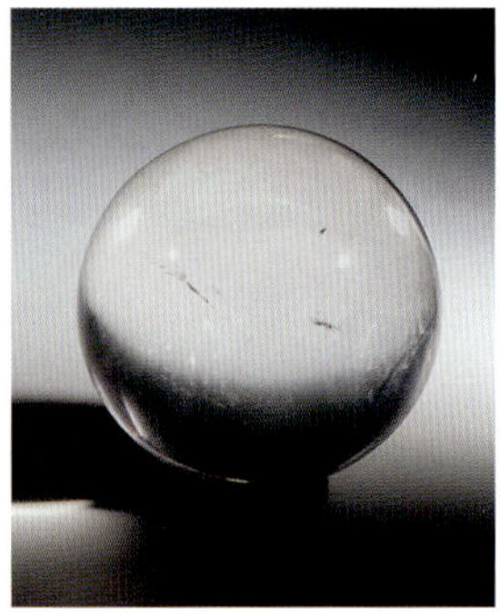

KUGEL
Bergkristall
Steinschliff: wohl Mailand,
vor 1580
Dm. 17,0 cm / Inv.-Nr. V 174

Die mit 7,5 Kilogramm besonders schwere und große Bergkristallkugel erhielt Kurfürst August vor 1580 von Herzog Emanuele Filiberto von Savoyen als Geschenk. Derart reine Bergkristalle, die in einem langwierigen Prozess zu vollständig runden und glattwandigen Kugeln geschliffen werden konnten, waren überaus kostbar und wurden nur sehr selten gefunden. Die durchsichtigen Kristallkugeln galten als Symbol des mystischen Steinglaubens schlechthin und wurden wohl zu magischen Zwecken benutzt. In dem Savoyen benachbarten Mailand, der Hauptstadt der Lombardei, befand sich das Zentrum der Bergkristallbearbeitung der Spätrenaissance. Die technisch wie künstlerisch sehr anspruchsvolle Bearbeitung von Bergkristall wurde von mehreren Familien betrieben. Eine der bedeutendsten unter ihnen waren die Saracchi. Pokale, Krüge, Henkelkannen, aber auch groteske Tiergefäße und repräsentativer Tafelschmuck entstanden in dieser von fünf Brüdern mit großem handwerklichen und künstlerischen Geschick betriebenen Werkstatt. Ihre immens teuren Kristallgefäße gelangten nicht nur als großzügige Geschenke der sich mit den Wettinern verwandt fühlenden Herzöge von Savoyen an den Dresdner Hof, sie wurden auch im Auftrag der sächsischen Kurfürsten erworben. Es sind besonders kostbare Werke der Schatzkunst, die ihrem repräsentativen Wert entsprechend in Gold gefasst und mit Email und Edelsteinen verziert wurden.

Bei der Henkelkanne mit eingeschnittener Teufelsgestalt haben Steinschneider und Goldschmied in hervorragender Weise zusammengearbeitet. Die Arme der Teufelsgestalt, die den Lippenrand des Gefäßes umfassen, wurden erhaben aus dem großen Kristall herausgeschnitten. Gleichsam das skurrile Motiv des entwerfenden Steinschneiders fortführend, hat dann der Goldschmied den energisch emporgereckten Kopf des triumphierend lachenden Teufels aus Gold mit einem ehemals emailbedeckten Flügelpaar hinzugefügt.

Die große Bergkristallflasche (Bouteille) gehört zu den technisch anspruchsvollsten Bergkristallarbeiten ihrer Entstehungszeit. Die bauchige Form des Prunkgefäßes war durch die natürliche Gestalt des rohen Bergkristalls vorbestimmt. Auf den Gefäßkörper wurden nach einem heute noch vorhandenen Entwurf des italienischen Bildhauers Annibale Fontana Szenen aus der Geschichte des trunkenen Erzvaters Noah eingeschnitten. Der exzellente Graveur verstand es, der Muskulatur der Figuren und der Textur der Gewänder, aber auch den Ornamenten und der vegetabilen Struktur der Bäume durch seinen differenzierten Tiefschnitt große künstlerische Eleganz zu verleihen.

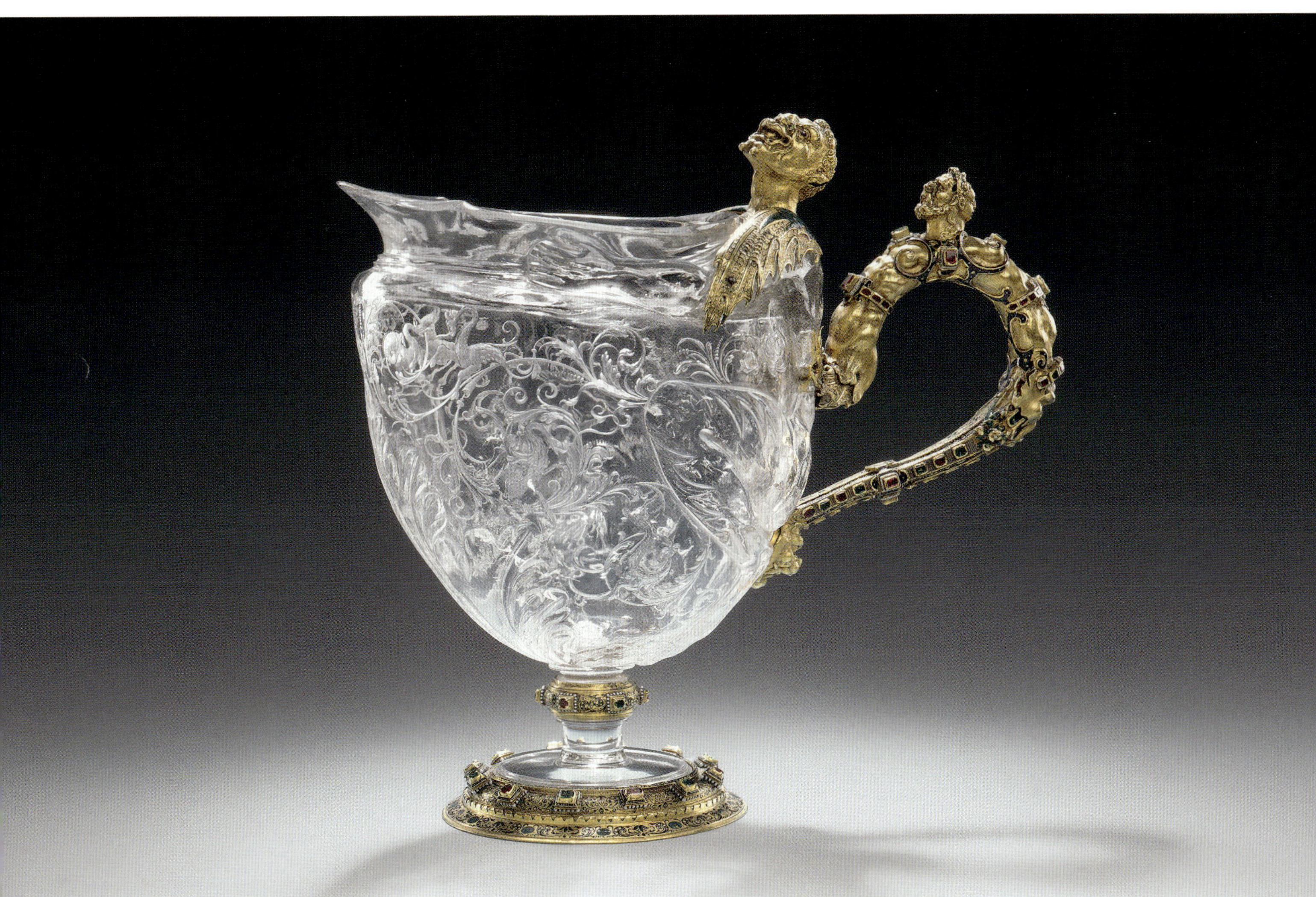

Zu den kostbarsten Kunstgegenständen der Spätrenaissance gehörten große Prunkgefäße aus Bergkristall. Ihr Besitz galt als Nachweis fürstlichen Reichtums. Ihr exzessiver Erwerb konnte die Sammler in den Ruin treiben, so zum Beispiel Herzog Wilhelm V. von Bayern. Die Seltenheit großer, bearbeitungsfähiger und noch dazu reiner Kristalle, aber auch ihre langwierige und großes Materialwissen und künstlerische Meisterschaft erfordernde Bearbeitung bestimmten ihren hohen Preis. Kostbare Fassungen aus purem Gold oder vergoldetem Silber, ein Besatz mit Rubinen und Smaragden sowie subtile Emaileinlagen unterstrichen den materiellen wie ideellen Wert der Gefäße. Seit der Mitte des 16. Jahrhunderts war Mailand das unangefochtene Zentrum des künstlerischen Kristallschnitts. Dort schufen Künstlerfamilien wie die Miseroni, die Saracchi oder die Caroni einzigartige Werke der Schatzkunst.

Im letzten Drittel des 16. Jahrhunderts kam es in Europa zu einem fürstlichen Wettbewerb um die qualitätvollste und umfangreichste Sammlung an Bergkristallgefäßen. Der habsburgische Kaiser, der König von Spanien, die mediceischen Großherzöge und die Herzöge von Bayern stritten sich dabei um den ersten Rang. Sachsen hingegen behauptete als politisch und kulturell bedeutender, ökonomisch aber auch sehr rational geführter Hof eine Position im Mittelfeld. Zudem mussten die sächsischen Kurfürsten, deren Beziehungen zu Norditalien weniger direkt waren, derartige Bergkristallobjekte über Zwischenhändler erwerben.

Die prächtigste von mehr als einem halben Dutzend Galeeren aus Bergkristall, die sich im Sammlungsbestand des Grünen Gewölbes befinden, entstand in der Werkstatt der Gebrüder Saracchi. In Mailand erhielt sie auch ihre kostbare Fassung mit goldenen Besatzstücken. Motivisch lehnt sich das Prunkgefäß an den typischen Linienschiffen des Mittelmeers an. Die Bergkristallgaleere ist an den Längswänden mit von außen vertieft eingeschnittenen Szenen aus der griechischen Sagenwelt geschmückt. Auf dem breiten Rumpf mit erhöhtem Bug und angesetzten Handhaben in Form weiblicher Teufelshermen sind mehrere Darstellungen eingeschnitten. Sie schildern den Raub der Europa durch den Stier, die Befreiung der Andromeda durch Perseus, die Entführung der Helena und die Belagerung Trojas. Das Dach des sogenannten Kartenhauses überragt die dänische Flagge, die ebenso wie das auf einem goldenen Querband im Inneren des Schiffsrumpfes angebrachte bekrönte Monogramm Augusts des Starken von einer Reparatur des zerbrochenen Schiffsrumpfes nach 1705 herrührt.

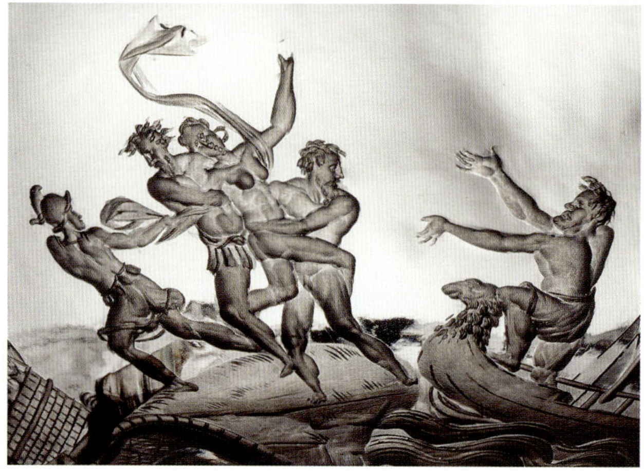

Galeere mit verschiedenen Darstellungen aus der antiken Mythologie

Bergkristall, Gold, Email, Rubine, Smaragde
Werkstatt der Saracchi
Mailand, Ende 16. Jahrhundert
ergänzte Goldschmiedearbeit am Schiffskörper: Dresden, nach 1705
H. 36,9 cm, B. 43,8 cm, T. 26,8 cm / Inv.-Nr. V 185

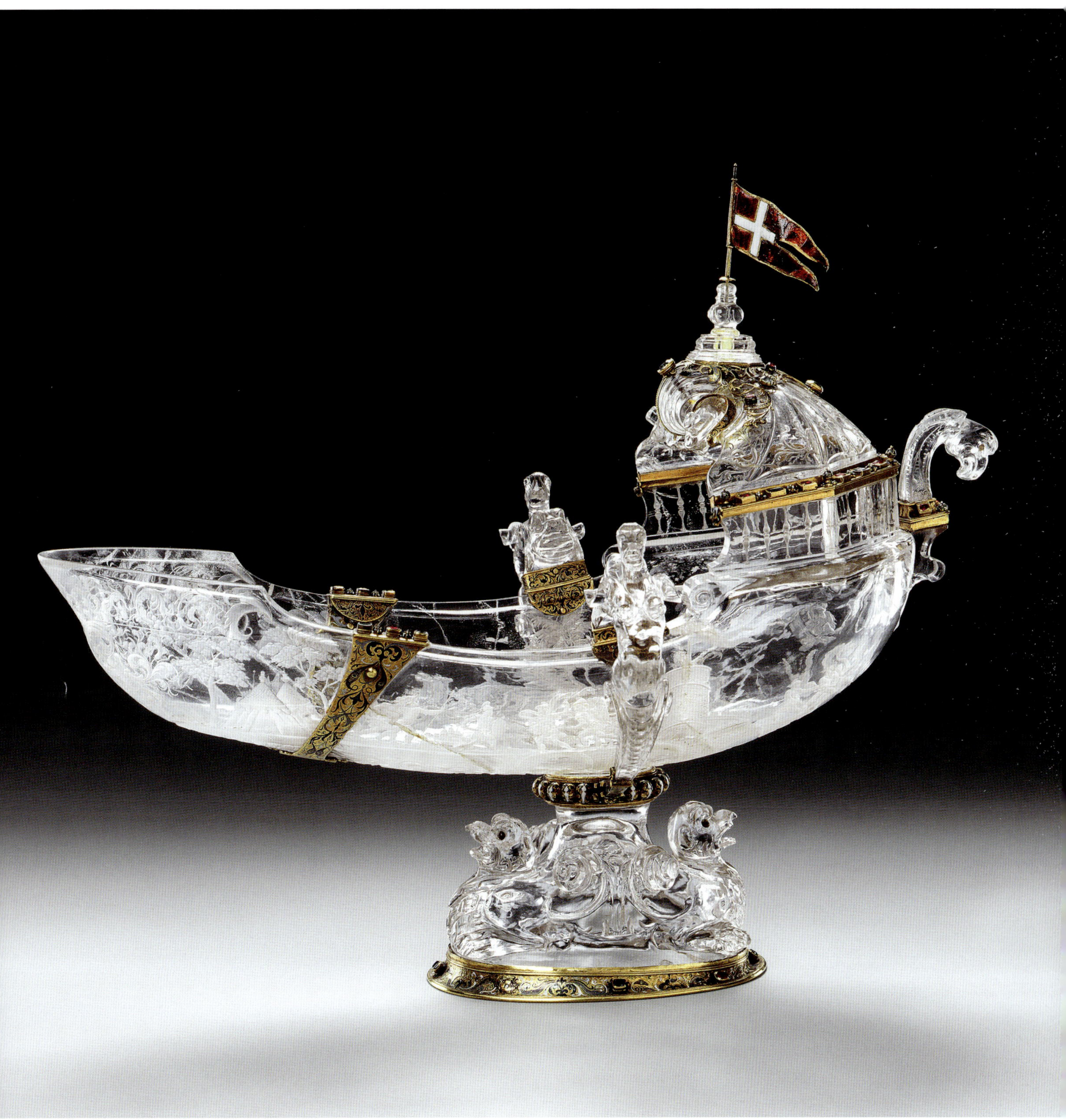

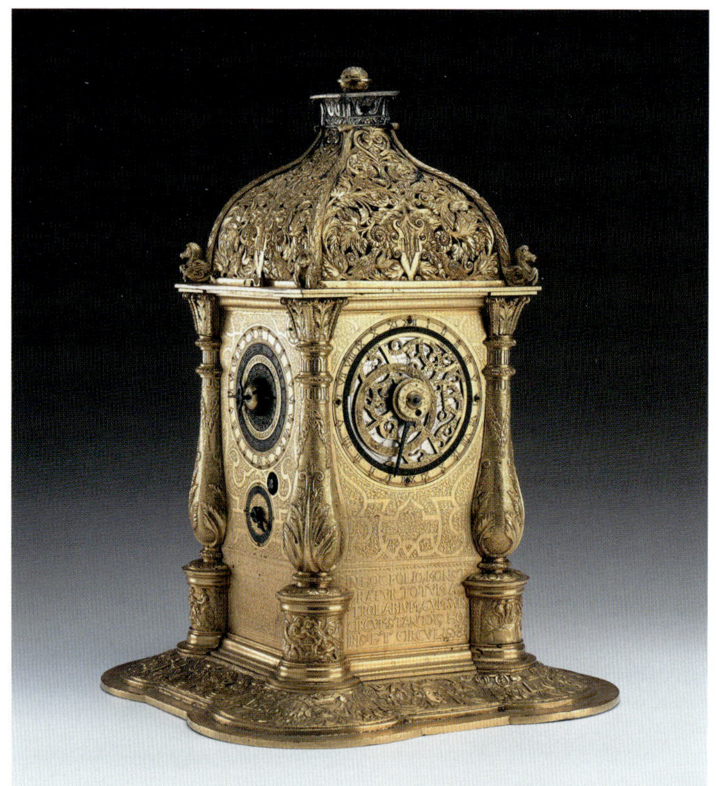

Obwohl August der Starke mit dem Mathematisch-Physikalischen Salon eine umfangreiche Spezialsammlung begründete, gelangten mit der Einrichtung des Grünen Gewölbes als Schatzkunstmuseum zwischen 1727 und 1729 wie auch nach der Auflösung der Kunstkammer 1832 einige sehr bedeutende Tischuhren in dieses Museum. Als Instrumente zur exakten Messung irdischer Zeit waren die meisten federgetriebenen astronomischen Uhren des 16. Jahrhunderts nur sehr unzureichend zu gebrauchen. Dennoch galten derartige Tischinstrumente zu ihrer Entstehungszeit als perfekte Beispiele menschlicher Schöpferkraft, denn mit ihnen konnte man die Himmelsbewegungen darstellen und den Jahreskalender abbilden. Vor allem aber verbildlichten sie göttliche Ordnung und Harmonie.

Die in Augsburg geschaffene Prunkuhr des Grünen Gewölbes besitzt zwei Schauseiten, von denen eine die astronomischen Indikationen anzeigt. In ihrem Zentrum befindet sich ein Astrolabium zur Darstellung des Fixsternhimmels. Das große Blatt in der Mitte der zweiten Schauseite vereint Kalender- und Stundenanzeige. Diese beiden Hauptzifferblätter ergänzen jeweils zwei kleinere, die spezielle Ablesefunktionen ermöglichen. Jeweils ein weiteres Zifferblatt für Kontrollaufgaben befindet sich auf den Schmalseiten. Die Gestaltung der astronomischen Tischuhr wird in hohem Maß durch eine schmuckvolle Repräsentationsfunktion geprägt. Die architektonischen Grundformen des vergoldeten und teilweise bemalten Uhrengehäuses sind überaus reich mit dem Ornamentvokabular des späten 16. Jahrhunderts – Roll- und Beschlagwerk, Grotesken- und Maureskenornament, Trophäenbündel und plastisch aufgelegtem Blumendekor – überzogen.

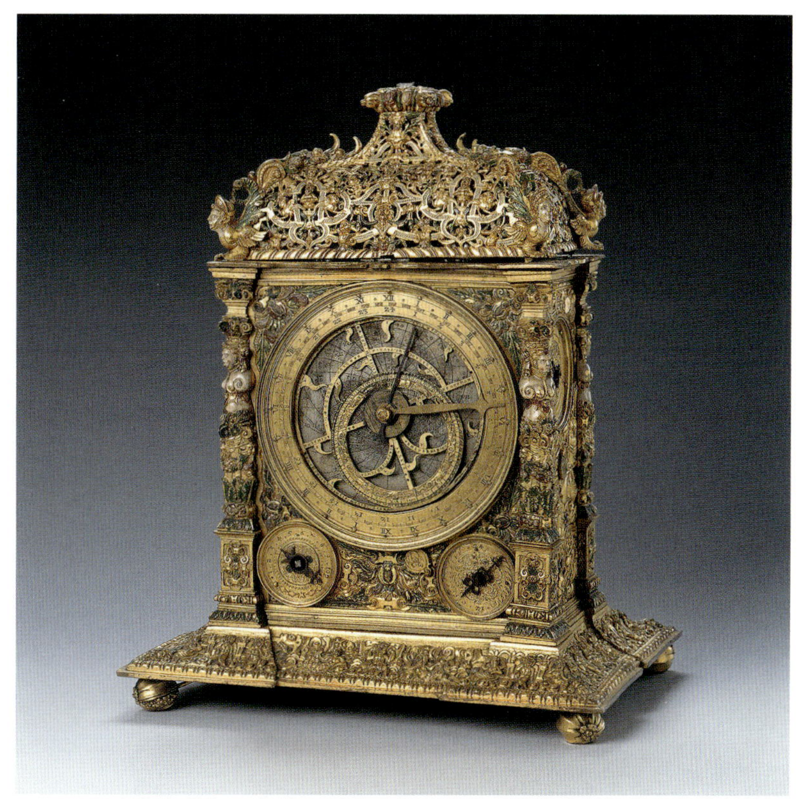

Hermenartige Karyatiden tragen als Eckpfeiler den in Ornamenten aufgelösten geschweiften Dachhelm. Vier sphinxartige Wesen betonen seine Ecken. Die Durchbrüche des Bandwerks mit ihren eingeschlossenen Grotesken haben auch eine funktionale Begründung, denn durch die Öffnungen konnte der Schall der im Inneren verborgenen Glocken nach außen dringen. Nicht mehr original sind die Zeiger des Astrolabiums; die bekrönende Statuette der Fortuna auf der Spitze des Daches fehlt seit dem Zweiten Weltkrieg.

Kurfürst August, der wohl auch die Augsburger Tischuhr erworben hat, war sehr daran interessiert, möglichst vielseitige Instrumente dieser Art zu besitzen. Die vom Landgrafen Wilhelm IV. von Hessen-Kassel 1563 vermittelte prachtvolle Baldewein-Uhr im Mathematisch-Physikalischen Salon ist ein absolutes Prunkstück der Technologie ihrer Entstehungszeit. In Andreas Schellhorn aus Schneeberg fand der Kurfürst einen Uhrmacher, der zumindest versuchte, an den süddeutschen und hessischen Bau astronomischer Prunkuhren heranzukommen. Er schuf die mit 1570 datierte, ursprünglich von einem Globus bekrönte, Stutzuhr mit turmartigem Gehäuse. Sie besitzt auf allen vier Seiten mit Maureskenornamenten verzierte Zifferblätter. Diese zeigen verschiedene Formen der Stundenzählung, ein Astrolabium als Projektion des Fixsternhimmels sowie ein Kalenderzifferblatt mit den Tierkreiszeichen an. Andreas Schellhorn, der seine reich mit Ornamenten und alttestamentarischen Szenen geschmückte Uhr mit ihrem außergewöhnlich massiven Uhrwerk signierte, gelang es allerdings nicht, an die Qualität der astronomischen Uhren in den Hauptherstellungsorten heranzukommen.

Fast 20 Jahre hatte sich Kurfürst August von Sachsen darum bemüht, einen begabten Kunstdrechsler und die für seine Arbeit notwendige Technologie nach Sachsen zu holen. 1576 sandte ihm Herzog Wilhelm V. von Bayern dann zunächst eine Drehbank und danach Georg Wecker, den Sohn seines bayerischen Hofdrechslers. Damit begann nicht nur die außergewöhnlich reichhaltige und qualitätsvolle Dresdner Sammlung von kunstvoll gedrehten Elfenbeinkunststücken; auch die nachweisbaren eigenhändigen Arbeiten des Kurfürsten an der Drechselbank nahmen ihren Anfang. Das Drechseln von Elfenbein zu Kunststücken wurde für den sächsischen Kurfürsten fast schon zur Obsession. Im Dresdner Schloss befand sich ein »drehegemach« – gleich neben der »audienz stuben«. In seinem zweiten großen Herrschaftssitz, in Torgau, besaß er ebenfalls eine große Drehstube in einem Raum mit herrlichem Blick auf die Elbe, und auch in seinem Jagdschloss Augustusburg sowie in seinem Landsitz Annaburg befanden sich gut ausgestattete Werkstätten zum Elfenbeindrechseln.

Georg Wecker und Egidius Lobenigk, seit 1582 Hofdrechsler und aus dem rheinischen Köln stammend, gingen Kurfürst August zur Hand und unterstützen ihn bei der Herstellung dieser Arbeiten. Die selbstgedrehten Kunstwerke dienten ihm als wichtiges Tauschgut in der fürstlichen Geschenkkultur, das meiste aber sammelte er für sich. Als August im Februar 1586 starb, hinterließ er einen halbfertigen Deckelpokal, der – ebenso wie die in den Jahren zuvor vom Kurfürsten geschaffenen Drechselkunststücke – in die Dresdner Kunstkammer gelangte. Die Beschriftung »AHVCZS« am Fuß ist kaum noch lesbar. Sie ist als »August Herzog und Churfürst zu Sachsen« aufzulösen und verweist darauf, dass dieses Objekt das letzte Werk ist, das Kurfürst August als Kunstdrechsler gefertigt hat.

Aus den verschiedenen Schlössern wurden nach seinem Tod 165 Arbeiten zusammengebracht, die 1587 in der Dresdner Kunstkammer auf einem tischartigen Gestell präsentiert wurden. Von dieser umfangreichen Sammlung des drechselnden Souveräns haben sich heute nur noch 28 sehr kleine Elfenbeinkunststücke erhalten. Die größeren, mit Hilfe seiner Hofdrechsler entstandenen Arbeiten wurden 1605 der Kunstkammer entnommen. Ihr Verbleib ist unbekannt.

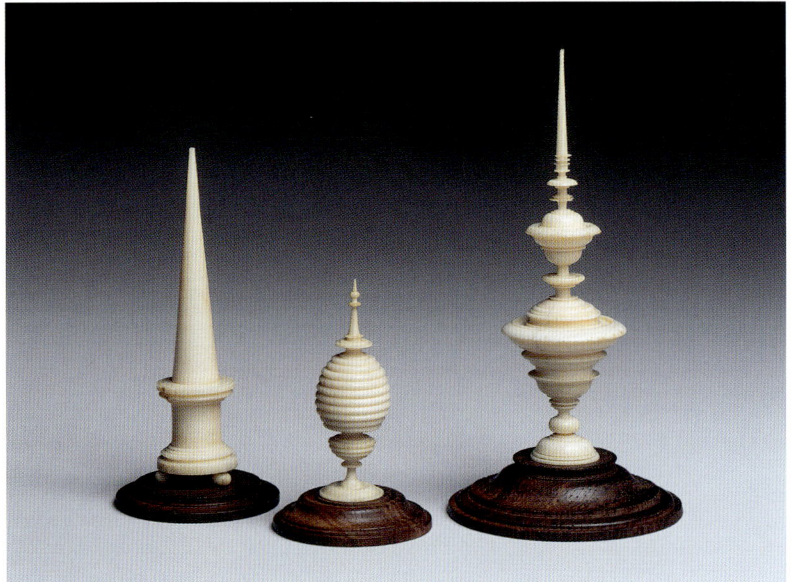

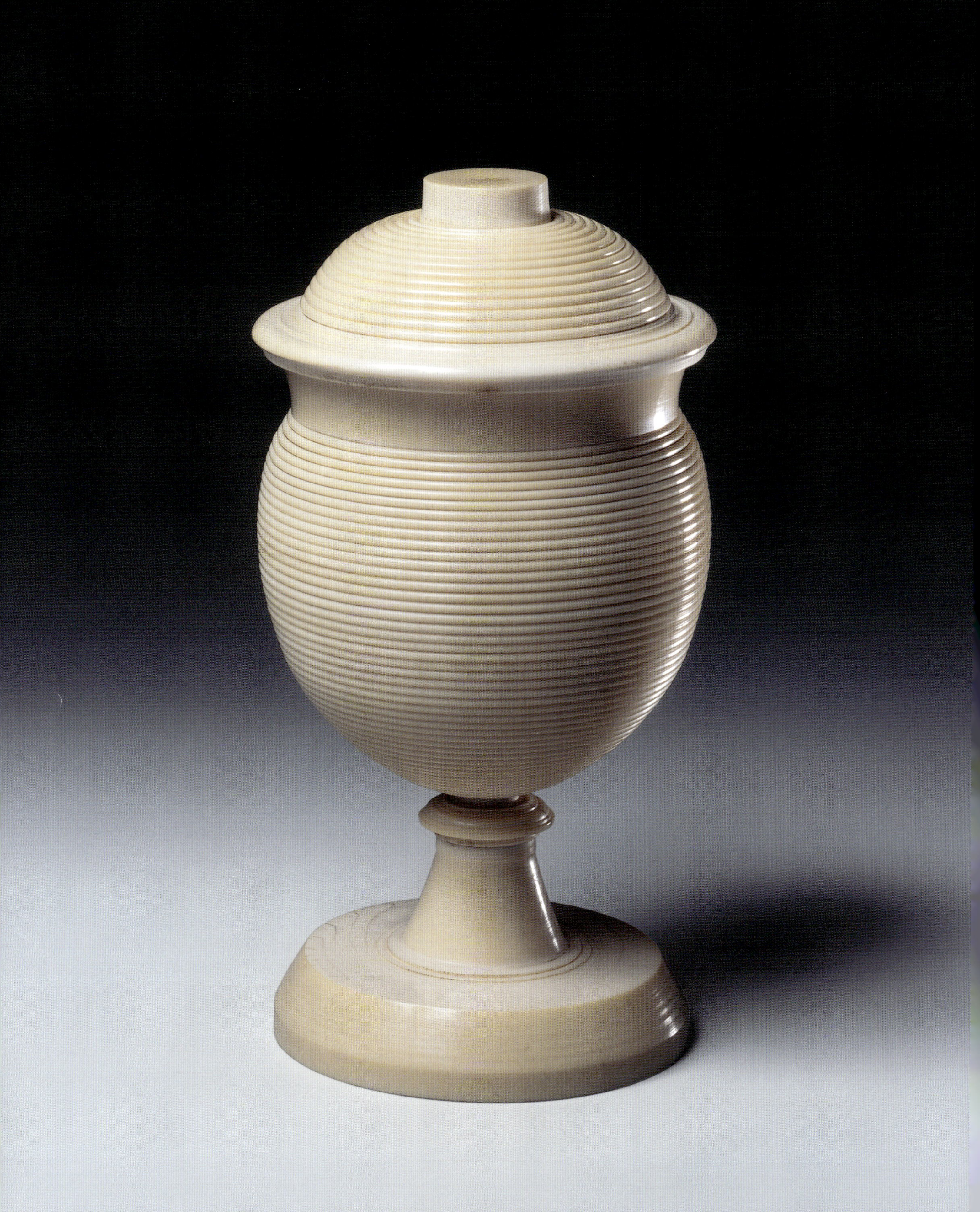

ie weit über das Reich wirkende politische Bedeutung der sächsischen Kurfürsten am Ende des 16. Jahrhunderts veranschaulichen die zahlreichen Geschenke, die Dresden in den letzten Jahren der Regierungszeit des Kurfürsten August und zum Herrschaftsantritt seines Sohnes Christian I. erreichten. Die bedeutendsten Kunstwerke sind wohl die Bronzeskulpturen, die Francesco I. de' Medici, Großherzog der Toskana, 1587 über die Alpen nach Dresden sandte. Sie waren Teil einer Geschenksendung zum Herrschaftsantritt des jungen Kurfürsten, zu der neben italienischen Köstlichkeiten und den von europäischen Fürsten sehr begehrten osmanischen Waffen eben jene vier Skulpturen Giovanni da Bolognas gehörten. Über die Jahrhunderte im Grünen Gewölbe bewahrt haben sich der Fliegende Merkur und die Schlafenden Nymphe mit Satyr. In der Skulpturensammlung der Staatlichen Kunstsammlungen Dresden befindet sich die von Giambologna signierte Gruppe des Kentauren Nessus, der Dejanira raubt, und seit 2018 wieder die virile Figur des Mars, die der Künstler als eigenes Geschenk an Christian I. der Sendung aus Florenz beigefügt hatte. Die Figuren erhielten in der gerade neu museal eingerichteten kursächsischen Kunstkammer einen Ehrenplatz. Sie stehen zugleich am Anfang des Sammelns von bildender Kunst in Dresden und gehören außerdem zu den ganz wenigen Bronzestatuetten Giambolognas, die genau datiert werden können. Ihre Eigenhändigkeit bezeugen nicht nur die herausragende Qualität der Bronzegüsse, sondern auch ihre sorgfältige Ziselierung und feine Lackpatina.

Bereits 1563 befasste sich Giovanni da Bologna, der bedeutendste Bildhauer des italienischen Manierismus, mit dem künstlerischen Motiv des fliegenden Merkurs. Als passendes Geschenk für Kaiser Maximilian II. konnte er im Auftrag der Medici wenig

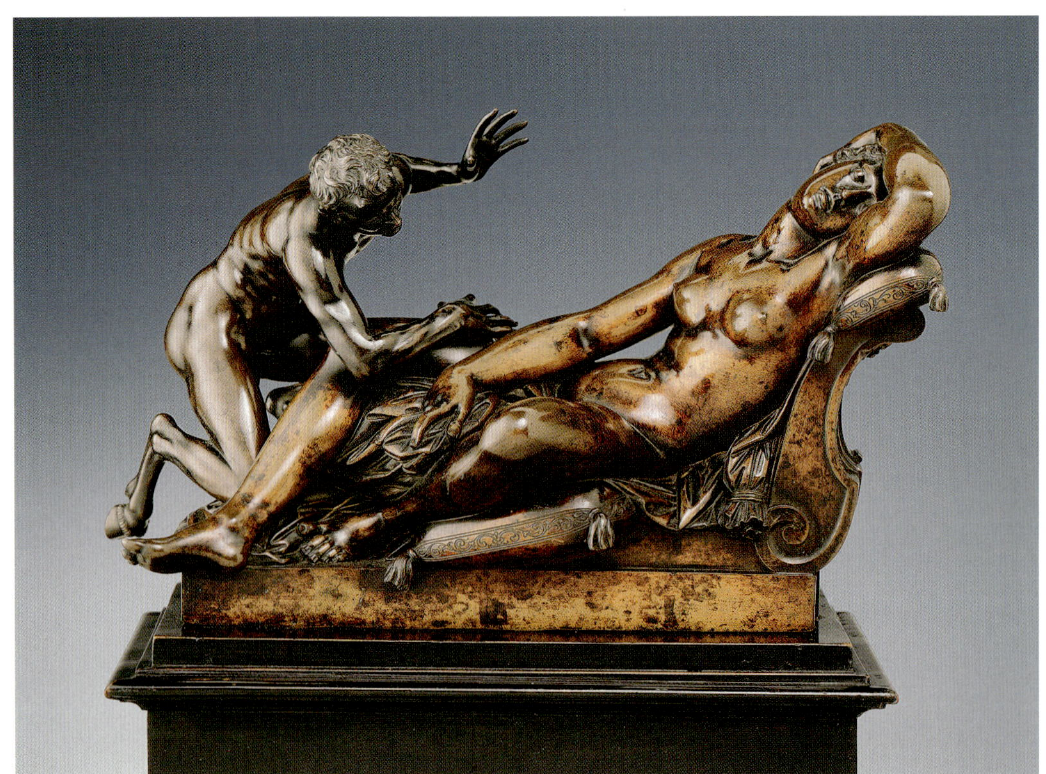

Bronze
Giambologna (Giovanni da Bologna) und Adriaen de Vries
Florenz, vor 1587
H. (ohne Sockel) 20,7 cm,
B. 34,0 cm, T. 18,0 cm
Inv.-Nr. IX 34

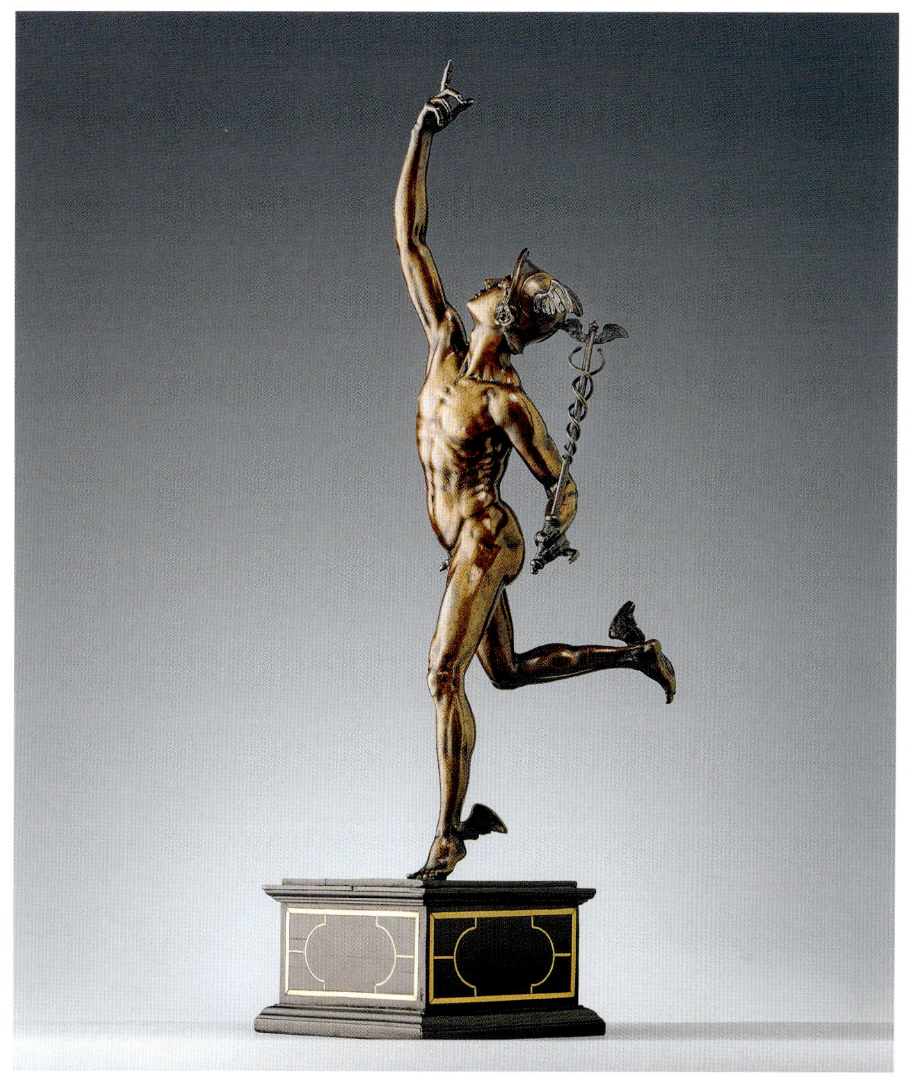

später den ersten bronzenen Merkur realisieren. Die Dresdner Fassung des Merkurs ist die einzige, die einwandfrei datiert und zugeschrieben werden kann. Der Götterbote erscheint in extremer Bewegung, nur mit einer Zehenspitze den Boden berührend, das linke Bein weit zurückschwingend und mit der rechten Hand gen Himmel weisend. Die Figur ist als allansichtig freistehende Plastik gestaltet. Zahlreiche Varianten und Wiederholungen dieser ikonischen, fast idealen Darstellung der manieristischen Skulpturenauffassung verließen in den kommenden Jahrzehnten Giambolognas Werkstatt in Florenz.

Ein ungewöhnliches Kunstwerk ist auch die Darstellung der von einem Faun beobachteten schlafenden Nymphe. Sie geht auf die damals berühmte Marmorskulptur der Schlafenden Ariadne aus den päpstlichen Sammlungen zurück. Seiner schlummernden Nymphe ließ Giambologna von seinem Mitarbeiter Adriaen de Vries einen Satyr hinzufügen. Dieser betrachtet die Nymphe, in der Humanisten die »Gebärerin aller Dinge« und damit die Personifikation der sich immer wieder erneuernden, beseelten Natur sahen.

Erst 1621 konnte unter Kurfürst Johann Georg I. der Bestand der sächsischen Kunstkammer an italienischen Kleinbronzen durch bedeutende Werke erweitert werden. Diese stammten aus dem Nachlass des im Jahr zuvor verstorbenen Architekten und Bildhauers Giovanni Maria Nosseni. Dazu gehört auch die wohl vor 1588 von Adriaen de Vries geschaffene Gruppe, die »Venus und Faun« benannt wurde. Nosseni hatte de Vries, der zunächst bei Giambologna in Florenz gearbeitet hatte, dann in Mailand bei Pompeo Leoni tätig war und schließlich nach 1588 für Carlo Emanuele I. von Savoyen arbeitete, wohl bei einer seiner Italienreisen in Turin getroffen. Seit 1593 rückte de Vries Dresden auch physisch näher: Er schuf Kunstwerke für Kaiser Rudolf II., übersiedelte nach Prag und wurde 1601 zum kaiserlichen Kammerbildhauer ernannt. Die wohl zunächst nicht unbedingt als Figurengruppe gedachten Bronzestatuetten gehören zu den ersten eigenen Schöpfungen des berühmten Künstlers. In bewegter Vielansichtigkeit zeigt der scheinbar um die kniende Schönheit tänzelnde Faun in meisterhafter Weise das Figurenideal des Manierismus.

Bronze
Adriaen de Vries
Italien (Turin?), wohl vor 1588
Venus H. 34,6 cm,
Faun H. 48,2 cm
Inv.-Nrn. IX 20, IX 36

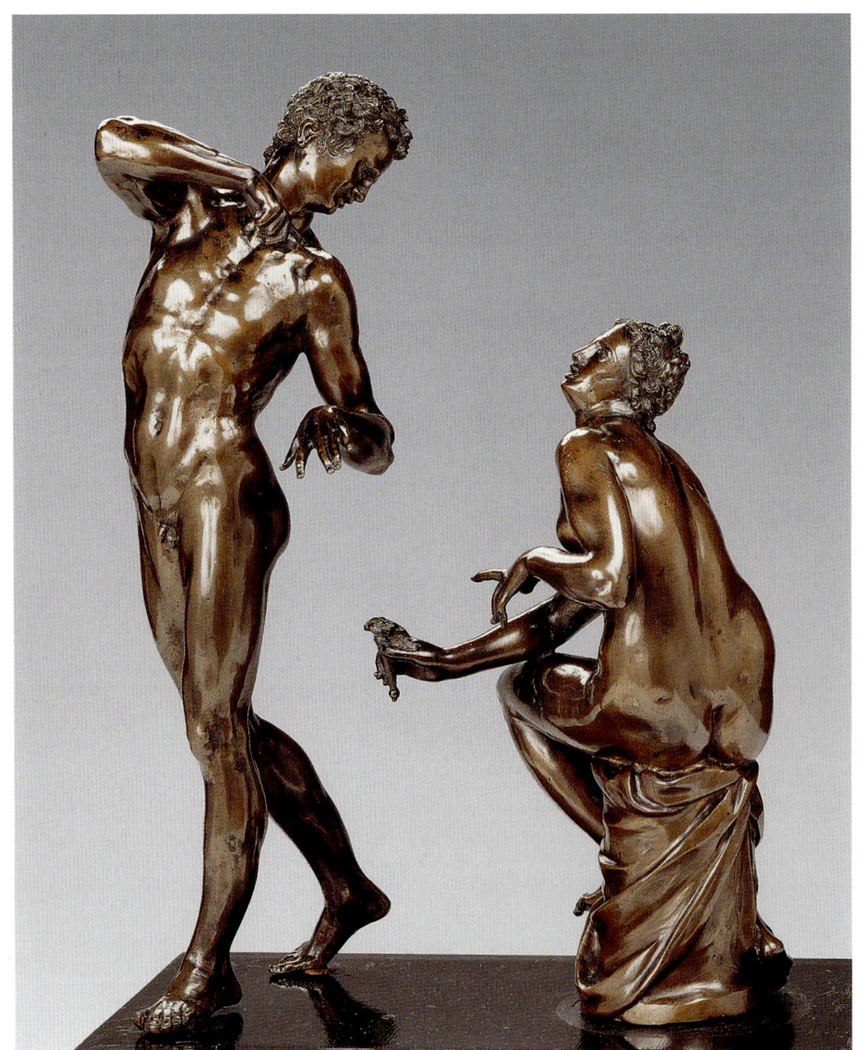

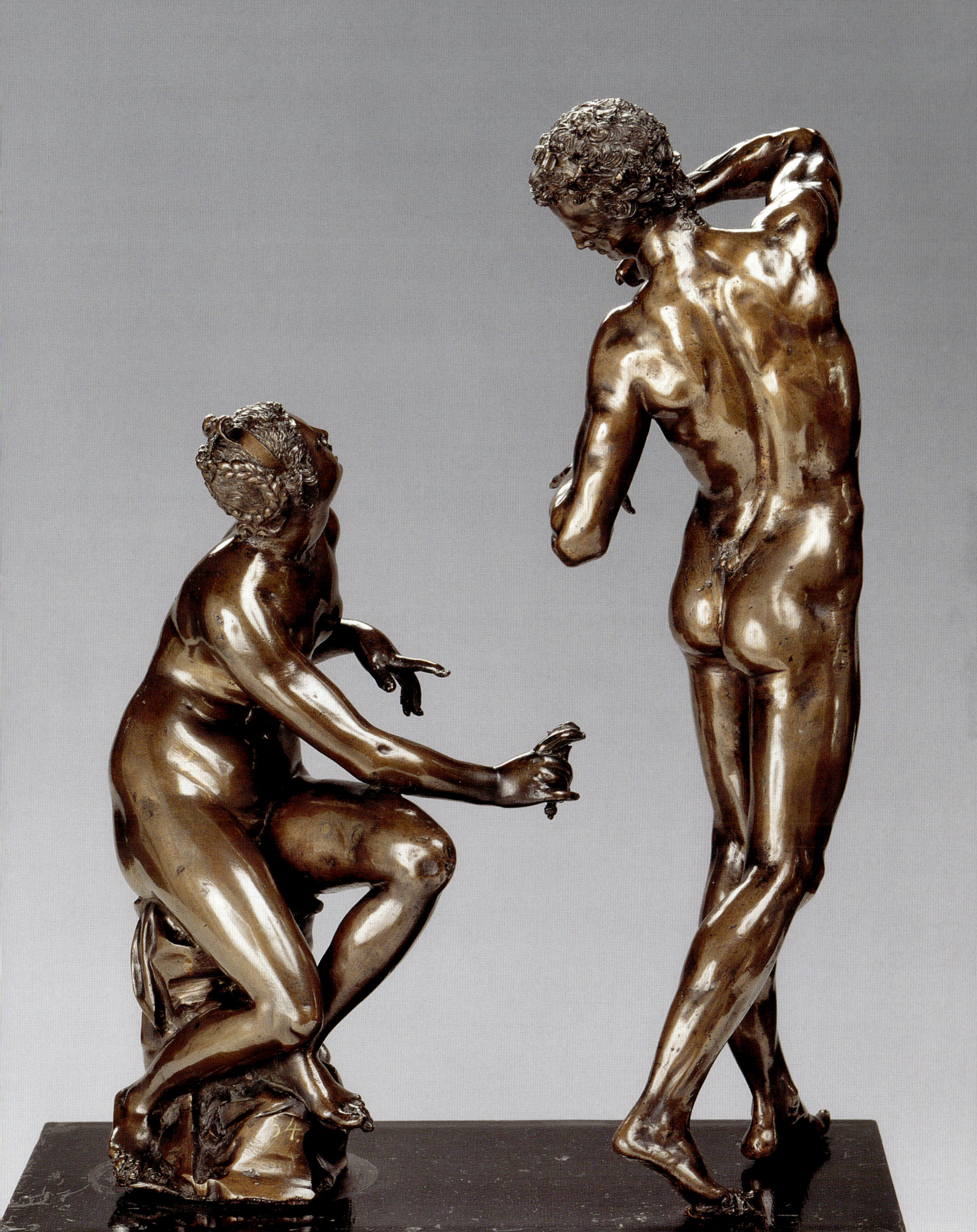

Das Vorhaben, das Schlossareal erheblich nach Osten zu erweitern und dem bestehenden Residenzschloss ein großes, prächtiges Stallgebäude hinzuzufügen, in dem die »Rüst- und Harnischkammer« zusammen mit den edlen Pferden des sächsischen Kurfürsten aufbewahrt werden sollte, dürfte schon vor dem Tod Augusts Anfang Februar 1586 gefasst worden sein. Darauf deutet auch die Inschrift am wichtigsten Eingangstor in das neu geschaffene Stallhofgelände. Zwischen 1586 und 1590 entstand in kurzer Zeit eine eindrucksvolle Anlage, bei der ein 100 Meter langer Gang das Residenzschloss mit dem Neuen Stall verband. Der Lange Gang diente als Ahnengalerie des wettinischen Herrschergeschlechts, schirmte die Rennbahn für ritterliche Turniere und den Stallhof von der Stadt ab und konnte bei Bedarf als Besuchergalerie genutzt werden. Das neue Stallgebäude besaß in seinem Untergeschoss hochmoderne Stallungen für bis zu 123 Pferde. Im Obergeschoss befanden sich die fast museal zu nennenden Sammlungsräume, unter anderem die Pallienkammer, die bei Turnieren auch als Rüstgemach fungierte. Im Dachgeschoss konnten, systematisch geordnet, mehrere Räume in einem Rundgang besichtigt werden: zwei Sattelkammern, eine Schwertkammer, die Kurkammer mit den Insignien kurfürstlicher Macht, eine Kammer mit kostbaren Federbüschen, die Türkenkammer mit Waffen, Zeltteilen, Kleidungen und Reitzeugen des osmanischen Gegners, mehrere Büchsenkammern und eine Jägerkammer mit Jagdutensilien. Den repräsentativen Mittelpunkt bildete im ersten Geschoss die Raumfolge der »Kurfürstlichen Gemächer«. Die Rüstkammer im Neuen Stall war das erste »Museum« Dresdens, geöffnet für die adeligen Besucher der Stadt und so prachtvoll ausgestattet, dass es alle beeindruckte.

Kurfürst Christian I. ließ für diese fast schon palastartigen Stallungen mit museal präsentierter Rüstkammer gleich zwei sogenannte Willkommpokale anfertigen. Beide befinden sich heute im Grünen Gewölbe. Der eine ist ein ungewöhnlich hoher Kokosnusspokal, den ein springendes Pferd bekrönt. Drei weitere Pferdeköpfe ragen aus dem Schaft heraus. In einem Zahlungsbeleg vom 21. Mai 1588 an den Dresdner Goldschmied Valentin Geitner wird er als »Willkomm für den Neuen Stall« erwähnt. Der Kokosnusspokal, zu dem Geitner eine außergewöhnlich große und fast runde Kokosnuss als Kuppa verwendete, bildete bis 1718 das Hauptgefäß eines der beiden Prunkbuffets in den Kurfürstlichen Gemächern.

Der andere Pokal diente direkt als »Willkomm« dieser Gemächer. Mit seinem horizontal gegliederten Aufbau und seiner konisch geformten Kuppa vertritt er die klassische Form des repräsentativen Renaissancepokals. Eine Rechnung von Valentin Geitner aus dem Jahre 1590 über 231 Gulden und 9 Groschen überliefert, dass »dieser becher so die alte mit vierzehen jungen soll heißen [...] uf den Neuen Stall zu einem Willkommen verordnet« sei. Im Inneren des prachtvollen Trinkgeschirrs befanden sich ursprünglich 14 kleine, ineinander gesteckte Becher. Seine zeremonielle Funktion belegen heute noch das im Deckelinneren befindliche kursächsische Wappen in Hinterglasmalerei mit der Titulatur Christians I. und weitere 15 in Hinterglasmalerei gefertigte Medaillons mit den Wappen verschiedener Landesteile des Kurfürstentums an der äußeren Wandung. Dieser Willkommpokal befand sich bis 1718 auf dem anderen der beiden terrassenförmigen Buffets. Die Buffets blieben bis zum Zweiten Weltkrieg im Stallgebäude, wo sie damals zerstört wurden. Sie sollten Besuchern der fürstlichen Gemächer den Reichtum Sachsens an Bodenschätzen in Gestalt von Bergstufen vor Augen führen.

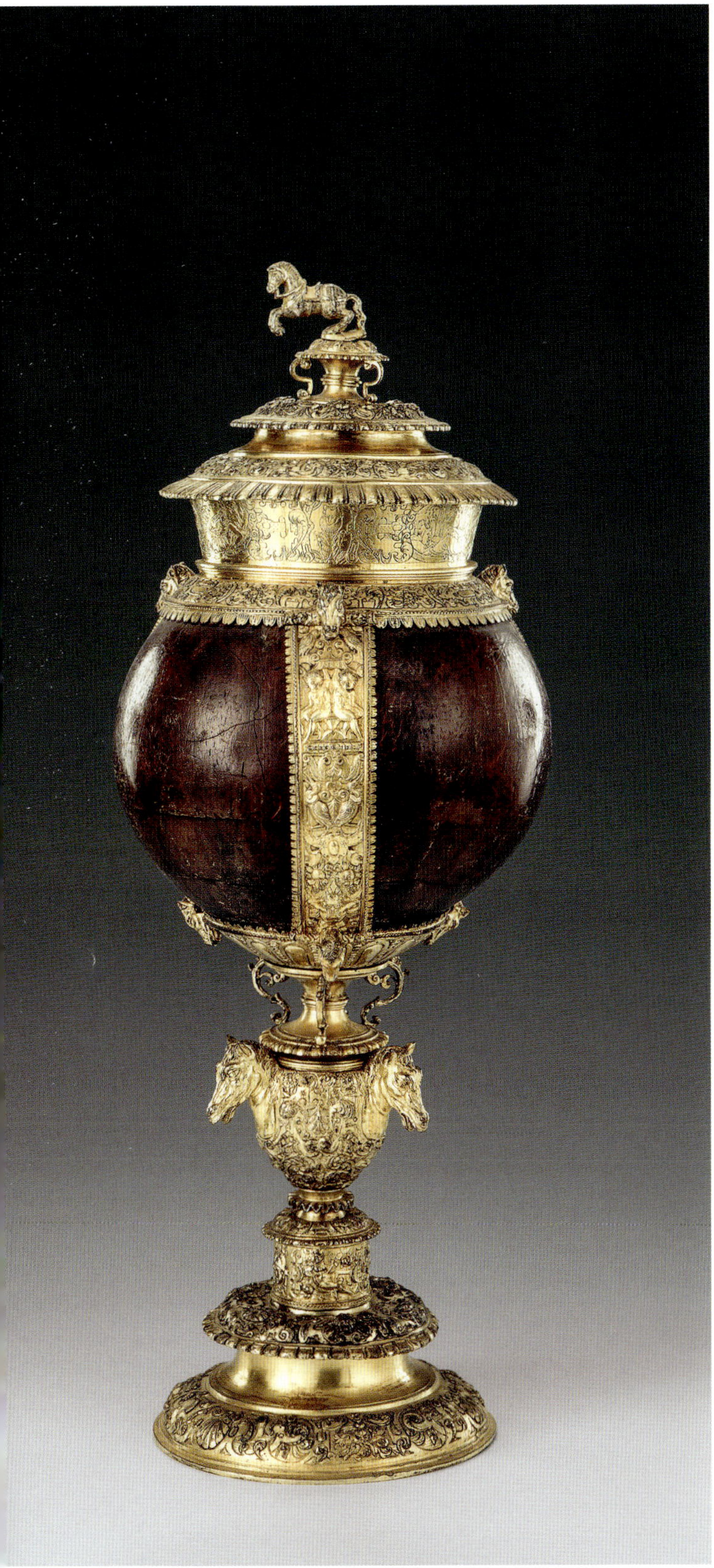

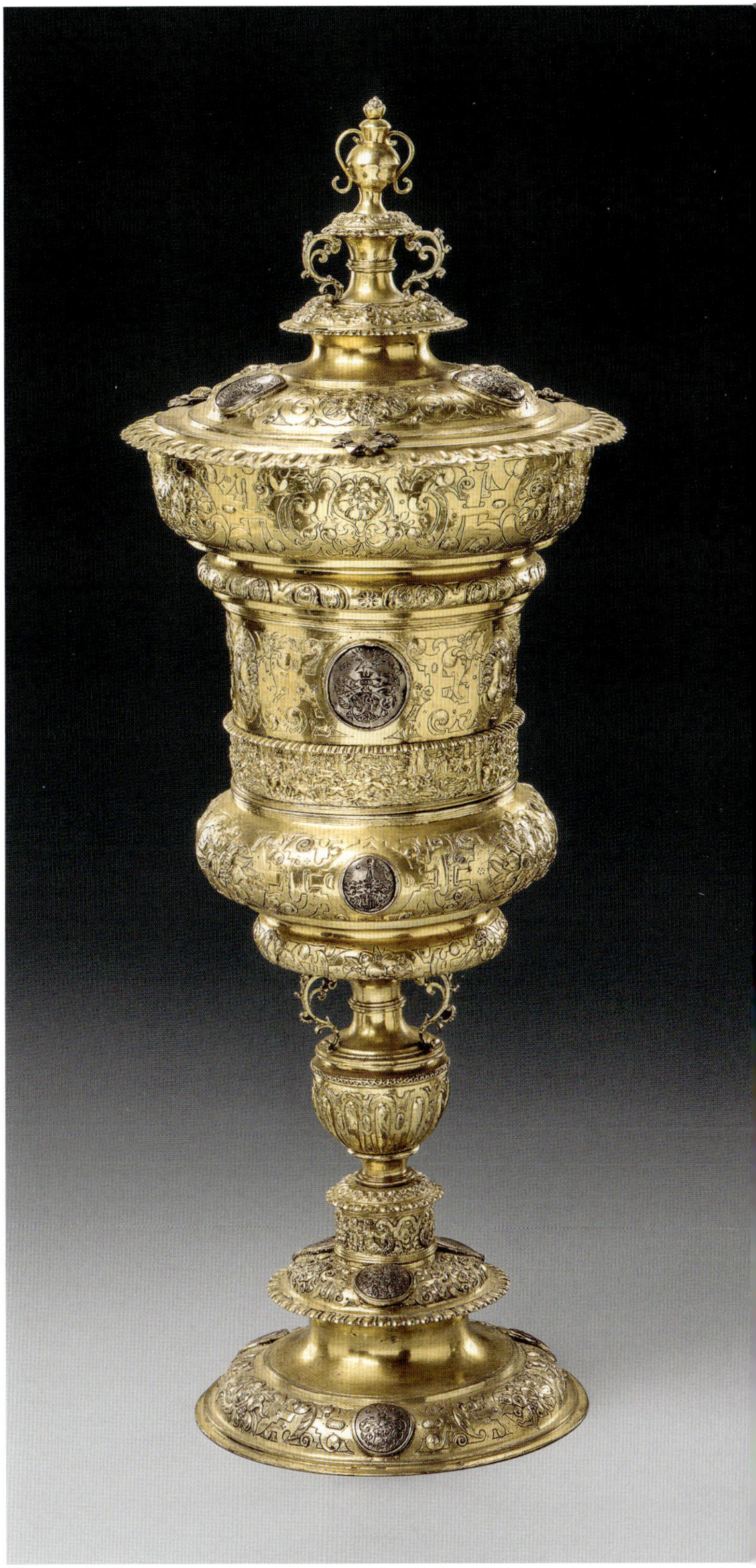

S chon seit dem Altertum durchstreift das Einhorn die Phantasie der Menschheit. Dem gedrehten, ebenso dünnen wie langen Horn dieses ausgesprochen scheuen Fabeltieres wurden magische Heilkräfte nachgesagt. Auch in den Überresten der sächsischen Kunstkammer, die jetzt das Grüne Gewölbe verwahrt, befindet sich ein Bruchstück dieses von allen Fürsten hoch geschätzten Horns, das heute als Zahn eines männlichen, im Packeisgürtel des Arktischen Ozeans lebenden Narwals entlarvt ist. Neben dem heute entzauberten Naturwunder bewahrt das Grüne Gewölbe aber auch die reizvolle bildliche Darstellung eines solchen pferdeartigen Mischwesens. Die Plastik gelangte 1589 von

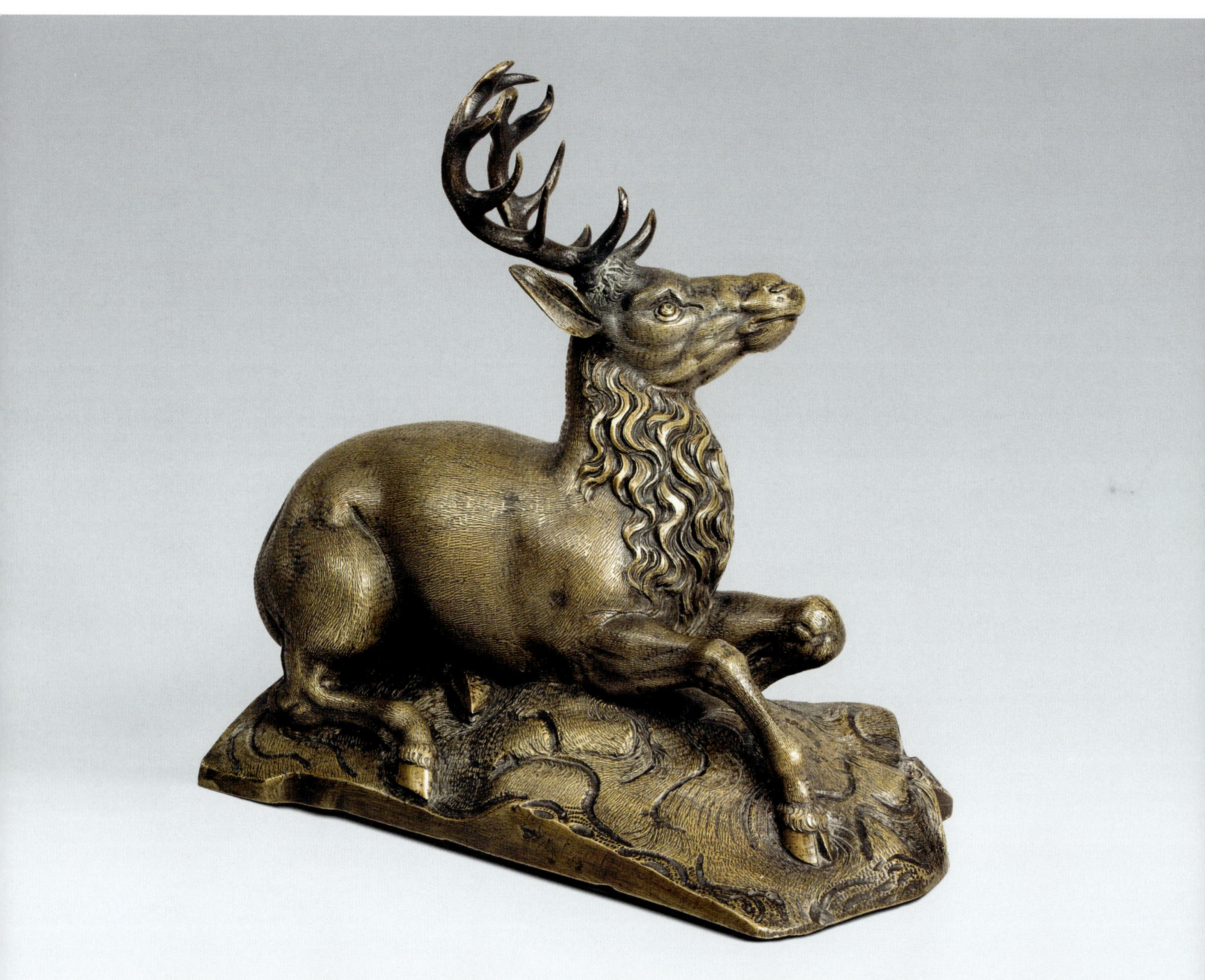

Augsburg nach Dresden. Ebenso geheimnisvoll wie ihr Thema ist die Frage nach dem Schöpfer des aus einer Kupfer-Zink-Legierung bestehenden, in rascher Flucht dahinspringenden Tieres. Vielleicht handelte es sich um den Gießer Hans Reisinger, bei dem, laut einem Eintrag im Kunstkammerinventar von 1595, die Figur zusammen mit der ebenfalls noch vorhandenen Darstellung eines ruhenden Hirsches erworben wurde. Hirsch wie Einhorn dienten als Vorlagen für zwei hölzerne Tiere, die gegen 1600 in Schaubergwerken des neuerbauten Stallgebäudes aufgestellt wurden.

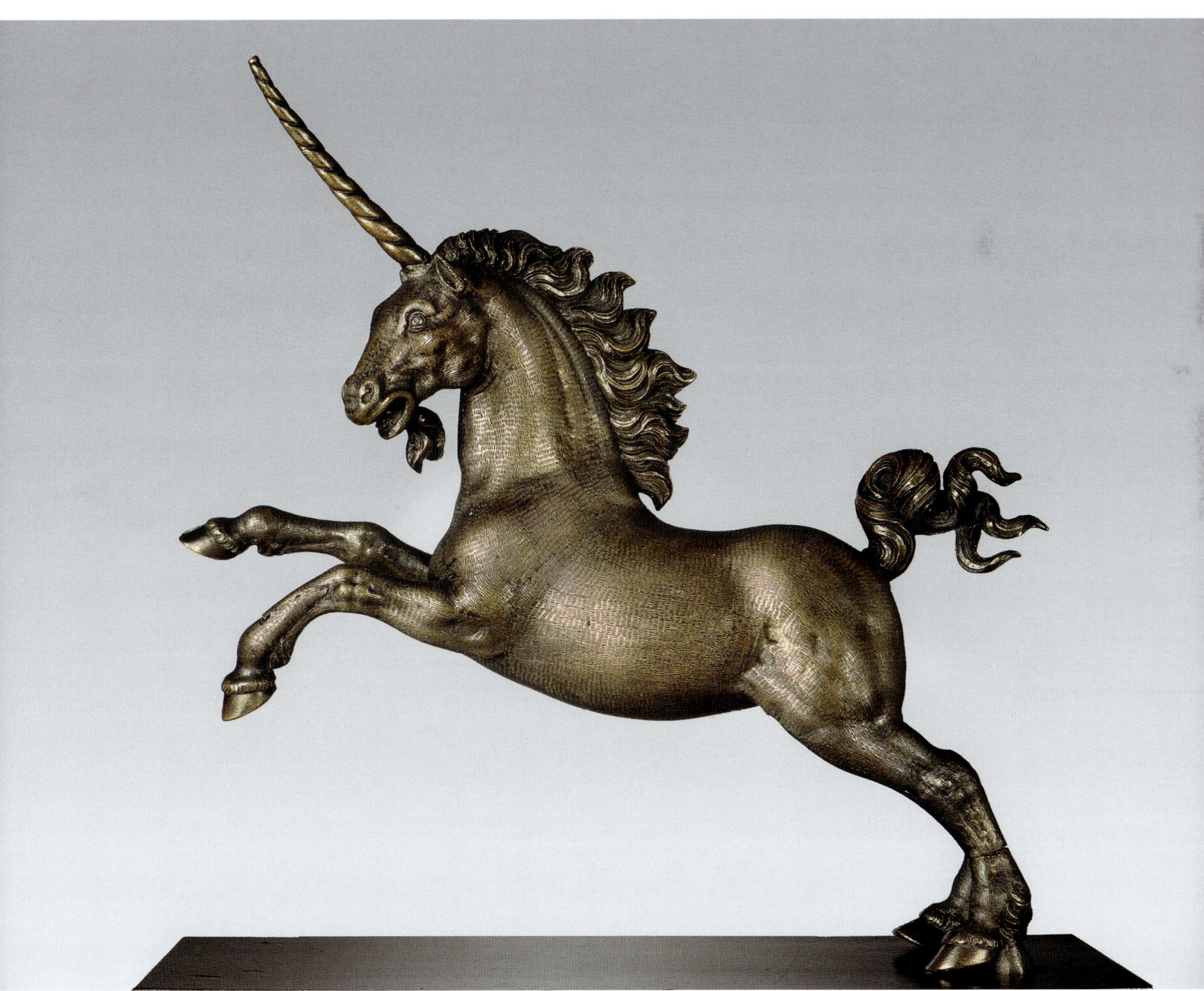

ie beiden in Dresden tätigen Kunstdrechsler begleiteten zunächst vor allem Kurfürst August in seiner Freizeit. Für dessen Nachfolger und Sohn, Christian I., der selbst im Drechseln ausgebildet war, schufen sie eine unerreicht umfangreiche Sammlung mit zum Teil großen Kunststücken, die die Dresdner Kunstkammer mit ihrer materiellen Pracht und dem gestalterischem Genius und großem Wissen der Drechselmeister vor anderen auszeichnete.

Hofdrechsler waren hochbezahlte Künstler-Ingenieure. Sie schufen auf Grundlage komplizierter Berechnungen virtuose Kunstwerke und fertigten dafür auch die notwendigen Spezialwerkzeuge an. Ihre Kunstfertigkeit war das Ergebnis eines perfekten Zusammenspiels von angewandter Mathematik und mechanischer Hochtechnologie. Dies wird deutlich, wenn man den für 1591 überlieferten Bestand der Werkstatt des Hofdrechslers Georg Wecker betrachtet. Neben Werkzeug zum Zurichten des Elfenbeins umfasste sie fünf verschiedene Drehbänke, zwei davon genutzt von Kurfürst August und seinem Sohn Christian I. Weiterhin verzeichnete sein Werkstattinventar 2 480 Dreheisen, darunter zahlreiche Profileisen, Hohlbohrer, Hohldreheisen oder Schraubenbohrer. Der Künstler-Ingenieur musste also für jedes seiner Kunststücke mehrere Spezialwerkzeuge anfertigen.

Hofdrechsler waren vor allem aber begnadete Künstler. Am Dresdner Hof arbeiteten gleich zwei von ihnen: von 1576 bis 1622 Georg Wecker aus München und von 1584 bis 1595 Egidius Lobenigk. Bestallt wurden die beiden Hofdrechsler von dem sonst durchaus sparsamen Kurfürsten August. Er war ein Liebhaber der angewandten Mathematik, die es ihm ermöglichte, eigenhändig Landkarten zu zeichnen oder Drechselkunststücke anzu-

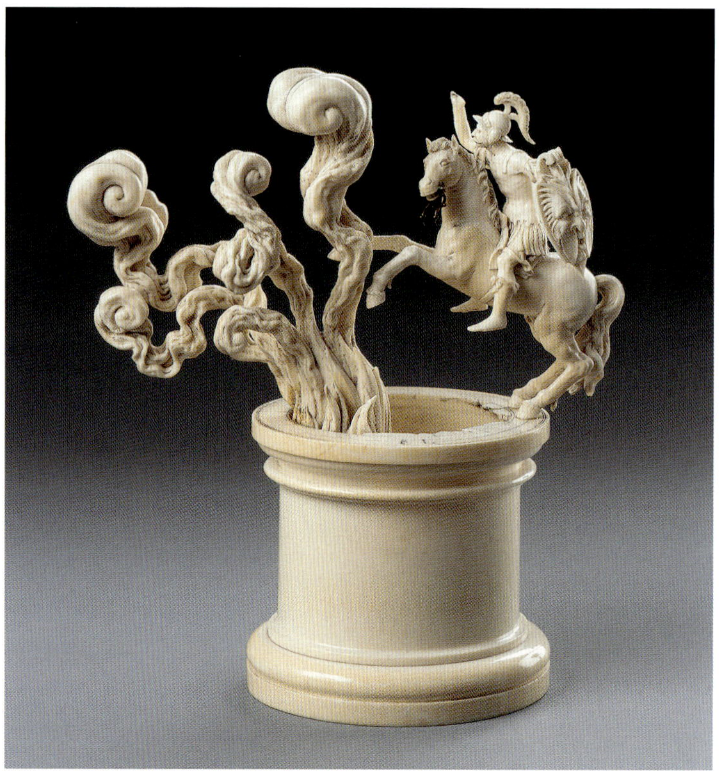

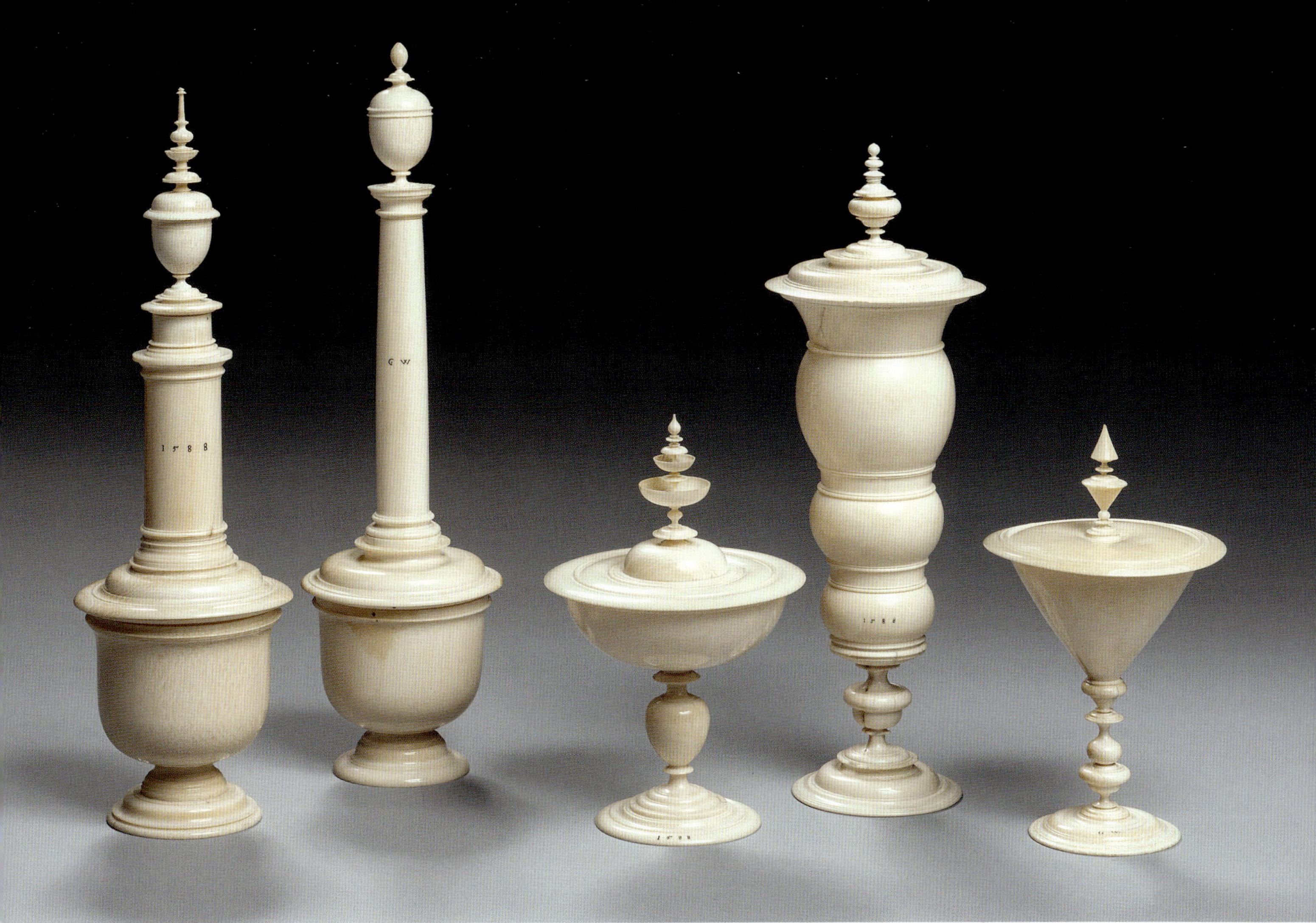

Fünf Drechsel-
kunststücke:
zwei Schreibzeuge und
drei Deckelpokale

Elfenbein
signiert von Georg Wecker
Dresden, alle datiert 1588
H. 16,1 cm – 30,2 cm
Inv.-Nrn. (v. l. n. r.) II 362, II 360,
II 410, II 304, II 153

fertigen. Sein Sohn Christian I. wollte aber eher besitzen als selbst schaffen. In seiner nur
fünf Jahre dauernden Regierungszeit entstand, aufbauend auf einem schon vorhandenen
Bestand, eine Sammlung kunstvoll gedrehter Elfenbeinobjekte, die in ihrer Vielfalt und
in ihrem Formenreichtum unübertroffen blieb. Sie hat sich nahezu vollständig erhalten.
Die meisten der gedrechselten Sammlungsobjekte wurden auf Anordnung des Sammlers
signiert und mit ihrem Entstehungsjahr datiert.

Die beiden Hofdrechsler vertraten durchaus unterschiedliche ästhetische Positionen.
Georg Weckers Arbeiten neigen zur Gedrungenheit, wirken durchaus stabil und lehnen
sich häufig im formalen Erscheinungsbild an Goldschmiedearbeiten an. Mit feinem Formgefühl betonte er die waagerechte Linie und erzeugte ruhige, klare Strukturen. Dabei
beherrschte Wecker das ganze Formenrepertoire, das an der Drehbank auf mechanischem
Wege erzeugt werden konnte. Seine Werke waren technisch hervorragend. Aufgrund der
Homogenität des seidig schimmernden Elfenbeins wirken viele Drechselarbeiten wie aus
einem Stück. Sie sind jedoch zumeist aus mehreren Einzelteilen zusammengesetzt und
durch individuelle Verbindungsformen – Wecker bevorzugte Bajonettverschlüsse, Lobenigk hingegen Dübel – verbunden.

Der etwas jüngere Lobenigk bevorzugte eher einen jähen Formwechsel und unruhige, kleinteilige Oberflächen. In vielen Drechselkunstwerken führt er die Möglichkeiten des Materials bis an die Grenze der Stabilität. Während Wecker dazu neigte, mehrere Formenvarianten zu erproben, suchte Lobenigk immer wieder neue Lösungen. Es scheint, dass Lobenigks Arbeiten Christian I. besonders beeindruckt haben. Er veranlasste mehrfach die Auszahlung erheblicher Gnadengelder an ihn. 1588 erhielt Lobenigk auf diese Weise zusätzliche 1 000 Taler, den fünffachen Betrag seines Jahresgehalts. Im gleichen Jahr haben beide Künstler eine größere Anzahl ihrer Elfenbeinobjekte in die Kunstkammer geliefert.

Als Lobenigk 1595 starb, entschloss man sich, seinen gesamten Nachlass für die Kunstkammer zu erwerben. Darunter könnte sich auch die nicht datierte, für Lobenigks Schaffen eher ungewöhnliche Darstellung des legendären Helden Marcus Curtius befunden haben, denn sie wird 1595 erstmals im Kunstkammerinventar erwähnt. Marcus Curtius war eine mythische Gestalt der römischen Frühzeit. In der Renaissance galt er als Verkörperung kriegerischer Tapferkeit und Vaterlandsliebe. Der Held soll sich beherzt in eine Felsspalte auf dem Forum Romanum gestürzt haben, um dadurch den prophezeiten Untergang Roms abzuwenden. Der Kunstdrechsler beschritt für seine Kunstgattung neue Wege, indem er die Elfenbeinskulptur über die Drechselei dominieren ließ.

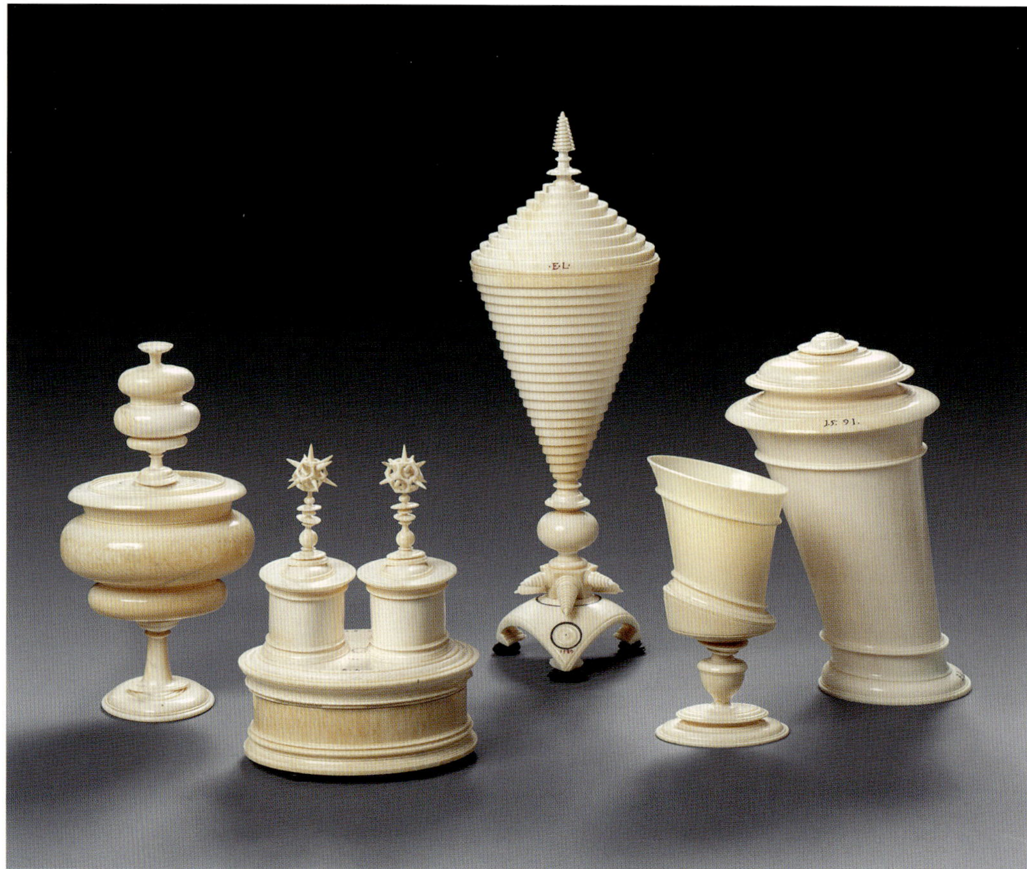

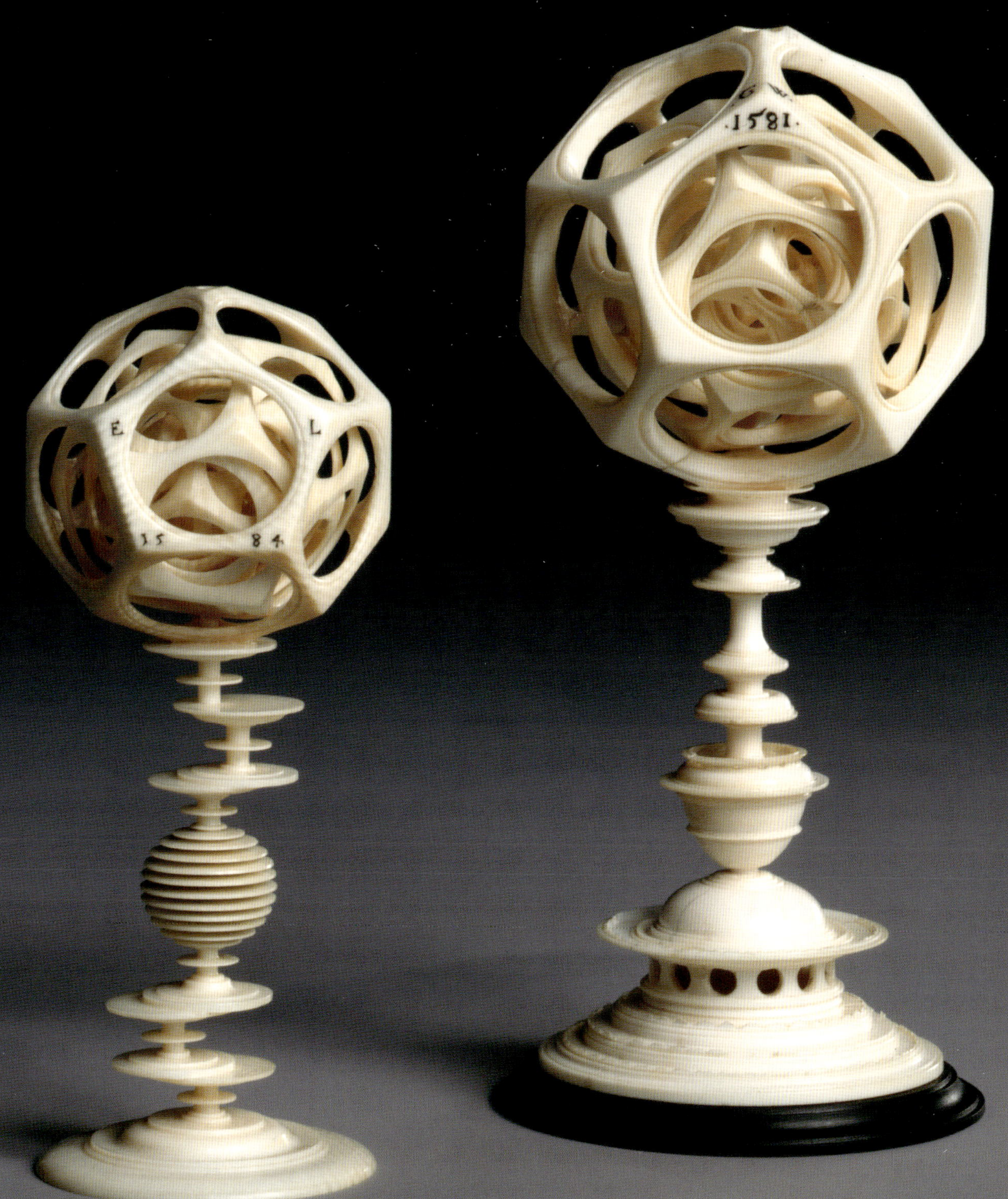

Diese große Elfenbeinsäule des Grünen Gewölbes vereint in einem einzigen Kunstobjekt drei technische Meisterleistungen der deutschen Spätrenaissance. Zum einen ist sie ein großformatiges Drechselkunststück, zum anderen eine Figurenuhr, die mit der Illusion scheinbarer Lebendigkeit spielt. Außerdem ist sie ein Musikautomat, der auf wundersame Weise Klänge erzeugte. Die Elfenbeinsäule, die im zeitgenössischen als Pyramide bezeichnet wird, schuf der Hofdrechsler Egidius Lobenigk im Jahr 1589 zusammen mit sieben weiteren großformatigen Pyramiden für die Dresdner Kunstkammer.

Der Augsburger Goldschmied und Automatenbauer Hans Schlottheim, der sich 1589 nachweislich in Dresden aufgehalten hat, schuf aus dem Drechselkunstwerk ein beeindruckendes Kunstkammerstück der automatisierten Maschinenkunst. In dem stufig aufsteigenden, ebenholzfurnierten Sockel verbarg er ein kompaktes Orgelwerk mit programmierter Walze und Blasebalg, dessen Musik zu jeder vollen Stunde seitlich aus dem Postament erklang. An dieses Werk wurde ein Laufband angeschlossen, auf dem drei Pagenfigürchen in Richtung einer Toröffnung gezogen wurden sowie der Mechanismus, der veranlasste, dass die sechs Trompeter auf der Empore ihre Arme hoben. Ein zweites, kleineres Werk im Unterbau bewegte die zugehörige Heerpauke. Gleichzeitig erzeugte es den Trommelklang im Inneren des Sockels. Zwei weitere Triebwerke und ein Uhrwerk sind am unteren Ende der Elfenbeinsäule eingefügt. Mithilfe erstaunlich langer Wellen bewirken sie Bewegungen innerhalb und oberhalb der bekrönenden durchbrochenen Kugel. Kleine runde Öffnungen erlauben den Blick in das Innere der Kugel. Zu erkennen sind sieben weitere Pagen, die sich ursprünglich um den Tisch bewegen konnten. An diesem hat eine fürstliche Gesellschaft Platz genommen. Die drei Herren und zwei Damen können ihre Arme zum Mund führen. Wie von Geisterhand kreist zudem der kleine Polyeder auf der Spitze der Säule, angetrieben durch das zweite Werk. Das Uhrwerk bewegt den liegenden Putto, der sich wiederum mit einem Stab als Stundenzeiger um die Oberseite der durchbrochenen Kugel bewegt. Die Stundenziffern sind schwarz in die Kugeloberfläche eingraviert. Die differenzierten Funktionen wurden unter optimaler Platzausnutzung und einer sehr komplizierten Kraftübertragung wirksam. Es ist anzunehmen, dass Schlottheim das Kunstkammerstück von monumentaler Wirkung mit Fertigprodukten aus Augsburg – den Mechanismen, dem vorgefertigten Ebenholzsockel und den vergoldeten und bemalten Messingfiguren – zu einem betriebsfähigen, wenn auch sehr verschleißintensivem und heute nicht mehr gangbarem Automaten zusammengefügt hat.

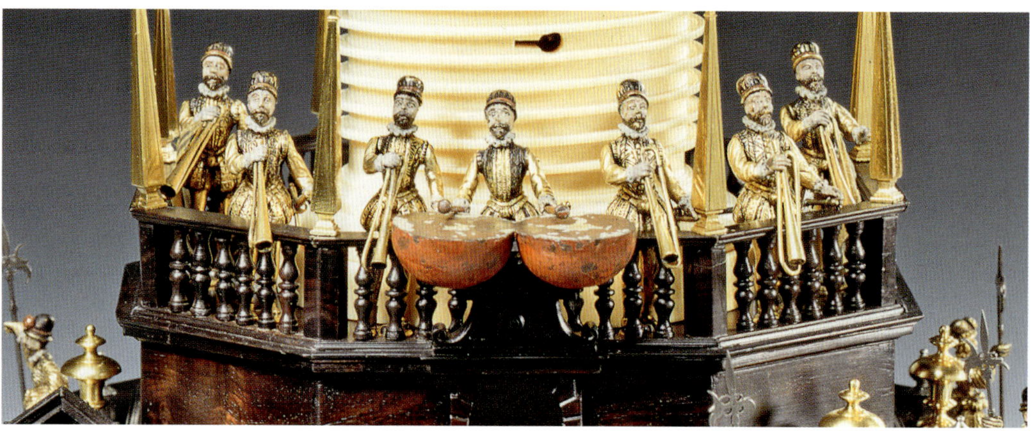

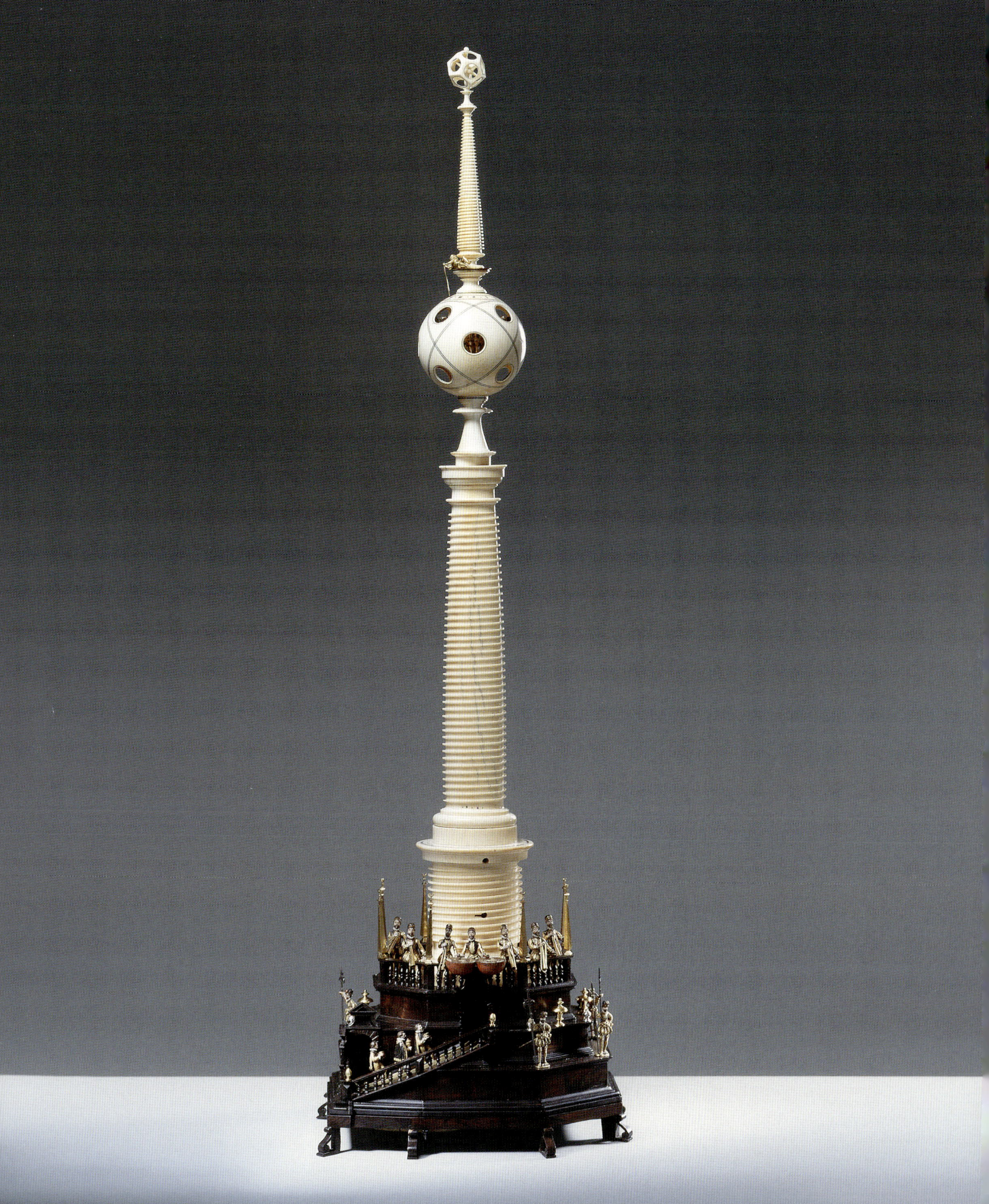

Der große, architektonisch gegliederte Schmuckkasten war ein kostbares Weihnachtsgeschenk, das Kurfürst Christian I. 1588 seiner Gemahlin Sophia, einer geborenen Markgräfin von Brandenburg, verehrte. Der von 1582 bis 1609 als Goldschmiedemeister in Nürnberg tätige Nikolaus Schmidt war ein enger Mitarbeiter Wenzel Jamnitzers. Er lehnte sich mit dieser großen, architektonisch aufgefassten Prunkkassette unmittelbar an dessen Entwürfe und Werkstatteigentümlichkeiten an, sodass man davon ausgehend kann, dass er diese in Zusammenarbeit mit dem hochbetagten Meister geschaffen hat und sie nach dessen Tod 1585 vollendete. Damit wäre die Dresdner Kassette eines der letzten Werke Jamnitzers. Zwar hat sich die einstmals im Deckel verborgene Uhr mit Schlagwerk, auf deren drehbarem Zifferblatt die in manieristischer Eleganz ausgeführte Statuette einer jungen Frau mit ihrem Stab die Stunden wies, weitgehend verloren, im Inneren des Aufbewahrungsmöbels ist aber die ganze Farbenpracht der Bespannung aus verschiedenfarbigen Seidenstoffen, Silberfiligran und Goldschnüren noch hervorragend erhalten. Bereits am 1. Januar 1589 fand das »Kestlein oder Nöhe Lädtlein« einen herausgehobenen Platz in der kurfürstlichen Kunstkammer.

Ein weiteres »Nöhe Lädtlein« erreichte Kurfürst Christian I. am 28. Februar 1590 als Neujahrsgeschenk seiner Schwiegermutter, der Kurfürstin Elisabeth von Brandenburg. Es handelte sich dabei weniger um ein Nähkästchen als um ein kostbares Kunstkammerobjekt. In den zehn die Außenwände umziehenden Rundbogennischen eingestellt befinden sich weibliche Tugenddarstellungen. Das Äußere der Kassette ist mit einer unkonventionellen Kombination von Materialien geschmückt. Auf dem mit Stoff überzogenen Holzkern wechseln sich gegossene und geprägte Silberbeschläge mit metallenen Friesen und textilen Goldborten ab. Das Kunstkammerinventar von 1595 überliefert, dass sich in den noch vorhandenen Schubladen neben Schreib- und Nähutensilien zwei Spiegel, drei Perlmutterlöffel und ein »schlagend uhrlein, so man am hals tragen kann« befunden haben. Der Kurfürst ließ dieses eher feminine Geschenk sogleich in seine Kunstkammer setzen.

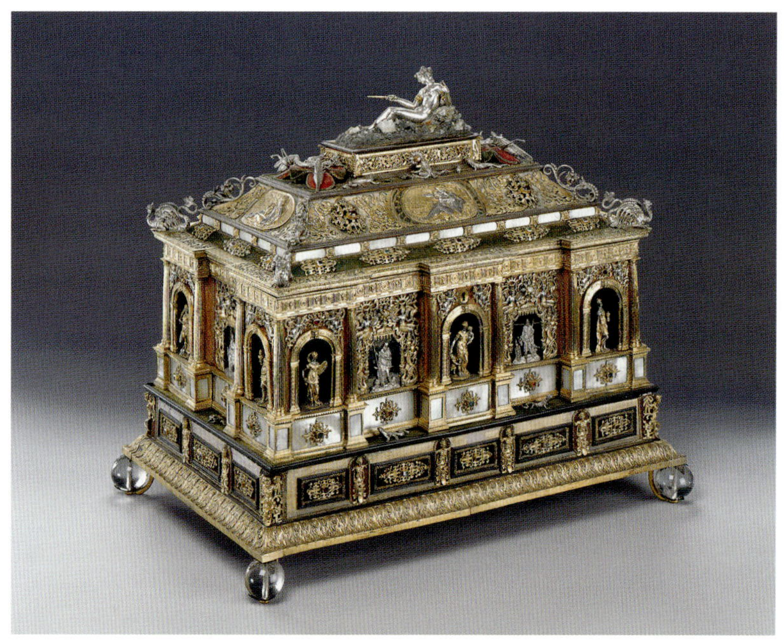

PRUNKKASSETTE
DES KURFÜRSTEN
CHRISTIAN I.
Holz, Glas, Silber, teilweise
vergoldet, emailliert,
Muscheln, Schnecken, Perlen,
Edelsteine, Samt, Seide,
Goldborten, Metallfäden,
Kantillen
wohl Nürnberg, um 1589–1590
H. 42,0 cm, B. 49,0 cm,
T. 38,5 cm / Inv.-Nr. IV 145

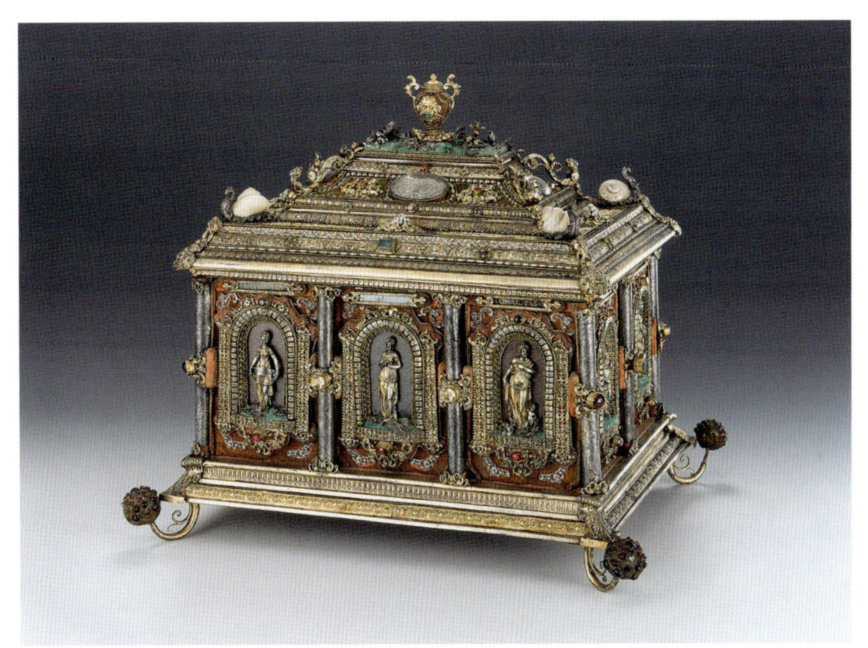

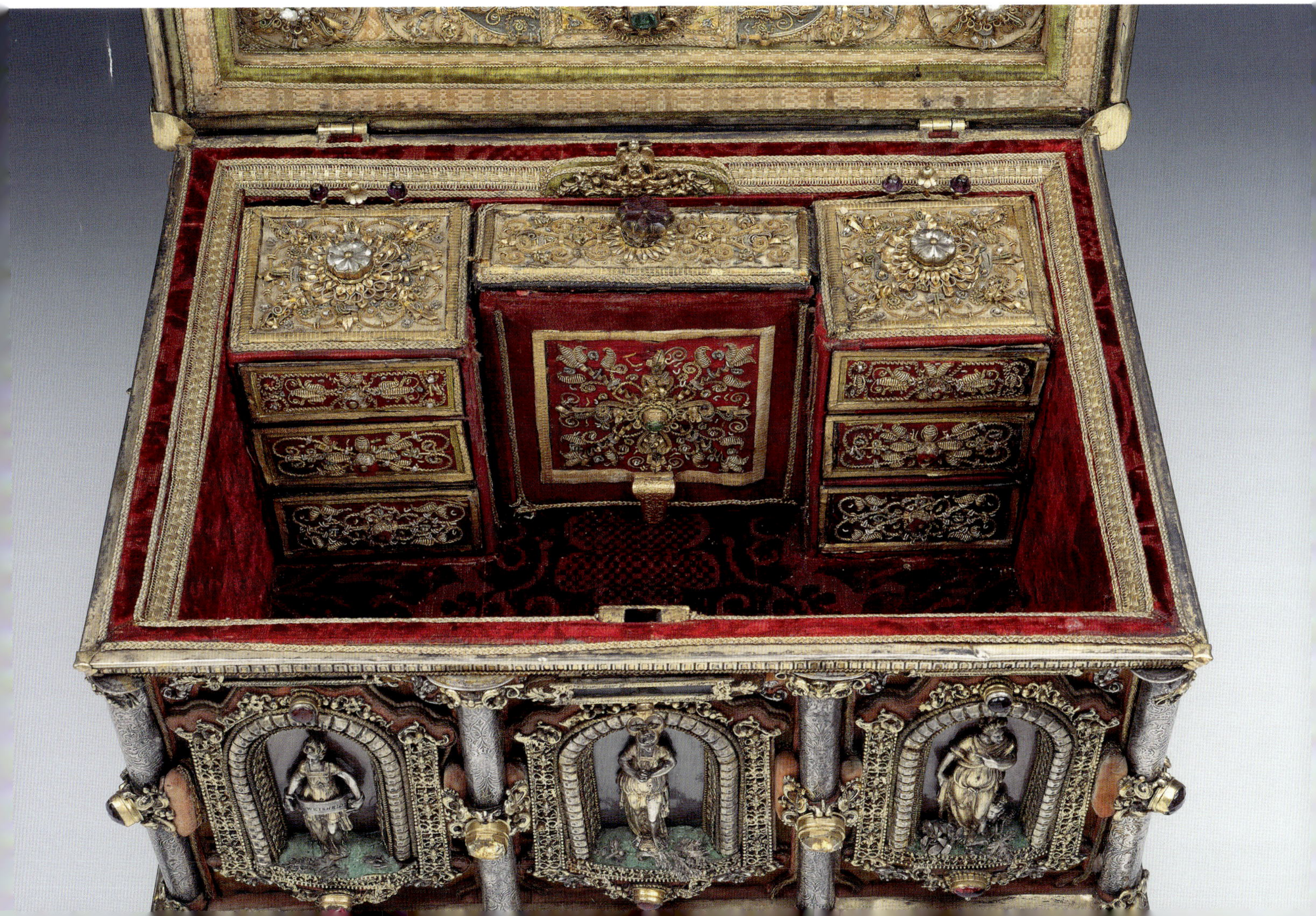

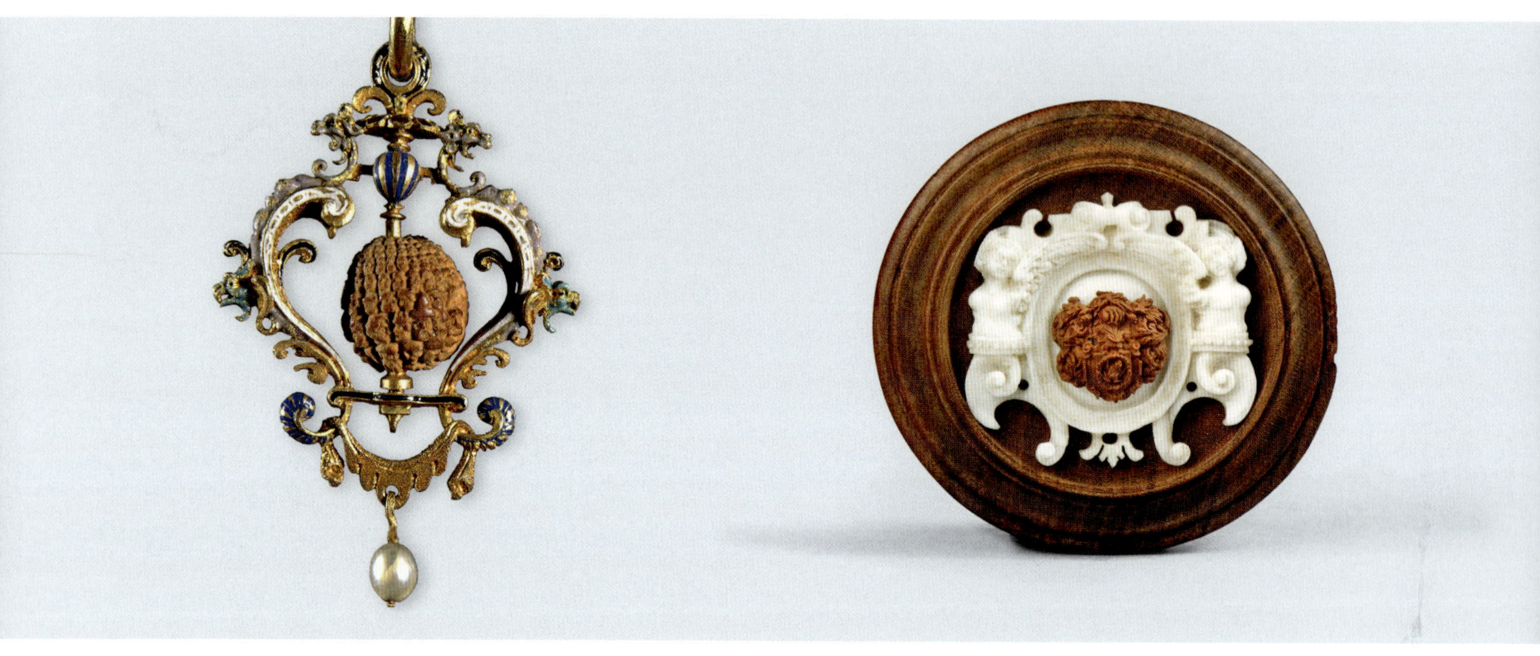

Kleinformatige Arbeiten, die nur unter Überwindung größter technischer Schwierig-keiten herzustellen waren, faszinierten immer schon die fürstlichen Sammler. Als »mirabilia« und damit Wunderwerke menschlicher Schöpferkraft und Kunst-fertigkeit nahmen sie einen wichtigen Platz in deren Kunstkammern ein.

Wie kaum ein anderes Kunstwerk des Grünen Gewölbes zieht der mit unzähligen Gesichtern versehene Kirschkern seit Jahrhunderten die Besucher in seinen Bann. Der gelehrte Reisende Philipp Hainhofer, ein hervorragender Kenner der Kunstsammlungen seiner Zeit, verzeichnete 1629 bei seinem Besuch in Dresden: »Ain Kirschkern, darauf 185 todenkopf und gsichter wol kändtlich geschnitten, als ein kleinot zum ohrgeheng gefasset.« Die im Inventar von 1595 erstmals angegebenen 185 Köpfe (nach neuerer Zäh-lung sind es »nur« 113) wurden auf der Oberfläche des Kerns mit feinstem Gerät unter der Lupe eingeschnitten. Das Kunstkammerstück par excellence gelangte 1589 als Geschenk von Christoph von Loß d. Ä. auf Pillnitz und Graupa, seines Zeichens kaiserlicher Rat und Reichspfennigmeister, in den Besitz des Kurfürsten Christian I. Die Familie Loß schenkte ihren Landesherren drei weitere, heute noch im Grünen Gewölbe erhaltene Kirschkerne. Der kleinste ist auf einem vergoldeten Messingstab befestigt. Auf ihm ist der Sündenfall Adams und Evas ebenso eingeschnitten wie die Arche Noah und die Errettung vor der Sintflut, die Aufrichtung der ehernen Schlange in der Wüste durch Moses und die Kreuzigung Christi. Die vier undifferenzierten männlichen Portraitbüsten

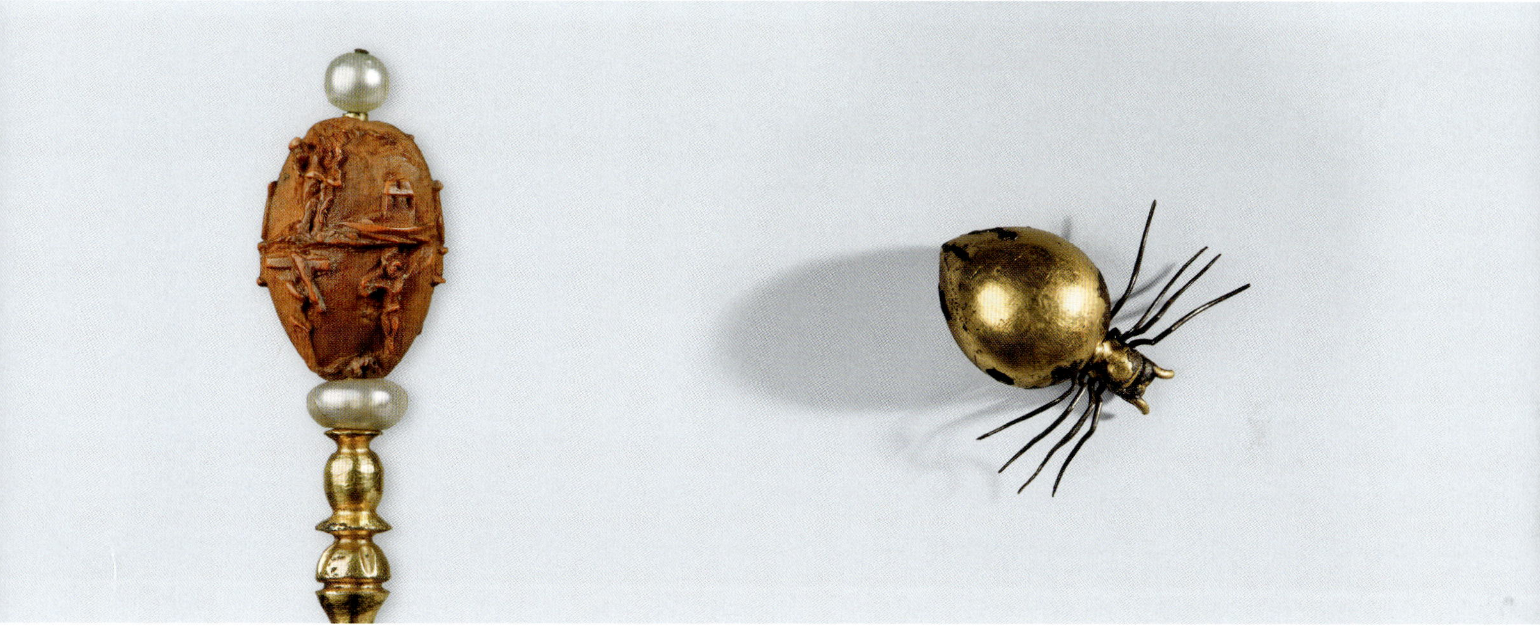

stehen wohl für die vier Apostel. Dieses protestantische Glaubensbekenntnis entstand um 1600. Als letzten Kirschkern schenkte Christoph von Loß seinem Kurfürsten einen Kirschkern mit dem Wappen seiner Familie in einem Elfenbeinrahmen.

Ebenfalls zu den »mirabilia« gehört ein besonders kleiner Automat in Form einer Spinne. Automaten, mit denen Bewegung und damit Leben nachgeahmt werden konnte, waren ein unverzichtbarer Bestandteil fürstlicher Kunstkammern um 1600. Die große Anzahl dieser Wunderwerke menschlicher Imagination und Technik, die sich im Mathematisch-Physikalischen Salon, aber auch im Grünen Gewölbe aus dieser Epoche erhalten hat, belegt ihre Bedeutung und Wertschätzung am sächsischen Kurfürstenhof.

Der Spinnenautomat wird durch ein ungewöhnlich kleines Gangwerk vorwärts bewegt. Die nach dem Aufziehen gespeicherte Kraft wirkt auf zwei Zahnräder, die nur wenig unter der Körperhülle herausragen. So angetrieben, konnte das künstliche Spinnentier, dessen naturalistische Färbung in Resten noch vorhanden ist, über eine glatte Oberfläche fahren. Dabei bewegten sich die acht drahtigen Beine des Automaten beinah naturgetreu auf und ab. Dies dürfte bei arachnophoben Personen eine erhebliche Wirkung ausgelöst haben. Der Mikroautomat gelangte 1604 als Geschenk der Kurfürstin Hedwig in die Kunstkammer ihres Gatten. Das fein gearbeitete Gangwerk schuf Tobias Reichel, Hofuhrmacher Kurfürst Christians II.

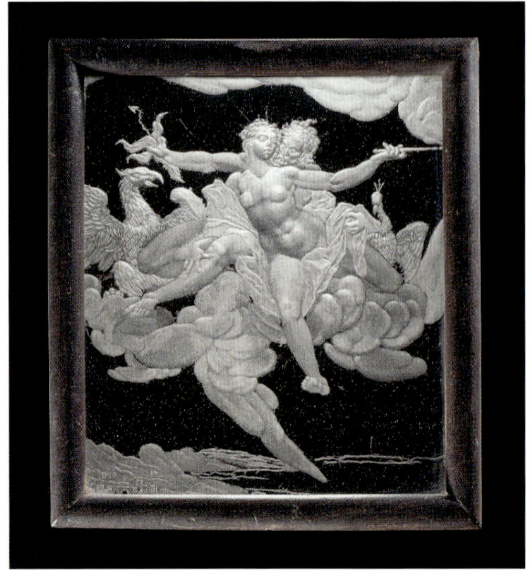

Die Glastafel mit dem antiken Götterpaar ist der älteste bekannte Glasschnitt der frühen Neuzeit. Sie wurde 1590 von Christian I. für seine Kunstkammer erworben. Im Kunstkammerinventar von 1595 ist sie als ein »christalen glaß in birnbäumen holtz eingefast, dorinnen einwarts geschnitten die götter Juno mit dem pfauen und Juppiter in wolgken sitzend« vermerkt. Mit 30 Talern kostete sie die Hälfte des Preises, den der Kurfürst für ein Gemälde des hoch geschätzten Bartholomäus Spranger zahlte. Dieser kaiserliche Hofmaler war es auch, der mit einer um 1587 entstandenen Federzeichnung von nahezu gleicher Größe die direkte Vorlage für das gläserne Kunstwerk lieferte. Den Glasschnitt schuf Kaspar Lehmann, der seit 1588 in Prag am Hof Rudolfs II. tätig war und 1601 zu seinem »Cammeredelsteinschneider« ernannt wurde. Lehmann war nicht der einzige Bergkristallschneider, der sein technisches Können zur Verzierung des wesentlich preiswerteren Glases einsetzte. Er tat dies aber mit einem so großen Erfolg, dass er 1609 von Rudolf II. mit dem Privileg – einer Art Monopol – für den Glasschnitt ausgezeichnet wurde. Wenige Jahre später wurde er zudem in den Adelsstand erhoben.

Im Jahr 1606 sah sich Kaspar Lehmann als Opfer höfischer Intrigen gezwungen, den Kaiserhof zu verlassen. Er ging nach Dresden, wo er von Januar 1606 bis Ende März 1608 lebte. Dort trat er in den Dienst des sächsischen Kurfürsten Christian II. Bereits 1606 erwarb der Sohn Christians I. den aus Bergkristall bestehenden Dianapokal. Für das im Querschnitt ovale »drinckgeschirr auß behmischen diamant mit deckel und fueß und fighuren gesnitten«, auf dem die tragische Verwandlung des Aktäon in einen Hirsch nach Ovids Metamorphosen dargestellt ist, zahlte der Kurfürst dem Künstler 200 Taler. Er erhielt dafür ein virtuos geschnittenes Kunstwerk, das auf seiner Kuppa die scheue Jagdgöttin Diana mit ihren Nymphen beim Bad zeigt. Auf dem Deckel schildert Lehmann die Verwandlung des unglücklichen Zeugen dieses intimen Geschehens in einen Hirsch. Der Fuß gibt eine bewegte Jagdszene wieder, dem feinteiliges Strauchwerk mit der Diamantspitze hinzugefügt wurde.

Nur ein weiterer Steinschnitt aus Bergkristall, ein Krug mit Karyatiden und Blumen im Kunsthistorischen Museum in Wien, kann zweifelsfrei Lehmann zugeordnet werden.

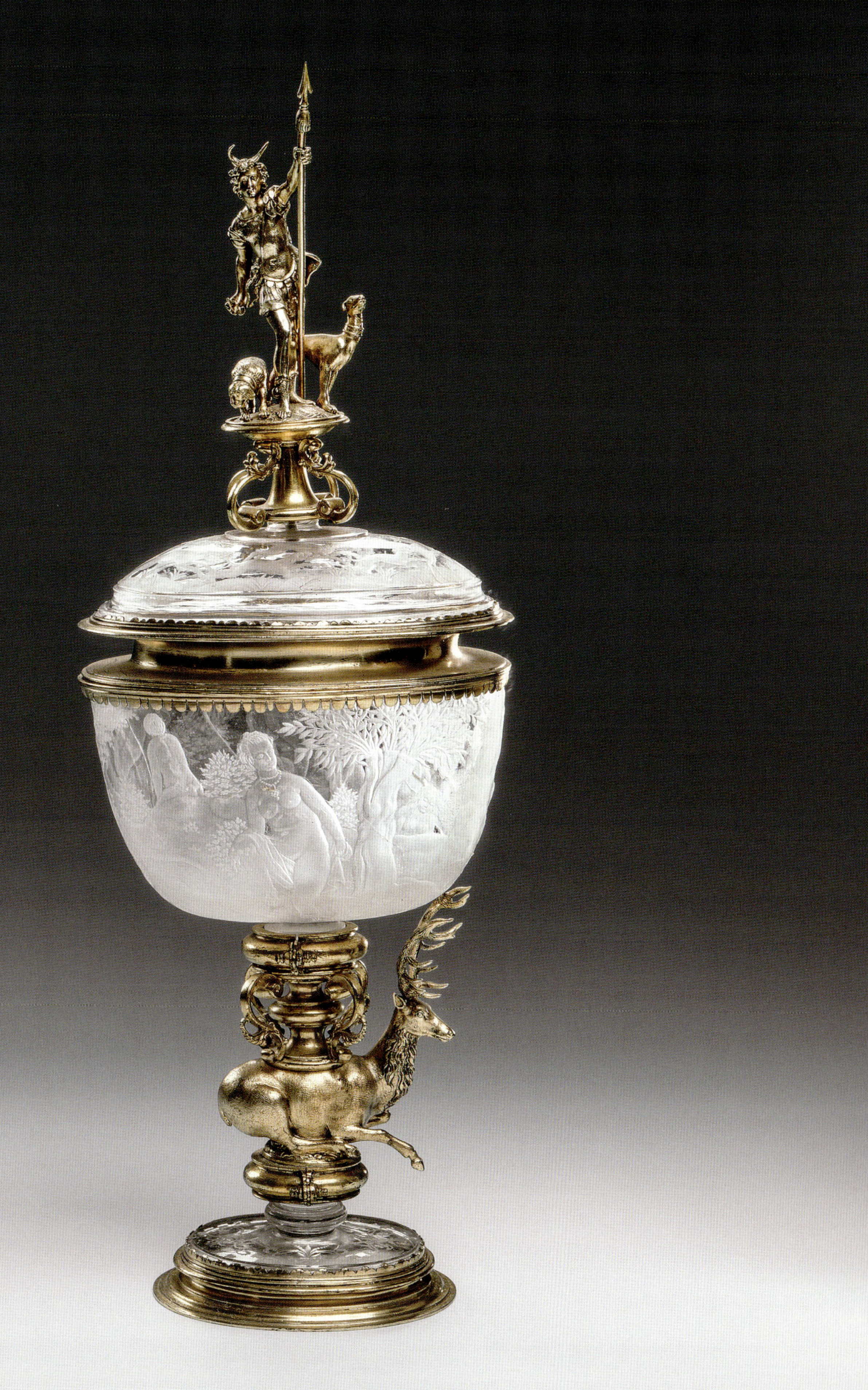

Von den Modeströmungen der Augsburger Luxusindustrie beeinflusst, aber durchaus mit individuellen Zügen, schuf der Goldschmied Hans Kellerthaler mit Unterstützung eines Kunstschreiners in Dresden um 1600 ein bemerkenswertes Prunkmöbel aus Ebenholz und Silber. Erst 1612, ein Jahr nach dem Tod Kellerthalers, wurde sein »schreibe schranck« durch Kurfürst Johann Georg I. für die erhebliche Summe von 1 500 Talern erworben.

Das freistehend konzipierte Möbel, das auf allen vier Seiten ausgearbeitet wurde, besteht aus einem breit ausladenden Sockel, einem schmaleren Unterbau und einer darauf aufsitzenden, reich geschmückten Kassette. In dieser ungewöhnlichen Zusammensetzung blieb der Schrank ohne Nachfolge. Als Aufbewahrungsmöbel konnte dieses Kunstobjekt kaum dienen, weil sich viele seiner kleinen Schubladen wegen der aufmontierten silbernen Plaketten und Figuren nicht öffnen lassen. Das umfangreiche Bildprogramm fand seinen Höhepunkt ursprünglich in einer sehr qualitätsvollen, aus Silber gegossenen Figurengruppe, die aber seit dem Zweiten Weltkrieg verschollen ist. Diese allegorische Komposition stellte die christliche Wahrheit dar, die über die heidnischen Laster triumphiert. In hierarchischer Weise sind auf der Kassette von oben nach unten Silberstatuetten berühmter Könige der vier alten Weltreiche Babylon, Persien, Griechenland und Rom und der acht Tugenden sowie als Reliefs die vier Erdteile aufgesetzt. Als Rücklagen der Kassettenschmalwände dienen Reliefs zum Thema Krieg und Frieden. Auf dem stufenartigen Sockel finden sich die vier Jahreszeiten, die Figuren der vier Hauptmetalle – Gold, Silber, Kupfer, Eisen – sowie die nach antiker Überlieferung sieben Gold führenden Flüsse der Welt, erweitert um die Elbe.

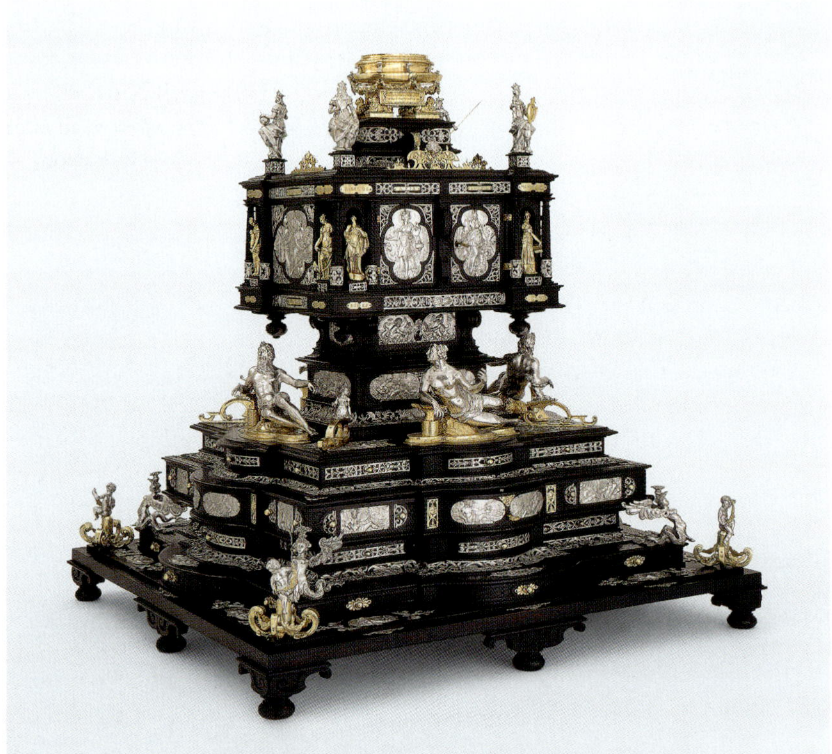

KUNSTKAMMERSCHRANK
Ebenholz, Silber, teilweise
vergoldet
Hans Kellerthaler
Dresden, zwischen 1585
und 1611
H. etwa 92,0 cm (ursprüng-
liche H. 120 cm), B. 83,6 cm,
T. 76,6 cm / Inv.-Nr. I 20

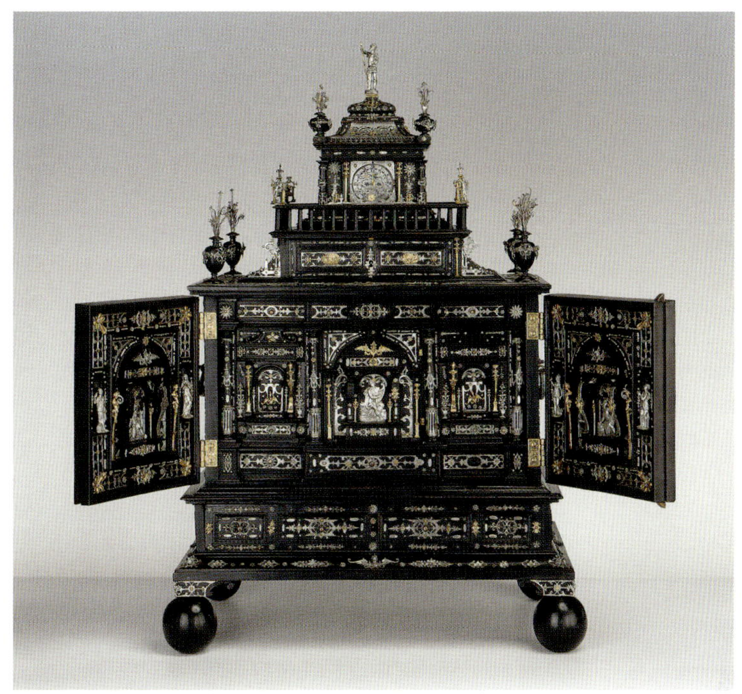

Das Thema des reich gegliederten Luxusobjekts war – wie auch beim »Lüneburger Spiegel« – die Darstellung des Weltgefüges nach der Traumdeutung durch den Propheten Daniel für König Nebukadnezar von Babylon. Dessen Auslegung entwirft die Vision vom Untergang der vier großen Weltreiche des Altertums und den Aufstieg des ewigen christlichen Gottesreiches. Möglicherweise schuf Kellerthaler seinen Kunstschrank in enger Beziehung mit dem kurfürstlichen Kunstintendanten Giovanni Maria Nosseni, der sich nach 1601 sowohl bildkünstlerisch als auch literarisch mit dem Traum Nebukadnezars auseinandersetzte.

Ein »klassisches« Aufbewahrungsmöbel des frühen 17. Jahrhunderts war der Schmuckschrank des Matthias Wallbaum. Der Augsburger Goldschmied schuf neben Silberskulpturen vor allem Reliefs, Statuetten und Beschläge für Kunstschränke und Hausaltäre sowie Schreib- und Toilettekästchen aus Ebenholz. Die von Kunsttischlern gefertigten Aufbewahrungsmöbel bildeten einen wichtigen Bestandteil der sächsischen Kunstkammer. Kästchen und Schränkchen befanden sich in allen Räumen. In der Sammlung des Kurfürsten August waren sie hautsächlich mit verschiedenartigen Werkzeugen gefüllt. Unter seinen Nachfolgern nahmen sie Medaillen, aber auch miniaturhafte Wunder des menschlichen Schaffens und der Natur auf. Die zahlreichen Schubladen konnten zur Überraschung und zur Freude der Besucher der Kunstkammer eine nach der anderen aufgezogen werden und offenbarten immer etwas Neues. Im Sinne der in Italien entwickelten »studioli« dienten sie aber nicht nur der Aufbewahrung, sie besaßen, wie auch der Wallbaum-Schrank, herausklappbare Schreibpulte und das zugehörige Schreibzeug. Das kostbar ausgestaltete Vielzweckmöbel im Grünen Gewölbe wird von einer Uhr mit fein emailliertem Zifferblatt bekrönt. Das schlagende Uhrwerk konnte mithilfe der Figur – einst eine Fortuna, heute ein Krieger – aufgezogen werden.

Nicht als Gebrauchsgegenstand, sondern als eine repräsentative Allegorie auf das Heilige Römische Reich deutscher Nation wie auch auf das gute und das schlechte Fürstenregiment ist die großformatige, epitaphförmige Goldschmiedearbeit zwischen 1587 und 1592 durch die Goldschmiede, Juwelenhändler und Spiegelmacher Luleff Meyer und Dirich Utermarke in Lüneburg geschaffen worden. Zwar verbirgt sich in der Mitte des »Lüneburger Spiegels« hinter einer figurenreichen Abdeckung tatsächlich eine kleine hochrechteckige Spiegelfläche, das Kunstwerk ist aber eher im übertragenen Sinn ein »Fürstenspiegel«, in dem sein Besitzer zu Tugend und Pflichterfüllung ermahnt und die Grundsätze des richtigen, aber auch des falschen Regierens aufgezeigt werden. Eine beeindruckende Fülle von gegossenen und getriebenen Figuren aus Silber, üppiges Schweifwerkornament, durchsetzt mit Gehängen, Fruchtbündeln, Trophäen, Tierköpfen, Mischwesen und Masken, mehr als 30 medaillonförmige Hinterglasmalereien und eine Vielzahl von Edelsteinen umrahmen kunstvoll das hochplastische Silberrelief in der Mitte, auf dem, auf einer Weltkugel sitzend, der klagend emporblickende Genius der Zeit dargestellt ist.

Die Umrahmung ist trotzt der manieristischen Ornamentfülle architektonisch straff gegliedert. Das komplizierte und vielschichtige Bildprogramm besteht aus der allegorischen Darstellung des in der Bibel im Buch Daniel wiedergegebenen Traums des Königs Nebukadnezar von Babylon. Bekrönt wird das Kunstwerk durch die »Statua Danielis«, eine geharnischte Statuette, die dem König erschienen war. In der von Gott gefügten Deutung durch den Propheten wird der Untergang der vier mächtigen Weltreiche Assyrien, Persien, Griechenland und Rom und das Aufziehen des Reiches der Wahrheit und des Friedens, der ewigen göttlichen Herrschaft auf Erden, vorausgesagt. Die Spiegelabdeckung rahmen berittene und stehende Krieger im Harnisch, die berühmte Herrscher der vergangenen Weltreiche der Antike darstellen. Das göttliche Reich wird durch ein großes Wappenzeichen oberhalb des Spiegels mit dem Heiligen Römischen Reich deutscher Nation gleichgesetzt. Auf der runden Tafel mit Hinterglasmalerei von etwa 13 Zentimeter Durchmesser sind dessen Symbol, der kaiserliche Doppeladler, sowie das Kreuz Christi zusammen mit den Wappen der Reichsglieder im Gefieder abgebildet. Unterhalb des Spiegels finden sich eine Allegorie auf die den Zusammenhalt gewährleistende gute Staatsführung und ein Gleichnis auf die schlechte Politik, letzteres veranschaulicht durch das Urteil des Paris, das den Untergang Trojas zur Folge hatte.

Die alttestamentliche Prophezeiung vereint der »Lüneburger Spiegel« bedeutungsvoll mit der politischen Gegenwart kurz vor 1600. Die Traumdeutung des Buchs Daniel war in jenen Jahren von hoher Aktualität und wurde im Hinblick auf einen drohenden Krieg der christlichen Konfessionen, der 1618 als Dreißigjähriger Krieg schließlich ausbrach, als Warnung empfunden. Gerade im Umfeld des Dresdner Hofs erlebten der königliche Traum und dessen Deutung durch den Propheten mehrfach eine künstlerische Gestaltung.

Eine solch ambitionierte und kostbare Goldschmiedearbeit ist sicher nicht ohne Auftraggeber entstanden. Wer dies war und ob dieser das Kunstwerk erworben hat, ist aber nicht feststellbar. Am 19. Mai 1601 verzeichnete die Dresdner Rentkammer, dass Johann Schlowern aus Lüneburg 1450 Gulden auszuzahlen seien. Die Kurfürstenmutter Sophia hatte dies verfügt und ebenso, dass der Spiegel »in dero geliebter söhne kunst cammer« gebracht werden sollte. Vier Monate vor der Volljährigkeit ihres ältesten Sohnes Christian II. formulierte Sophia mit dem Ankauf des Kunstwerks ihr politisches Bekenntnis: Nur durch den Zusammenhalt ihrer drei Söhne und durch eine enge politische Bindung Kursachsens zum Kaiser sowie zugleich die Aufrechterhaltung der Reichsverfassung könne dem Reich der Frieden bewahrt werden.

Holzkern, Silber, größtenteils vergoldet, Spiegelglas, Hinterglasmalerei, Bergkristall, Amethyste, Granate, geschliffene Glassteine
Luleff Meyer und Goldschmied Dirich Utermarke
Lüneburg, datiert 1587 und 1592
H. 115,0 cm, B. 85,0 cm
Inv.-Nr. IV 110

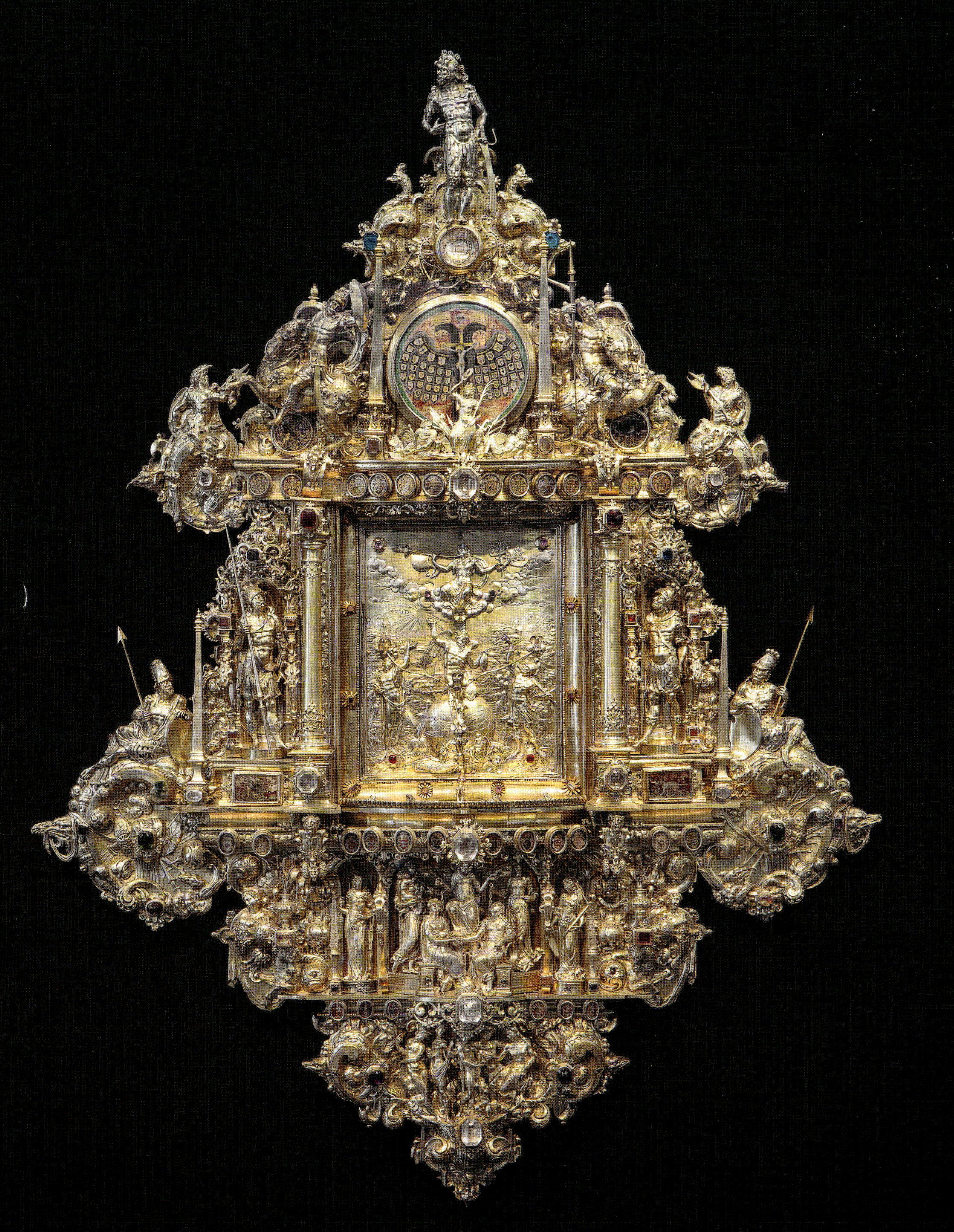

Im Juli 1601 erhielt der Automatenmacher Hans Schlottheim auf Weisung der Kurfürstenwitwe Sophia 300 Gulden als Vorschuss zur Herstellung eines großen Uhren-
automaten. Das neue Wunderwerk des Augsburger Künstler-Ingenieurs sollte eine
andere, wohl ebenfalls von ihm geschaffene Automatenuhr ersetzen, die wahrscheinlich
kurz zuvor der sächsischen Kunstkammer entnommen und Kaiser Rudolf II. geschenkt
worden war. Das Ergebnis, die viergeteilte Kugellaufuhr in Form eines achteckigen Turms
auf einem Ebenholzsockel, lieferte Schlottheim im Februar 1603. Für sie erhielt er die
erhebliche Summe von 2 400 Gulden ausgezahlt.

Sein Wunderwerk der Mechanik verband das Bestreben, bei einer Uhr größere Gang-
genauigkeit und zugleich weniger Störanfälligkeit zu erreichen mit der Funktion eines
Musikwerks und der eines Figurenautomaten. Dabei lief aus der Höhe der turmförmigen
Uhr eine kleine Bergkristallkugel in genau einer Minute auf einer schrägen Bahn über
16 Windungen herab und verschwand im Inneren des Turms. Gleichzeitig wurde eine
andere Kugel über ein Hebewerk im Inneren der Mechanik emporgehoben. Der Gott
Saturn schlug jedes Mal mit dem Hammer auf eine Glocke, wenn die neue Kugel nach

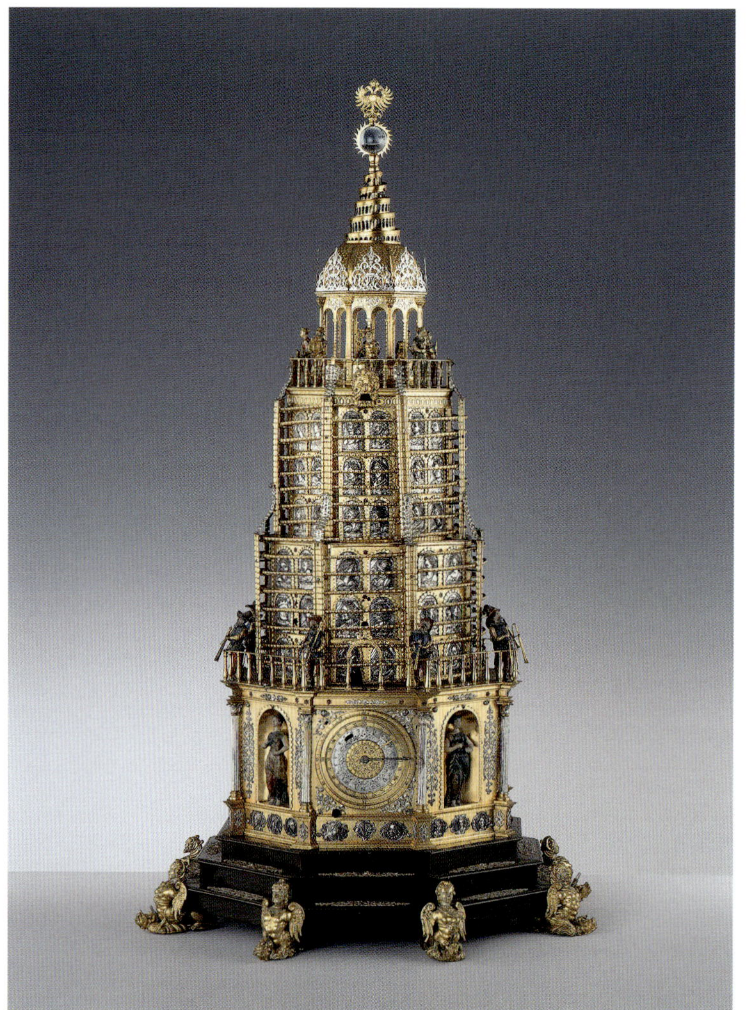

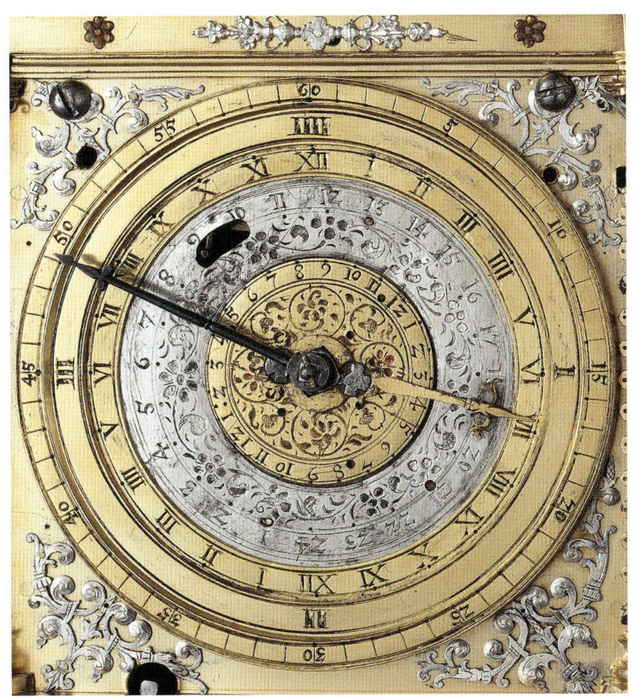 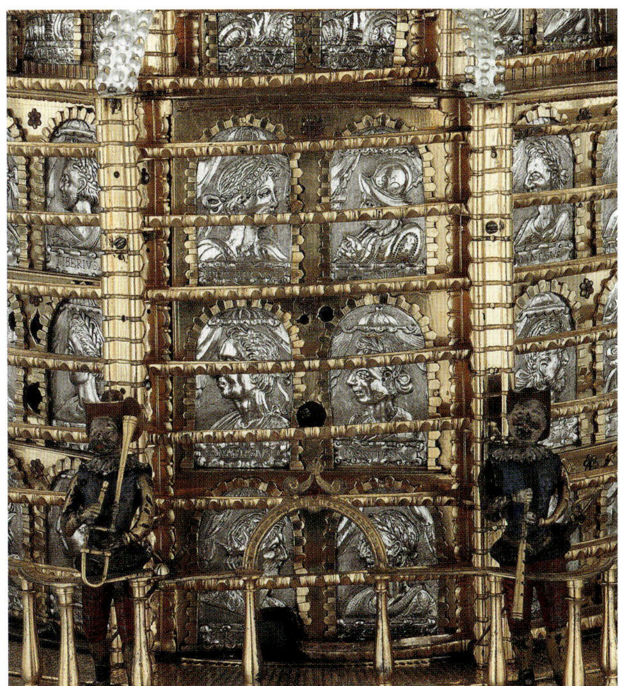

einer Minute ihren Lauf begann. Die Bewegungen der den Planeten zugeordneten Götterfiguren auf dem Turmumgang waren, genauso wie die der »Stadtpfeifer« auf dem unteren Altan, direkt mit der Uhr gekoppelt. Ebenfalls beweglich und mit der Uhr verbunden war der auf dem Boden des Altans eingravierte immerwährende Kalender. Zweimal täglich erklang zudem ein aufwendiges Musikwerk.

Das Bildprogramm der Schlottheimschen Kugellaufuhr bezieht sich einerseits auf die Sieben Freien Künste – Grammatik, Rhetorik, Dialektik, Musik, Astronomie, Geometrie und Arithmetik –, deren Personifikationen als farbig lackierte Figuren in den Sockelnischen stehen. Auf der Turmwandung hinter der schrägen Kugelbahn befinden sich andererseits, rings am Sockel umlaufend und vielleicht nach Münzvorlagen gearbeitet, silberne Phantasieportraits der Imperatoren und deutsch-römischen Kaiser. Es handelt sich dabei um eine weitgehend vollständige Genealogie, die mit Julius Caesar beginnt und über die Kaiser der Antike und des Mittelalters bis zum Bildnis Rudolfs II. führt. Dieses ist unter dem Zifferblatt angebracht. Ihm ist, als Verweis auf die sie verbindende Freundschaft, das Portrait des sächsischen Kurfürsten Christian II. gegenübergestellt. Die Uhr wird zudem vom kaiserlichen Doppeladler über einer aus Bergkristall geformten Weltkugel im Strahlenkranz bekrönt. Im Binnenschild des Doppeladlers findet sich das herzoglich-sächsische Wappen. Die Kugellaufuhr ergänzt damit auf sinnfällige und kaum zufällige Weise die Ikonographie des epitaphförmigen »Lüneburger Spiegels«, die sich gleichfalls der Reichsidee widmet.

Bereits am 31. Dezember 1603 schenkte Christian II. das symbolische Schaustück in Automatenform seiner Gemahlin Kurfürstin Hedwig, die es in ihrer eigenen Kunstkammer aufstellte. Doch schon 1614, wenige Jahre nach Regierungsantritt Kurfürst Johann Georgs I., kehrte die Uhr wieder in seine Dresdner Kunstkammer zurück.

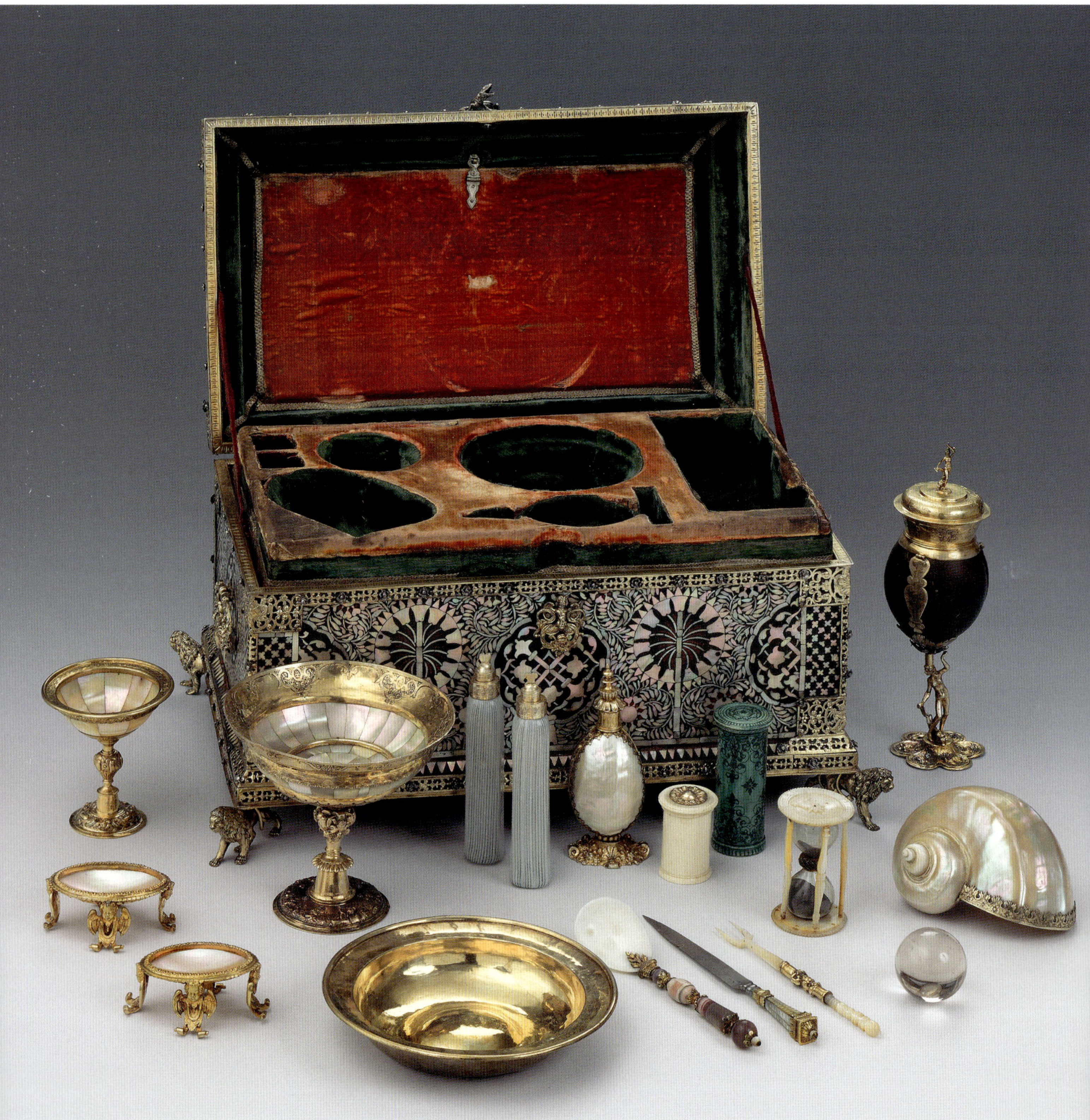

Die international vernetzte Messe in Leipzig war auch ein Handelsplatz für exotische Luxuswaren wie Kästchen und Gießgarnituren aus Indien. Über die portugiesischen Handelsrouten und global tätige Augsburger oder Nürnberger Handelshäuser gelangten sie ins Reich, um dort von einheimischen Goldschmieden eine dem herrschenden Geschmack entsprechende Fassung zu erhalten. Als Christian II. im September 1601 mit seiner Volljährigkeit die kurfürstliche Herrschaft erlange, hatte er Großes vor – vor allem für seine Kunstkammer. Damals dürfte der Leipziger Juwelier und Händler Veit Böttiger den Auftrag erhalten haben, möglichst viele und repräsentative Objekte aus indischer Perlmutter für den Kurfürsten zu erwerben. Auf der Ostermesse des Jahres 1602 wurde der Ankauf abgeschlossen. Für 8 500 Taler, also fast 10 000 Gulden, gelangten elf neue Kostbarkeiten in die Dresdner Kunstkammer. Es war wohl die teuerste Erwerbung in der Geschichte dieser Sammlung im 17. Jahrhundert. Neben einer reich verzierten Spieltafel aus orientalischer Perlmutter und Ebenholz gehörten zu der Erwerbung drei Perlmutterkassetten, zwei Gießgarnituren und fünf Trinkgeschirre.

Die größte der drei Perlmutterkassetten verdankt ihre sorgfältige Montierung aus vergoldetem Silber Elias Geyer. Die indische Kassette ist mit ihren stilisierten Pflanzenmustern aus Perlmutter, die von schwarzem Asphaltlack umgeben sind, aber selbst auch eine der prächtigsten und kostbarsten ihrer Art. Ihre neue Funktion und ihr Inhalt sind kulturhistorisch bedeutsam. Durch Einsätze, die mit Damast und Samt bezogen sind, ließ sich in ihr auf engstem Raum eine große Zahl gebrauchsfähiger Luxusgegenstände unterbringen. Die dort versammelten Dinge waren geeignet, einem Fürsten das standesgemäße

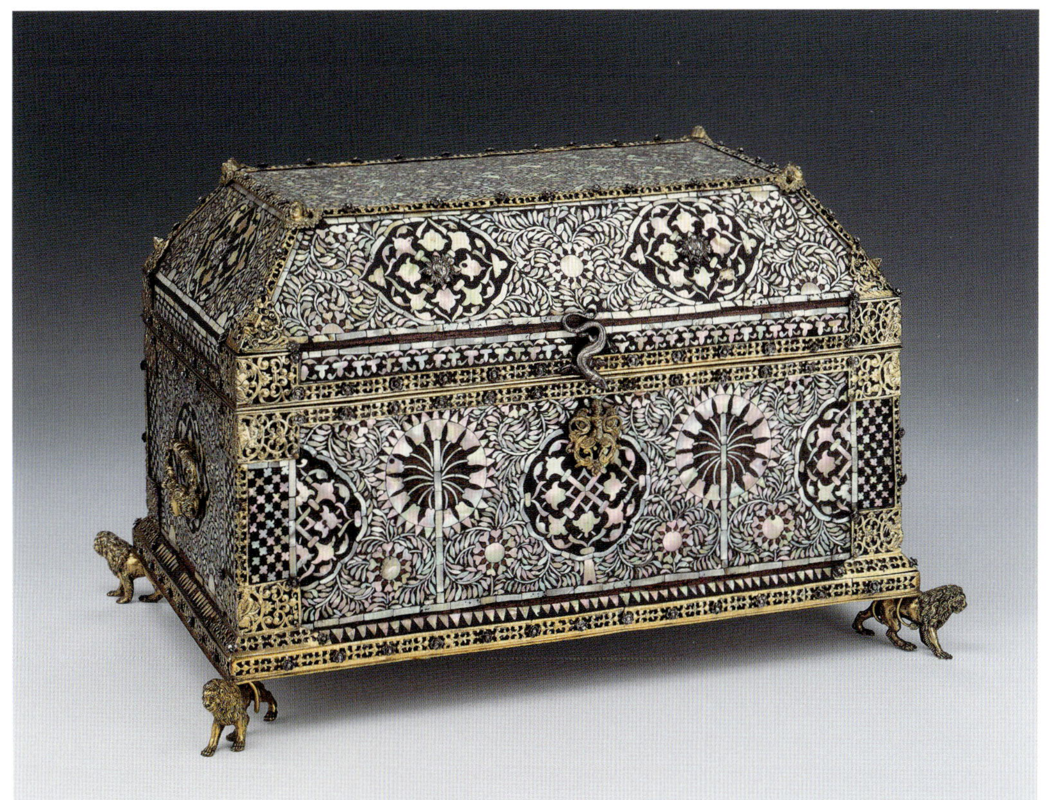

REISEKASSETTE

Perlmutterplättchen über Holzkern, Asphaltlack Silber, vergoldet, Kittmasse, Samt und Damast
Perlmutterarbeit: Gujarat (Indien), Ende 16. Jahrhundert
Goldschmiedearbeit: Elias Geyer
Leipzig, vor 1602
H. 26,8 cm, B. 38,5 cm (ohne Löwen), T. 22,6 cm (ohne Löwen) / Inv.-Nr. III 247

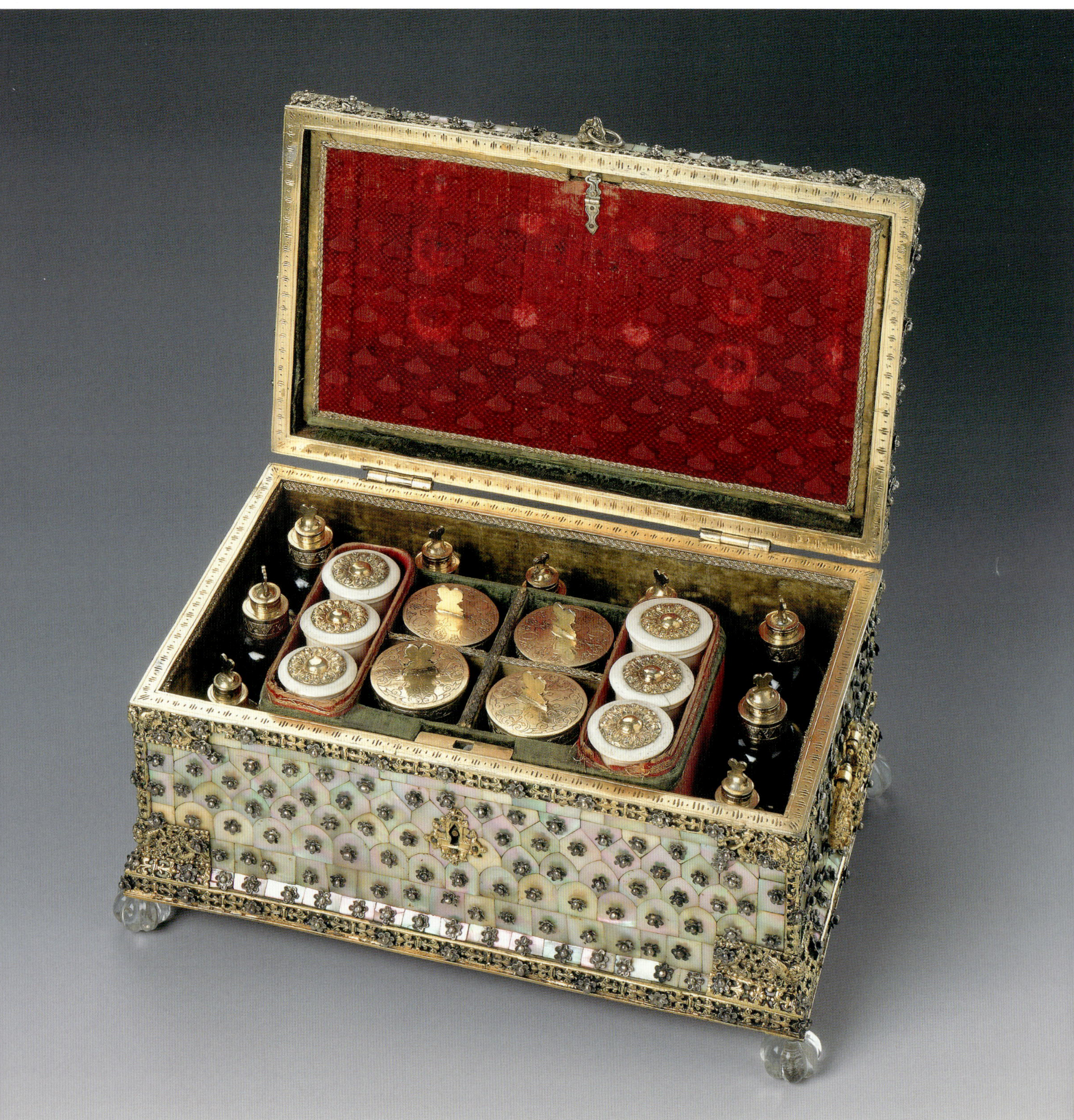

Essen und Trinken, Spielen, Schreiben sowie die Körperpflege zu ermöglichen. Insgesamt handelt es sich um 36 einzelne Gegenstände, darunter zwei kleine Pokale aus Kokosnuss und Seeschneckengehäuse sowie eine vergoldete Silberschale mit einer Bergkristallkugel. Nichts daran weist Spuren einer Benutzung auf. Die in konzentrierter Form versammelten Accessoires des fürstlichen Lebens wurden mit der Kassette Bestandteile des Mikrokosmos Kunstkammer. Geyers Perlmutterkassette übernahm im Kleinen damit die gleichen Funktionen, die wenig später den Augsburger Kunstkammerschränken in weitaus größerer Dimension und Reichhaltigkeit zukamen. Ebenso sorgfältig ausgestattet war die »Torgauer Apotheke«. Die Kassette stammt ebenfalls aus Gujarat im westlichen Indien und ist dicht mit irisierenden Perlmutterplättchen gefüllt. Die silbervergoldete Fassung und der vielteilige Inhalt der Reiseapotheke schuf der in der sächsischen Nebenresidenz Torgau tätige Goldschmied Elias Baldtauff.

Auf dem gleichen Tisch der Dresdner Kunstkammer, auf dem die Perlmutterkassetten zur Schau gestellt wurden, stand auch eine prachtvolle Gießgarnitur mit Becken und Kanne, die Nikolaus Schmidt geschaffen hatte. Die phantasievoll aus drei Schneckengehäusen der Gattung Turbo mamoratus entwickelte drachenförmige Kanne der Dresdner Garnitur ist ein Kunstwerk von hohem Rang, das noch unter dem Einfluss des manieristisch-naturalistischen Stils Wenzel Jamnitzers steht. Ein Kunstkammereintrag überliefert, dass das Handbecken ursprünglich durch eine farbige Fassung geschmückt war. Bereits 1619 vermerkt ein Zusatz jedoch, diese Lasurfarben hätten sich beim Reinigen abgelöst.

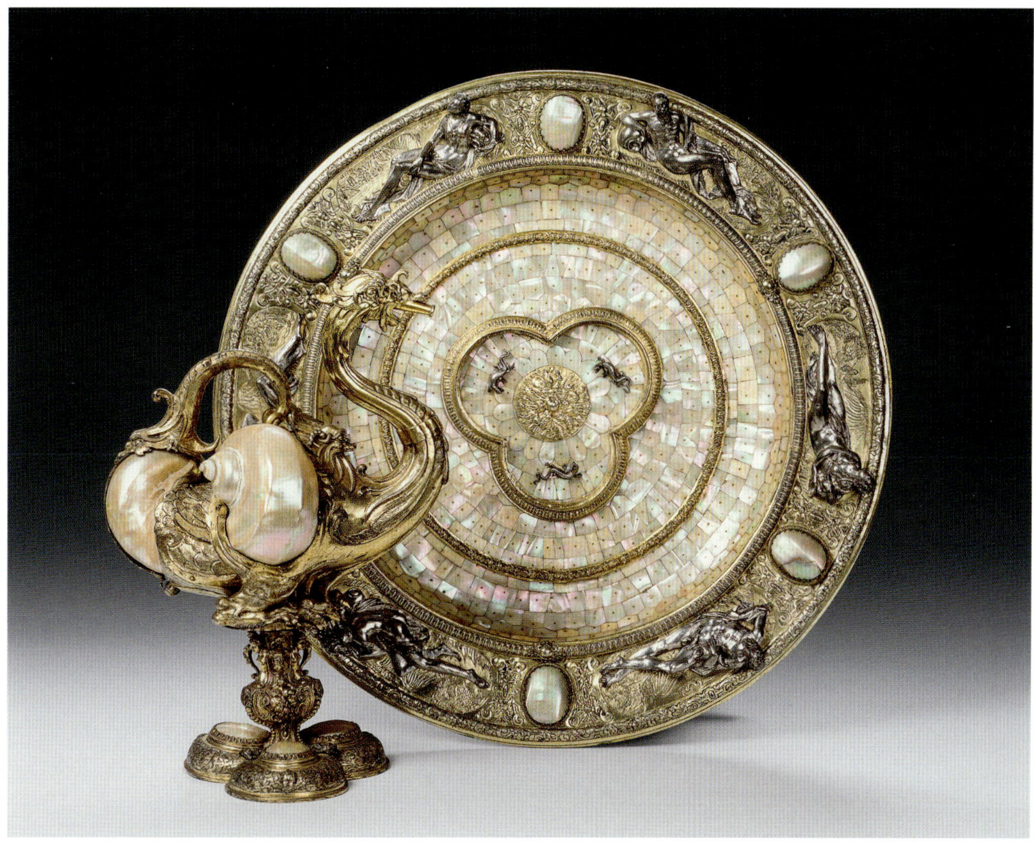

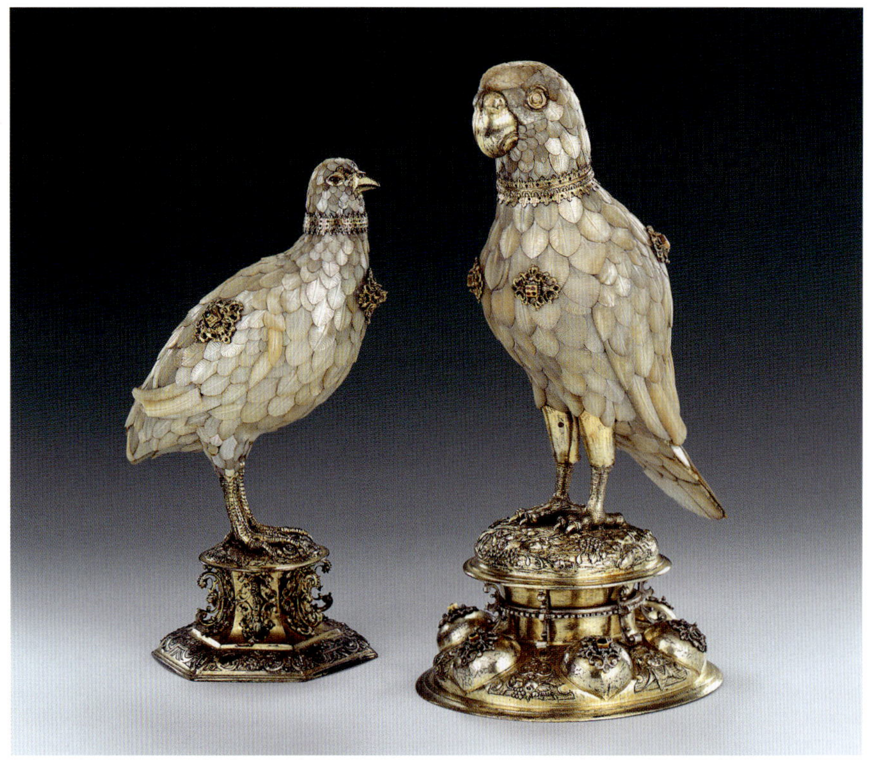

Seit dem Bestehen fürstlicher Kunstkammern erfuhren Arbeiten aus Perlmutter eine besondere Wertschätzung. Sie vereinten die Qualität einer seltenen »exotica« mit der aus fernen Meeren stammenden »naturalia«. Den fast magischen Lüster geschliffener Muschel- und Seeschneckenschalen konnte kein anderes Material übertreffen. Der Zusammenklang des samtig irisierenden Glanzes indischer Perlmutterarbeiten mit den Reflexen europäischer Goldschmiedefassungen erzeugte eine besonders edle Wirkung. Im 16. Jahrhundert gelangten auch fertige Perlmutterarbeiten aus Indien durch portugiesische Händler auf den europäischen Markt. Sie stammten meist aus dem Gebiet um Gujarat, wo die Herstellung derartiger Luxuswaren schon eine jahrhundertelange Tradition besaß. Über weltweit tätige Augsburger oder Nürnberger Handelshäuser, aber auch durch die international belieferten Messen in Frankfurt und Leipzig erwarben Goldschmiede die exotischen Kästchen und Gießgarnituren, aber auch Halbfertigprodukte wie Perlmutterplättchen, die aus Muscheln und Schneckenschalen gewonnen wurden, um ihnen dann eine dem herrschenden Geschmack entsprechende Fassung zu geben.

Aus solchen Perlmutterplättchen bestehen das Rebhuhn und der Papagei. Besondere Sorgfalt verwendeten die beiden Nürnberger Meister auf das perlmutterne Gefieder der beiden naturalistisch gestalteten Vögel. Die feinen Gravuren verleihen den dachziegelartig auf den Körpern übereinander gelegten, ursprünglich farbig bemalten Federn eine lebensnahe Wirkung, der allerdings die schmuckartigen, mit Edelsteinen versehenen Besätze auf Brust und Rücken entgegenstehen. Mit abnehmbaren Köpfen versehen, konnten die beiden Vögel durchaus als Trinkspiele benutzt werden. Als repräsentative Goldschmiedeplastiken bewahrte man sie aber in der Dresdner Kunstkammer auf.

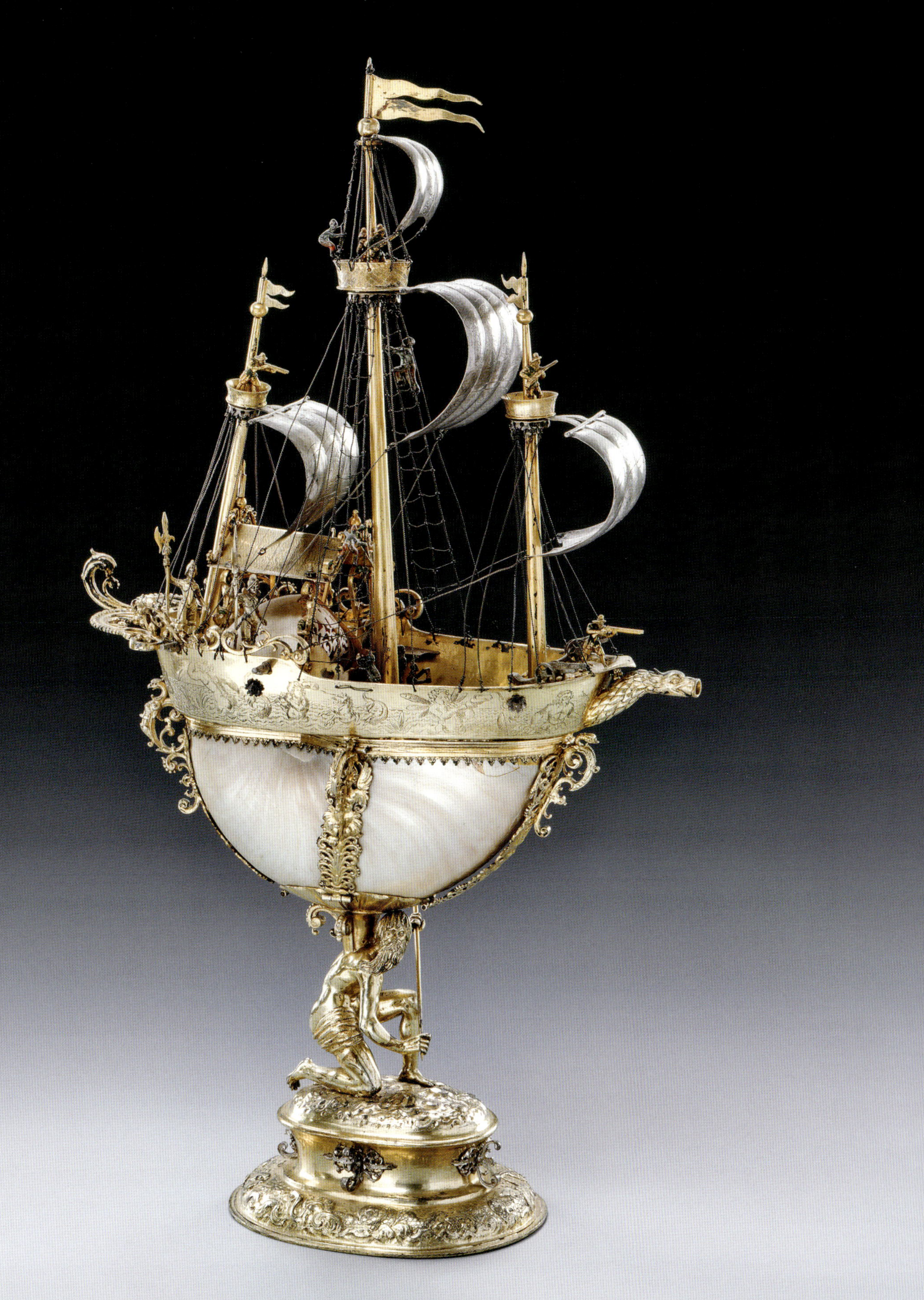

Das Grüne Gewölbe besitzt eine der größten historischen Sammlungen an Nautilus-gefäßen des 16. und 17. Jahrhunderts. Die meisten dieser zu Kunstobjekten verarbeiteten Schalen gehören zur Gattung der Nautilus pompilius, einer urtümlichen Gattung der Tintenfische oder Kopffüßler, die im Indischen Ozean und im südlichen Pazifik weit unter der Wasseroberfläche leben und nur selten an die Meeresoberfläche kommen. Als Lebe-wesen waren sie den Menschen der frühen Neuzeit dadurch verborgen.

Das stilisiert dargestellte Kriegsschiff, dass der Nürnberger Goldschmied Georg Rühl kurz nach 1600 schuf, ist Teil einer Gruppe von insgesamt vier Schiffen des Grünen Gewölbes, deren Rümpfe alle aus jeweils einer Nautilusschale bestehen. Mit geblähten Segeln und gefechtsbereiter Besatzung wird das kleine Schiff auf dem Rücken des knienden Meeresgottes Neptun davongetragen. Die drachenförmige Ausgusstülle am Bug und die zarte Handhabe am Heck deuten eine mögliche Verwendung als Trinkspiel an. Aufgrund der Zerbrechlichkeit der Schale und des fragilen Aufbaus ist aber wohl davon auszugehen, dass das Schiff eher als ein kostbarer Sammlungsgegenstand genutzt wurde, der die mari-time Herkunft des kostbaren Naturprodukts aus fernen, gefährlich zu erreichenden Meeren vor Augen führte. Dafür spricht auch die auf der hohen Reling des Schiffs ein-gravierte Folge von kämpfenden Seegöttern, die zur sorgfältigen Nahbetrachtung anregt.

Ein Schiff mit Nautilusrumpf visualisiert den schon von Autoren der Antike über-lieferten Mythos, dass die bizarren Weichtiere es verstünden, mit umgekehrter Schale und einem zwischen den Fangarmen aufgespannten, segelartigen Gebilde über die Meere zu gleiten. Daraus leitete sich die für das Gehäuse der Nautilus gebräuchliche Benennung »Perlboot« oder »kleiner Schiffer« her. Die antike Überlieferung geht wohl auf die Beob-achtung zurück, dass sich nach dem Tod des Tintenfischs die harte Schale von den Weich-teilen des Tieres löst und, bedingt durch die Luftfüllung der inneren Kammern, an der Meeresoberfläche schwimmt, bis sie an einen Strand gespült wird.

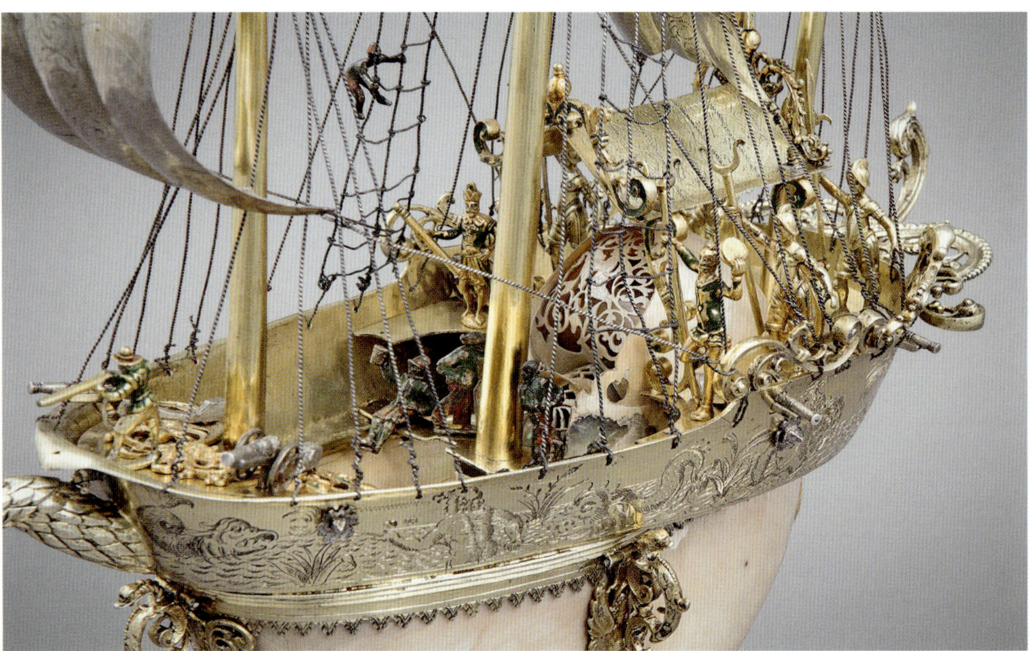

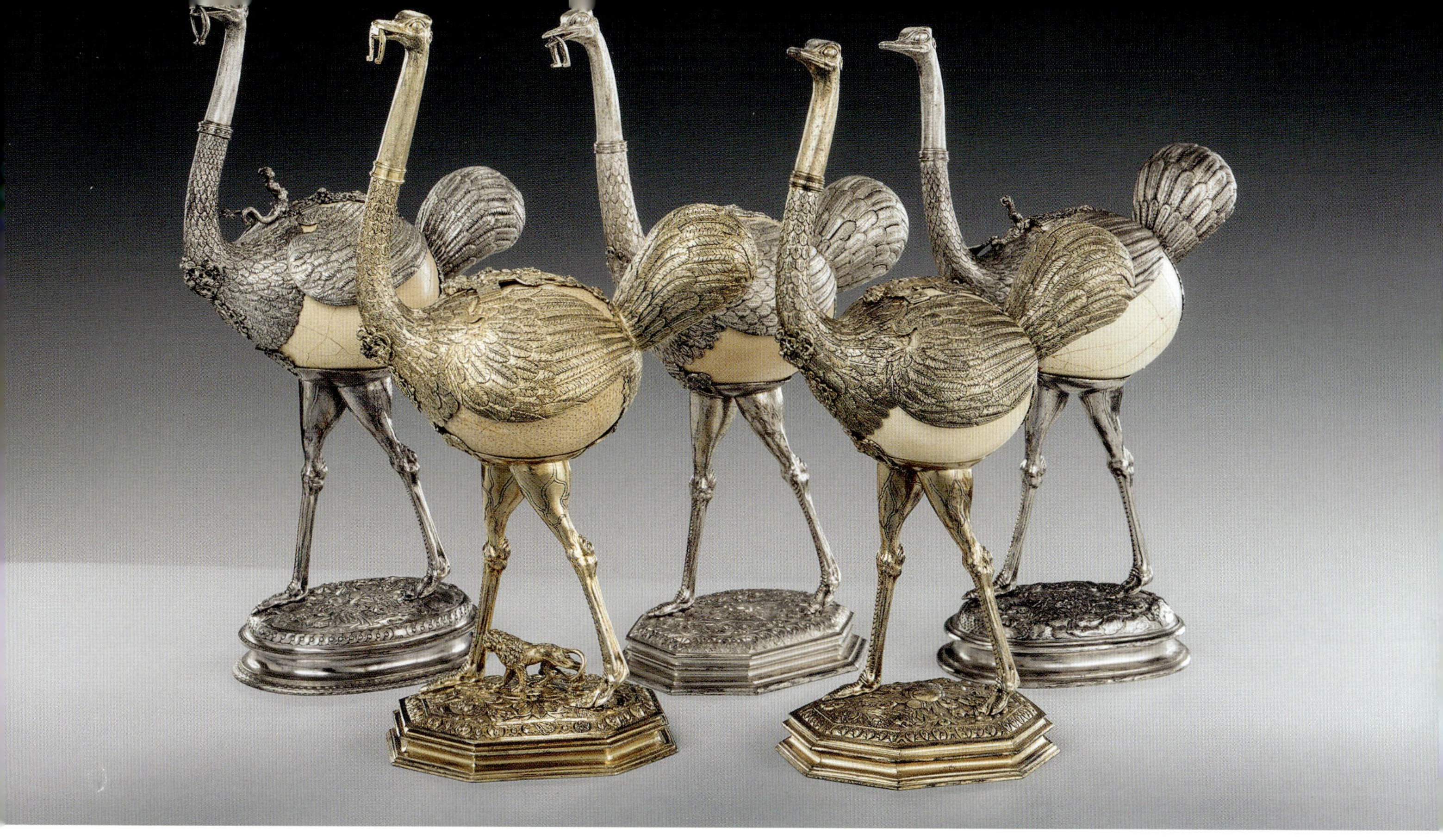

Elias Geyer, der seit Anfang Juli 1589 in Leipzig tätig war, ist in der Dresdner Schatzkammer wie kein anderer Goldschmied der Zeit um 1600 mit einer Vielzahl von Objekten vertreten. Es sind ungefähr 30 Arbeiten – Gießgarnituren, Reisekassetten, skulpturale Objekte aus Straußeneiern und Seeschneckengehäusen, Pokale aus Perlmutter, Nautilusschalen, Kokosnüssen und Nephrit –, die sich im Grünen Gewölbe erhalten haben. Über Jahrzehnte bestellten Kurfürst Christian I. und seine beiden Söhne Christian II. und Johann Georg I. ausgefallene Kunstkammerobjekte bei ihm, die nicht allein die hohe handwerkliche Qualität, sondern auch die ungewöhnliche schöpferische Phantasie dieses Goldschmieds belegen. Seine Arbeiten sind denen seiner berühmten Nürnberger und Augsburger Zunftgenossen ebenbürtig.

Bereits im zweiten Kunstkammerinventar von 1595 werden sieben Strauße genannt, die Geyer geistreich unter Verwendung ihrer großen Eier als Vogelkörper schuf. Sie müssen zu den ersten Goldschmiedearbeiten gehören, die der Leipziger Goldschmied zwischen 1589 und 1591 für den Kurfürstenhof anfertigte. Als Gruppe arrangiert, bilden sie ein eindrucksvolles, höchst lebendiges Ensemble. Ob die hochgewachsenen Vögel, deren Köpfe abnehmbar und deren Flügel beweglich sind, auch als Trinkspiele gedient haben, bleibt fraglich, da die Gefäßkörper zwischen Montierung und Ei wohl kaum dichtgehalten haben. Fünf dieser Vögel befinden sich heute noch im Grünen Gewölbe.

Wie phantasiereich Elias Geyer war, zeigen auch vier im Grünen Gewölbe erhaltene
Deckelpokale aus durchscheinenden dünnen Nephritplatten in vergoldeter Silberfassung.
Das Material war damals sehr begehrt und wurde der kostbaren chinesischen Jade gleichgesetzt. Jeder Pokal hat nur drei Seiten, die jeweils aus trapezförmigen Nephritplatten
bestehen. Der ebenfalls aus Nephrit gearbeitete Kuppaboden ist dreieckig. Diese ungewöhnlichen, aus der geometrischen Grundform des Dreiecks entwickelten Pokale sind
gut abgedichtet und somit durchaus nutzbar. Es sind aber genuine Kunstkammerstücke,
denn zusammengestellt vermögen sie das Auge völlig zu verwirren. Auf dem Leipziger
Ostermarkt des Jahres 1606 erhielt der Juwelier und Händler Veit Böttiger für die fünf
»Trinkgeschirre« aus »Lapide Nefritico« die erhebliche Summe von 1 650 Gulden ausgezahlt. Für einen der fünf vom Goldschmied Elias Geyer in vergoldetem Silber gefassten
Pokale musste der Kurfürst somit 350 rheinische Gulden bezahlen. Ein großformatiges
Gemälde des damals höchstbezahlten Malers des Barock – Peter Paul Rubens – berechnete
dieser wenige Jahre später mit 550 Gulden.

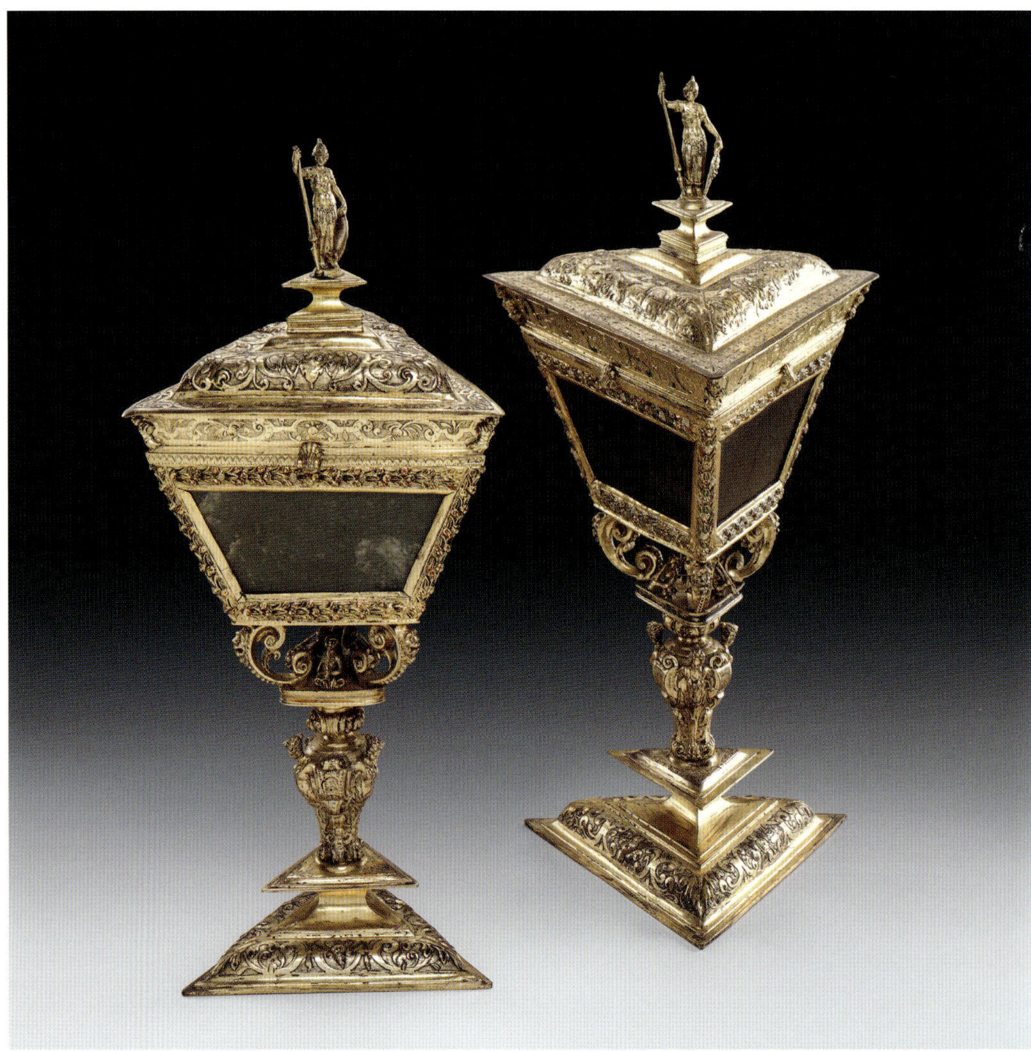

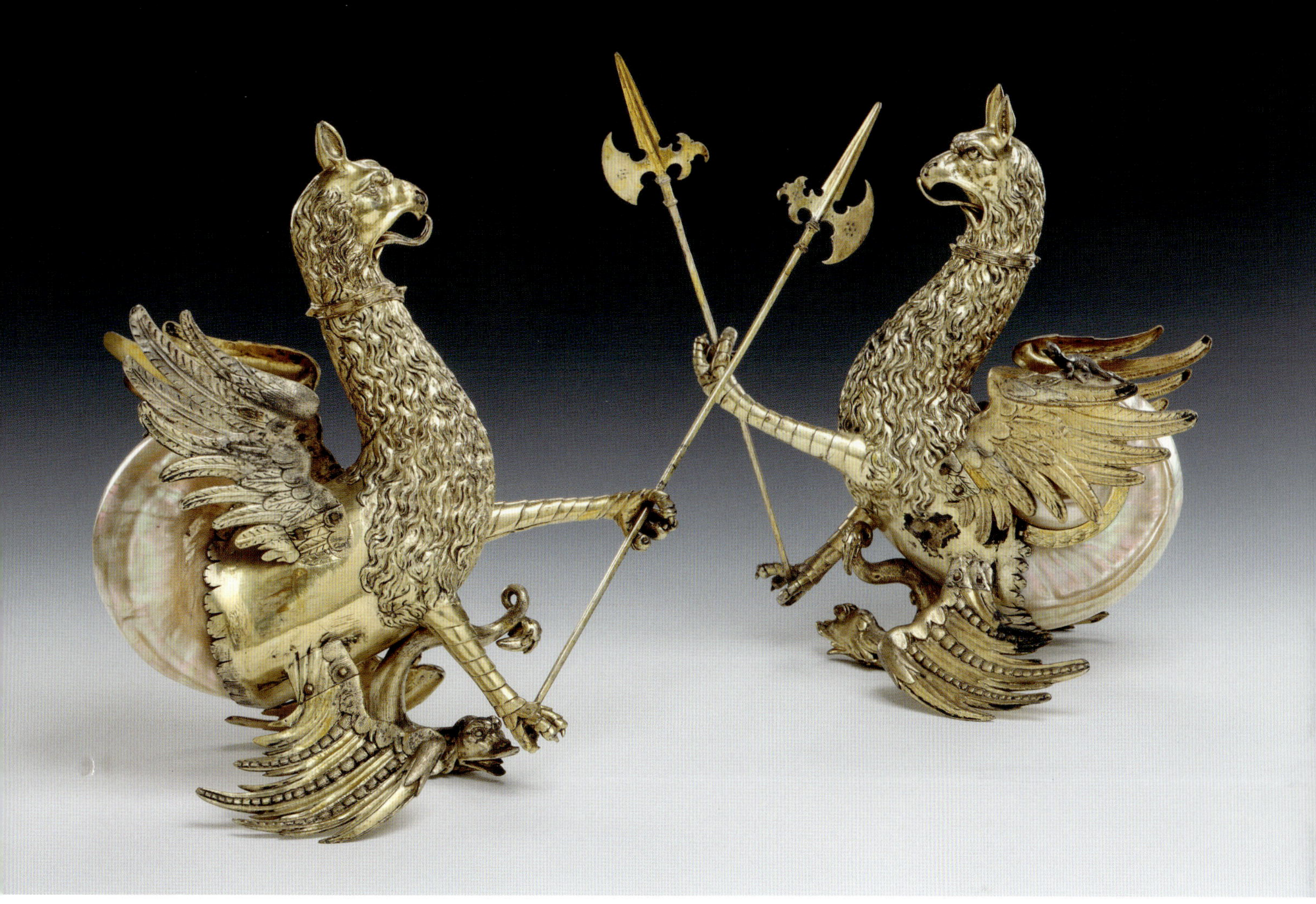

Im dritten Inventar der Dresdner Kunstkammer, das nach denjenigen von 1586 und 1595 im Jahr 1610 angelegt wurde, findet sich in einer Aufzählung – »Ahn schönen perlenmuttern taffeln, handtbecken, gießhandelln, trinckgeschirrn und kästlein« – eine ganze Menagerie von Fabelwesen: »Meermänlein«, »Meerweibesbildt«, »Meerlewe«, »Basiliscus« und »Meerpferdt«, aber auch ein »Einhorn« und ein »Greiff«. Die hinteren Teile der Körper dieser Silberplastiken bestehen aus großen, sorgfältig polierten, perlmuttrig glänzenden Seeschneckengehäusen, wie sie nur in der Südsee vorkommen. Diese lassen die Phantasiegestalten zu Meeresbewohnern werden.

Einen »Greiff mit einer Hellebarten«, heute Teil eines gleichartig geformten Paares, verehrte der Herzog Johann Georg seinem Bruder, Kurfürst Christian II., als Weihnachts- und Neujahrsgeschenk im Jahr 1609. Er zahlte dafür 315 Gulden. Der geflügelte Greif, ein bis in die Antike zurückreichendes Fabelwesen, galt als Hüter von Schätzen. Er diente aber auch als Schildhalter des deutschen Reichswappens. Der hintere Teil der Goldschmiede- arbeit – ikonographisch korrekt eigentlich ein Löwenkörper – besteht aus einem sehr großen, perlmuttrig glänzenden Seeschneckengehäuse und lässt so auch dieses Fabel- wesen zum Seebewohner werden.

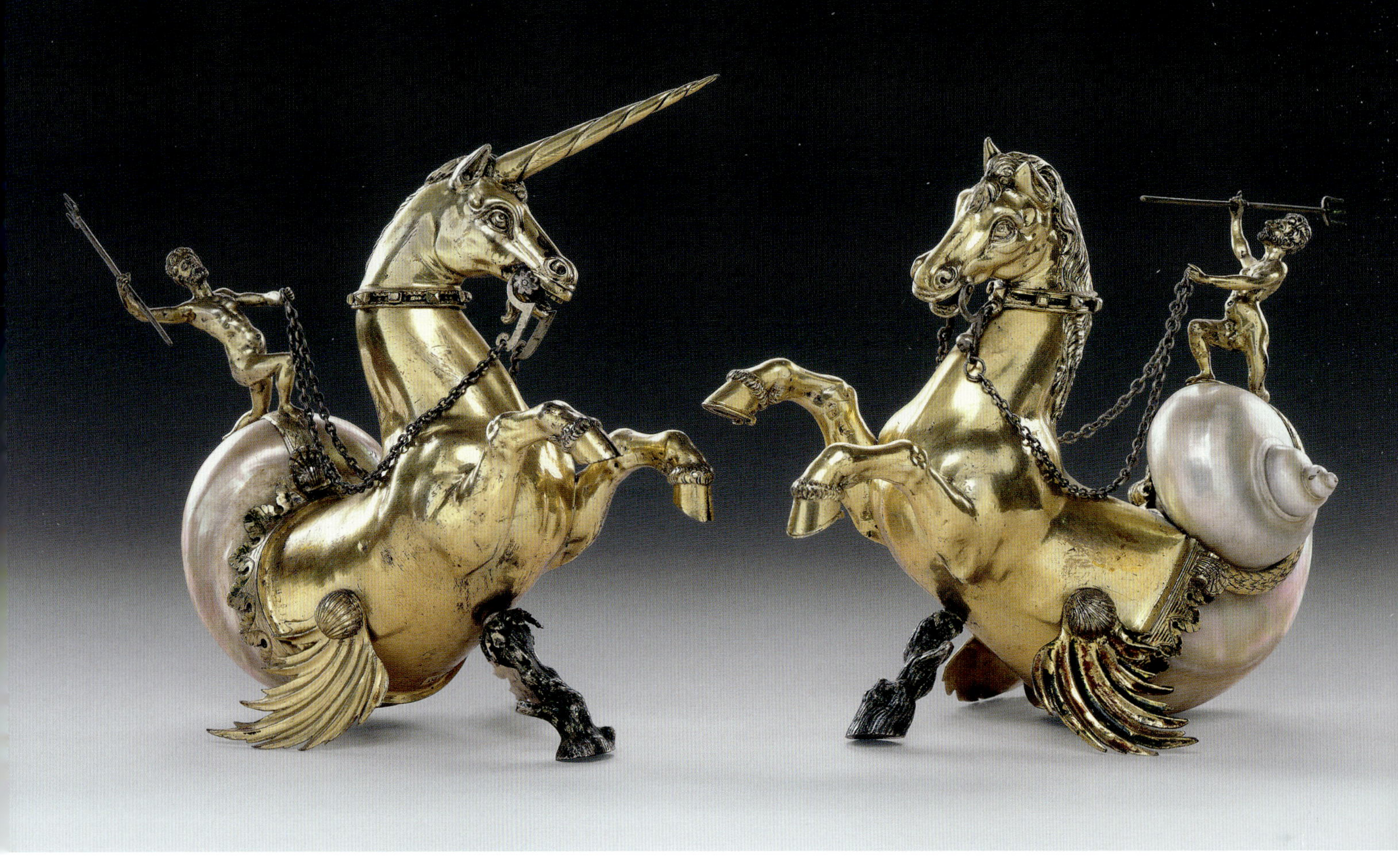

SEE-EINHORN
Silber, vergoldet, See-
schneckengehäuse
Elias Geyer
Leipzig, um 1600
H. 20,0 cm / Inv.-Nr. IV 133

SEEPFERD
Silber, vergoldet, See-
schneckengehäuse
Elias Geyer
Leipzig, um 1591–1593
H. 18,9 cm / Inv.-Nr. IV 6

»Ein trinkgeschir wie ein mehrrosslein«, das Christian II. aus gleichem Anlass erhielt, kostete nach der im Sächsischen Hauptstaatsarchiv Dresden erhaltenen Rechnung etwas mehr als 106 Gulden. Dabei ist die zweckführende Bezeichnung »Trinkgeschirr« für diese Art Goldschmiedearbeiten wohl der Tatsache geschuldet, dass sich die Köpfe der Wesen abnehmen lassen und sie dadurch den höfischen Beamten, der das Inventar verfasste, an ideenreiche Trinkspiele erinnerten. In diesem Sinne ließen sich diese Bilderfindungen Geyers in keinem Fall benutzen. Nicht einer der Meeresbewohner besitzt den notwendigen silbernen Einsatz, der es ermöglicht hätte, Flüssigkeit einzufüllen. Versuchte man es dennoch, so würde diese aus den nicht abgedichteten Fugen zwischen Silbermontierung und Schneckenschale herauslaufen. Die Kunstkammer war nicht Aufbewahrungsort für zum Gebrauch bestimmte Trinkgefäße. In ihr wurden vielmehr Schaustücke vereint, die Anlass zu Verwunderung und geistreicher Unterhaltung bieten konnten. Als Teil einer »kuriosen« Gruppe verbindet sie im Wettstreit zwischen »naturalia« und »artificialia« ein seltenes und wertvolles Naturprodukt mit höchster künstlerischer Qualität. Kunsthistorisch handelt es sich aber um eine autonome Silberplastik.

Elias Geyer war zwar einer der innovativsten Meister seiner Zeit, als Schöpfer derartiger Meisterwerke aber war er dem sächsischen Hof möglicherweise völlig unbekannt. Als Vermittler für die Erwerbungen fungierte nämlich Veit Böttiger, der zahlreiche Werke von Geyer und anderen Goldschmieden an Christian II. verkaufte.

Dass Elias Geyer nicht nur ein besonders innovativer und erfindungsreicher, sondern auch ein technisch überragender Goldschmied war, beweist sein ovales Becken mit Jagdszenen. Die Anfertigung großformatiger Becken aus einer großen Silberplatte gehörte zu den anspruchsvollsten Aufgaben der Goldschmiede. Hierbei mussten sie ihre bildhauerischen Fähigkeiten unter Beweis stellen und alle Techniken, vom Treiben und Gießen des Silbers über Gravieren, Punzieren und Ziselieren, unter Beweis stellen. Für die auf dem Becken dargestellten Jagdszenen griff Geyer auf Stichvorlagen des in Rom tätigen Kupferstechers Antonio Tempesta – einer der meistkopierten Künstler des 17. Jahrhunderts – zurück. Dessen graphische Vorlagen übertrug der Leipziger Goldschmied mit großer Virtuosität in ein Relief von ungewöhnlicher Tiefenwirkung. Es gelangen ihm subtile Abstufungen, die von weit aus der Fläche hervortretenden Elementen bis hin zu feinsten gravierten Darstellungen reichten. Für die zwei freiplastischen Pferdekörper im Vordergrund verwendete er sogar Gussteile, die er mit der getriebenen Silberplatte unsichtbar verschraubte.

Dargestellt ist die fürstliche Jagd auf den Hirsch, die zu den angesehensten höfischen Unterhaltungen zählte. Sie war bei den sächsischen Kurfürsten, insbesondere bei Johann Georg I., für den dieses Schausilber geschaffen wurde, sehr beliebt. Die zum Becken gehörige Kanne wurde 1772 leider eingeschmolzen.

Bei jagdfreudigen Fürsten war die von Ovid in seinen Metamorphosen geschilderte Geschichte vom griechischen Jäger Aktäon, der unbeabsichtigt während der Pirsch die badende Göttin Diana erblickte, von dieser zur Strafe in einen Hirsch verwandelt und von seinen eigenen Hunden zerfleischt wurde, sehr beliebt. Die eher tragische Geschichte wurde um 1600 in vielfältiger Weise dargestellt und fand sich auf mehreren Objekten der Dresdner Kunstkammer und Schatzkammer, so auch auf dem Dianapokal Kaspar Lehmanns von 1606.

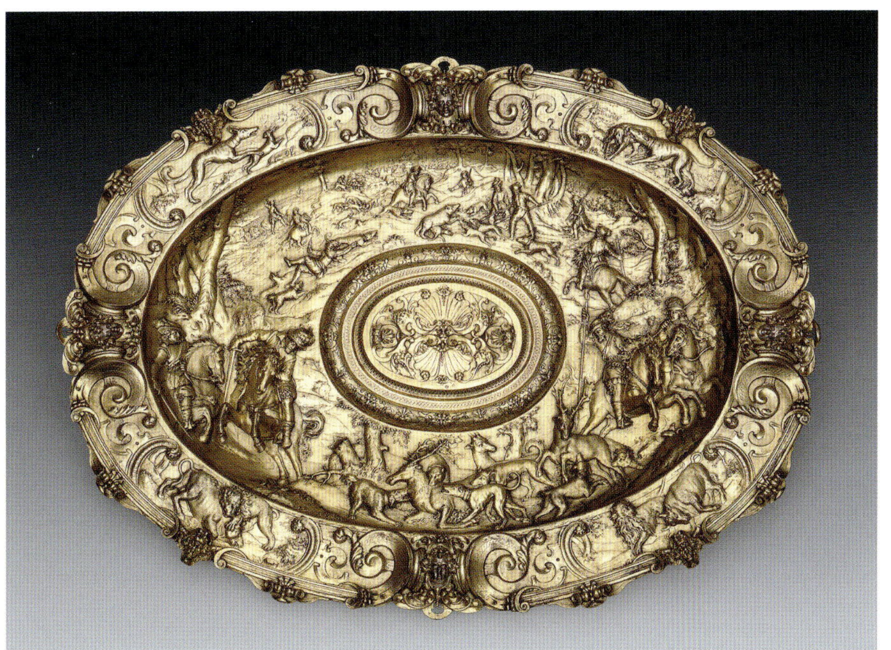

Der Nürnberger Goldschmied Jeremias Ritter, zu dessen Werk neben Buckelpokalen und anderen Gefäßen auch figürliche Arbeiten von vorzüglicher Qualität gehören, dürfte sich bei der Herstellung seiner Silberplastik an einem süddeutschen Bronzemodell orientiert haben. So verbindet die silberne Aktäonfigur im Grünen Gewölbe Körperhaltung und antikisierende Rüstung mit einer bronzenen Brunnenfigur aus dem letzten Viertel des 16. Jahrhunderts, die sich heute im Bayerischen Nationalmuseum in München befindet. Es ist ihm eine sehr schöne Arbeit gelungen, die auf besonders reizvolle Weise den Körper des verwandelten Jägers modelliert. Deren eher harmlos wirkende Jagdhunde waren wohl früher in naturalistischer Weise farbig bemalt. Auf dem Kopf trägt Aktäon einen Korallenzinken, der schon bei der Daphne Jamnitzers den Vorgang der Verwandlung symbolisierte und den Zusammenhang zwischen von Menschenhand geschaffenen »artificialia« und den »naturalia«, den Wundern der Natur, vor Augen führte.

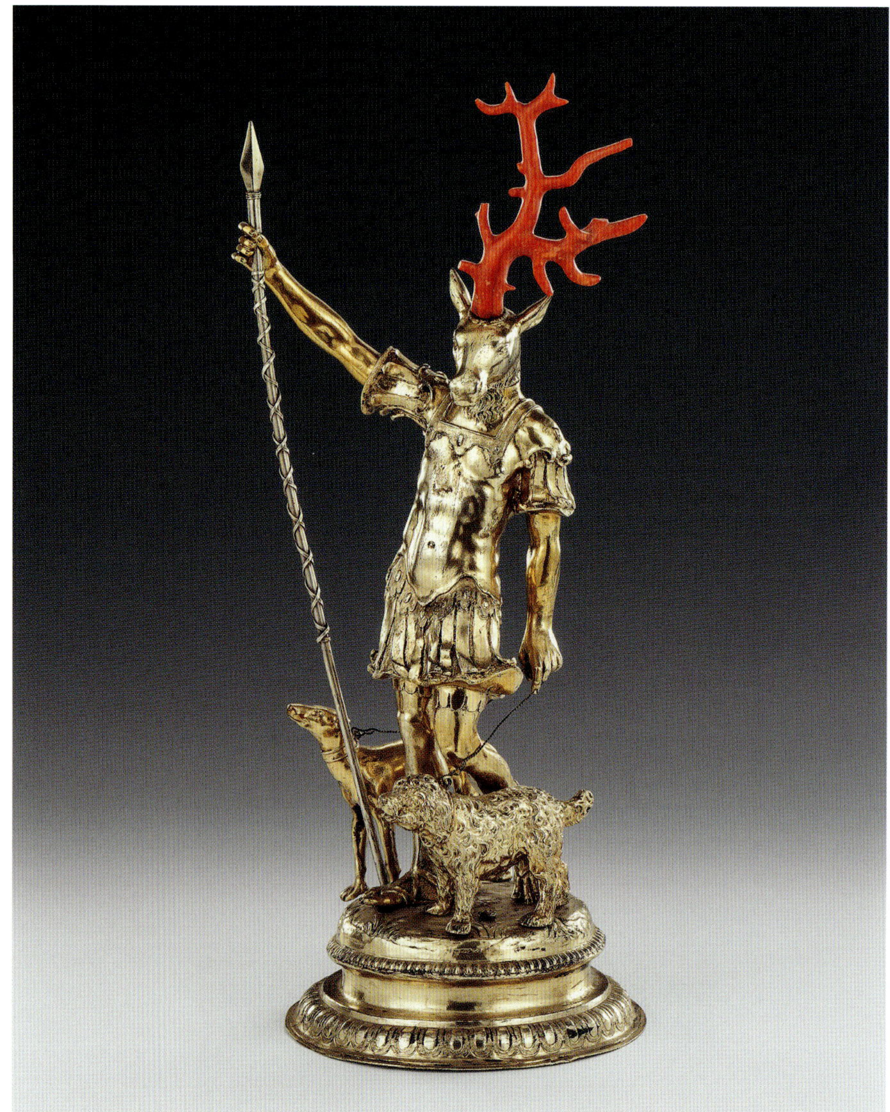

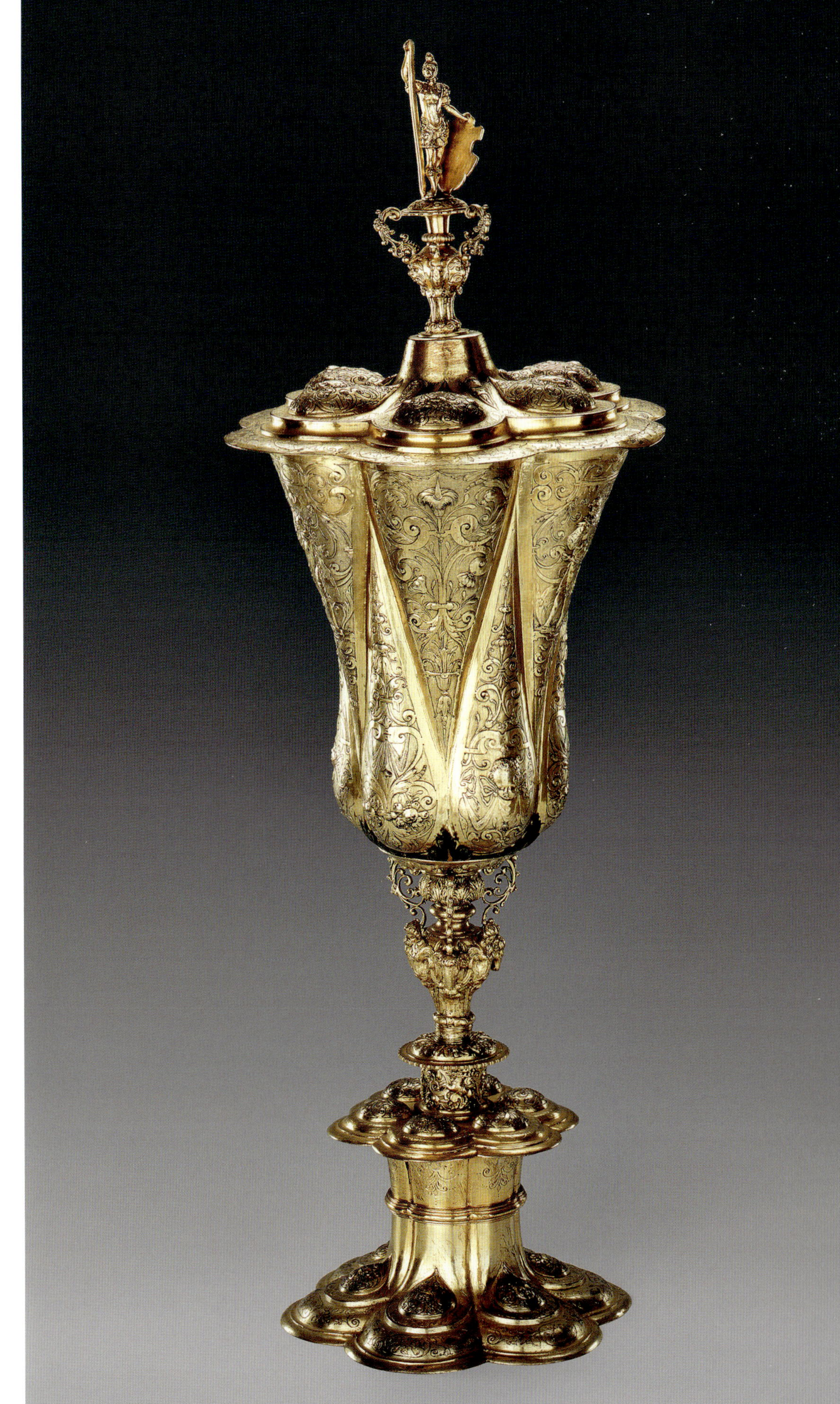

Akeleipokal
Silber, vergoldet
Georg Mond
Dresden, um 1610
H. 70,5 cm / Inv.-Nr. IV 185

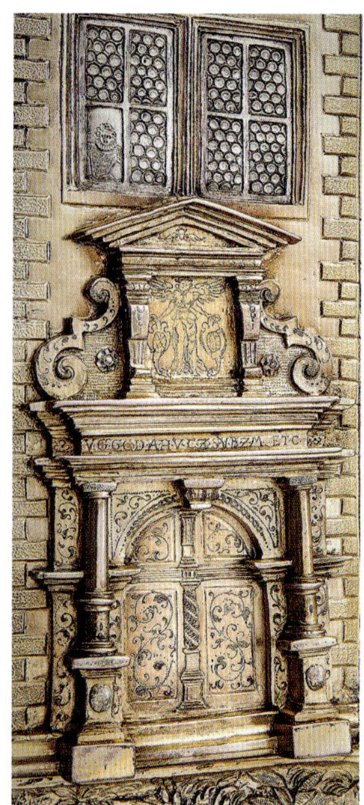

Silber, vergoldet
Georg Mond
Dresden, 1606
H. 65,5 cm, B. 22,4 cm,
T. 17,8 cm / Inv.-Nr. IV 345

Pokale aus vergoldetem Silber gehörten im 16. und 17. Jahrhundert unmittelbar zur fürstlichen Prachtentfaltung. Sie dienten als luxuriöses Tafelgerät, als zeremonieller Gegenstand und als Repräsentationssilber. Auf Schaubuffets legten sie Zeugnis vom Reichtum und hohen Stand ihrer Besitzer ab. Großer Beliebtheit erfreuten sich – neben Gießgarnituren mit kostbar bearbeiteten Becken – vor allem Deckelpokale, deren Wandungen in Treibarbeit als Reihungen von Buckeln oder ornamentale und figurale Reliefs bearbeitet wurden.

Eine besonders anspruchsvolle Form der Buckelpokale stellt der Akeleipokal dar, dessen Form der Kuppa sich an der Blüte des Hahnenfußgewächses orientiert. Die vegetabile Treibarbeit beschränkt sich dabei nicht auf die Gefäßwandung, die aus zwei Reihen von je sechs ineinandergreifenden Fischblasen besteht. Es befindet sich im Inneren des Gefäßes auch eine sechskantige Spitze als Verweis auf den Blütenboden der Akelei. Einen solchen Pokal aus einem einzelnen großen Silberblech zu schlagen, war eine große Herausforderung. So wurde das Anfertigen eines solchen Pokals, ausgehend von der Nürnberger Goldschmiedezunft, in vielen Städten zur Aufgabe für jeden, der die Meisterwürde erwerben wollte.

Der von Georg Mond in Dresden geschaffene Akeleipokal ist nicht nur von hoher gestalterischer Qualität, er überragt mit seiner Höhe von 70 Zentimeter auch die normalen Pokale bei weitem. Seine Monumentalität, die die Schwierigkeit der Treibarbeit aus einem einzigen Silberblech enorm steigerte, ließ diesen Akeleipokal zum Blickfang eines fürstlichen Schaubuffets werden. Rollwerk und Pflanzenornament überziehen die sphärischen Dreiecke der Kuppaoberfläche, in die im unteren Bereich drei Kinderköpfchen und darüber drei Krieger in zeitgenössischer Tracht getrieben sind. Der Schaft ist vasenförmig gestaltet und mit drei Bügeln versehen. Ursprünglich war das Gefäß durch eine farbige Fassung zusätzlich geschmückt und imitierte damit die Emailverzierung besonders kostbarer Goldschmiedewerke.

Einige Jahre vor seinem Buckelpokal schuf Georg Mond im Auftrag des Kurfürsten ein ungewöhnliches Trinkgefäß in Form eines herrschaftlichen Gebäudes. Die Pokalkuppa ist eine detailreiche Wiedergabe eines kleinen Schlosses, das 1604 im Auftrag Christians II. als Belvedere und fürstliches Lustschloss auf der Festung Sonnenstein oberhalb der Stadt Pirna und des Elbtals errichtet worden war. Viele seiner architektonischen Besonderheiten gibt dieser Willkommpokal wieder, und auch der Standort auf dem hohen Felsen ist angedeutet. So finden sich über dem repräsentativen Portal das sächsische Wappen wie auch Name und Titulatur des Bauherrn und am Treppenturm das Wappen Rudolfs von Bünau, der von 1586 bis 1615 Amtsvorsteher auf dem Sonnenstein war. Weitere Details zeigen das Leben im Schloss: So erblickt man hinter den aus Silberblech getriebenen Fenstern Gesichter und auf dem scheinbar felsigen, von Pflanzen überwucherten Boden vor dem Schloss Tiere wie Kaninchen und Eichhörnchen. Nur 35 Jahre existierte das Schlösschen, für das dieser Pokal als Willkomm diente, dann wurde es während des Dreißigjährigen Krieges zerstört. Wie häufig man das Gefäß zur Begrüßung des Kurfürsten oder seiner Gäste genutzt hat, ist nicht überliefert. Selbst für Christian II., der mit seinen jungen Jahren bereits ein schwerer Alkoholiker war, war Georg Monds Willkomm eine große Herausforderung, denn der Einsatz im Inneren des großen Gefäßes hatte ein Fassungsvermögen von 2,5 Litern.

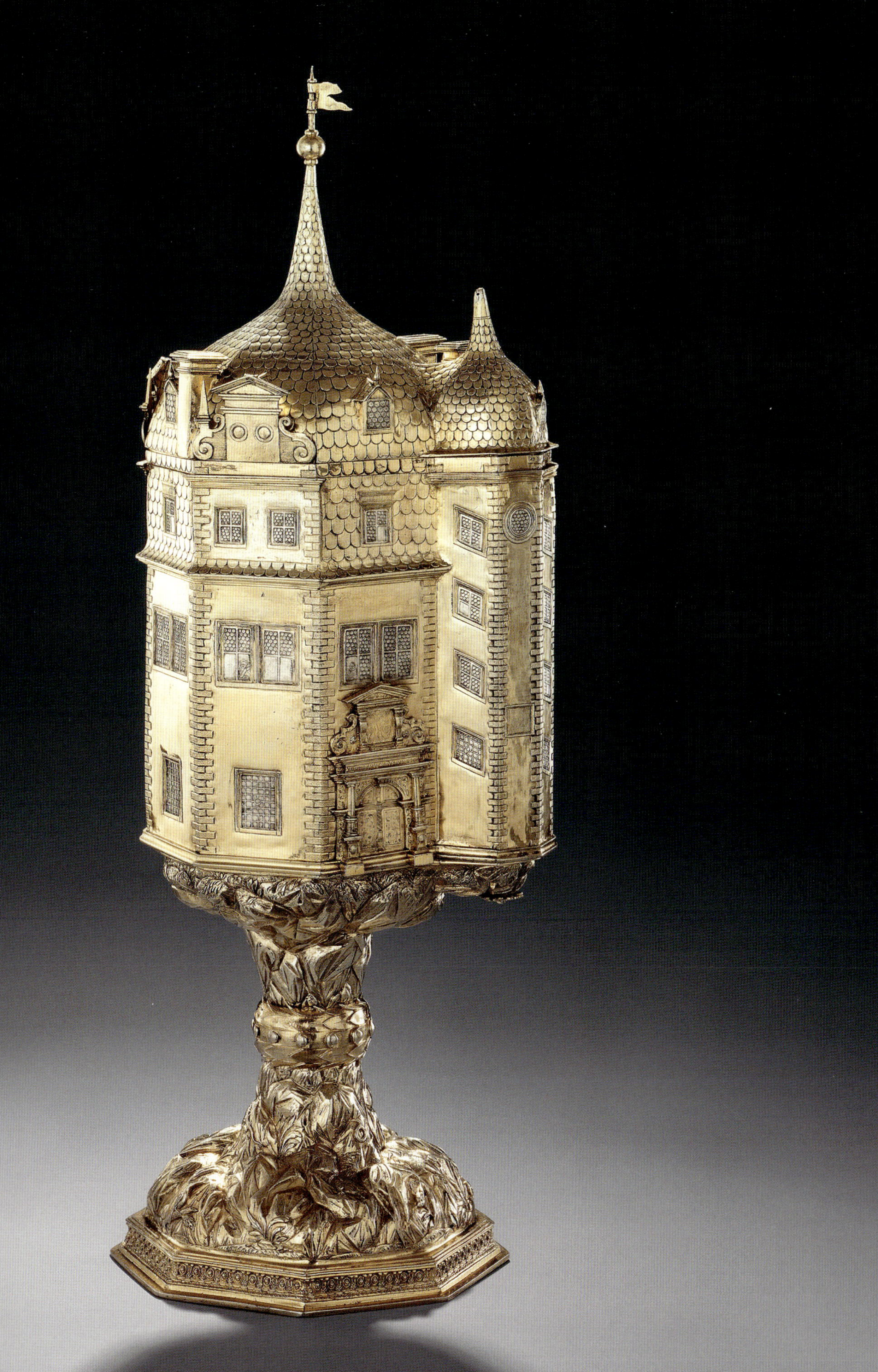

Mit der Übersiedlung Ottavio Miseronis von Mailand nach Prag im Jahr 1588 wurde die dortige kaiserliche Hofwerkstatt, die vor allem für die 1576 begründete und bis 1612 weitergeführte Kunstkammer Rudolfs II. arbeitete, in der europäischen Steinschneidekunst stilbildend. Die Tatsache, dass in Böhmen überwiegend opake und farbige Edelsteine gefunden wurden, für die der kaiserliche Sammler eine besondere Vorliebe pflegte, führte dazu, dass der anspruchsvolle Gefäßschnitt im Mittelpunkt der Prager Miseroniwerkstatt stand. Als besonders kostbare Geschenke oder Erwerbungen gelangten einige dieser meisterhaft modellierten und vorzüglich gefassten Gefäße auch in die Sammlungen europäischer Fürstenhäuser.

Kurz nach 1600 dürfte diese dünnwandig geschliffene, ovale Schale von Miseroni angefertigt worden sein. Für die große Schale verwendete der Meister einen Jaspis aus Sizilien, während der Fuß aus einem in Böhmen gebrochenen Stein gearbeitet wurde. Der materielle und künstlerische Wert der Edelsteinschale äußert sich nicht nur im feinen Steinschliff, sondern auch in der eleganten Goldemailfassung am gedrungenen Schaft und am Fußring. Sie kann Hans Vermeyen, dem Kammergoldschmied des Kaisers, zugeschrieben werden.

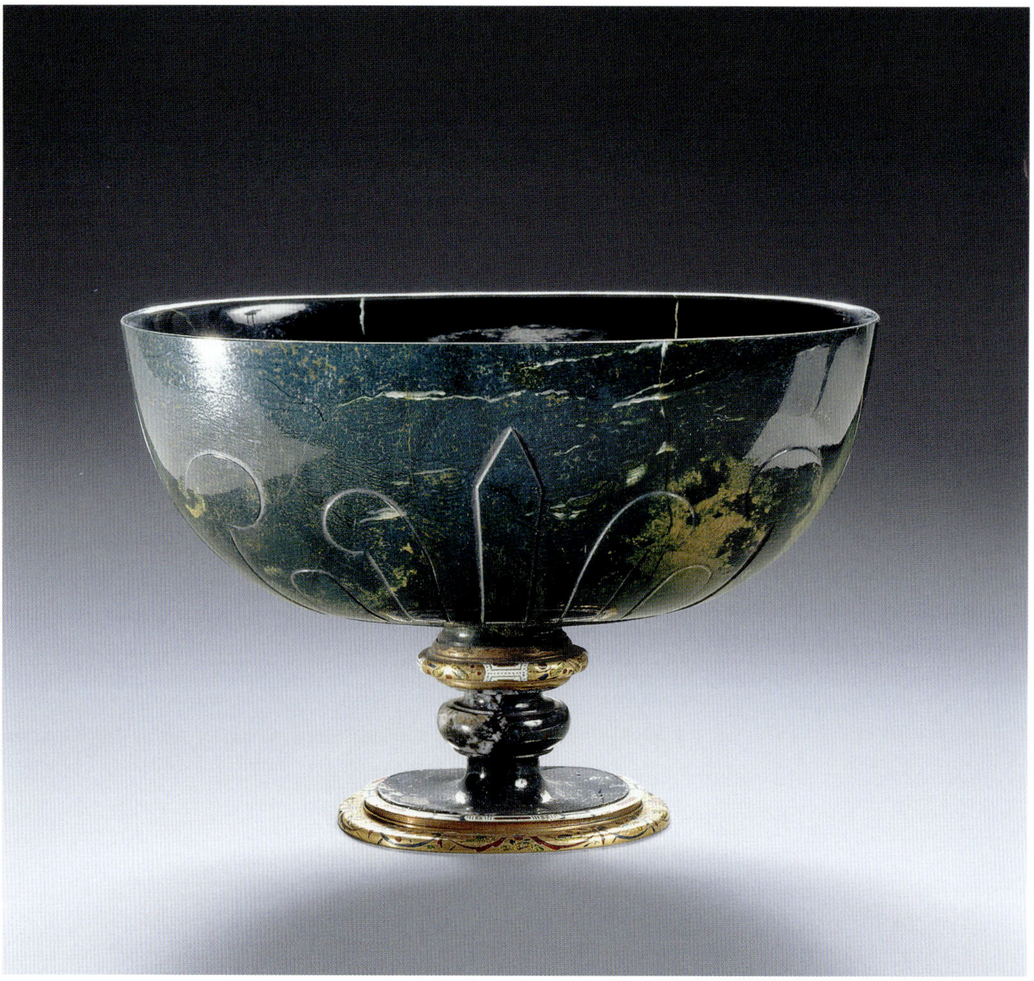

Ganz anders erscheint die zierliche, perfekt bearbeitete Schale aus Bergkristall. Ohne eine naturalistische Darstellung anzustreben, sind es exotische Meerschnecken und Muscheln, die ihr als Vorbild dienten. Um eine Schale in dieser künstlerischen Qualität herzustellen, bedurfte es außergewöhnlicher Fähigkeiten. Die wachsartige Plastizität der Schale und Details wie die aus ihrer Oberfläche und dem Schalenwirbel ragenden buckelartigen Dornen konnten nur durch komplizierte und mühselige Arbeit sowie mit großer Erfahrung geschaffen werden. Gefäße dieser Art waren typisch für den »weichen Stil« der Steinschneidekunst Ottavio Miseronis. In seiner Prager Werkstatt fertigte er vor allem Gefäße aus farbigen Edelsteinen wie Jaspis, Achat, Nephrit oder Heliotrop an. Es sind nur vereinzelte Arbeiten aus Bergkristall von seiner Hand bekannt. Diese Schale war eine von drei Bergkristallgefäßen, die Christian II. im Juli 1610 von Ottavio Miseroni in Prag für insgesamt 400 Gulden erwarb. Eine andere davon befindet sich heute ebenfalls noch im Grünen Gewölbe.

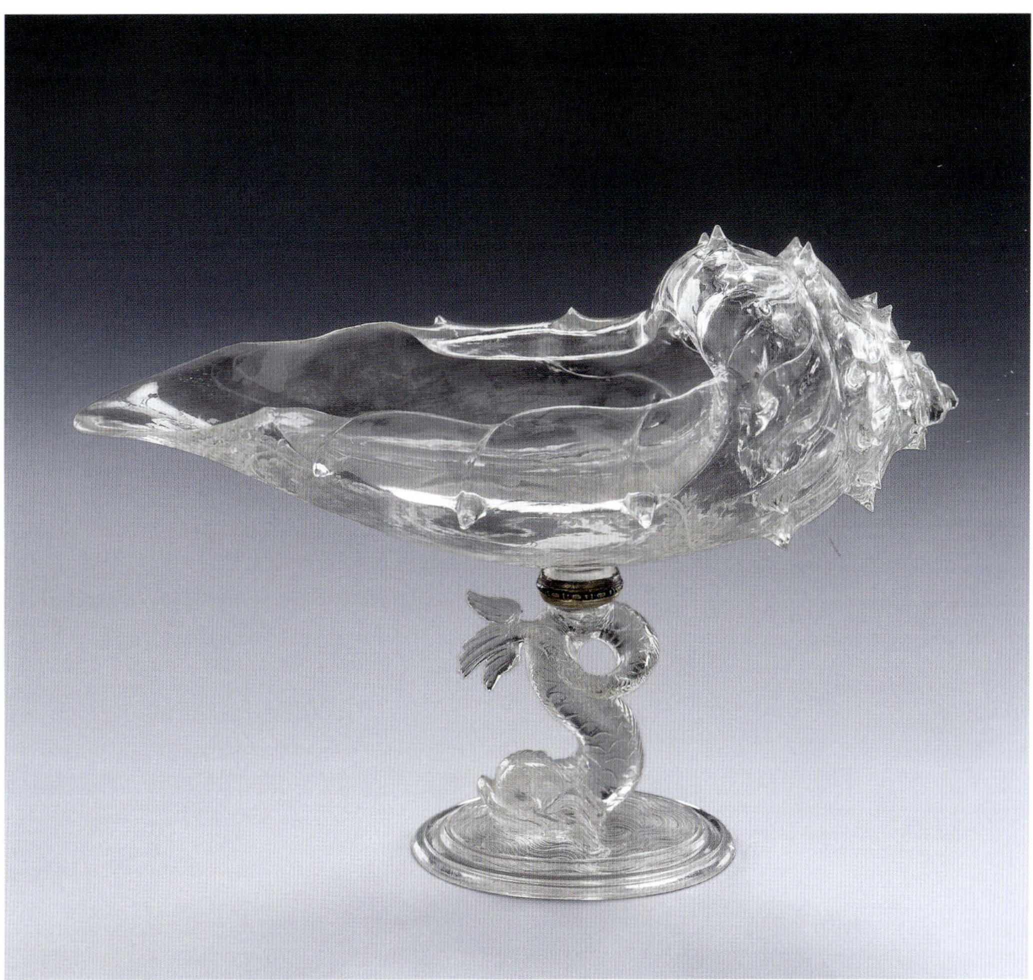

Das Horn des asiatischen oder afrikanischen Rhinozerosses war für die europäischen Fürsten des 17. Jahrhunderts ein ausgesprochen wundersamer und bewunderter Gegenstand. Nur eine verhältnismäßig kleine Anzahl von beschnitzten oder zu Teilen von Prunkgefäßen verarbeiteten Hörnern, von denen man sich unerhörte Eigenschaften versprach, gelangten in die fürstlichen Sammlungen. Eines der frühesten Exemplare fand 1590 als Geschenk des neuen Großherzogs der Toskana, Ferdinando I. de' Medici, Eingang in die Dresdner Kunstkammer. Es war die zweite fürstliche Geschenksendung, die aus Florenz nach Dresden kam. Diesmal waren es keine osmanischen Waffen oder Bronzestatuetten von Giambologna, sondern vor allem seltene Porzellane und andere Raritäten aus China, darunter diese kleine, ein Lotosblatt nachformende Schale aus einem ganzen Rhinozeroshorn. Wie heute noch spielte das Horn des Rhinozerosses auch schon damals eine große Rolle in der chinesischen Medizin. Ihr im Halbrelief gearbeiteter Dekor besteht aus Schilfgras, Knospen, Blüten und Fruchtständen des Lotos zwischen denen filigran geschnittene Kraniche dahingleiten. Das Kunstkammerinventar von 1595 nennt dann auch die heilsame Wirkung, die dem Horn in Europa zugeschrieben wurde: »1 Trinkgeschirr wie ein schieflein, unden mit einem durchbrochenen fußlein von rinoceros horn so auf der nasen gestanden, wan doraus getrunken soll es gut sein vorfieber, peste und pestilentzische fieber.«

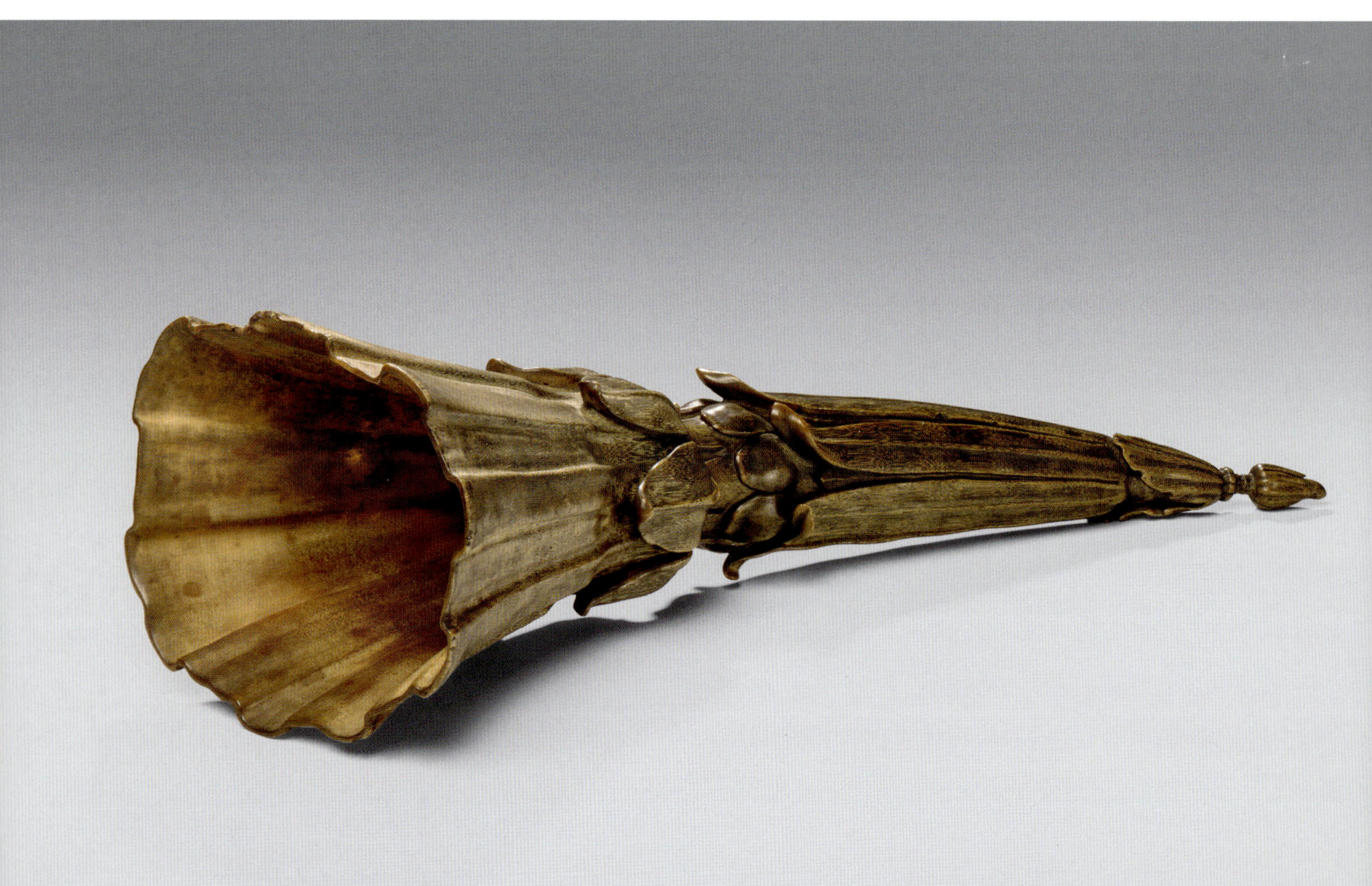

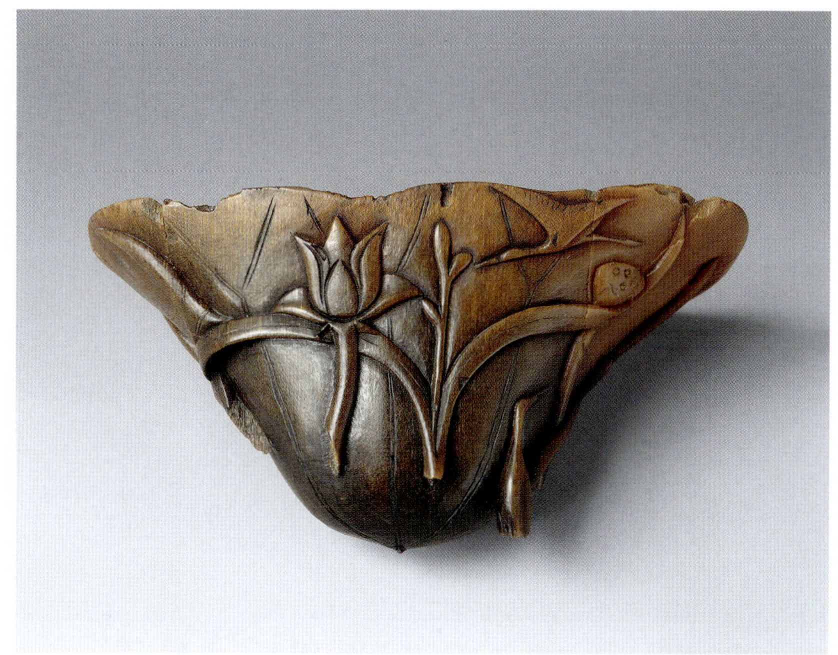

Im zwischen 1606 und 1611 angelegten Inventar der Kunstkammer, die Kaiser Rudolf II. in Prag gehörte, waren 13 gefasste »Geschirrlein« und elf ungefasste, teilweise beschnitzte Hörner des Nashorns verzeichnet. Sie werden an erster Stelle unter den »naturalia« dieser weltberühmten Sammlung genannt. In direktem Zusammenhang mit der Rudolfinischen Hofkunst steht das mit 46,5 Zentimeter ungewöhnlich große Trinkhorn in Form eines Blütenkelchs, das aus dem Haupthorn eines afrikanischen Rhinozerosses gefertigt wurde. Das »Schön trinckgeschirr aus einen rhinoceros horn, mit laubwergk künstlich geschnitten und ungefaßet« ist erstmals im Inventar der Dresdner Kunstkammer von 1640 nachweisbar. Die kompakte Keratinmasse des Nasenhorns mit seinem schichtigen Aufbau und seiner stäbchenförmigen Struktur ist ein künstlerisch nur sehr schwer zu beherrschendes Material. Das große Trinkhorn ist allerdings meisterhaft gestaltet. Seine kräftige vegetabile Form, die lappigen, individuell geformten Akanthusblätter und die großzügige, gegenständliche Gestaltung der ornamenthaften Blatthülle steht einem im Kunsthistorischen Museum in Wien aufbewahrten Rhinozeroshorngefäß aus der kaiserlichen Kunstkammer so nah, dass sie nur aus der gleichen Werkstatt des Bildschnitzers Nikolaus Pfaff stammen kann. Beide Sammlungsobjekte vereint auch die Tatsache, dass sie auf eine Edelmetallfassung verzichten und allein die charakteristische, teilweise polierte Textur des Horns als Gestaltungsfläche nutzen.

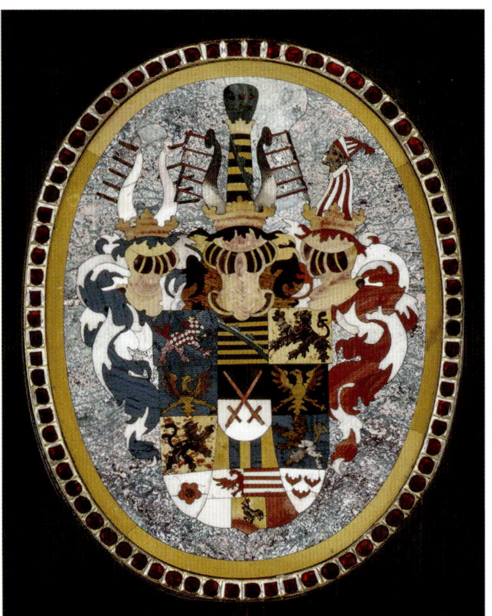
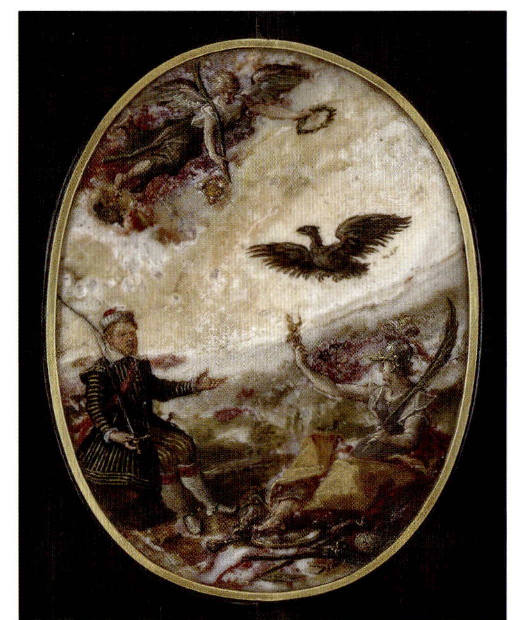

Seit seinem Herrschaftsantritt, der im September 1601 mit seiner Volljährigkeit vollzogen wurde, war Kurfürst Christian II. ein loyaler Gefolgsmann Kaiser Rudolfs II. – ganz wie es sich seine Mutter Sophia gewünscht hatte. Mit dem Kaiser, der seit 1583 von Prag aus regierte, kommunizierte Christian über die Kunstsammlung und die Kunstkammer. Beide übersandten einander kostbare Geschenke. Der Kaiser hatte sich auf der Prager Burg, dem Hradschin, ein Märchenreich der Künste erschaffen. Es spiegelte sein nicht der Realität entsprechendes Staats- und Selbstverständnis eines im kosmologischen Zusammenhang stehenden Kaisertums wider. Christian II. unterstützte den Kaiser politisch und militärisch mit Geld und Waffen, insbesondere in der Endphase des Langen Türkenkriegs, der 1593 begonnen hatte und im November 1606 auf Betreiben des kaiserlichen Bruders Matthias von Seiten Habsburgs beendet wurde. Der jüngere Bruder Rudolfs II. hatte seit 1600 versucht, den unter Depressionen leidenden Kaiser zu isolieren und zu entmachten. 1606 ließen die kaiserlichen Brüder und Verwandten das Oberhaupt der Familie offiziell als geisteskrank und regierungsunfähig erklären. Da war der Besuch Christians II. im Juli 1607 in Prag ein Bekenntnis kurfürstlicher Treue.

Mit dem sächsischen Kurfürsten kehrte ein besonderes Zeichen kaiserlicher Gunst nach Dresden zurück. Es handelt sich um eine Tafel aus Jaspis-Achat, eingebettet in einen Ebenholzrahmen. Auf der einen Seite ist das Wappen der albertinischen Wettiner als farbenprächtige Steineinlegearbeit zu sehen, eingefasst von 75 böhmischen Granaten. Es ist ein vorzügliches Werk der kaiserlichen Hofwerkstatt der Castrucci. Die andere Seite besteht aus einer zarten Malerei Hans von Aachens. Das Bild nimmt Bezug auf Christian II. und gilt als Danksagung für dessen Hilfe in den entbehrungsreichen Türkenkriegen. Die Malerei zeigt rechts Eirene, die Personifikation des Friedens, mit einem über die Schulter gelegten Palmzweig. In der rechten Hand hält sie die Figur der wehrhaften Athena. Zu ihren Füßen lagern türkische Kriegstrophäen. Ihr zugewandt, ebenfalls sitzend, ist Christian II. mit Kurhut und Kurschwert dargestellt. Vom Himmel herab schwebt die geflügelte Siegesgöttin Nike, die einen Lorbeerkranz und einen Palmenzweig als Zeichen des sieghaften Friedens zur Erde bringt.

Bei seinem zweiten, diesmal mehrmonatigen Aufenthalt 1610 in Prag erwarb Christian II. den Kentaurenautomaten des Augsburger Goldschmieds Johann Jacob I Bachmann. Der Tischautomat ist nicht allein ein Beispiel bester Unterhaltungstechnik, er ist auch innerhalb seiner Gattung ein künstlerisch ungewöhnlich bedeutendes Werk der Kleinplastik. Die sorgfältig gearbeitete Skulpturengruppe des bärtigen, mit Pfeil und Bogen bewaffneten Kentauren und einer jungen, auf ihm reitenden Frau, die als Diana oder eher wohl als eine ihrer Nymphen zu deuten ist, zeichnet die souveräne Beherrschung der Naturformen aus. Die Verbindung des menschlichen und des tierischen Körpers wie auch das Spiel der Muskeln und Sehnen unter der Haut wirken organisch. Im hohen Ebenholzsockel verbergen sich neben dem Gang- und Schlagwerk einer schmuckreichen Uhr mehrere Antriebsmechanismen. Der schwere Automat konnte sich in Kurven gut 280 Zentimeter über eine ebene Fläche bewegen. Dabei drehte der große silberne Jagdhund auf der rechten Seite seinen Kopf langsam nach links und rechts, der kleine vergoldete Jagdhund auf der anderen Seite wippte erregt auf und nieder, und Kentaur und Nymphe rollten mit den Augen. Schließlich schoss der Kentaur einen Pfeil von der Sehne seines Bogens ab. Ein etwas älterer Kentaurenautomat des gleichen Künstlers befand sich in der Kunstkammer Rudolfs II. und dürfte den sächsischen Kurfürsten zum Erwerb inspiriert haben.

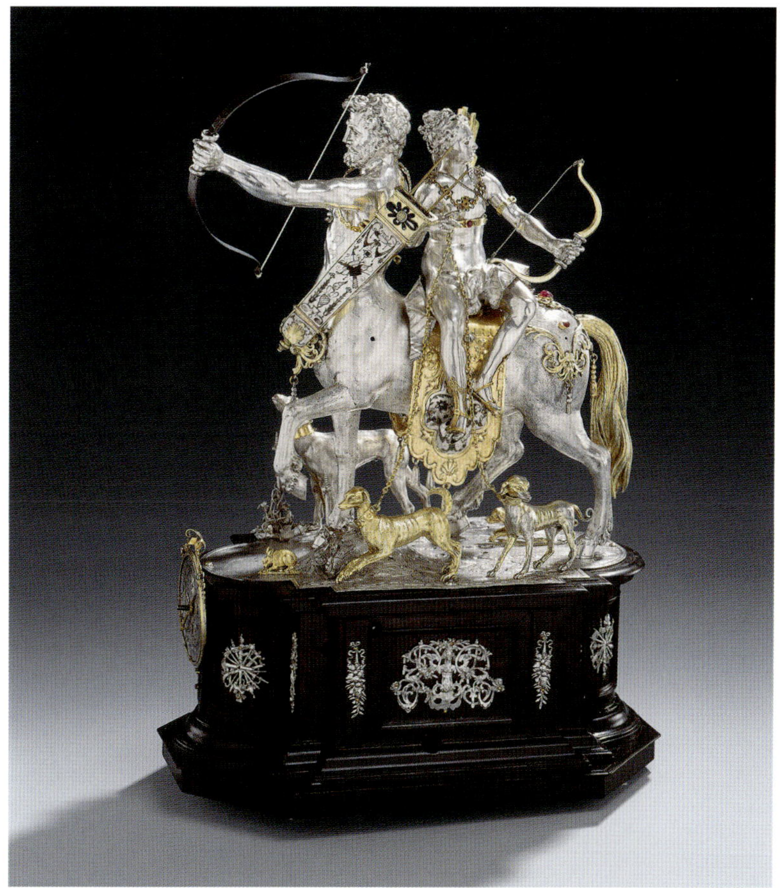

Drei Schmuckstücke des Grünen Gewölbes sind Zeugnisse einer dramatischen Phase der deutschen Geschichte: zwei Gesellschaftsstücke und eine Hutzier. Sie entstanden zwischen 1608 und 1611.

Der »Teutsche Krieg«, den schon seine Zeitgenossen rückblickend als den Dreißigjährigen bezeichneten, hätte durchaus schon zehn Jahre früher ausbrechen können. Zu Beginn des Jahres 1608 schien sich alles auf einen internen Reichskrieg hin zu entwickeln. Auf dem im Januar in Regensburg begonnenen Reichstag kam es zur Konfrontation der radikalen Kräfte beider Konfessionen unter Führung des calvinistischen Kurfürsten von der Pfalz und des streng katholischen Herzogs von Bayern. Schon länger hatte die katholische Gegenreformation eine Revision des nach dem Augsburger Religionsfrieden von 1555 entstandenen Zustands angestrebt. Unter den wichtigen Reichsständen herrschte großes Misstrauen, und der Reichstag wurde ein totaler Misserfolg. Im Mai 1608 schlossen sich einige protestantische Fürsten, Grafen und Städte unter der Führung der Pfalz zu einem Verteidigungsbündnis zusammen, der Protestantischen Union. Kaiser Rudolf II., der durch den Konflikt mit seinen Brüdern erheblich an Autorität verloren hatte, verhielt sich in diesem Konflikt völlig passiv. Anders reagierte der Mainzer Erzbischof und Kurfürst Johann Schweikhard von Kronberg. Als Erzkanzler von Germanien war er der Stellvertreter des Kaisers in dessen Abwesenheit. Schweikhard von Kronberg war ein Vertreter der gemäßigten katholischen Position und versuchte, den Frieden zu retten. Dazu griff er auch auf ein Medium zurück, dass bei den sächsischen Kurfürsten sehr beliebt war: Er gründete eine Gesellschaft.

Kostbare Gesellschaftsstücke wurden vor allem in Sachsen als moralisch oder politisch motivierte Auszeichnungen an Gleichgesinnte und Gleichgestellte vergeben. Vom fürstlichen Gründer einer Gesellschaft in Auftrag gegeben, dienten sie als äußeres Zeichen der Verbundenheit. Das mit dem Jahr 1608 datierte Gesellschaftsstück des Mainzer Kurfürsten verwendete eine Symbolik, die seiner Funktion als Leiter des Kurfürstenkollegiums entsprach und vor allem die Eintracht der Kurfürsten des Heiligen Römischen Reichs beschwor. Die Inschrift »ADAMANTIUM VINCULUM CONCORDIA« (»Unzerstörbar soll das Band der Eintracht sein«) wird von den emaillierten Wappen der vier weltlichen (Böhmen, Pfalz, Sachsen, Brandenburg) und der drei geistlichen (Köln, Mainz, Trier) Kurfürstentümer umgeben. Auf das alle vereinigende Kaisertum wird durch den doppelköpfigen Adler, der die Kurfürstentümer unter seine Schwingen nimmt, verwiesen. Die nackte Figur des Herkules müht sich, das Rutenbündel zu zerreißen, dessen einzelne Teile ohne Mühe zerstörbar sind, als Bündel aber selbst die Kraft des Heros überfordert. Das datierte Anhängestück war für Christian II. bestimmt. Ein zweites, fast gleichartig gestaltetes, aber mit der Devise »CONCORDIA PACIS NVTRIX« (»Eintracht ist die Nährmutter des Friedens«) versehen, ging wohl an dessen Bruder Johann Georg. Es besitzt mit 26 Diamanten doppelt so viele wie das datierte, was die Annahme stärkt, dass es Kurfürst Johann Georg I. erst 1611, also nach dessen Herrschaftsantritt, erreichte. Der schlechtere Erhaltungszustand dieses Schmuckstücks ist der Tatsache geschuldet, dass es, 1924 an den Familienverein Haus Wettin Albertinischer Linie abgegeben, von 1945 bis 1996 im Moritzburger Wald vergraben war und erst 1999 für das Grüne Gewölbe zurück erworben wurde.

Auch 1611 galt es, den Frieden zu bewahren, zumal der bayerische Herzog im Sommer 1609 die wehrhafte katholischen Liga begründet hatte und mit dem Erbfolgestreit um das Herzogtum Jülich-Kleve-Berg ein weiterer brandgefährlicher Konfliktherd ausgebrochen

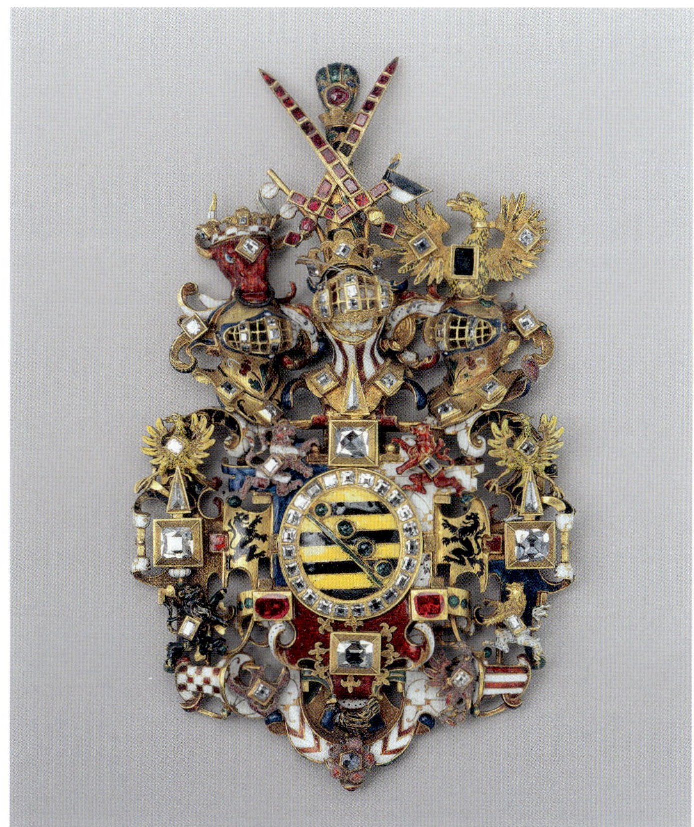
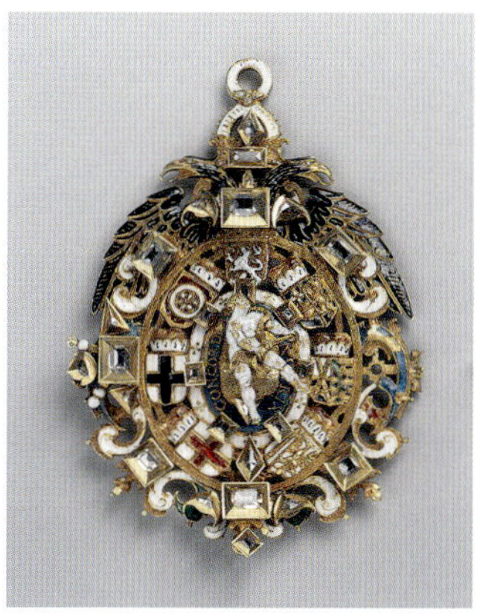
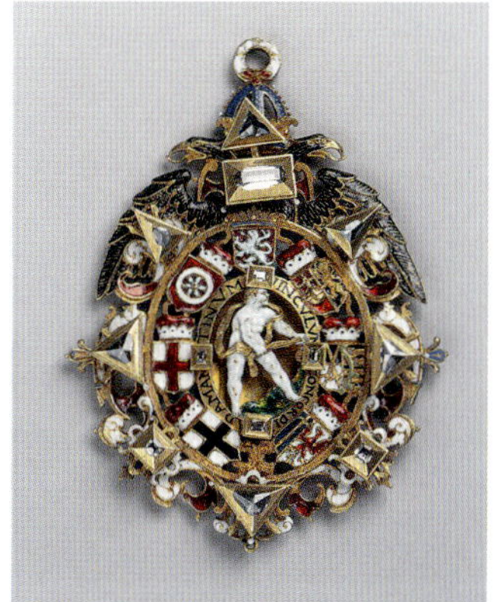

war, der Sachsen selbst betraf. Der Besitz dieses im Westen des Reichs befindlichen, aus unzusammenhängenden Territorien bestehenden Herzogtums, zu dem neben dem strategisch nah an den aufständischen Niederlanden gelegenen Besitz um Jülich und Kleve auch das rechtsrheinisch vom gegenüberliegenden Bonn bis zur niederländischen Grenze reichende Berg mit der Hauptstadt Düsseldorf sowie die Grafschaft Ravensberg mit Bielefeld gehörte, war stark umstritten. Nachdem das Herzoghaus ausgestorben war, erhoben neben Sachsen auch Brandenburg und ein Familienzweig der Pfälzer ihren Anspruch. Kaiser Rudolf II. belehnte 1610 den ihm ergebenen Kurfürsten Christian II. mit diesem Herzogtum. Dieser gab kurz nach seiner Belehnung, vielleicht in Prag, eine prachtvolle, mit über 100 Edelsteinen besetzte Hutzier mit seinem neuen Wappen in Auftrag. Es zeigt das von drei Helmen und den gekreuzten Kurschwertern des Reichsmarschalls bekrönte herzoglich-sächsische Wappen, dem die zugehörigen Territorien beigeordnet sind. Sie werden ergänzt von den Wappen von Jülich, Kleve, Berg und Ravensberg. Die einzelnen Elemente des überaus pretiösen, plastisch empfundenen Wappenschmucks zeichnen sich durch ihren lebhaften Ausdruck aus und verbinden sich auf der durchbrochenen Grundplatte zu einem organischen Gefüge. Sachsen konnte seine Ansprüche nicht friedlich durchsetzen und verzichtete auf kriegerische Mittel – vielleicht aus Geldnot, vielleicht aus Friedensliebe. Der Anspruch blieb aber bis ins 18. Jahrhundert erhalten.

om Kurfürsten Christian II. hat sich die Beschreibung des Fabrizio Colloredo, des Florentiner Botschafters am Kaiserlichen Hof in Prag, aus dem Jahr 1609 erhalten, die nicht sehr schmeichelhaft, aber wohl durchaus zutreffend war. Übersetzt lautet sie: »Ich fand den Herrn Herzog Christian von Sachsen der Person des Kaisers sehr ergeben und als einen sehr parteiischen Diener seiner Majestät, dem Wein ziemlich verfallen, der ihn ständig vernebelt und dazu führt, dass er fast nicht spricht.« Dem Alkoholkonsum und der ungezähmten Esslust fiel der Kurfürst nach kaum zehnjähriger Regierungszeit mit 27 Jahren zum Opfer. Er starb kinderlos, wahrscheinlich durch einen Schlaganfall oder Herzinfarkt, am 26. Juni 1611 nach einem ritterlichen Wettbewerb in Dresden.

Seinem älteren Bruder setzte Johann Georg I. durch ein ungewöhnliches Elfenbeinkunststück ein Denkmal für seine Kunstkammer. Im Sommer 1610 hatte Christian II. Jacob Zeller aus Prag als Hofdrechsler nach Dresden berufen. Er knüpfte damit an eine

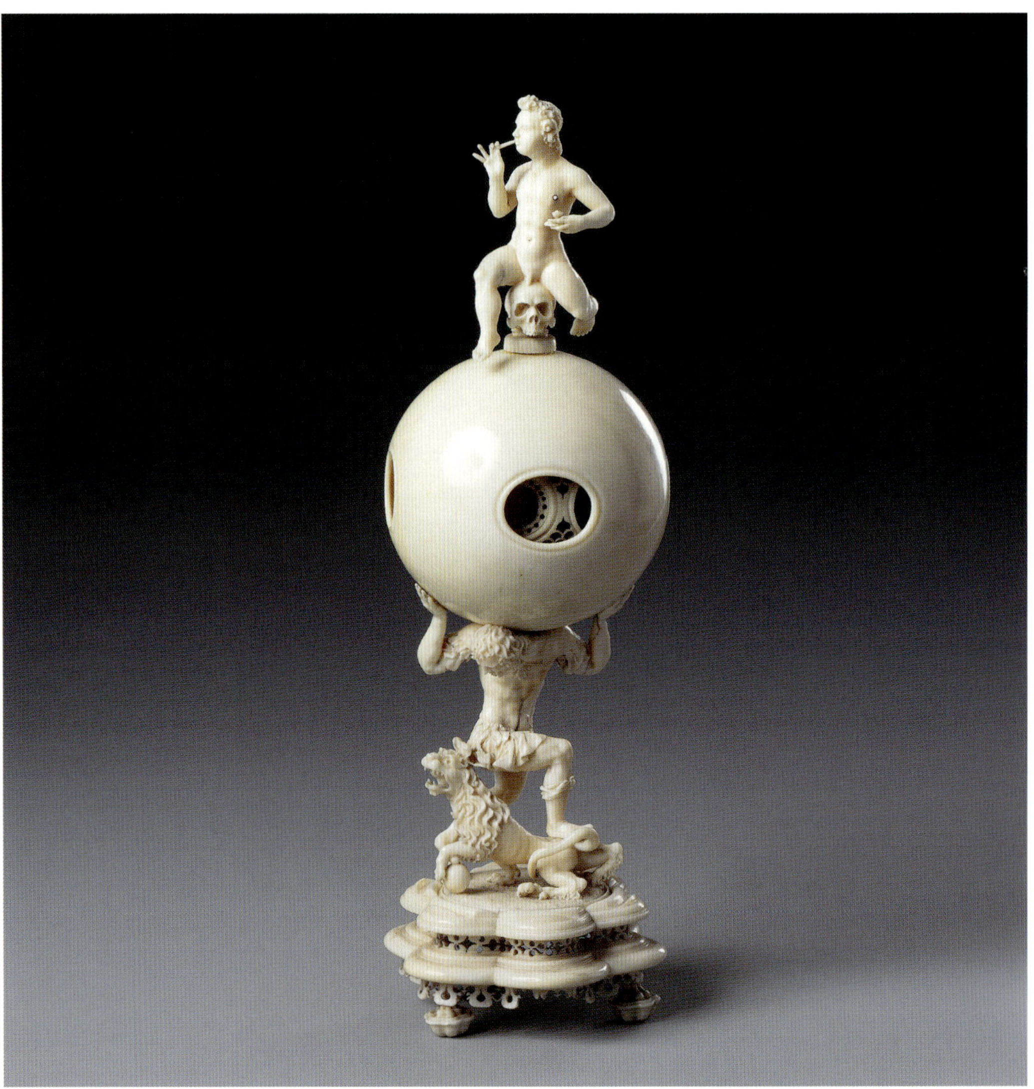

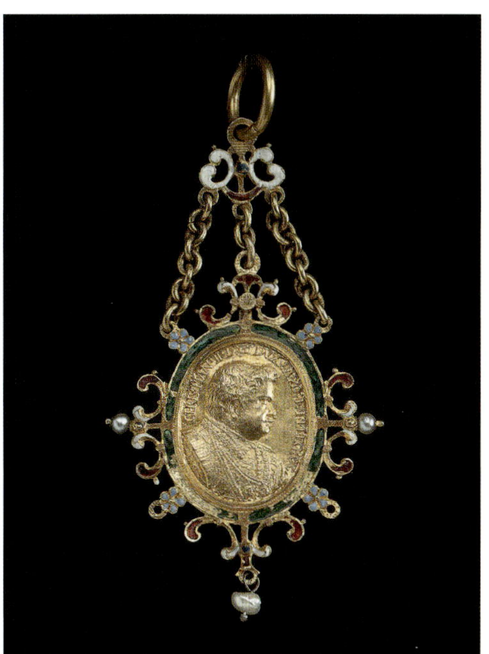 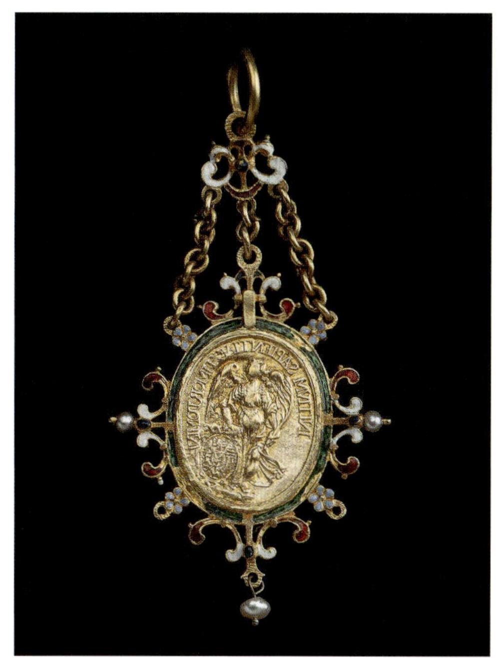

Vorliebe seiner Vorfahren an und bewirkte, dass die Elfenbeinkunst hier einen weiteren Höhepunkt erlebte. Die Contrefait-Kugel mit den Bildnissen Christians II. und seiner Gemahlin Hedwig von Dänemark ist eines der ersten Werke, das Zeller in seiner neuen Funktion schuf. Contrefait-Kugeln waren beispielhafte Virtuosenstücke, bei denen der Kunstdrechsler die Kugel auf der Maschine aushöhlte und aus dem freigelegten Material in ihrem Inneren ein oder mehrere Medaillons mit einem Portrait schnitzte. Durch eingefügte Öffnungen konnten diese Bildnisse betrachtet werden. In Zellers Bildniskugel befinden sich die Portraits innerhalb zweier durchbrochener und gegeneinander verschiebbarer Hohlkugeln. Der Hofkünstler beschränkte sich aber nicht auf das Drechseln. Durch Anfügungen von geschnitzten Elfenbeinstatuetten schuf er ein komplexes Kunstwerk, dessen Bildthema die Vergänglichkeit menschlichen Seins ist. In diesem Sinne ist auch die Bekrönungsfigur des nackten Knaben zu verstehen, der auf einem Totenkopf sitzend Seifenblasen bläst. Als Schaft dient die Statuette von Daniel in der Löwengrube. Diese alttestamentliche Geschichte des Propheten wurde als Präfiguration des auferstehenden Christus gedeutet. Mühevoll, dem Atlas gleich, stützt er dieses Erinnerungsstück an den im Alter von 27 Jahren gestorbenen Kurfürsten.

Das goldene Medaillenkleinod wurde zehn Jahre vorher zum Herrschaftsantritt Christians II. geprägt und mit zahlreichen anderen in Gold oder vergoldetem Silber bestellt. Der Kurfürst verteilte sie zu besonderen Festlichkeiten oder als Auszeichnung für geleistete Dienste an seinen Hofstaat, besondere Untertanen und Gesandte anderer Fürsten. Nicht nur der Materialwert dieser Bildnismedaillen ließ sie begehrenswert erscheinen, sondern auch die gesellschaftliche Rangerhöhung durch fürstliche Gunst, die sie ihren Trägern vor aller Augen verliehen. Der Hofgoldschmied Gabriel Gipfel versah diese Bildnismedaille mit einer einfachen Fassung aus Rollwerkornament mit rotem und weißem Email, blauen Vergißmeinnichtblüten und drei kleinen Perlen.

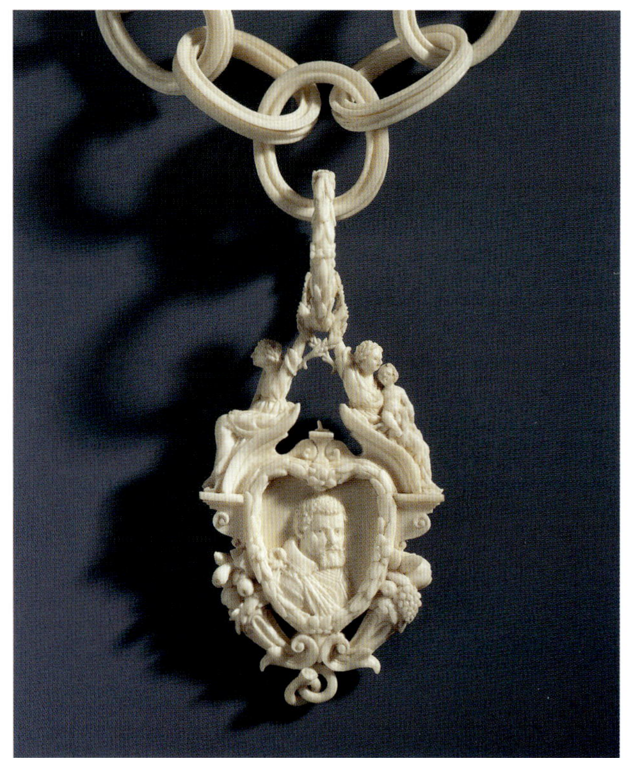

Ein sehr persönliches Zeichen fürstlicher Repräsentation, das wohl von Anfang an für die Kunstkammer vorgesehen war, ist die von Jacob Zeller geschaffene Elfenbeinkette mit dem Bildnis des jugendlichen Kurfürsten Johann Georg I. Die Kette reflektiert den höfischen Brauch, goldene Gliederketten mit einem Bildnismedaillon des jeweiligen Fürsten als Zeichen von Gunst und Dankbarkeit an Untergebene oder andere Adelige zu verschenken. Sie ist ein Virtuosenstück der Drechselkunst.

Der Rohling des Anhängers und die Glieder der Kette wurden dabei aus einem einzigen Stück Elefantenzahn auf der exzentrisch laufenden Drehbank gedreht. Danach setzte der Künstler sein Werk als Elfenbeinschnitzer am Bildnismedaillon fort und löste die Kettenglieder mit Hilfe einer Laubsäge voneinander. Die meisterhafte Qualität der handwerklichen und künstlerischen Bearbeitung des Elfenbeins war für Zeller charakteristisch. Im Kunstkammerinventar von 1619 findet sich die »gedröhete helfenbeine kette von einem stück, in einem jeden gliedt zwey unterschiedene glieder, daran churfürst Johann Georgen zu Sachsen etc. bildnüß hangend« erstmals verzeichnet. Erworben wurde sie vom Kurfürsten im Mai 1618 mit 22 anderen Drechselarbeiten des Elfenbeinkünstlers für eine Gesamtsumme von 2 300 Gulden. Johann Georg I. begründete mit dieser Kette eine Familientradition des 17. Jahrhunderts, denn auch die folgenden sächsischen Herrscher, Johann Georg II. und Johann Georg III., ließen für die kurfürstliche Kunstkammer Elfenbeinketten mit ihrem Bildnis zur bleibenden Erinnerung anfertigen.

Fünf Jahre zuvor schuf der aus Regensburg stammende Hofdrechsler einen großen Elfenbeinpokal, unter dessen Bodenplatte er sich in erhaben geschnittener Inschrift selbstbewusst als dessen geistiger Erfinder und künstlerischer Gestalter verewigte. Er konnte

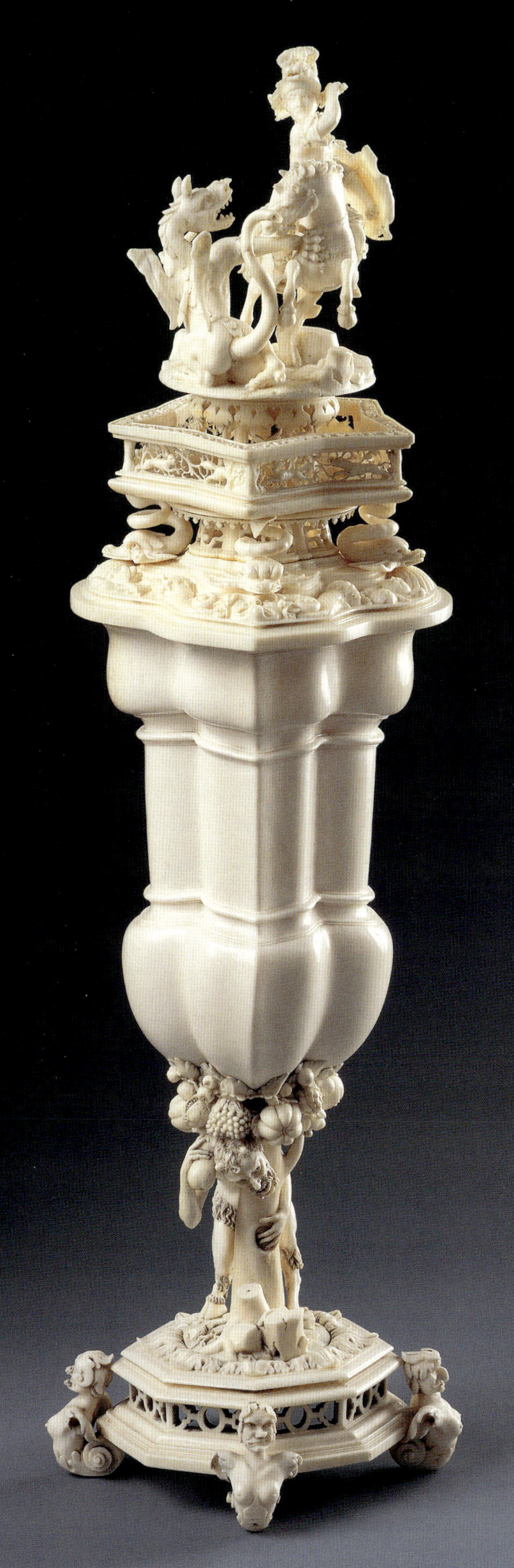

zu Recht stolz auf das Werk sein, denn mit dem vierpassig gedrehten Gefäßkörper, über den schräg Profile laufen, reizte Zeller die technischen Möglichkeiten der Maschinenkunst bis an die Grenzen aus. Der Pokal beweist zudem, dass der Elfendrechsler auch ein großartiger Bildschnitzer war, der mit seinem Werk die Blüte der barocken Elfenbeinkunst in Deutschland einleitete.

Der Pokal ist ein prächtiges Kunstwerk. Sein achteckiger Fuß ruht auf vier grotesken Büsten. Als Schaft dient ein mit vielerlei Früchten beladener Baumstamm, den ein gebeugter Satyr, Walddämon und zugleich Verkörperung der zu überwindenden animalischen Lust, umfasst. Der vielfach durchbrochene Deckel wird von vier Delphinen getragen. Auf der Oberkante der darüber aufliegenden Balustrade befindet sich eine Inschrift in lateinischer Sprache, die den Kampf des heiligen Georg mit dem Drachen als Gleichnis für den Kampf Christi mit dem Satan deutet. Die Skulpturengruppe des als römischer Krieger bekleideten Georg, der mit dem Schwert das sich aufbäumende Untier heftig angreift, bekrönt das symbolhafte Kunstkammerstück.

Der tapfere Heilige, der durch seinen Sieg über den Drachen eine Königstochter rettete und ein heidnisches Volk zum Christentum bekehrte, galt im Mittelalter als tugendhaftes Vorbild für ritterliches Verhalten. Er war aber auch der Namenspatron Johann Georgs I. So wird der protestantische Kurfürst in Zellers Georgspokal 1613 in die unmittelbare Nachfolge des verehrungswürdigen Heiligen gestellt. Ursprünglich war laut schriftlicher Überlieferung im Deckelinneren überdies ein ausgehöhltes Pfefferkorn verwahrt, das in seinem Inneren, nach dem Inventar der Kunstkammer von 1619, »ezliche 100 helfenbeinerne becherlein von helfenbein gedrehet« enthielt.

Die berühmte Elfenbeinfregatte des Grünen Gewölbes ist das größte und vielleicht auch letzte Werk Jacob Zellers. Der Hofdrechsler lieferte sie im Sommer 1620 für den sehr hohen Preis von 3 000 Gulden in die kurfürstliche Kunstkammer ein. Er kopierte dazu minutiös genau ein voll aufgetakeltes zeitgenössisches Kriegsschiff mit geblähten Segeln. Das miniaturartige Schiff, auf dessen papierdünnen Hauptsegeln aus Elfenbein die Wappen des sächsischen Kurfürsten und seiner Gemahlin Magdalena Sibylla von Preußen in erhabenem Relief eingeschnitten sind, besitzt eine Takelage aus Golddraht. Kleine Matrosenfiguren aus Elfenbein, aber auch Kanonen, Fässer, Ketten und Anker aus Gold und Eisen schaffen die Illusion, ein wehrhaftes Schiff vor sich zu haben. Zum dynastischen Monument des Hauses Wettin wird das sächsische Flaggschiff durch acht Schriftbänder, die um den Rumpf herum eingeschnitten sind. Sie enthalten in chronologischer Folge die Namen der Fürsten Sachsens, von Harderich, der kurz nach Christi Geburt gelebt haben soll, bis zum regierenden Kurfürsten Johann Georg I. Diese Geschlechterfolge war das Ergebnis historischer Spekulationen, die das ehrwürdige Alter des Hauses Wettin belegen sollte.

Von besonderer künstlerischer Bedeutung und großer zeithistorischer Symbolik ist der Figurensockel, auf dem das Staatsschiff ruht. Nur scheinbar wird es von Neptun, dem Herrscher der Meere, sicher getragen, denn die gedrehte Gestalt des kraftvollen Meergottes sitzt ausgesprochen unsicher in seinem von starken Hippokampen rasch gezogenen und von Tritonen und Nereiden begleiteten Gefährt. Wie Fortuna, die Göttin des wechselnden Geschicks, balanciert er auf einer geflügelten Kugel, die in einer Muschelschale liegt. Der damit verbundene moralische Verweis auf die Unwägbarkeiten des

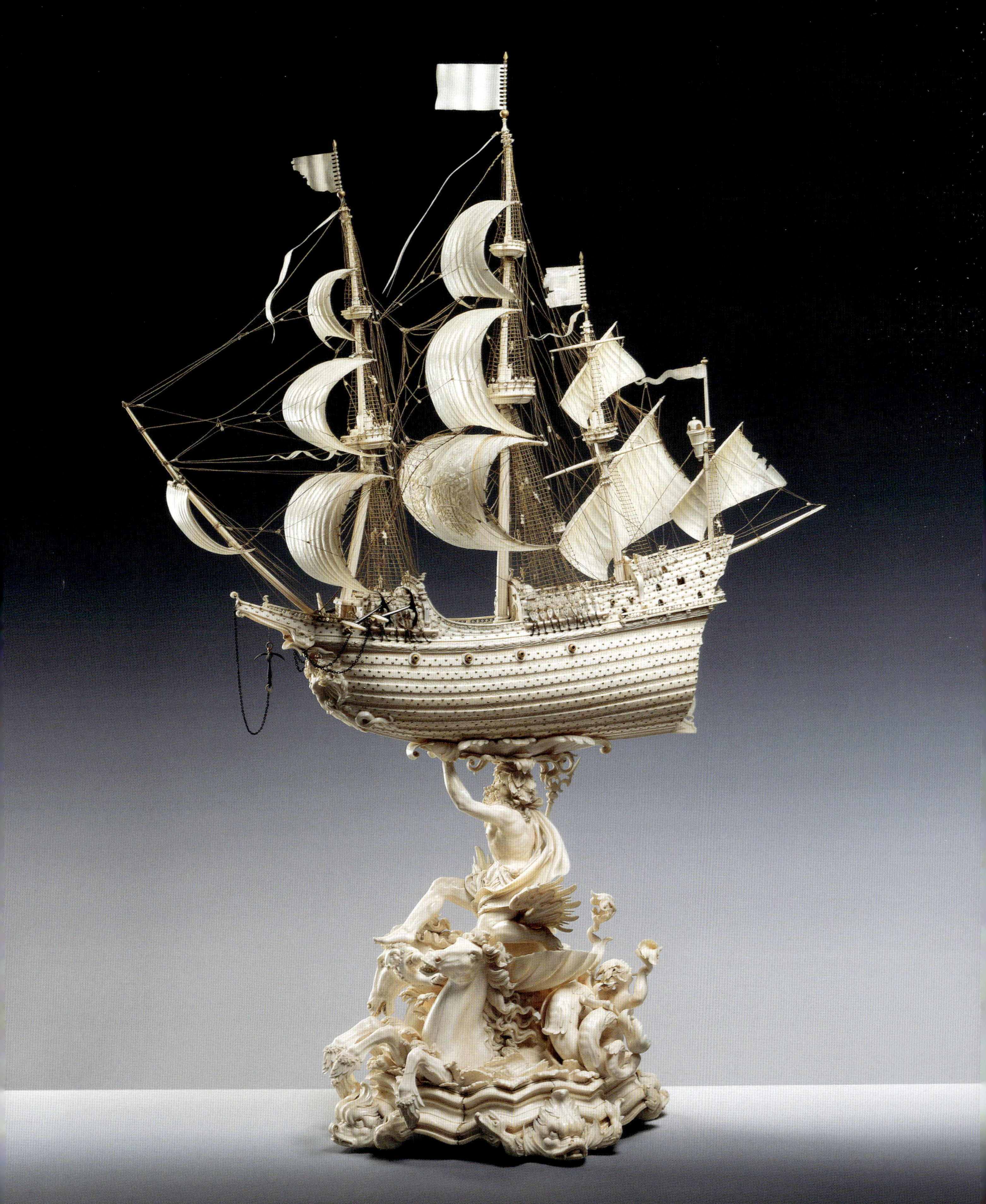

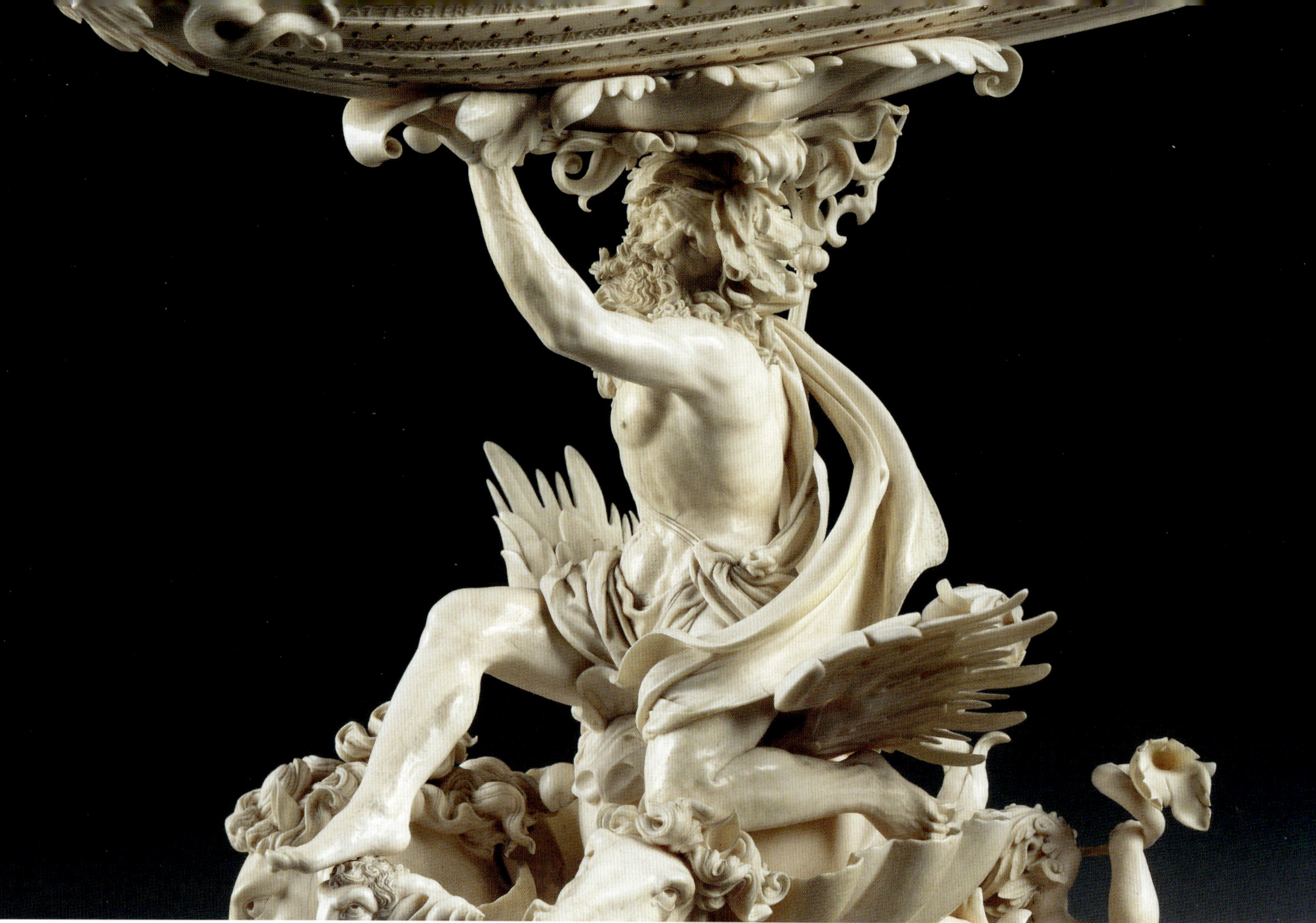

FREGATTE, DETAIL
siehe S. 155

Herrscherglücks wurde bei Johann Georg I. Realität, als ihn 16 Jahre später in einem entscheidenden Moment des Dreißigjährigen Krieges das Glück verließ. Das Jahr 1620 war durch die Vorbereitungen des Kriegszugs gegen die aufständischen Territorien der böhmischen Krone gekennzeichnet, an denen sich der sächsische Kurfürst auf Seiten Kaiser Ferdinands II. beteiligte. Im September 1620 begann der Feldzug zur Unterwerfung der Nieder- und der Oberlausitz sowie Schlesiens für den Kaiser, der Anfang Oktober mit der Eroberung Bautzens nahezu abgeschlossen werden konnte. Der Sieg des bayerischen und kaiserlichen Heeres über die Armee der aufständischen Böhmen in der Schlacht am Weißen Berg vor Prag am 8. November 1620 beendete die erste Phase des langen Krieges.

Die große Unsicherheit übertrug Jacob Zeller auf seine Elfenbeinfregatte. Mit künstlerischer Virtuosität schuf er aber vor allem eine bemerkenswerte Elfenbeinplastik des Frühbarock, die zu den Hauptwerken der Epoche gehört. Zuvorderst war sie jedoch durch ihre Größe, ihre subtile Gestaltung und ihre bestechende künstlerische Virtuosität ein herausragendes Kunstkammerstück, das der Sammlung des sächsischen Kurfürsten im Wettbewerb mit denen des Kaisers in Prag und Wien eine neue Qualität verlieh. Jacob Zeller starb kurz nach ihrer Vollendung am 28. Dezember 1620 im Alter von 39 Jahren.

S ilberne Gießgarnituren, die aus einem Becken und einer Kanne bestanden, besaßen im höfischen Tafelzeremoniell des 17. Jahrhunderts eine gewichtige Funktion. Man nutzte sie zum Waschen der Hände mit wohlriechendem Wasser, denn die Finger blieben bis gegen Ende des Jahrhunderts die wichtigsten Hilfsmittel, um Nahrung aufzunehmen. Gleichzeitig wurde die künstlerische und materielle Pracht silberner Lavabo-Garnituren, die in Ornamentik und bildlichen Darstellungen aufeinander bezogen waren, dazu genutzt, um auf repräsentativen Stellagen Macht, Reichtum und dynastische Bedeutung ihrer Besitzer vor Augen zu führen. Neben den funktionsbezogenen Garnituren entstanden damit auch solche, die nahezu jeder Funktionalität entbehrten. Sie befanden sich nicht nur in den Silberkammern, sondern auch in den Kunst- oder Schatzkammern. Zwei besonders phantasievoll gestaltete Garnituren des Grünen Gewölbes, von denen eine nur noch in ihrer Kanne erhalten ist, gehören in diese objekthaft aufgefasste Gruppe von Meisterwerken der Goldschmiedekunst.

Kurz nach 1600 schuf Christoph Jamnitzer in Nürnberg eine Kanne, deren Ausguss an ein Fabeltier erinnert. Christoph Jamnitzer gehörte, wie sein Großvater Wenzel, zu den bedeutendsten Meistern der deutschen Goldschmiedekunst. Er war für Rudolf II. und andere mächtige Angehörige des Hochadels tätig und schuf Werke von höchster Virtuosität. 1612, kurz nach seiner Herrschaftsübernahme, erwarb Kurfürst Johann Georg I. bei ihm für 4 000 Gulden eine Reihe Goldschmiedearbeiten, zu denen wohl auch eine Beckengarnitur mit dieser Kanne gehörte.

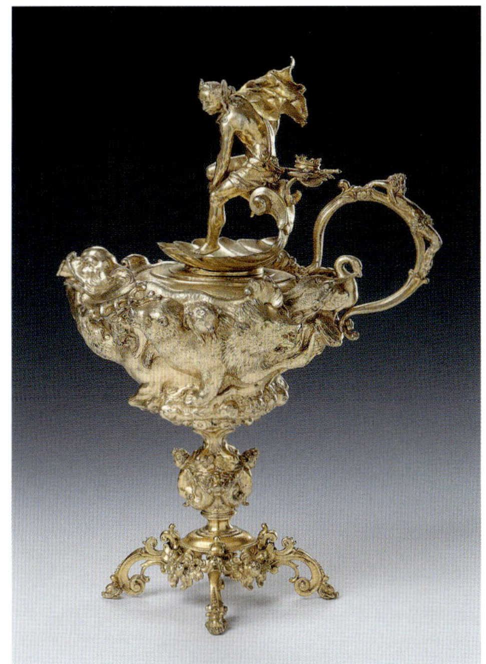

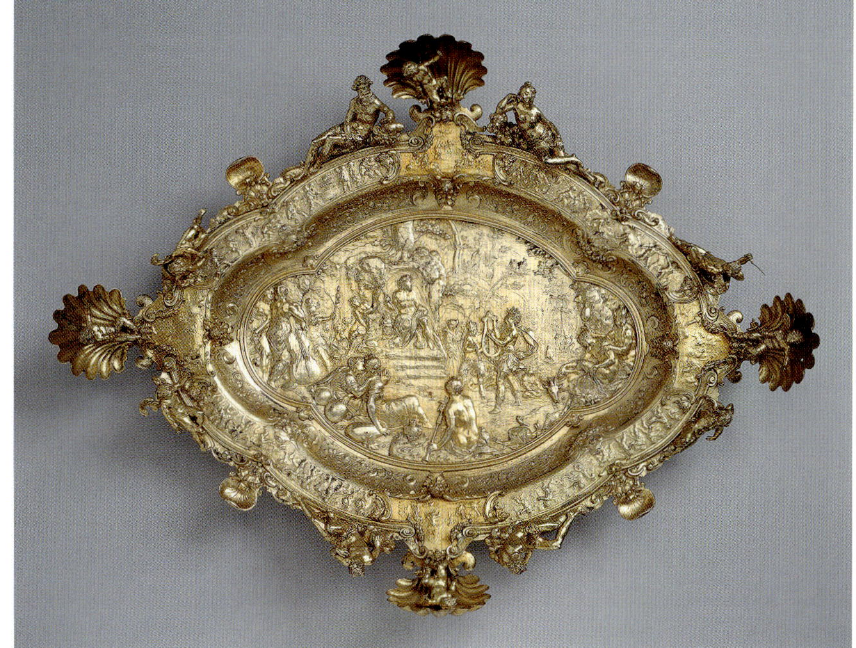

Die Kanne mit dem drachenköpfigen Ausguss und der schwanzartigen Handhabe wird von beunruhigend dichtem Ornament und Perlschnüren umsponnen. Vier herzförmige Buckel, die sich auf dem flachen Fuß und auf dem birnenförmigen Korpus finden, bestimmen die Grundform des Gefäßes. Aus reliefartigem Ornament wachsen an tektonisch markanten Stellen Widderköpfe und Schnecken, geflügelte Cherubimköpfe und löwenartige Masken hervor. Das Drachenmotiv, das der Kanne ihren Namen gab, wird dabei immer wieder aufgegriffen. Den Deckel mit seinen vegetabil wirkenden Spangen bekrönt die Statuette der Göttin Minerva. Zu einem Kunstkammerstück wird die Kanne aber vor allem durch die herzförmigen Schilde des Kannenkörpers. Auf ihnen sind – nur bei Nahsicht erkennbar – allegorische Darstellungen der vier Jahreszeiten ganz fein punziert. Das dazugehörige Becken wurde 1772 eingeschmolzen.

Anderthalb Jahrzehnte nach der Drachenkanne schuf Daniel Kellerthaler die Midaskanne mit dem zugehörigen Marsyasbecken. Kellerthaler war die erste bedeutende Künstlerpersönlichkeit der Dresdner Goldschmiedekunst. Seine Schaugarnitur wurde stark von der Prager Hofkunst beeinflusst, die im ersten Jahrzehnt des 17. Jahrhunderts das nordeuropäische Kunstgeschehen geprägt hatte. Sie belegt auf eindrucksvolle Weise die großen bildhauerischen Fähigkeiten dieses Goldschmieds. Die mit zahlreichen fein ziselierten Hochreliefs und vollplastischen Figuren ausgestatte Garnitur von extravaganter Gestaltung widmet sich zwei Geschichten des mit König Midas von Phrygien verbundenen griechischen Mythos: Der König wurde als Richter im musikalischen Wettstreit zwischen dem Flöte spielenden Pan und dem für sein Leierspiel berühmten Gott Apoll als Richter ausgewählt. Der ebenso dumme wie geldgierige Midas entschied sich für den Hirtengott, wofür ihn Apoll mit Eselsohren strafte. Dieser Wettkampf, der auch manchmal auf einen weiteren zwischen dem Satyr Marsyas und Apoll bezogen wird, ist auf der Innenseite des Beckens figurenreich dargestellt. Die Kanne zeigt den nunmehr eselsohrigen Midas in einem anderen Zusammenhang. Vom Gott Dionysos, bei dem er einen Wunsch frei hatte, begehrte er, dass alles, was er berührte, sich in Gold verwandelte. Bei der Kanne sind es vor allem die jagdbaren Tiere des Waldes, aus denen der überaus kunstvoll gegossene Korpus besteht. Für Midas selbst war sein Wunsch natürlich lebensbedrohend, und so revidierte Dionysos diesen wieder. Ganz dem manieristischen Formgefühl entsprechend, ruht der voluminös wirkende, queroval gelagerte Behälter über einem dünnen kurzen Schaft auf vier irritierend zarten Spangenfüßen. Die Garnitur war ein Auftragswerk für Johann Georg I. und wurde diesem am 23. Januar 1630 übergeben. Dieser bezahlte dafür den erheblichen Betrag von 2 700 Gulden, der weniger aufgrund des Material-, sondern vielmehr wegen des Kunstwertes zustande kam.

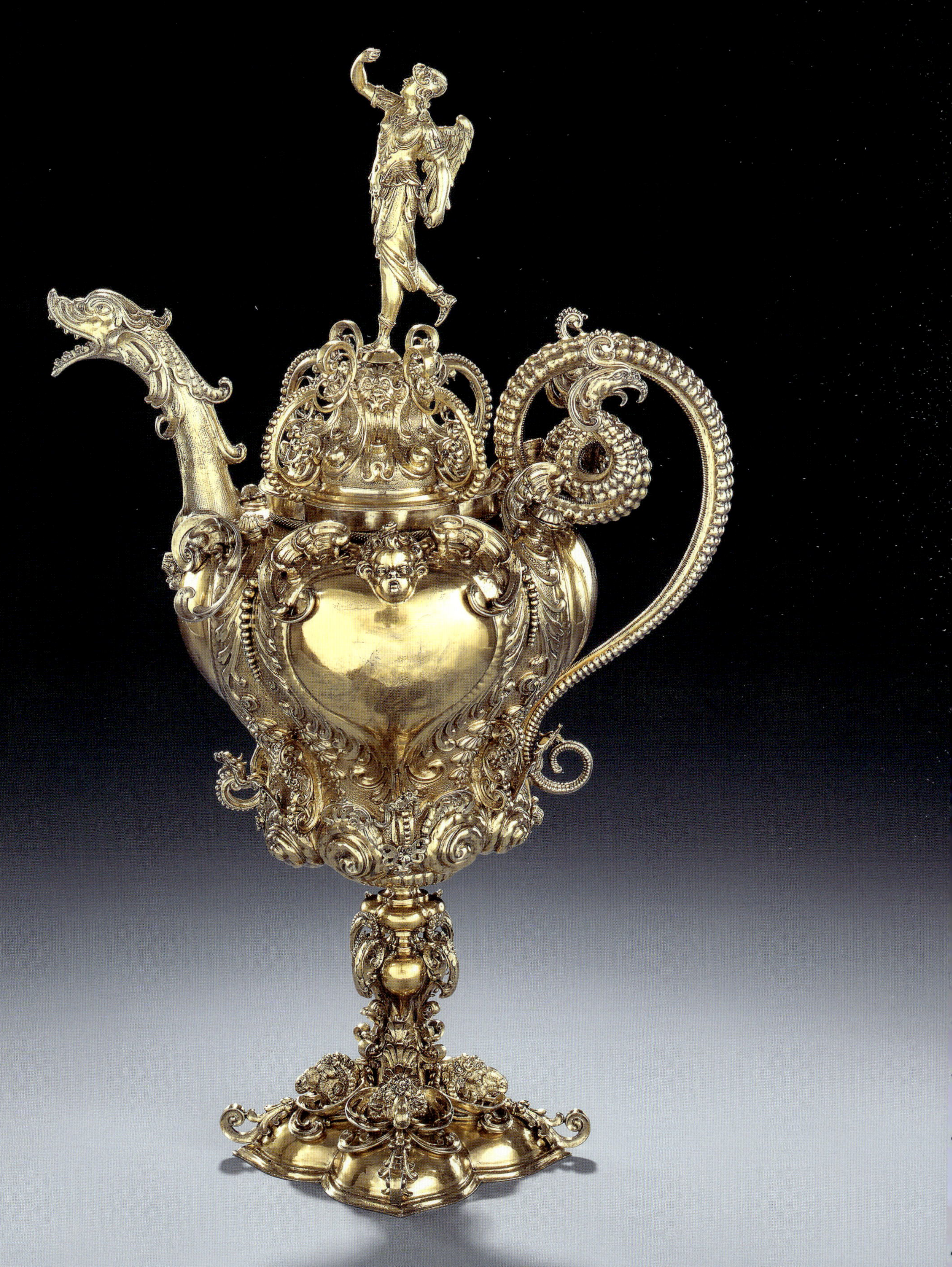

Obwohl der Dreißigjährige Krieg schon bedeutende fürstliche Residenzen wie die in Prag und Heidelberg zerstört hatte und das Heilige Römische Reich immer schwerer verheerte, vermochte es Johann Georg I. noch über viele Jahre, die höfische Kultur in Sachsen in aller Pracht aufrechtzuerhalten. Davon zeugen die großartigen Werke der Goldschmiedekunst, die der sächsische Kurfürst in Augsburg erwerben ließ oder bei einheimischen Goldschmieden in Auftrag gab. Zu den Importen zählt auch das Paar Globusträgerpokale. Sie gehören zur Gattung der Automaten und konnten mithilfe von Zahnrädern, die sich in ihren hohen Sockeln befinden, dazu gebracht werden, über den Tisch zu rollen. Die Bewegung erzeugen jeweils zwei Zahnräder, die nur ein wenig über die Bodenplatte hinausragen. Ein drittes, ungezähntes Rädchen ist als Führungs- oder Lenkrad schwenkbar befestigt. Dies befähigt die globusförmigen Deckelpokale, sich bei Bedarf selbstständig über eine Tafel zu bewegen. Gerade solche silbernen Statuen, die sich scheinbar selbst bewegen konnten, galten seit der Antike als bewundernswertes Zeichen menschlicher Kunstfertigkeit.

Die von Elias Lencker geschaffenen Deckelpokale mit Herkules, der die Erdkugel stützt, und dem heiligen Christophorus mit dem Himmelsglobus erwähnte 1629 auch der Augsburger Patrizier und Kunsthändler Philipp Hainhofer, ein schreibfreudiger und kundiger Besucher der deutschen Kunstkammern. Im zweiten Gemach der kursächsischen Kunstkammer fand er »Zwaÿ schöne von gantzem silber secundum longitudinem & latitudinem ausgethailte globj, welche als coelestis durch ain vhrwerckh von dem Hercule, terrestris aber von Atlante auf ainem tisch fortgetragen, vnd an stat trinckgeschirren gebraucht können werden«.

Der von Herkules mühevoll gestützte Erdglobus lässt sich auf Höhe des Äquators öffnen und kann so auch als Trinkgefäß verwendet werden. Zusammen mit seinem Gegenstück, das sich ebenso nutzen lässt, sind die Globusträger aber vor allem vollendete Kunstkammerstücke. Die gereiften Formen des muskelstarken Herkules und Christophorus zeugen von sicherem Formempfinden und souveräner Beherrschung der Anatomie. Der kraftvolle, aus Silber gegossene und vergoldete Adler des Zeus bekrönt die Erdkugel, das Christuskind den Himmelsglobus. Künstlerischer Ausdruck und handwerkliche Souveränität verbinden sich in diesen großartigen Kunstwerken des Frühbarock. Doch neben der künstlerischen Gestaltung der Figuren und der handwerklichen Bearbeitung des Silbers erstaunen selbst den heutigen Betrachter noch die wohl von Johannes Schmidt, der die Erdkugel signierte, exakt eingestochenen geographischen und astronomischen Angaben. So verzeichnet der Erdglobus bereits die erst 1616 entdeckte Meerenge von Kap Hoorn.

Die von Elias Lencker angefertigten Pokale sind das gemeinschaftliche Werk eines technisch virtuosen Goldschmieds, eines sorgfältigen Silberstechers, eines findigen Automatenbauers und vielleicht auch eines Bildhauers, auf den die figürlichen Vorlagen zurückgehen.

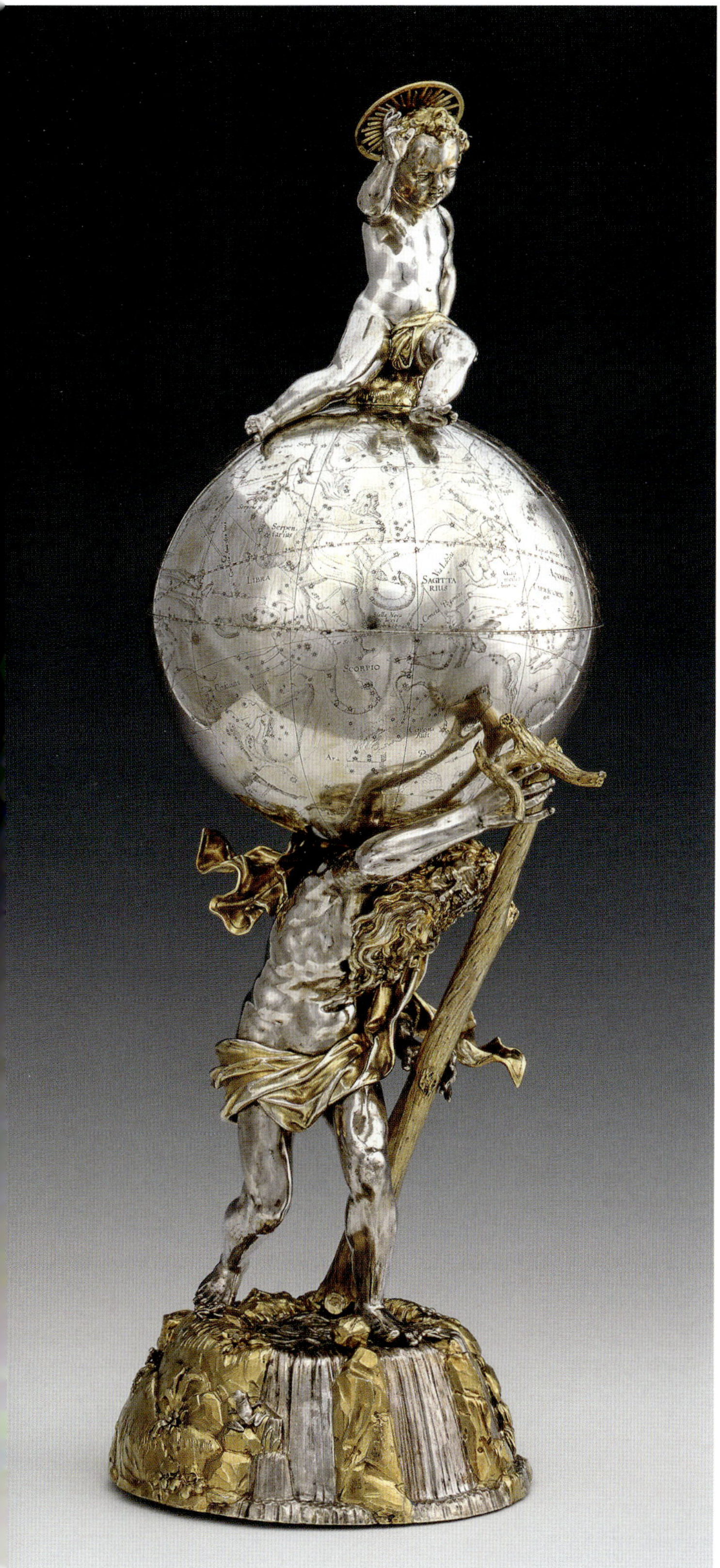
LIBRA
SCORPIO

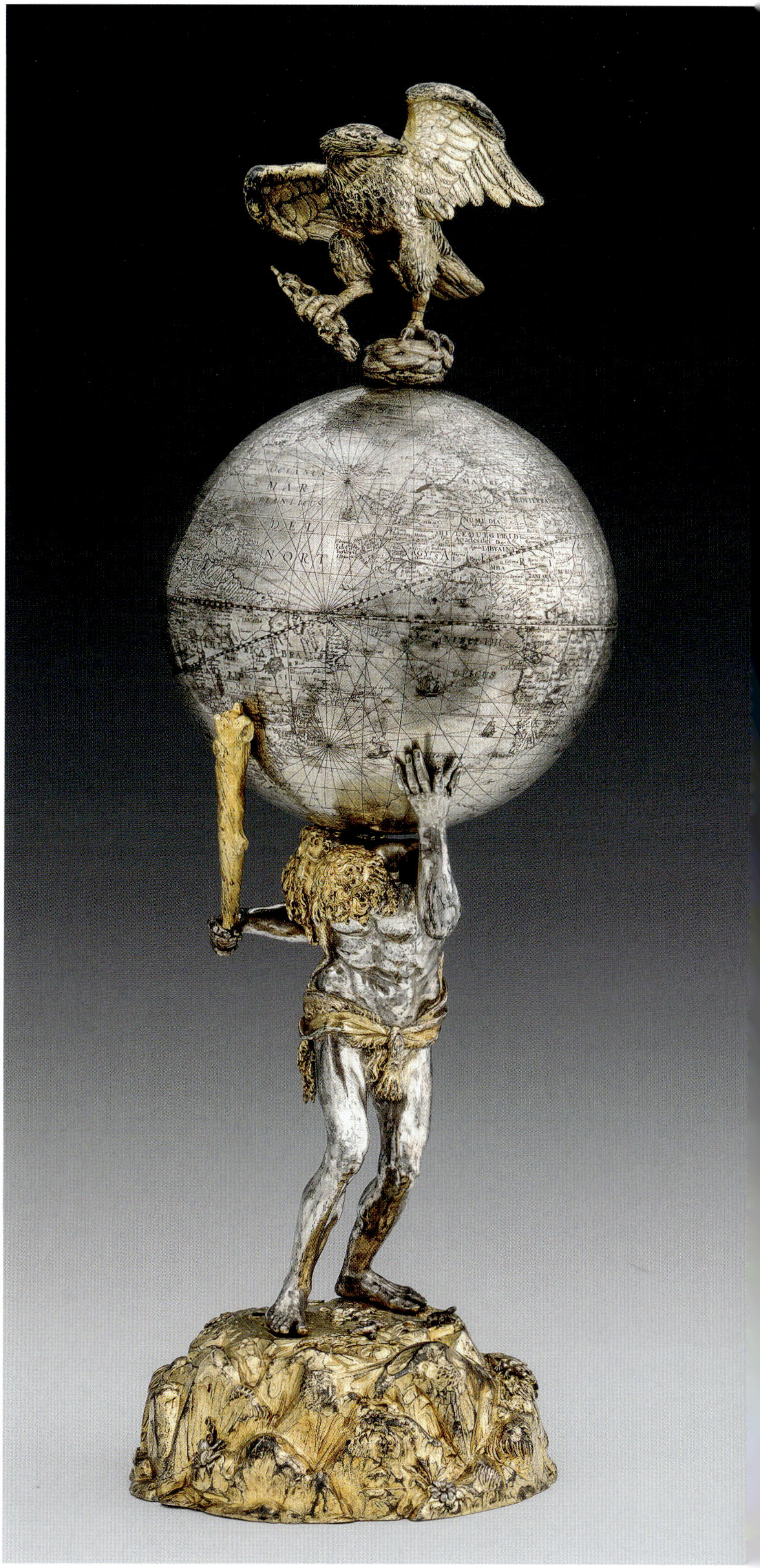
MAR
DEL
NORT

Der Goldschmied Sebastian Dattler schuf 1621, im gleichen Jahr, in dem er an den sächsischen Hof kam, das Silberrelief, auf dem Kurfürst Johann Georg I. als heroischer Kämpfer von Merkur und Minerva gerüstet wird. Während der kniende Merkur dem Kurfürsten die geflügelten Schuhe festbindet, schiebt ihm Minerva den blanken Schild über den Arm. Der Kurfürst selbst versichert sich mit energischem Blick, dass sein breites Schwert fest gegürtet ist. Das detailreiche, teilweise erhabene Relief ist aus einem einzigen Stück Silberblech getrieben und eine technische Meisterleistung. Selbst die ausgeprägte Muskulatur der Figuren wurde sorgfältig in Treibarbeit aus dem Edelmetall moduliert. Weitere Feinheiten arbeitete der Goldschmied durch Ziselieren heraus.

Dattlers Darstellung des antikisch gekleideten Kurfürsten geht fast bis ins Detail auf einen ebenfalls meisterhaften Kupferstich Jan Mullers zurück, den dieser 1604 in Amsterdam nach einer Bildvorlage des kaiserlichen Hofmalers Bartholomäus Spranger angefertigt hatte. Thema dieses Blattes war Perseus, der, von dem Götterpaar gerüstet, für König Polydektes von Seriphos zum Kampf gegen die Medusa und zur Befreiung der Andromeda aufbrach. Die Bildvorlage wurde von Dattler durchaus bewusst gewählt, denn auch Johann Georg I. hatte für Kaiser Ferdinand II. einen wichtigen Sieg errungen. 1620 besetzte er die aufständische Ober- und Niederlausitz und erstürmte im Oktober das belagerte Bautzen. Es war der Versuch des lutherischen Kurfürsten, einen allgemeinen Religionskrieg im Reich zu verhindern, indem er half, den böhmischen Aufstand zu beenden. Im November 1620 gelang den kaiserlichen Truppen mit dem Sieg am Weißen Berg bei Prag die Niederschlagung des böhmischen Aufstands und die Vertreibung des reformierten Friedrichs V. von der Pfalz, der als sogenannter Winterkönig in die Geschichte einging. Das Silberrelief feiert dementsprechend den ersten kursächsischen Sieg des beginnenden Dreißigjährigen Krieges im Bildkanon des gerade vergangenen Prager Hofstils.

Wie dieses Silberrelief sind auch die vier goldenen Hausbecher des Grünen Gewölbes sprechende Zeugnisse jener Epoche. 1635, in einer Phase trügerischen Friedens, gab Johann Georg I. sie bei dem Dresdner Goldschmied Abraham Schwedler d. J. in Auftrag. 1634 war der kaiserliche Generalissimus Valdštejn (Wallenstein) in Eger ermordet worden. Zeitgleich hatten sich die Schweden besiegt aus Norddeutschland zurückgezogen. Die protestantischen Reichsstände neigten unter der Führung Sachsens zu einem Vergleich mit dem Kaiser, den Johann Georg I. im November 1634 mit dem Vorfrieden zu Pirna einleitete und am 30. Mai 1635 mit dem Frieden von Prag zwischen Kurfürst und Kaiser abschloss. Fast alle Reichsstände nahmen diesen Friedenschluss an. Der Krieg im Reich schien nach 18 Jahren beendet.

In dieser positiven Grundstimmung entstanden die zwischen 1 379 und 1 386 Gramm schweren Becher aus purem Gold. Gedacht waren die wertvollen Schaustücke, in denen reines Gold im Gegenwert von 3 060 Talern verarbeitet wurde, für die vier Söhne des Kurfürsten – den ältesten Sohn Herzog Johann Georg, der ihm nachfolgen sollte, und die drei jüngeren Herzöge August, Christian und Moritz, die, im Gegensatz zur bisherigen Erbschaftsregelung, nach dem Ableben des Vaters ein vom Kurfürstentum abhängiges Herzogtum erhalten sollten. Sie wurden dadurch zu den Begründern der Nebenlinien Sachsen-Weißenfels, Sachsen-Merseburg und Sachsen-Zeitz.

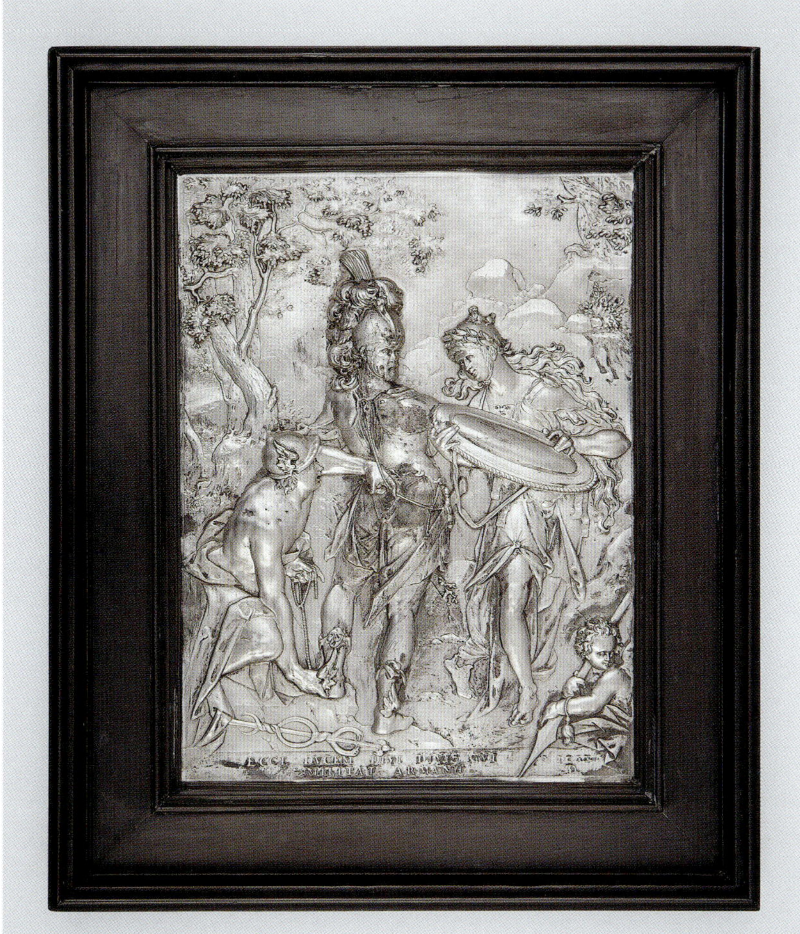

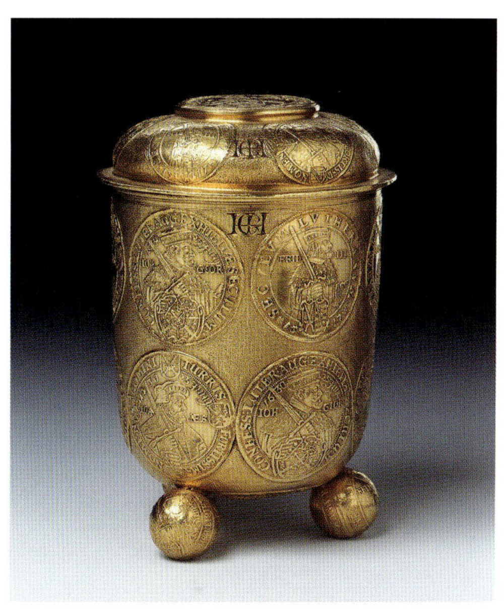

Den vier in Gewicht und Form nahezu gleichwertigen Münzbechern kam die Funktion einer Insignie zu. In die massigen Wandungen der Gefäße wurden beziehungsreiche Gedenkmünzen, Münzabschläge und Erinnerungsmedaillen eingefügt, die auf wichtige Feiern, Jubiläen und Funktionen Johann Georgs I. verwiesen. Die Vergabe dieser gleichwertigen Becher an jeden der erbenden Söhne geschah wohl in der Absicht einer zukunftsorientierten Mahnung zur christlich-brüderlichen Verbundenheit der Familie. Ebenso symbolträchtig wie die Vergabe war auch ihre Rückkehr in die Dresdner Schatzkammer. Im 18. Jahrhundert starben alle drei Nebenlinien im Mannesstamm aus. So kehrte mit dem Tod des letzten Herzogs von Sachsen-Weißenfels im Jahr 1746 schließlich auch der vierte Becher des Hauses Wettin – und das zugehörige Territorium – in den Besitz des sächsischen Kurfürsten zurück.

Mit seiner fast zylindrischen, sich am Lippenrand konisch erweiternden Kuppa und seinem vasenförmigen Schaft folgt dieser Pokal von imposanter Größe einem beliebten und weit verbreiteten Typus von silbernen Trinkgefäßen. Für welchen Zweck dieser Pokal geschaffen wurde, besagt eine Inschrift am äußeren Rand der Kuppa: »DER CHURF SACHS SAIGERHUTT GRUNTHAL GERECHTIGKEIT WILLKOMM«. Es handelt sich also um den Willkommpokal einer der bis heute erhaltenen, im 16. und 17. Jahrhundert hoch profitablen Anlagen der Montanindustrie nahe Olbernhau im mittleren Erzgebirge. Dort war wegen der waldreichen Gegend und Wasserenergie beisteuernden Bäche 1537 eine Saigerhütte angesiedelt worden. 1567 gelangte das Großunternehmen in den Besitz des Kurfürsten August. Saigerhütten waren Anlagen, in denen silberhaltiges Schwarzkupfer geschmolzen und diesem dann Blei hinzugefügt wurde. So konnte das Silber vom Kupfer getrennt werden. Das im Blei gebundene Silber des Schwarzkupfers wurde anschließend in einem Pochwerk mit einem wassergetriebenen Hammer vom Blei getrennt. In dieser Art Scheideanstalt entstanden damit aus Schwarzkupfer und Blei reines Silber und raffiniertes Kupfer – ein für die frühe Neuzeit fast schon alchemistisch erscheinendes Verfahren.

Die Wandung der Kuppa schildert in drei großen Reliefs nach Vorlage der 1556 von Georg Agricola veröffentlichten Schrift »De re metallica libri XII« die Hüttenarbeit am Schmelzofen. Drei kleinere, ebenfalls in einer Reihe angeordnete Reliefs zeigen verschiedene Schmelzöfen und Arbeitsgeräte. Den mit getriebenem Ornament und drei Medaillons mit Putten verzierten Deckel bekrönt eine farbig gefasste Statuette eines Schmelzers, der eine Art Schild mit dem kurfürstlichen Wappen hält. Der in Freiberg, dem sächsischen Zentrum des Silberbergbaus, als Goldschmiedemeister tätige David Winckler schuf den prächtigen Pokal wohl im Auftrag des kurfürstlichen Faktors August Rothe für den Preis von 104 Talern. Die 2 481 Gramm besonders reinen Silbers, aus dem der Pokal besteht, stellte die den Auftrag gebende Hütte, wie aus der Inschrift im Deckelinneren hervorgeht, aus eigener Produktion.

1625, als der Willkomm entstand, hatte sich der vor sieben Jahren begonnene »Teutsche Krieg« schon über die Grenzen des Heiligen Römischen Reiches deutscher Nation zum europäischen Konflikt entwickelt. Heidelberg war erobert, der böhmische Adel weitgehend vertrieben, und der dänische König griff in den Krieg ein. Die Saigerhütte Grünthal litt unter den ökonomischen Folgen des Krieges, aber erst 1632 kam er tatsächlich mit dem kaiserlichen Heer bei ihr an.

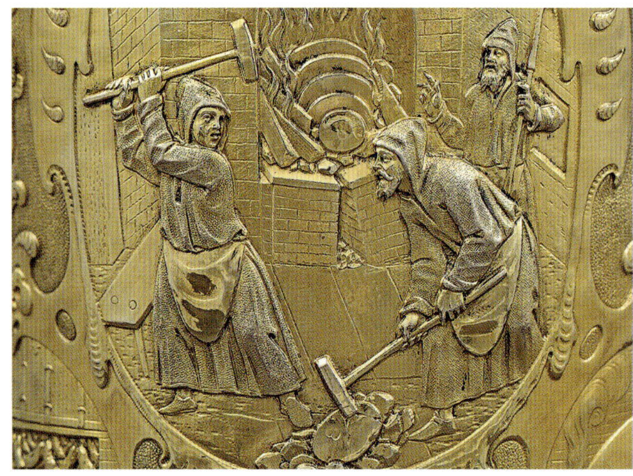

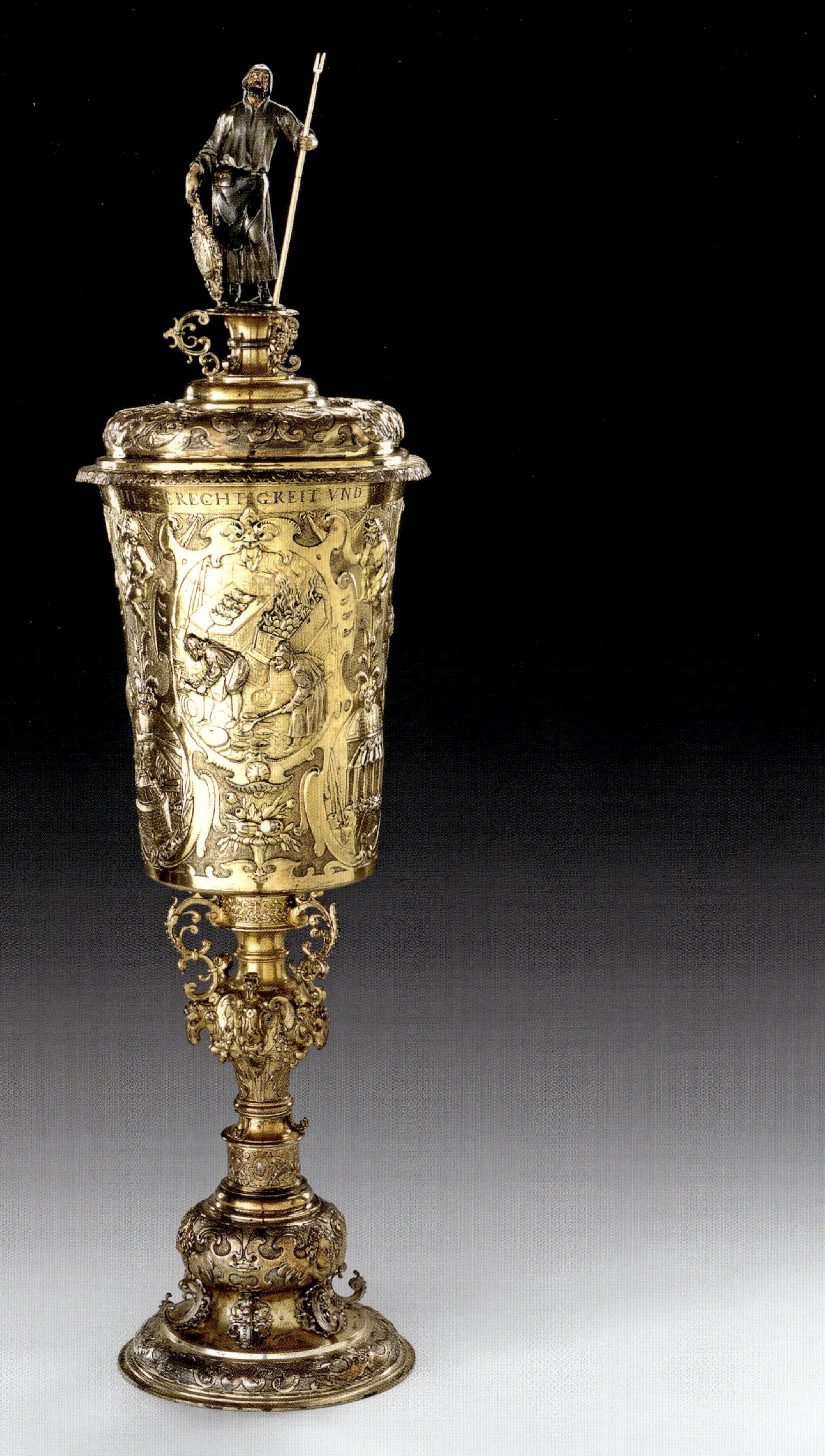

Martialische Trinkspiele in Form von Kanonen und Mörsern befanden sich gleich mehrfach im Besitz des sächsischen Kurfürsten Johann Georg I. Dieser galt zwar als trinkfreudig – wie so gut wie alle Adeligen seiner Zeit –, war aber auch seinem neu aufgestellten Heer zugeneigt. Im Bestand der Rüstkammer befindet sich noch heute eine silberne Kanone auf hölzerner Lafette, die der Nürnberger Goldschmied Jeremias Ritter um 1620 geschaffen hat. Auch das Trinkspiel in Form eines Mörsers gelangte aus der Rüstkammer ins Grüne Gewölbe. Das Steilfeuerschütz mit kurzem Rohr wurde vor allem im Festungskrieg genutzt. Dass solche gegossenen Geschütze kunstvoll ausgestaltet waren, war durchaus üblich. In diesem Fall steht das Gefäß schräg auf einem viereckigen Sockel und wird von vier Delphinen »gestützt«. Auf der Wandung des Gefäßes, dem zwei weitere Delphine als Henkel angesetzt sind, findet sich ein getriebener Drache und die gepunzte Inschrift: »DER FLIEGENDE GEIST BIN ICH GENAND / EIN IEDER MICH NOCH NICHT RECHT KEN / WENN AUS MIER MEINE IVNGEN FLIEGEN / THUT MANCHER SICH DURCH MICH BETRIEGEN«. Auch solche Reime gehörten zu den Geschützen der Frühen Neuzeit. Der Deckel hat die Form der Mündung, aus der die Hälfte einer Granate sowie Feuer in Form von silbernen Bändern hervorragen. Das militärische Trinkspiel entstand wohl um 1650 – und damit am Ende des Dreißigjährigen Krieges – in der Werkstatt von Friedrich Klemm. Vor allem die gute Befestigung Dresdens, aber auch das gut ausgestattete Arsenal im heutigen Albertinum hatten dazu geführt, dass die kursächsische Residenzstadt mit ihrer Kunstkammer und den Schätzen des Kurfürsten nicht geplündert wurde – wie es Heidelberg, Stuttgart, München und der Rudolfinischen Kunstkammer auf der Prager Burg widerfuhr.

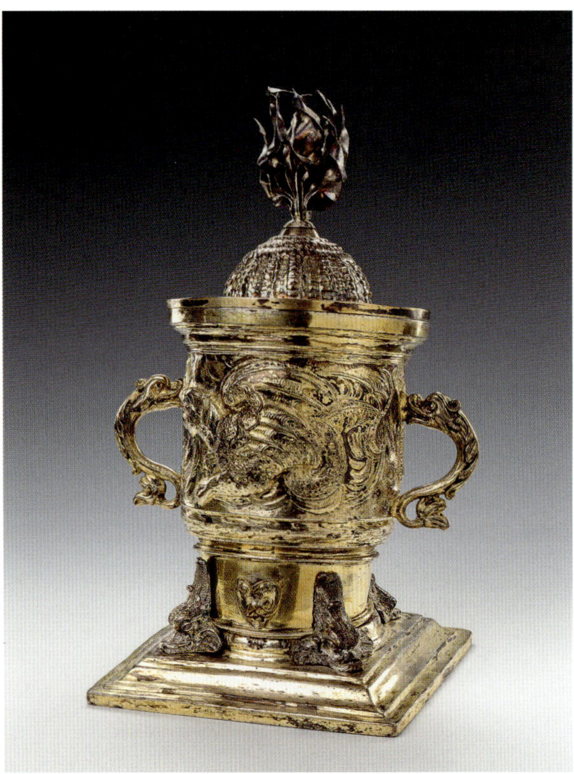

Die Sammlung des Grünen Gewölbes an Prunkgefäßen, Besteckteilen, Kassetten und sogar Skulpturen aus Bernstein, dem »Zauberstein« der Ostsee, ist außergewöhnlich vielfältig und qualitätsvoll. Als kostbare Erwerbungen der sächsischen Kurfürsten, vor allem aber als Diplomaten- und Staatsgeschenke der brandenburgisch-preußischen Herzöge, Kurfürsten und später auch Könige gelangten seit der Renaissance bis zum Ende des Barock Luxusobjekte aus baltischem Bernstein in die Kunst- und auch in die Schatzkammer des Dresdner Residenzschlosses. Darunter befinden sich mehrere zu Beginn des 17. Jahrhunderts entstandene, kostbar gefasste und verzierte Arbeiten, die wohl Georg Schreiber, einem hochangesehenen Künstler aus Königsberg, zugeordnet werden können. Die im Kunstkammerinventar im Jahr 1662 eingetragene, »als eine Schnecke oder Schifflein formiret« bezeichnete Kanne ist aus dünnen Bernsteinplatten zusammengesetzt, auf denen Reliefs mit Früchten und Blumen, aber auch Grotesken- und Rankenornamente eingeschnitten wurden. Die beiden größten Platten zeigen im Flachrelief Allegorien von Europa und Asien, jede in einem Festwagen sitzend. Das ähnlich gearbeitete zugehörige Becken dieses kostbaren Schauobjekts hat sich erhalten.

Ebenfalls aus Bernsteinsegmenten zusammengefügt ist eine kostbar in Gold und Email gefasste gebauchte Kanne. Sie umzieht ein Fries von acht erhaben geschnitzten Darstellungen antiker Gottheiten. In der unteren Zone sind die Platten mit phantasiereichem Ornament von hoher Qualität bedeckt.

Für feine, freiplastische Schnitzerei ist Bernstein ein zu sprödes, leicht zerbrechliches Material. Er erlaubt kaum mehr als eine unzulängliche Modellierung physiognomischer Details. Aus diesem Grund wurden Haupt und Hände der Bernsteinstatuetten häufig in

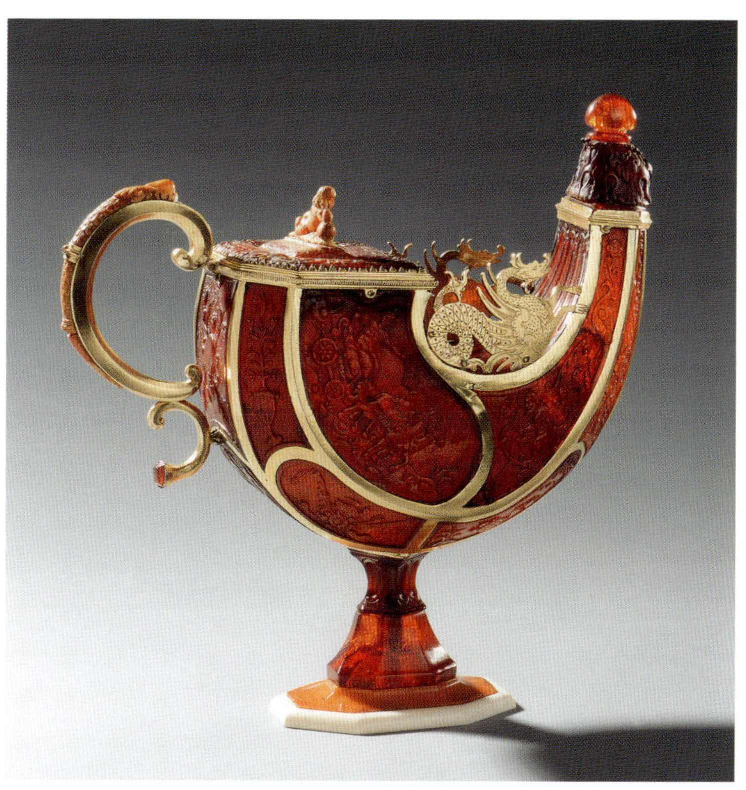

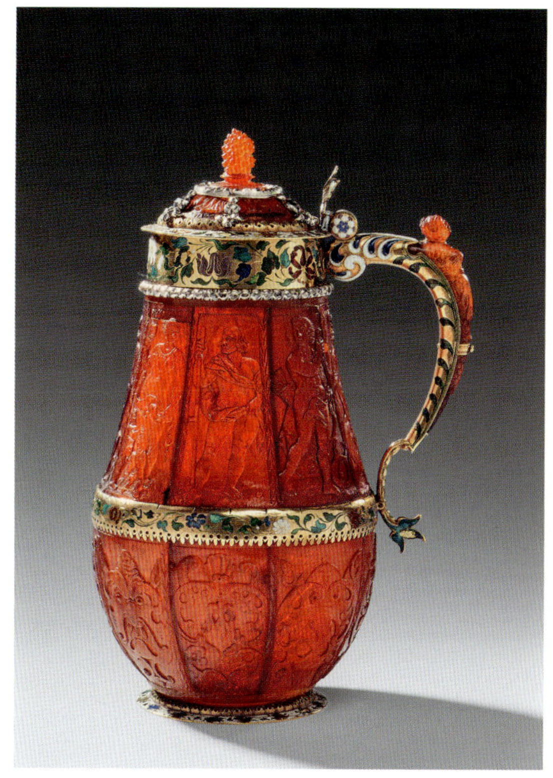

Elfenbein angesetzt. Mit seiner Gruppe der drei Grazien in Dresden und weiteren themen-
verwandten Arbeiten in Museen in Wien, Künzelsau, Modena und London schuf der
um 1680 in Danzig arbeitende Bernstein- und Elfenbeinschnitzer Christoph Maucher bemerkenswerte Kunstwerke. Die aus einem großen Bernsteinbrocken geschnittenen Figuren
der etwas füllig wirkenden Töchter des Zeus, die Göttern wie Menschen Anmut, Schönheit und Freude bringen sollen, weisen eine für das Material ungewöhnlich einfühlsame
plastische Durchbildung der Körper auf und erhielten durch die matt polierte Oberfläche
des Bernsteins einen fast schon sinnlichen Reiz.

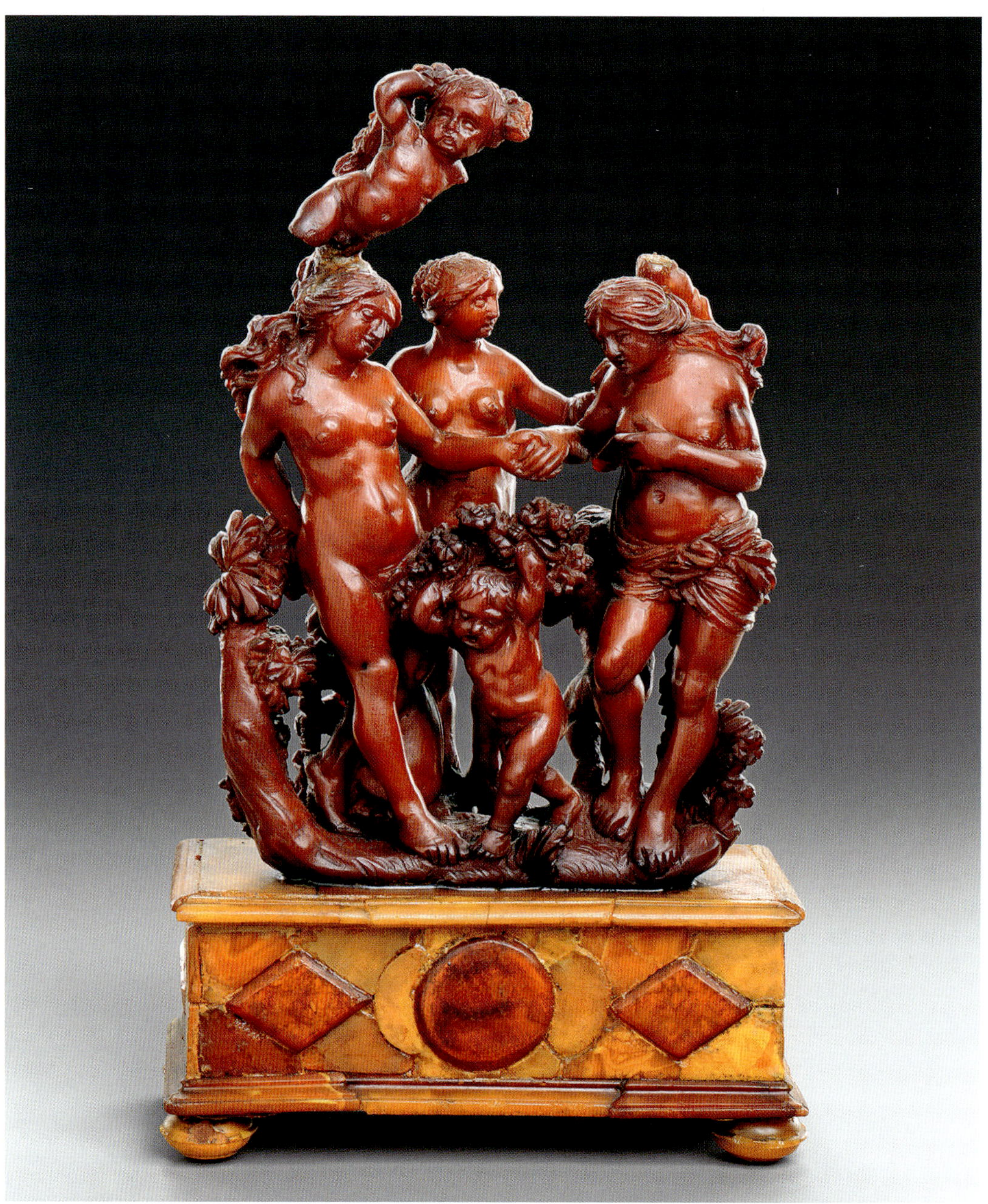

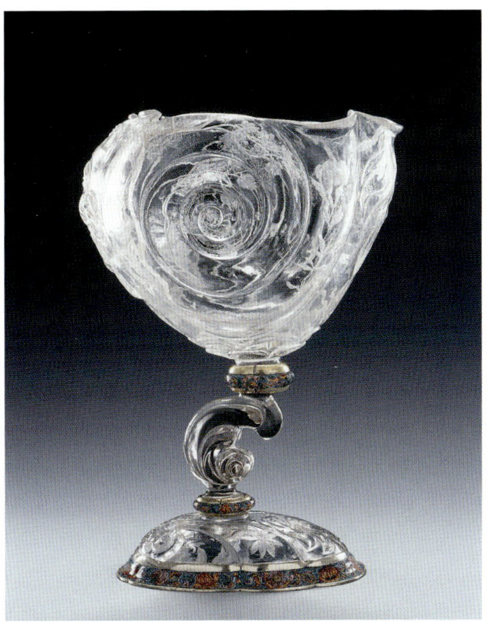
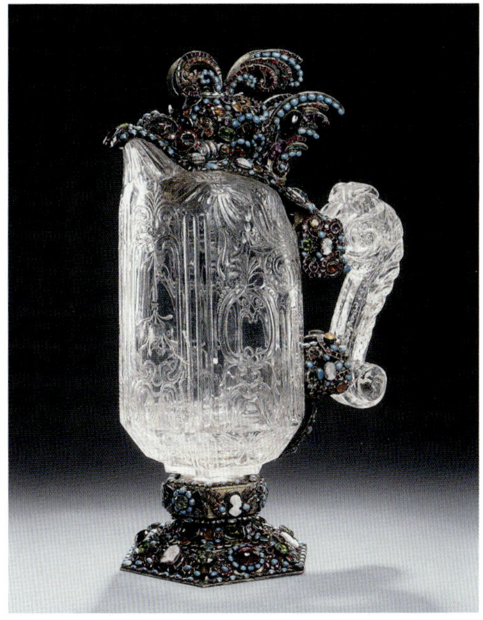

Nach dem Ende des Dreißigjährigen Krieges und der damit verbundenen kulturellen und wirtschaftlichen Krise begann sich die Schatzkunst zu Beginn der 1650er Jahre zu erholen. Die Bewunderung in der zweiten Hälfte des 17. Jahrhunderts galt allerdings nicht mehr so sehr der sinnlichen, feingestalteten Form der Sammlungsstücke als vielmehr der eindeutigen Kostbarkeit und Fülle des Materials. Die 42 Zentimeter hohe Prunkkanne aus Bergkristall ist ein Beispiel dafür. Sie wurde kurz nach 1650 in der Werkstatt des Dionysio Miseroni auf der Prager Burg geschaffen und kam wohl als Geschenk des Kaisers nach Dresden. Die Kanne bewahrt in ihrer sechskantigen Grundform die Kristallstruktur eines ungewöhnlich großen und reinen Bergkristalls, aus dem sie einst geschnitten wurde. Das Gefäß ist mit seinem blockhaften Umriss und den strengen Ornamenten eng mit einer von Kaiser Ferdinand III. in Auftrag gegebenen Gruppe von Gefäßen verwandt, die in der Wiener Kunstkammer aufbewahrt werden. Gegenüber den Schöpfungen seines berühmteren Vaters Ottavio, dessen phantasievoll plastische Gestaltung Ausdruck der Kultur am Hof Kaiser Rudolfs II. war, spiegeln die blockhaftmächtigen Werke Dionysio Miseronis den veränderten Zeitgeschmack wider.

Der barocke Geschmack der beginnenden zweiten Hälfte des 17. Jahrhunderts wird auch in einem großen, in Augsburg gefertigten Bergkristall sichtbar. Auf seiner Wandung sind beiderseits reliefartig im Hochschnitt ornamental schneckenartig eingerollte Formen eingeschnitten sowie im Tiefschnitt feine langstielige Pflanzenblätter. Die gesamte Breite der Rückseite nimmt ein bärtiger Satyrkopf mit seinen typischen spitzen Ohren und hoher Stirn ein. Der nach unten spitz zulaufende Gefäßkörper hat eine Höhe von 19 Zentimetern und einen Durchmesser von 23 zu 21 Zentimetern und ruht spannungsreich auf einem volutenförmigen Schaft aus einem sehr klaren Bergkristall, der auf einem Fuß aus einer stilisierten Muschelschale aufsitzt. Charakteristisch für die Augsburger Fassungen dieser Zeit ist der mit Emailmalerei verzierte Schaftring, bei dem auf hellblauem Emailgrund naturalistische Blüten von Tulpen, Narzissen, Lilien, Chrysanthemen und Nelken zu sehen sind.

Die beiden führenden europäischen Fürsten lutherischen Glaubens, der dänische König und der Kurfürst von Sachsen, verbanden sich 1634 in einer entscheidenden Phase des Dreißigjährigen Krieges dynastisch durch die Eheschließung ihrer Kinder. Prinz Christian, der Auserwählte Prinz, heiratete in Kopenhagen Magdalena Sibylla von Sachsen. Christian IV. überließ dem kunstinteressierten jungen Paar die im Lusthaus bei Schloss Frederiksborg verwahrte Kronsammlung. Zu ihr gehörte auch die kostbar gestaltete Jaspisschale, deren Schaft einen Delphin darstellt. Seit dem 15. Jahrhundert war »Dauphin«, die französische Bezeichnung für »Delphin«, der Titel des Thronfolgers, der auch vom dänischen König für seinen Sohn übernommen wurde. Der kraftvolle Neptun, der bereit ist, mit seinem Dreizack ein Meeresungeheuer zu töten, steht zudem für den Machtanspruch der dänischen Könige, Herrscher über die Ostsee und das Nordmeer zu sein. Nachdem der Auserwählte Prinz 1647 unvermutet bei Dresden verstorben war, verblieb seine Prunkschale in dänischem Besitz. Sie gelangte schließlich 1717 aus dem Erbe Anna Sophias von Dänemark, der Mutter Augusts des Starken, ins Grüne Gewölbe.

Die junge Witwe Magdalena Sibylla kehrte 1652 aus Dänemark an den sächsischen Hof zurück, wo ihre Wiedervermählung anstand. Im Gepäck hatte sie ein aus purem Gold bestehendes Horn mit ihrem Monogramm. Es wurde als Erinnerungsstück an die glücklichen Jahre des Kronprinzenpaares kurz vor ihrer Abreise in Dänemark anfertigt. Das Goldene Jagd- und Trinkhorn bezieht sich auf ein 1638 in der Nähe von Tøndern in Südjütland gefundenes germanisches Goldhorn, dass in der Gelehrtenwelt des 17. Jahrhunderts große Aufregung erregte. Der dänische König schenkte diese Kostbarkeit der Vorzeit seinem Sohn. Als der Kronprinz verstarb, blieb das goldene Horn von Tøndern im Besitz seiner Gattin – allerdings unter der Bedingung, dass sie Dänemark nicht verlassen und sich nicht wieder vermählen würde. Das 1 368 Gramm schwere Goldhorn des Grünen Gewölbes ist eine freie Kopie des um 500 n. Chr. entstandenen Originals. Die auf ihm montierten schmuckartigen Besatzstücke stammen wohl aus dem reichen Brautschmuck der sächsischen Prinzessin. Magdalena Sibylla heiratete im Jahr 1652 Herzog Friedrich Wilhelm II. von Sachsen-Altenburg. Ihr goldenes Horn gelangte erst sehr viel später auf dem Erbweg zurück nach Dresden. Das goldene Horn von Tøndern hingegen ist seit 1802 verschollen, sodass die kostbare Barockkopie des Grünen Gewölbes die einzige Erinnerung an einen der spektakulärsten archäologischen Funde des 17. Jahrhunderts darstellt.

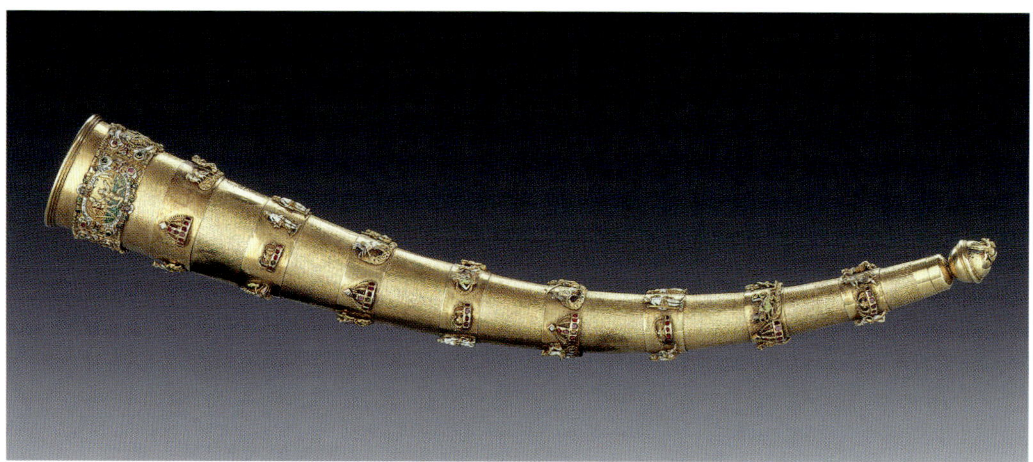

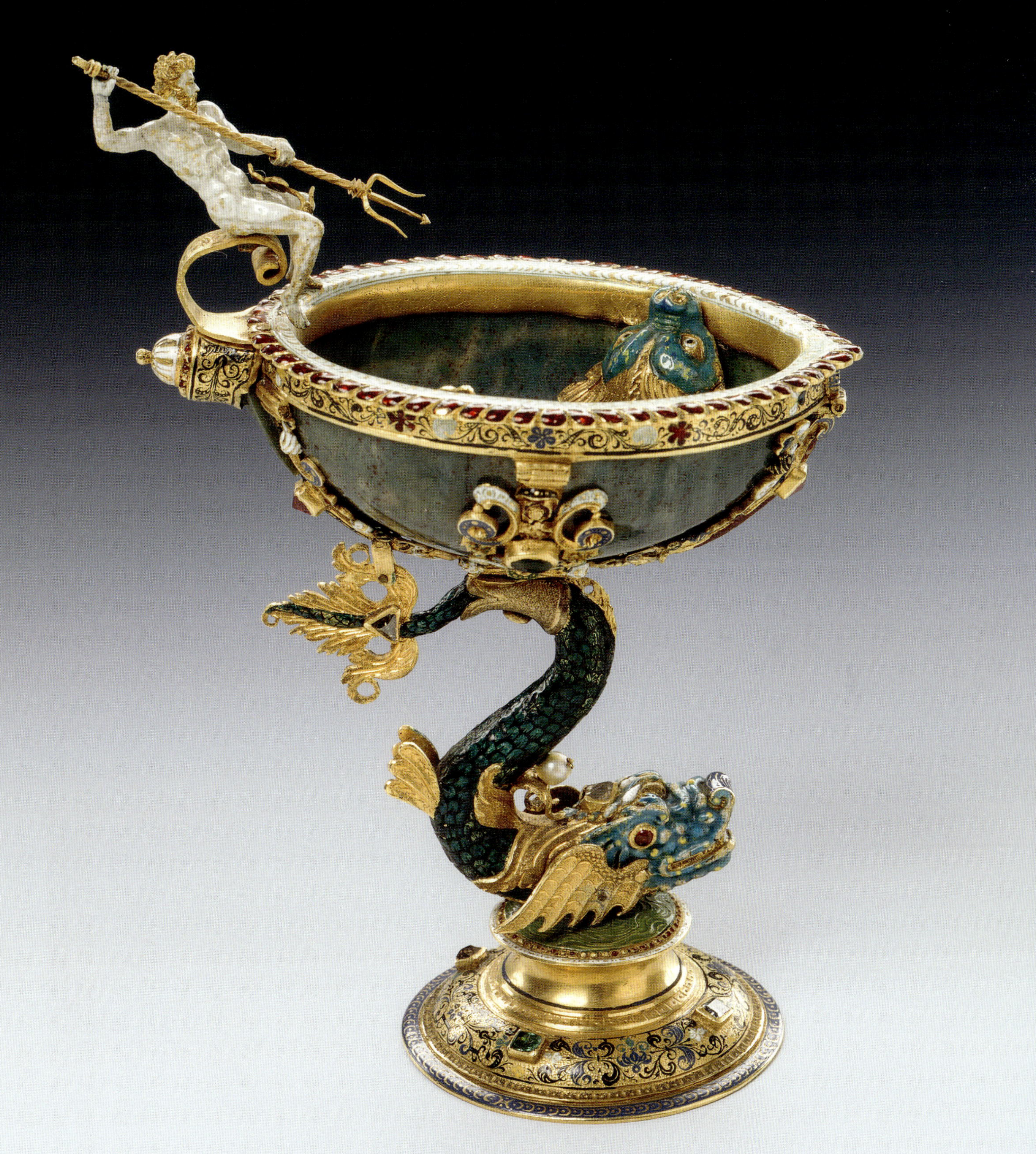

Melchior Barthel war einer der bedeutendsten Elfenbeinkünstler seiner Zeit. 1625 in Dresden geboren, lernte er seine Kunst ab 1647 bei David Heschler in Ulm. Über Rom führte ihn der Lebensweg nach Venedig, wo er von 1653 bis 1670 unter dem Namen Medriò Bertelli erfolgreich tätig war. Zu seinem bildhauerischen Hauptwerk gehören die monumentalen steinernen »Mohrenatlanten« für das Grabmal des Giovanni Pesaro. Vor allem aber sind es kleinformatige, auf Nahansicht durch kenntnisreiche Sammler und Connaisseure geschaffene Elfenbeinfiguren, die heute seinen künstlerischen Ruf begründen.

Dazu gehört die Darstellung der Venus mit dem kleinkindhaften Liebesgott Amor. Barthel hat der unwiderstehlichen Göttin der Schönheit und des erotischen Verlangens einen weich modellierten, harmonisch proportionierten Körper gegeben. Mit der linken Hand wehrt sie behutsam den Versuch des auf seinem leeren Pfeilköcher hockenden Amorknaben ab, an den Bogen zu gelangen, den seine Mutter mit der Rechten hält. Von dem filigran geschnittenen Bogen, der Pfeile der Liebe wie auch der Abneigung verschießen konnte, hat sich nur noch der obere Teil erhalten.

Viel dramatischer gibt sich die Darstellung der Kleopatra: Die für ihre verführerische Schönheit berühmte und geschmähte letzte ägyptische Herrscherin wird von Melchior Barthel in dem Moment dargestellt, in dem sie sich durch den Biss einer Giftschlange das Leben nimmt. Das Gesicht der ägyptischen Königin zeigt den ganzen Schmerz und die Verzweiflung, die sie in ihrer letzten Lebensminute empfunden haben wird. Die Tragödie, die von Schönheit, höchstem Prunk, Machtkampf und Tod des klassischen Liebespaares Kleopatra und Antonius handelt, wurde bereits im 17. Jahrhundert auf den Bühnen zahlreicher Opern- und Schauspielhäuser geschildert. Sie stand archetypisch für Liebe und Tod.

Wie erst vor wenigen Jahren nachgewiesen werden konnte, sind diese beiden Skulpturen von Wolf Caspar von Klengel, sächsischer Oberlandbaumeister und zugleich Inspektor der Kunstkammer, 1659 Kurfürst Johann Georg II. übergeben worden. Der überlieferte Eintrag im seit 1945 vermissten Zugangs- und Abgangsverzeichnis der Kunstkammer vom 24. November 1659 verzeichnete zu den beiden Figuren: »sind in Italia von einem Dresdner, nahmens Melchior Bartheln, so sich daselbst niedergelassen, verfertiget«. Klengel war mehrfach als Kunstagent des Kurfürsten in Venedig und hat diese Werke dort wohl direkt vom jungen Melchior Barthel erworben. Jahre später sorgte Klengel dafür, dass der nach Dresden zurückgekehrte Künstler von 1670 bis zu seinem Tod 1672 als kursächsischer Hofbildhauer Anstellung fand. Drei weitere an der Antike und der Kunst der Spätrenaissance orientierte Werke Barthels haben sich im Grünen Gewölbe erhalten.

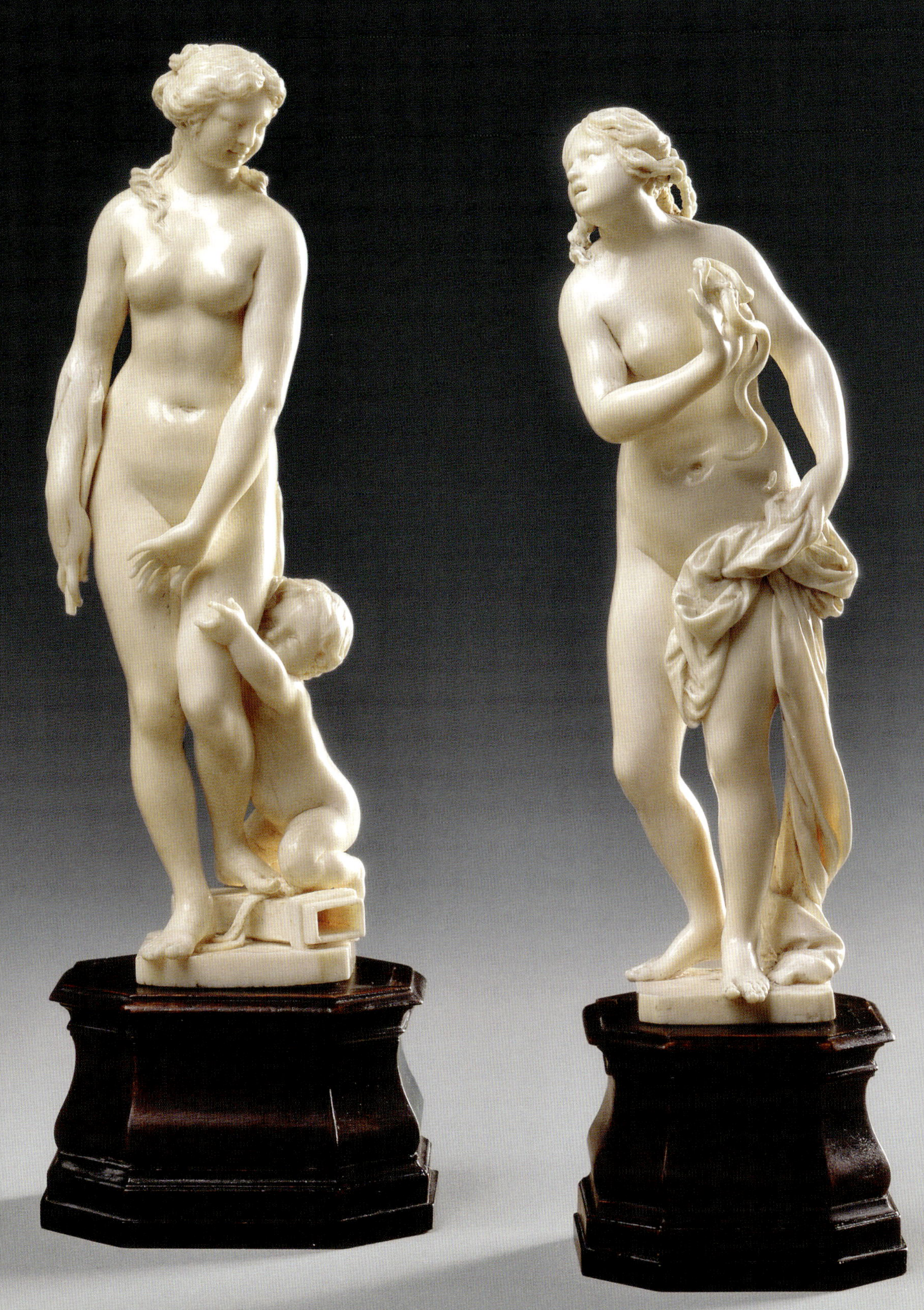

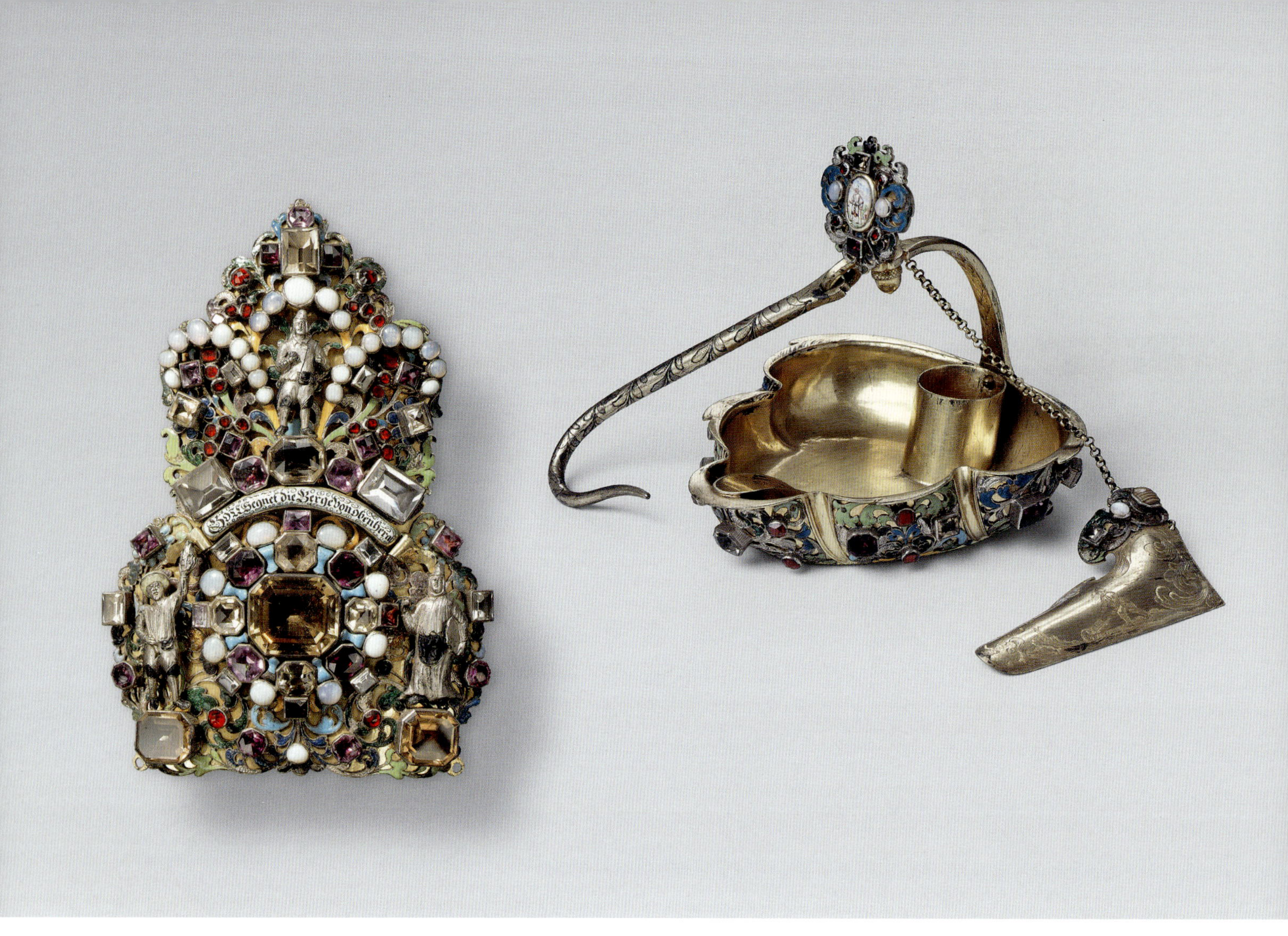

Die ebenso ungewöhnliche wie prachtvolle Bergmannsgarnitur Johann Georgs II. ist ein augenfälliger Beleg für das schnelle wirtschaftliche Erstarken Sachsens nach dem Ende des Dreißigjährigen Krieges. Der Anlass für ihr Entstehen war die für Februar 1678 verabredete »Durchlauchtigste Zusammenkunft« des Kurfürsten und seiner Familie mit seinen jüngeren Brüdern, den Herzögen August von Sachsen-Weißenfels, Christian von Sachsen-Merseburg und Moritz von Sachsen-Zeitz, die in Dresden stattfand. Bei einer der dazu veranstalteten Festlichkeiten, dem Aufzug des Merkur »mit der Bergwercks-Invention«, zeigte sich der Kurfürst von Sachsen »in einem Bergk-Habit, mit Golde reich ausgemachet, und das Bergk-Zeug, als Sebel, Parthe und anderer Zubehör alles von Silber und andern embelliret, auch mit Landsteinen reich versetztet«. Der Goldschmied Samuel Klemm hatte für Johann Georg II. zwischen 1675 und 1677 in Freiberg und – so besagt es eine Inschrift an der Bergbarte – ausschließlich aus Materialen, die im sächsischen Kurfürstentum gefunden wurden, eine Prunkgarnitur geschaffen, mit der sein Herrscher in der typischen Kleidung eines Steigers als erster Bergbeamter seines Landes auftrat.

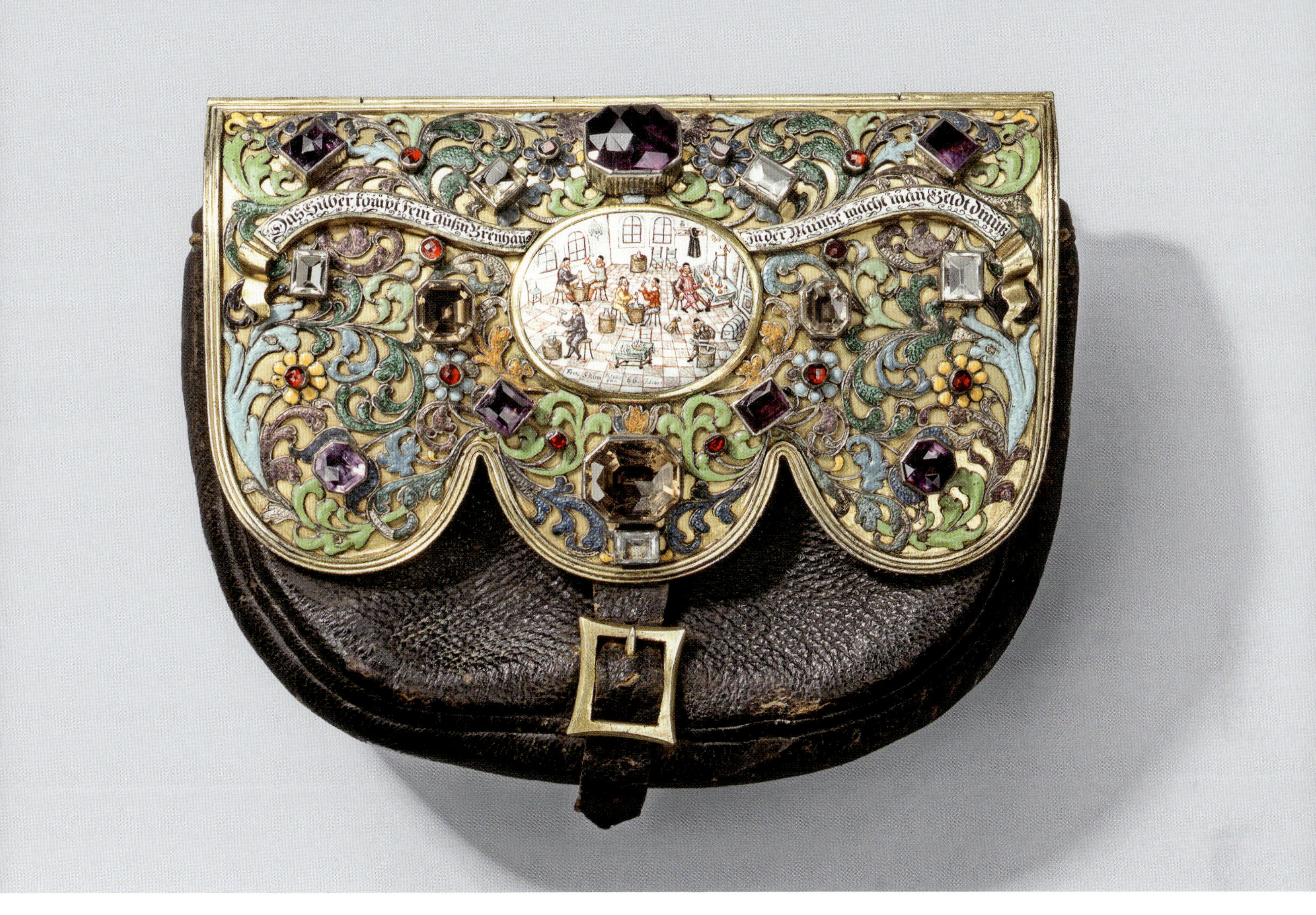

Silber, teilweise vergoldet,
Email, Granat, Bergkristall,
Amethyst, Opal, verschiedene
Quarzvarietäten
Samuel Klemm
Freiberg, 1675–1677
H. 16 cm, 14 cm, 11,5 cm
Inv.-Nrn. VIII 317, VIII 323 a,
VIII 324

Zu den schmuckvollen Teilen der Festtracht gehören eine Axt (Bergbarte) und ein Säbel
samt den Schnallen für ein zugehöriges Gehänge, ein kurzes Messer (Tscherper) zur
Bearbeitung des Talgs, die Tscherpertasche zur Aufbewahrung der Leuchtmittel, die
Grubenlampe mit Dochtkratzer, eine Hutzier und die zugehörige Hutschnur, Knie-
schützer sowie Schließe, Schnallen und Sporen für die Schuhe. Die auf den verschiedenen
bergbautypischen Geräten des Festschmucks angebrachten Emailmedaillons beschreiben
detailliert den Weg des Silbererzes aus den Tiefen des Erzgebirges in die kurfürstliche
Schatzkammer – vom Wünschelrutengänger als Schatzfinder über das Graben der Silber-
minen und dem Abbau unter Tage bis hin zur Verhüttung im Schmelzofen und dem
Prägen der im ganzen Heiligen Reich begehrten sächsischen Silbertaler. Die »Durchlauchtigste Zusammenkunft« wie auch die Bergmannsgarnitur dienten dem Kurfürsten
zur Demonstration seines Standes- und Herrschaftsanspruchs gegenüber seinen Brüdern
wie auch der Öffentlichkeit. Der sogenannte Berg-Habit wurde von Johann Georg II.
nur einmal getragen.

Beide Objekte stammen aus der Werkstatt Hans Jakob Mairs. Dieser in seiner Zunft hoch angesehene Goldschmied arbeitete für viele Fürstenhäuser. Beispiele aus seinem Œuvre befinden sich deshalb in den wichtigen historischen Sammlungen in Wien, Moskau, München und natürlich Dresden. Hans Jakob Mair gelang es wohl besonders gut, der damals modischen Vorliebe für farbenfrohe und zugleich kostbar gestaltete und ausgezierte Goldschmiedewerke zu entsprechen. Die achteckige Prunkkassette, deren Inneres dem Betrachter durch in die Wandung und den Deckel eingelegte Bergkristallscheiben offenliegt, ist ein typisches Schaustück dieser Zeit. Sie eignet sich nicht als Aufbewahrungsort für Schmuck, Schreibgeräte oder anderes. Sie dient einzig dem Beeindrucken des Betrachters durch den fast schon überreichen Dekor an edelsteinbesetzten Blütenblättern, Emailperlen und bunt emaillierten Akanthusranken. Kleine Silberreliefs und Figuren auf der Wandung der Kassette stellen die vier Jahreszeiten, die vier Elemente und die vier Himmelsrichtungen dar. In der Mitte des pagodenartig einschwingenden Deckels stützen drei silbervergoldete Putti einen großen Topas. Der neugierige Blick durch die Bergkristallscheiben auf den Boden der Kassette erlaubt zudem die Betrachtung eines Reliefs mit der Darstellung der tragisch-tödlichen Fahrt des Phaeton mit dem Sonnenwagen Apolls.

Bei der Tischuhr sind es erneut Bergkristallplatten, die das Betrachten des von Elias Weckerle angefertigten Uhrwerks ermöglichen. Die quadratische, auf vier Bergkristallkugeln ruhende Tischuhr ist fast überbordend mit Amethysten und Granaten bedeckt. Olivine, Türkise und Smaragde ergänzen farbig komplementär den primär rotvioletten Grundton des Edelsteinschmucks. Das Zifferblatt der Uhr befindet sich auf dem Rücken eines ruhenden Kamels, das ein orientalisch gekleideter Treiber mit Turban zum Erheben bringen will. Diese Szenerie hat seinen Ursprung in der im letzten Drittel des 17. Jahrhunderts wieder auflebenden Türkenmode. Es war aber nicht allein die Bewunderung der osmanischen Kultur, die dies bewirkte, sondern auch die Furcht vor einer sich abzeichnenden militärischen Auseinandersetzung zwischen Kaiser und Sultan, die 1683 in der Abwehr der Belagerung Wiens durch das riesige osmanische Heer gipfeln sollte.

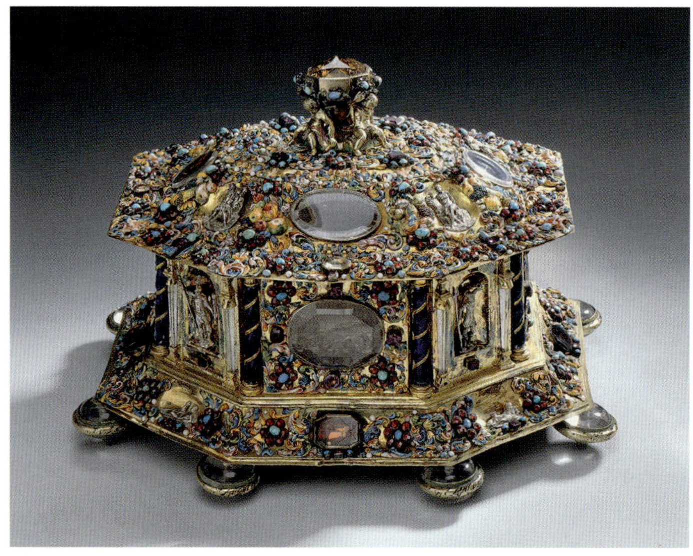

PRUNKKASSETTE

Silber, teilweise vergoldet,
Spiegel, Email, Kameen,
Edelsteine
Hans Jakob Mair
Augsburg, um 1687–1691
H. 22,1 cm, B. 31,8 cm,
T. 26,4 cm / Inv.-Nr. V 600

TISCHUHR MIT KAMEL
UND TREIBER

Silber, vergoldet, Farbfassung,
Edelsteine, Perlmutter, Email,
Kupfer, Messing, Eisen, Stahl
Goldschmiedearbeit:
Hans Jakob Mair
Uhrwerk: Elias Weckerle
Augsburg, um 1673–1677
H. 25,0 cm, B. 18,8 cm
Inv.-Nr. V 594 f

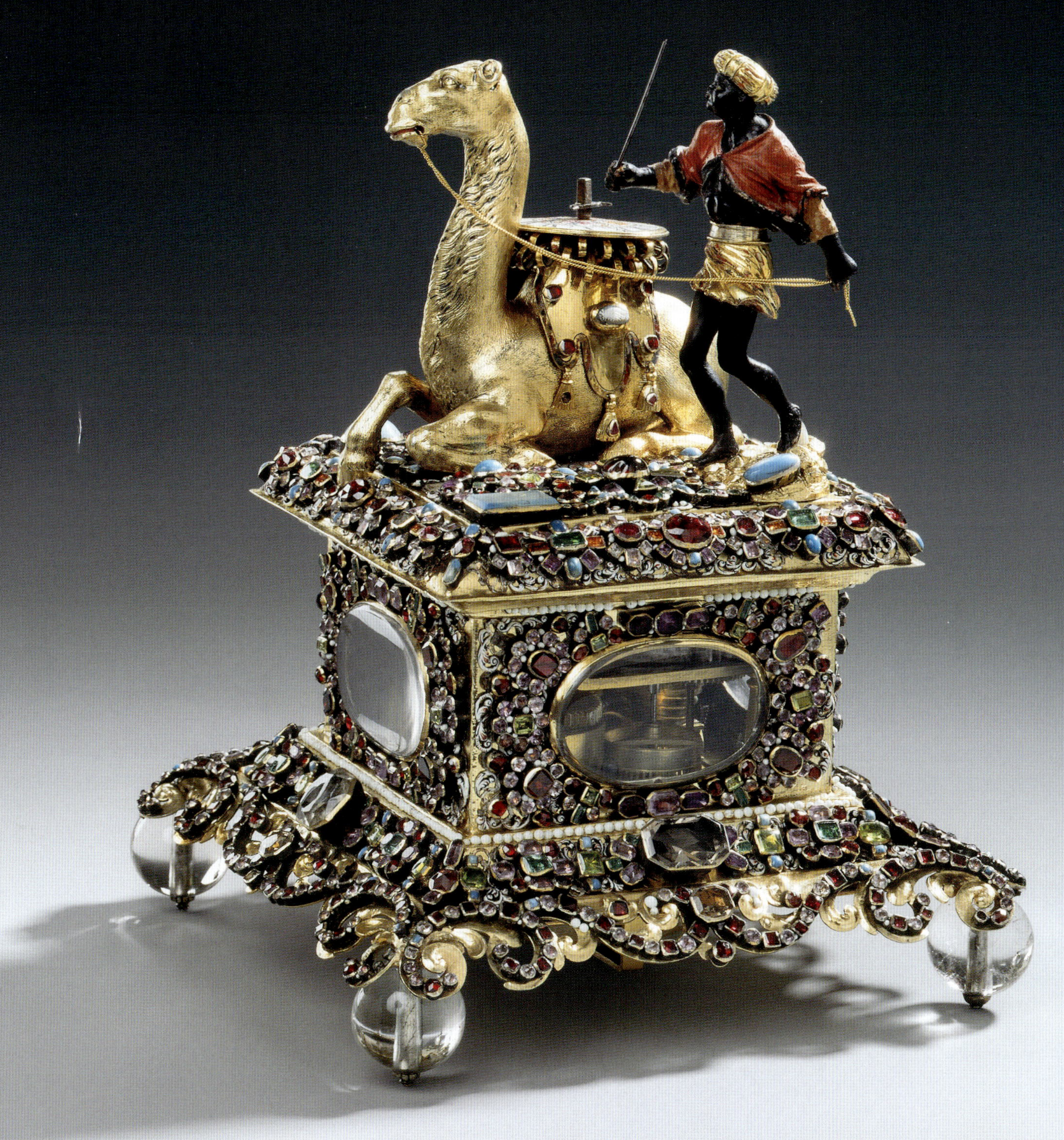

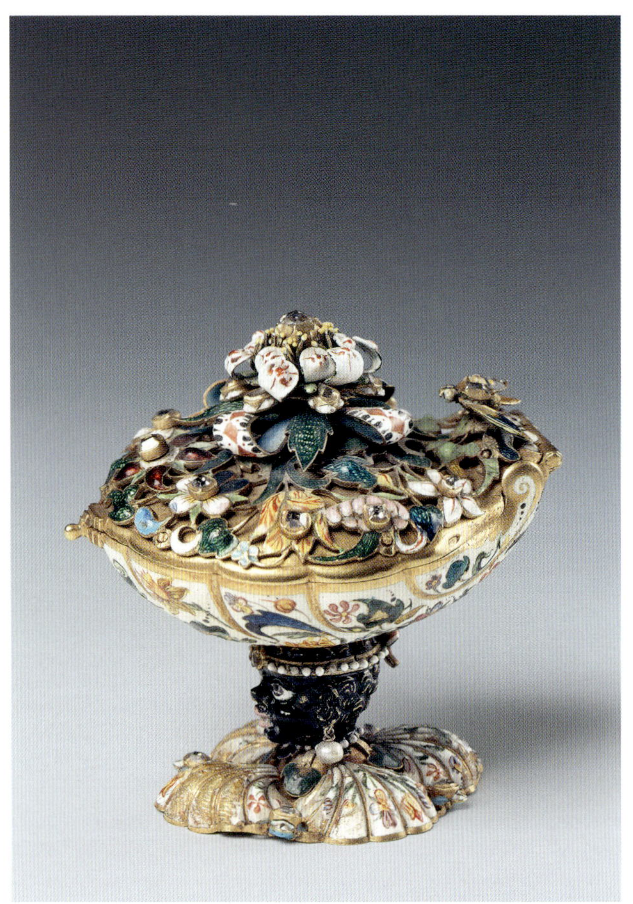 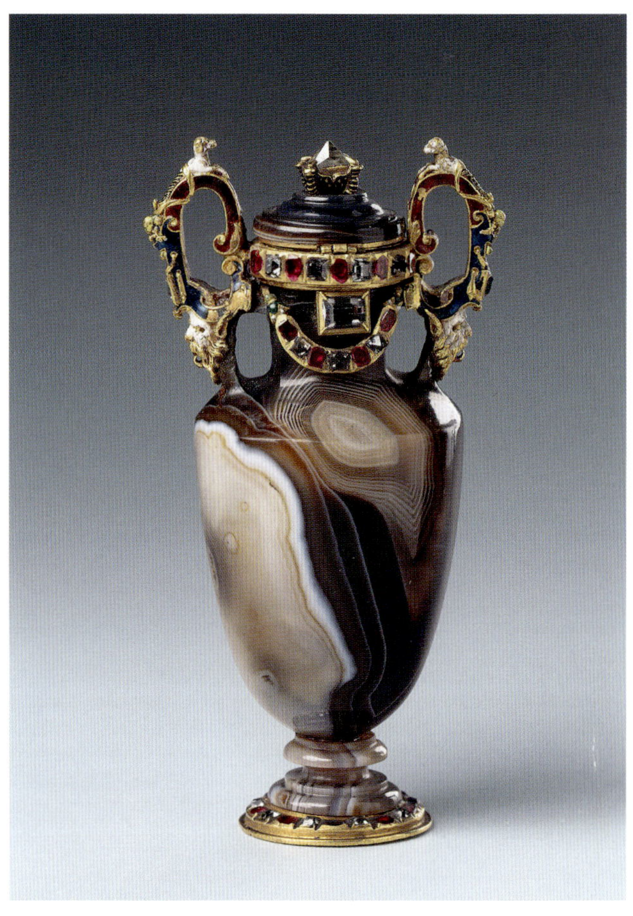

Zur höfischen Schatzkunst des Barock gehörten vor allem Objekte aus dem Bereich der sogenannten Galanterien. Galanteriewaren waren eigentlich gebrauchsfähige Ziergegenstände kleineren Formats aus kostbaren Materialien, die in Form und Verwendung beständig dem modischen Wandel angepasst wurden. Hierzu zählten Zierschälchen, kleine Dosen, Riechfläschchen und Parfümflakons, aber auch Siegelhalter, Etuis, Stockknöpfe oder kleine Notizbücher. Besonders zierliche und sorgfältig gestaltete Luxusgegenstände dieser Art fungierten als reine Sammelobjekte. Sie zitieren eher spielerisch die ursprüngliche Gebrauchsfunktion, die sie durch die künstlerische Form und materielle Kostbarkeit weit hinter sich gelassen haben. Aber gerade die Möglichkeit, sie benutzen zu können, verleiht diesen Sammelobjekten bei ihrer Betrachtung ein unterhaltsames Verblüffungselement. So wurde die Bezeichnung »Galanterien« neben der der »Pretiosa« zu einem Sammelbegriff, den höfische Beamte in ihren Dokumenten auch für andere Werke der Schatzkunst verwandten.

Der kleine doppelhenklige Flakon, dessen Fassung mit Diamanten und Rubinen besetzt ist, gelangte 1709 als eine »antique Urne von Onix in goldt gefasst« für 200 Taler über die Leipziger Ostermesse in den Besitz Augusts des Starken. Die Art der goldenen Fassung und der Schliff der Steine lassen vermuten, dass die kleine »Galanterie« um 1600 im Paris König Henris IV. (Heinrich IV.) entstanden ist.

In den letzten Jahrzehnten des 17. Jahrhunderts und ebenfalls in Frankreich entstand die kleine Deckelschale aus purem Gold mit ihrem reichen Emailschmuck. Ihr Körper hat die Form einer Kammmuschel und ruht auf einem Schaft, der als Kopf eines Afrikaners gestaltet ist. Dieser wiederum endet in einem Fuß aus vier mit emaillierten Blumen bemalten Muschelschalen.

Ebenso wie der reliefartig mit Blüten bedeckte Deckel des Schälchens zeugt die Rückseite des Zierspiegels von der Blumenmode des Barock. Der goldene Spiegel ist wohl für den dänischen Königshof geschaffen worden. Seine Rückseite ist von einem dichten Rankenwerk aus naturalistisch wiedergegebenen Blüten verschiedenster Gattungen im plastisch erscheinenden Tiefschnittemail überzogen. In der Mitte findet sich das Bild einer reich gefüllten Blumenvase, aufgeschmolzen im deckenden Maleremail auf weißem Grund.

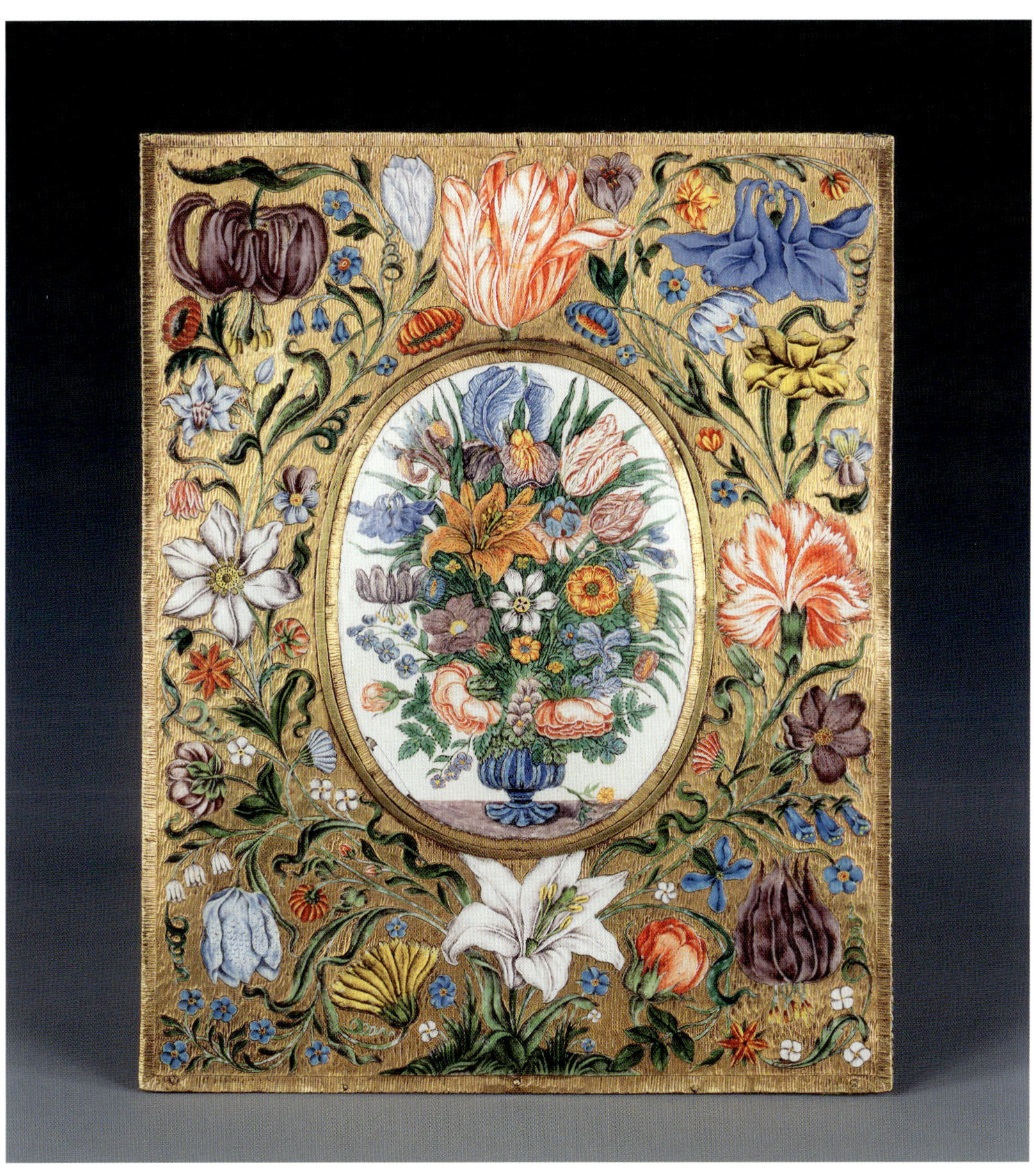

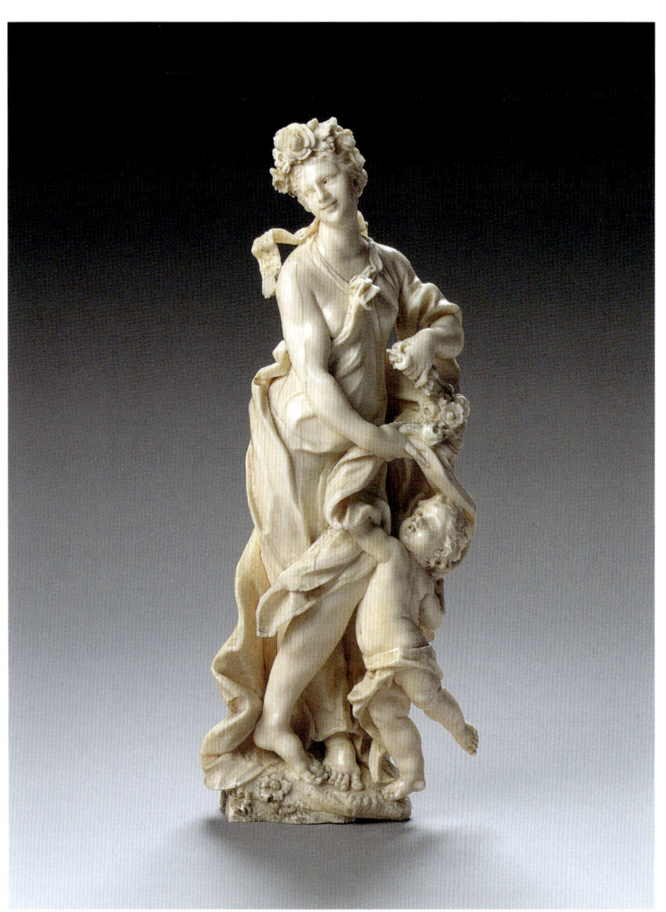 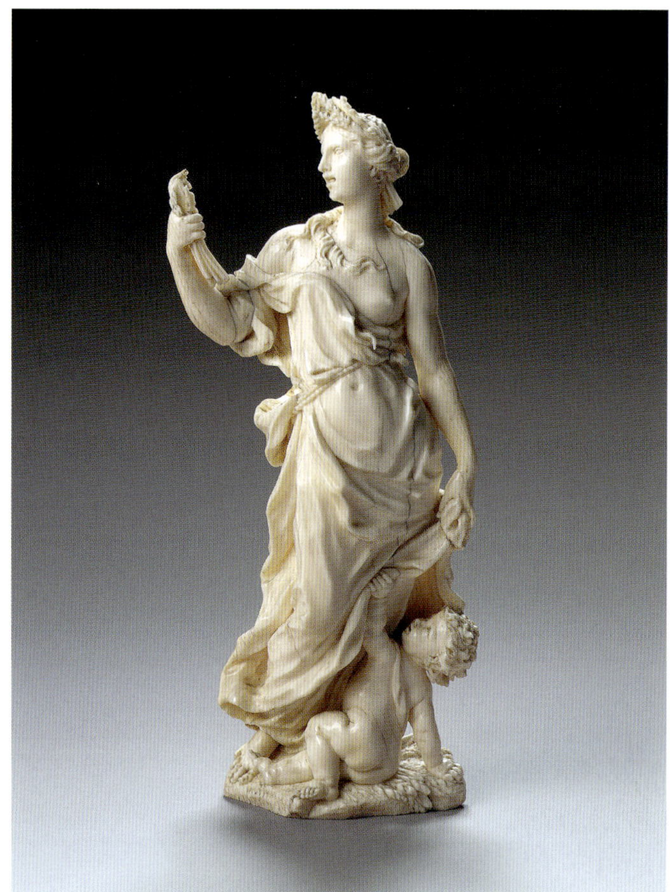

Der damals 39-jährige bayerische Bildhauer und Elfenbeinschnitzer Balthasar Permoser wurde 1690 von Johann Georg III. mit einem Grundgehalt von 200 Talern als kurfürstlicher Hofbildhauer berufen. Seine künstlerischen Leistungen wurden einzeln vergütet. Davor war Permoser am Hof der Medici in Florenz tätig und wurde möglicherweise von dem durchreisenden Herzog Friedrich August, später August der Starke, nach Dresden abgeworben. Der ebenso eigenwillige wie geniale Künstler blieb mehr als 42 Jahre in sächsischen Diensten. In diesen Jahrzehnten entstanden berühmte Skulpturen mit enormer künstlerischer Wirkung, insbesondere für den Zwinger und den Großen Garten. Schon in Florenz hatte Permoser neben großen Marmorskulpturen auch kleine raffinierte Arbeiten aus Elfenbein angefertigt.

Die allegorischen Elfenbeinstatuetten der vier Jahreszeiten im Grünen Gewölbe verbinden das schöpferische Frühwerk Balthasar Permosers in Florenz mit seinem Schaffen in Dresden. Die Darstellung des Herbstes als angetrunkener, leicht torkelnder Faun ist von der berühmten Marmorskulptur des trunkenen Bacchus von Michelangelo in Florenz beeinflusst. Der Frühling erhielt die Gestalt der jugendlichen, tänzelnden Blumengöttin Flora, während der Sommer durch die reifere Ceres, die Göttin des Ackerbaus, dargestellt wird. Mit der Statuette des Winters, der als kraftvoller Greis in einem zottigen Gewand gestaltet ist, endet der Reigen des Blühens, Wachsens, Erntens und Vergehens.

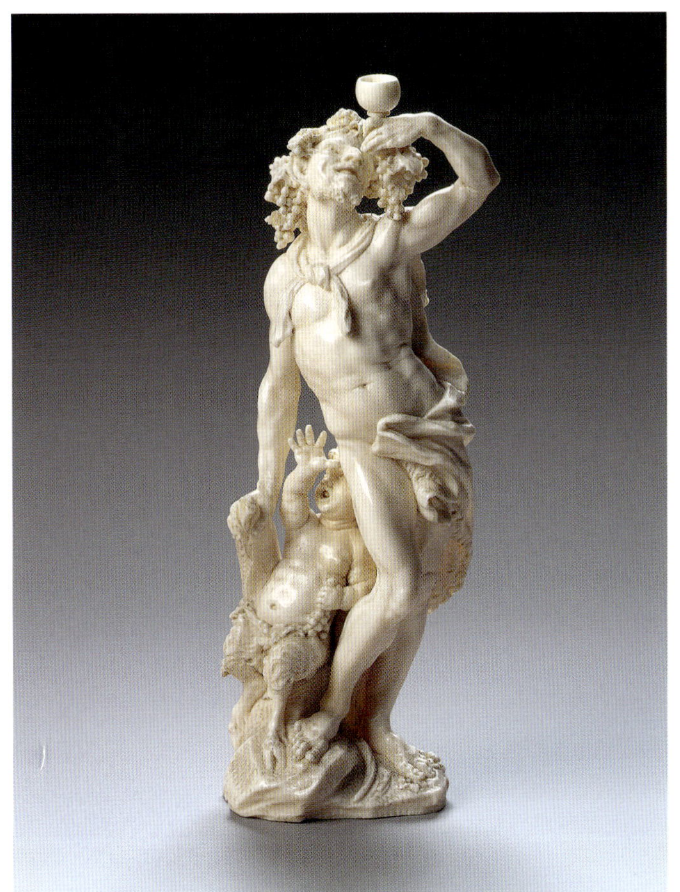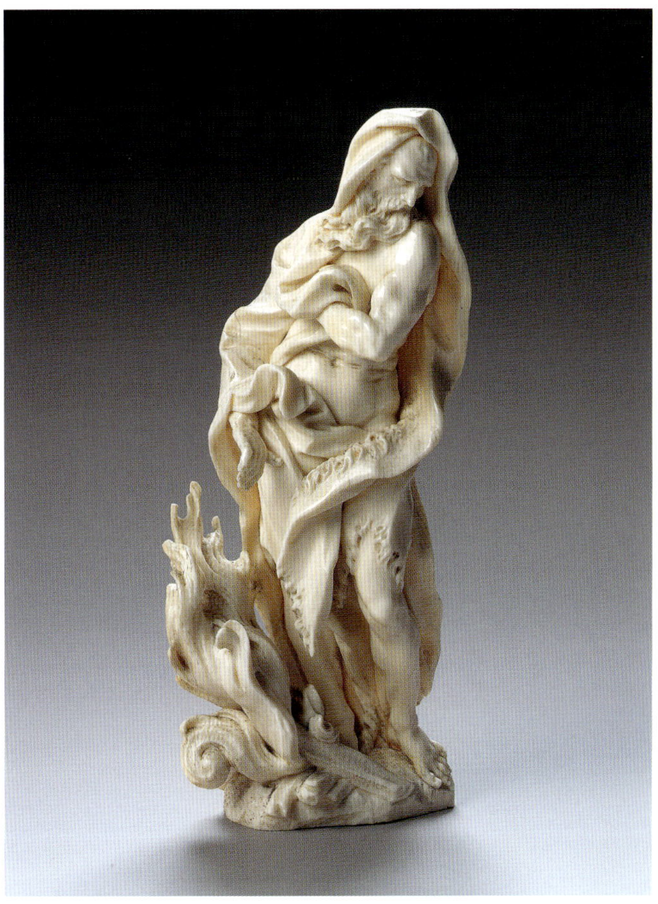

Die vier Elfenbeinstatuetten der Dresdner Jahreszeiten wurden jeweils aus dem kompakten, etwa 23 Zentimeter langen oberen Abschnitt eines Elefantenzahns geschnitzt. Nur der Becher des Herbstes ist angestückt. Virtuos nutzte der Künstler die durch die Natur des Stoßzahns vorgegebene Dimension sowie dessen leichte Krümmung für die Komposition seiner Figuren und verlieh ihnen damit Harmonie wie auch Eleganz. Die Statuetten sind selbstständige Kunstwerke, die für das Kabinett eines Sammlers bestimmt waren, der sie in die Hand nahm und kenntnisreich von allen Seiten betrachtete. Die wohl schon im 18. Jahrhundert erfolgte Montierung auf ebenholzfurnierten Postamenten verleiht ihnen die Kraft von Monumentalskulpturen. Permoser hat drei weitere, sehr ähnliche Versionen der Jahreszeiten geschaffen. Eine davon, die seit wenigen Jahren wieder vollständig ist, befindet sich im Herzog Anton Ulrich-Museum in Braunschweig. Sie ist signiert und mit 1695 datiert. Es ist überliefert, dass August der Starke die Dresdner Vier Jahreszeiten im Februar 1700 mit in sein Königsschloss nach Warschau nahm. Zuvor wurden Etuis für sie angefertigt. Das erlaubt den Schluss, dass die im Vergleich zu den Braunschweiger Figuren stilistisch und kompositorisch gereifter erscheinenden Elfenbeinfiguren in Dresden wohl zwischen 1698 und 1699 gefertigt wurden. Permosers Bildfindung der Vier Jahreszeiten beeinflusste auch die seit 1711 entstandenen Skulpturen des Dresdner Zwingers und die 1715 geschaffenen Frauengestalten des Nymphenbads.

ie Darstellung Herkules', des unbezwingbaren Kraftmenschen und Halbgotts, als Sklave der lydischen Königin Omphale besitzt das Grüne Gewölbe gleich zweimal. Im Jähzorn hatte der Heros einen Mann erschlagen, und die Götter hatten sich zu seiner Resozialisation eine besondere Strafe ausgedacht. Er wurde der schönen Omphale überlassen. Die geschmeidige junge Frau ließ den aller Waffen entkleideten Kraftmenschen Frauenarbeit leisten und Flachs spinnen. Der nackte, muskulöse Mann schaut seufzend, die Fäden aus dem Spinnrock ziehend und mit flehendem Blick zur kokett neben ihm stehenden Omphale empor. Sie ist ihm überlegen und etwas belustigt lächelnd im Begriff, sich lässig das Fell des nemeischen Löwen über ihren unbekleideten Körper zu ziehen. Ein geflügelter Putto spielt – dem Liebesgott Amor gleich – mit der großen Keule des Helden. Permosers spannungsreiche Dreieckskomposition der delikaten Szene ist reliefartig mit einer eindeutigen Hauptschauseite angelegt. Mit seinen meisterhaft modellierten, vollrunden Figuren schöpfte der Elfenbeinkünstler alle Möglichkeiten der Tiefendurchformung aus.

Der Bildschnitzer hat sich um 1700 mindestens fünfmal mit diesem Bildthema beschäftigt. All diese Kunstwerke sind, wie man im Vergleich der beiden Dresdner Versionen sehen kann, Unikate. Sie gehen von einer Grundkonzeption aus und unterscheiden sich durch leichte Varianten in Physiognomie und Haltung der Dargestellten. Eine der beiden Gruppen, bestehend aus sechs nahtlos miteinander verbundenen Elfenbeinstücken, weist auf der Vorderseite die Signatur »BALTHASAR PERM:IN.V. F.« auf. Sie ist wohl kurz nach 1700 von August dem Starken erworben worden. Am 24. März 1715 lieferte der Alchemist und Porzellanerfinder Johann Friedrich Böttger seinem Kurfürst-König die zweite unsignierte Figurengruppe. Er berechnete für sie 200 Taler, was dem Jahresgehalt entsprach, das August der Starke seinem Hofbildhauer Permoser zahlte. Eine weitere Gruppe, wohl von Petr I. (Peter der Große) bei einem Besuch in Dresden angekauft, befindet sich heute in der Eremitage in St. Petersburg, die vierte ist im Berliner Kunstgewerbemuseum ausgestellt.

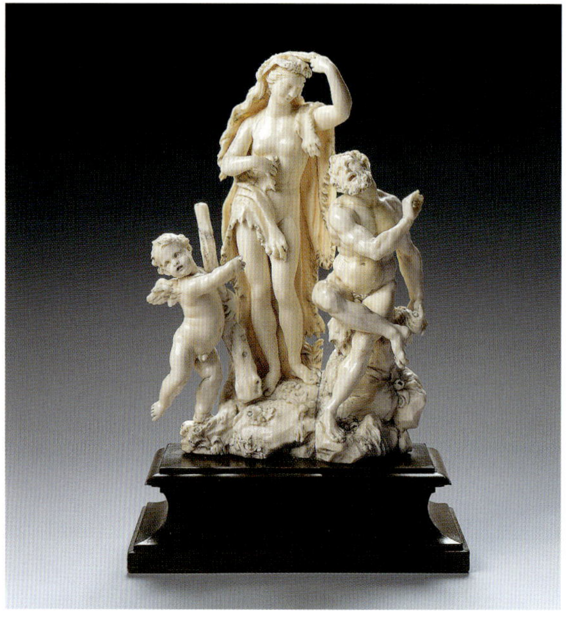

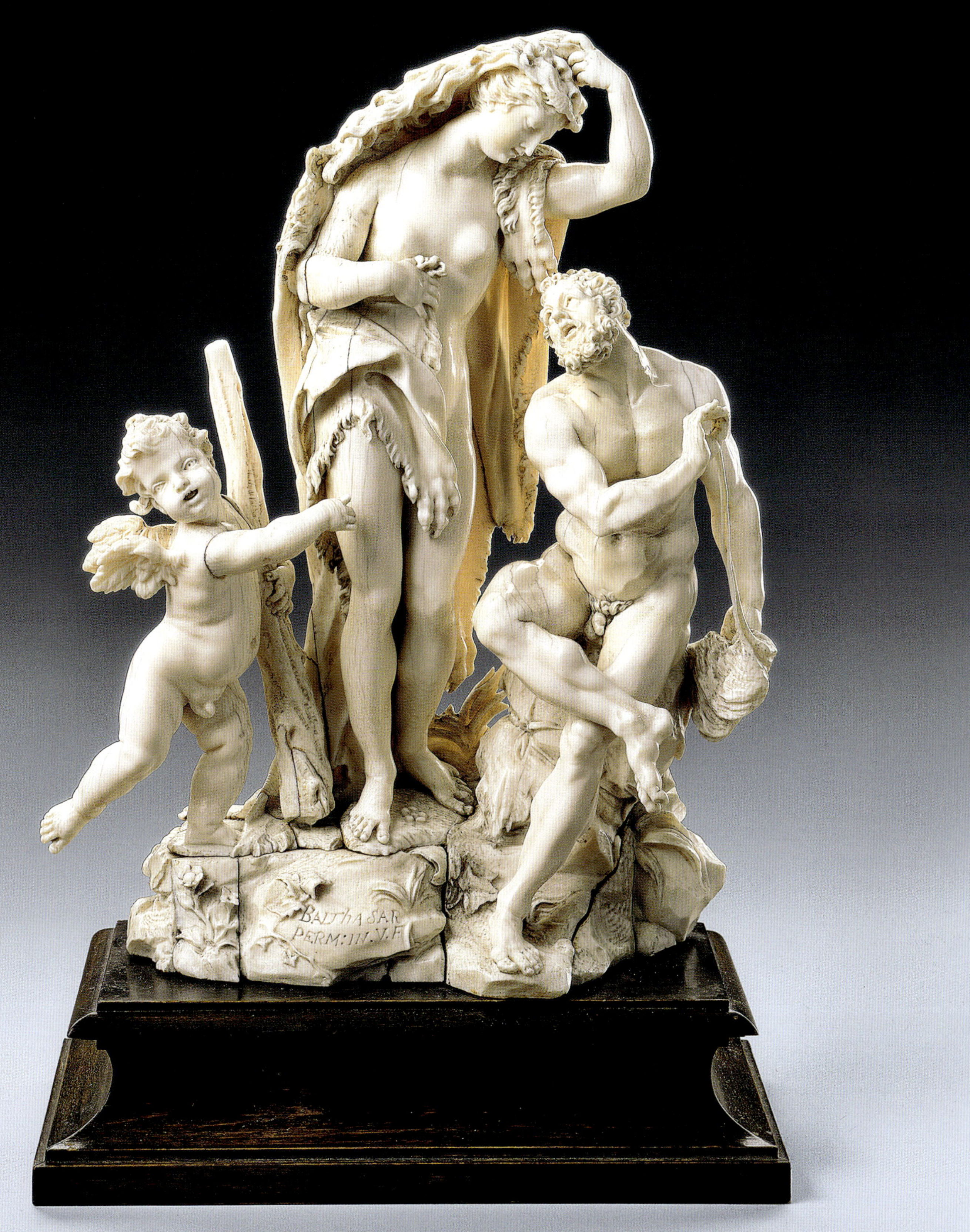
BALTHASAR
PERM: IN. V. F

D er Pokal setzt sich fast schon liebevoll und zugleich detailverliebt mit dem Problem eines Satyrs auseinander, die glatte, perlmuttrig schimmernde Schale eines Nautilus auf seinem Rücken zu stützen. Den Kopf zur Seite gepresst, mit dem rechten Bocksbein auf dem schlichten Fuß des Pokals festen Halt suchend, das linke zur Stabilisierung unter den Unterleib geklemmt, stützt er das Perlboot mühevoll mit seinem Nacken. Zusätzlich wird seine Arbeit durch die runde Fläche, die ihm zur Verfügung steht, erschwert, denn sie bietet ihm nur wenig Platz.

Der Nautiluspokal mit Satyrschaft ist ein wunderbares Kunstwerk, als dessen Schöpfer einzig Balthasar Permoser in Frage kommt. Er entwarf den geistreichen, bildhauerisch aufgefassten Prunkpokal und band sinnreich die Attribute des Waldgeistes – seine Hirtenflöte, den Efeukranz und das Tierfell als Bekleidung – in eine Komposition der Mühen und Lasten ein. Die silbervergoldeten Spangen sind mit Akanthus- und Weinlaub sowie Trauben belegt, einem ornamentalen Schmuck, der dem sinnenfrohen Thema des dionysischen Gefolgsmannes entspricht. Von der Schalenspitze lächelt das wilde Gesicht des bockshornigen, struppigen Berg- und Walddämons Pan. Darüber ruht auf dem Scheitel der Schale ein lächelnder Panther, das Symbol des Gottes Dionysos.

Das Kunstwerk entstand in seltener Zusammenarbeit eines namhaften Bildhauers – hier Balthasar Permoser – mit einem versierten Goldschmiedemeister. Dieser kennzeichnete das Schaugefäß, der Goldschmiedeordnung folgend, mit seiner Marke. Dadurch ist er als der heute weitgehend unbekannte Bernhard Quippe zu identifizieren, der damals in Berlin ansässig war. Der sächsische Hofbildhauer Balthasar Permoser hielt sich zwischen 1698 und 1708 mehrfach in der kurfürstlich-brandenburgischen Residenz auf, die unter dem ersten preußischen König, Friedrich I., eine künstlerische Blüte erlebte. Neben einigen Großplastiken für das Berliner Stadtschloss sowie weiteren Bildhauerwerken entstand wohl zum Ende seiner Berliner Zeit dieser außergewöhnliche Nautiluspokal.

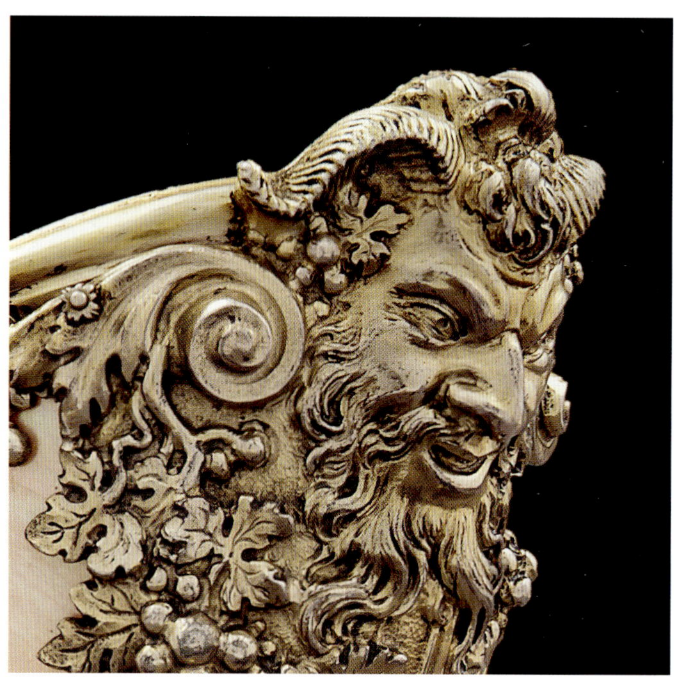

**NAUTILUSPOKAL
MIT SATYRSCHAFT**
Nautilusschale, Silber, vergoldet, Perlmutterschicht
Entwurf: Balthasar Permoser
Goldschmiedearbeit:
Bernhard Quippe
Berlin, um 1707
H. 30,0 cm / Inv.-Nr. III 189

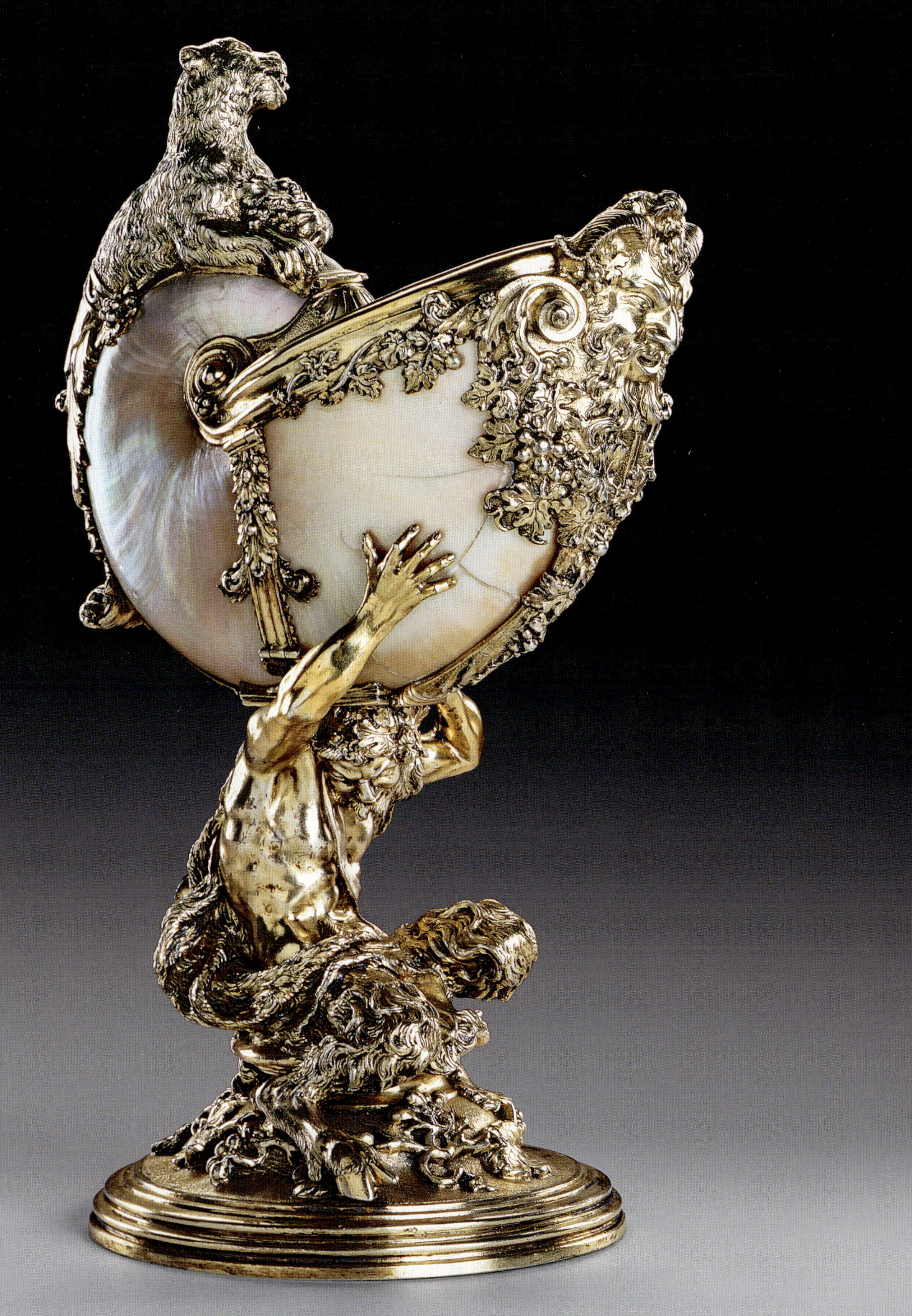

B althasar Permoser hatte sich schon vor 1690 in Florenz mit der Darstellung von Afrikanern auseinandergesetzt. Er führte seine künstlerische Beschäftigung in Dresden weiter. Afrikaner waren am sächsischen Hof als Diener durchaus bekannt. Beim »Aufzug der Vier Erdteile« während des Besuchs des dänischen Königs 1709 in Dresden erschien August der Starke, zusammen mit seinem Gefolge, schwarz bemalt als stolzer Herrscher Afrikas. Zuvor entstand um 1700 eine Reihe von Darstellungen schwarzer Menschen, die durch ihre von Johann Melchior Dinglinger gefertigten detail- und kunstreichen Fassungen zu prächtigen Juwelierplastiken wurden.

Die wohl frühesten Figuren dieser Art sind Darstellungen zweier afrikanischer Krieger mit Pfeil und Bogen. Der eine hat gerade seinen Pfeil abgeschossen und prüft dessen Lauf, der andere schwingt jubelnd den Bogen, weil sein Geschoss das Ziel erreicht hat.

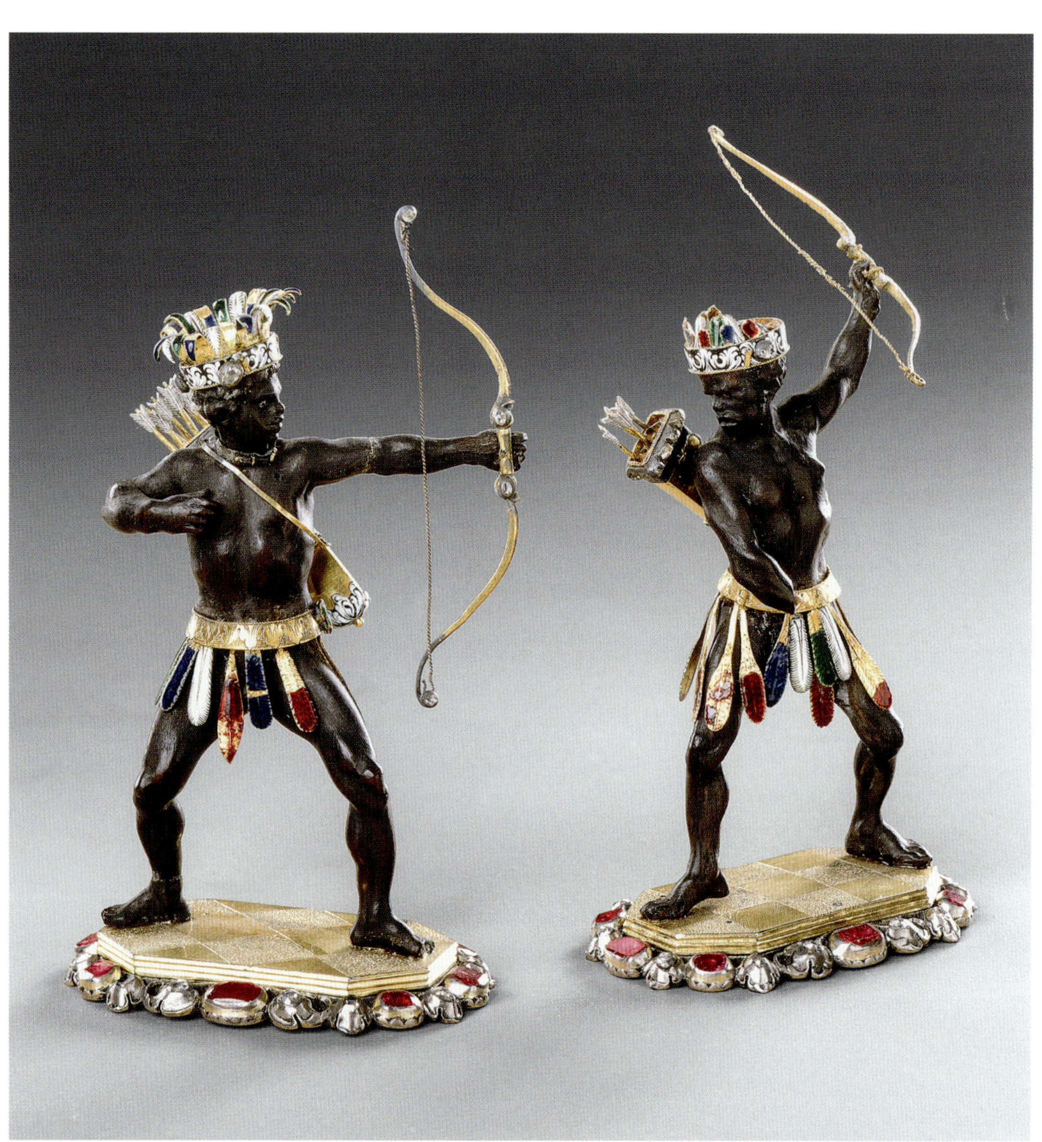

Die gleiche spontane, auf den Augenblick ausgerichtete Bewegung findet sich auch bei den beiden afrikanischen Hofmusikanten auf elfenbeinernen Schimmeln, die wohl kurz darauf entstanden sind. Es handelt sich um einen mit vollem Elan agierenden Pauker und einen scheinbar gerade in seine Trompete blasenden Musiker.

Dass Permoser und Dinglinger mit ihren Juwelierplastiken nicht nur für August den Starken tätig waren, macht die Gruppe eines Dromedars mit zwei Afrikanern deutlich. Sie war ursprünglich im Besitz der Herzogin Friederike von Sachsen-Weißenfels und gelangte zwischen 1712 und 1724 als Ankauf in die Schatzkunstsammlung Augusts des Starken.

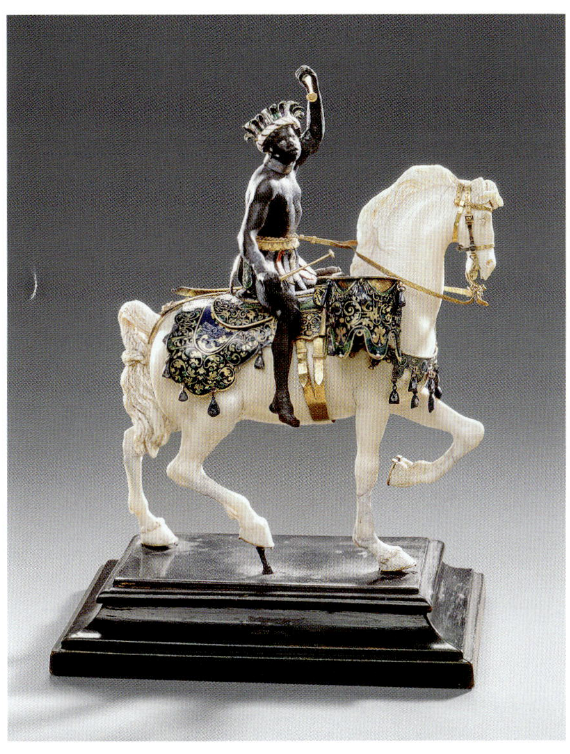

REITENDER AFRIKANER
ALS TROMMLER
Holz, lackiert, Elfenbein, Gold,
Email, Edelsteine
Skulptur: Balthasar Permoser
Goldschmiedearbeit:
Johann Melchior Dinglinger
Dresden, 1690–1700
H. 17,5 cm / Inv.-Nr. VI 193

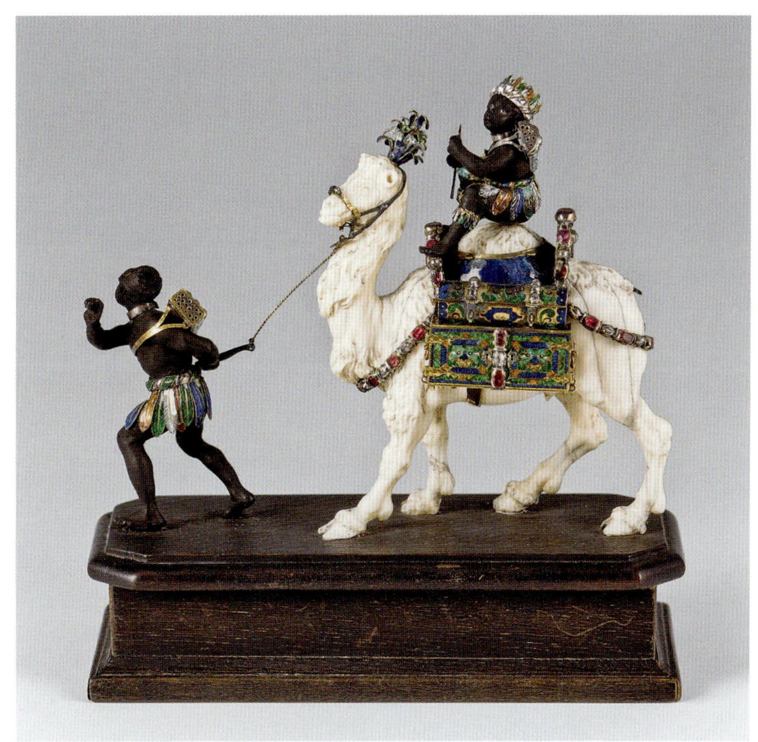

ZWEI AFRIKANER
MIT DROMEDAR
Holz, lackiert, Elfenbein, Gold,
Email, Edelsteine, Perlen
Skulptur: Balthasar Permoser
Goldschmiedearbeit: wohl
Johann Melchior Dinglinger
Dresden, 1690–1700
H. (mit Postament) 16,3 cm
Inv.-Nr. VI 210

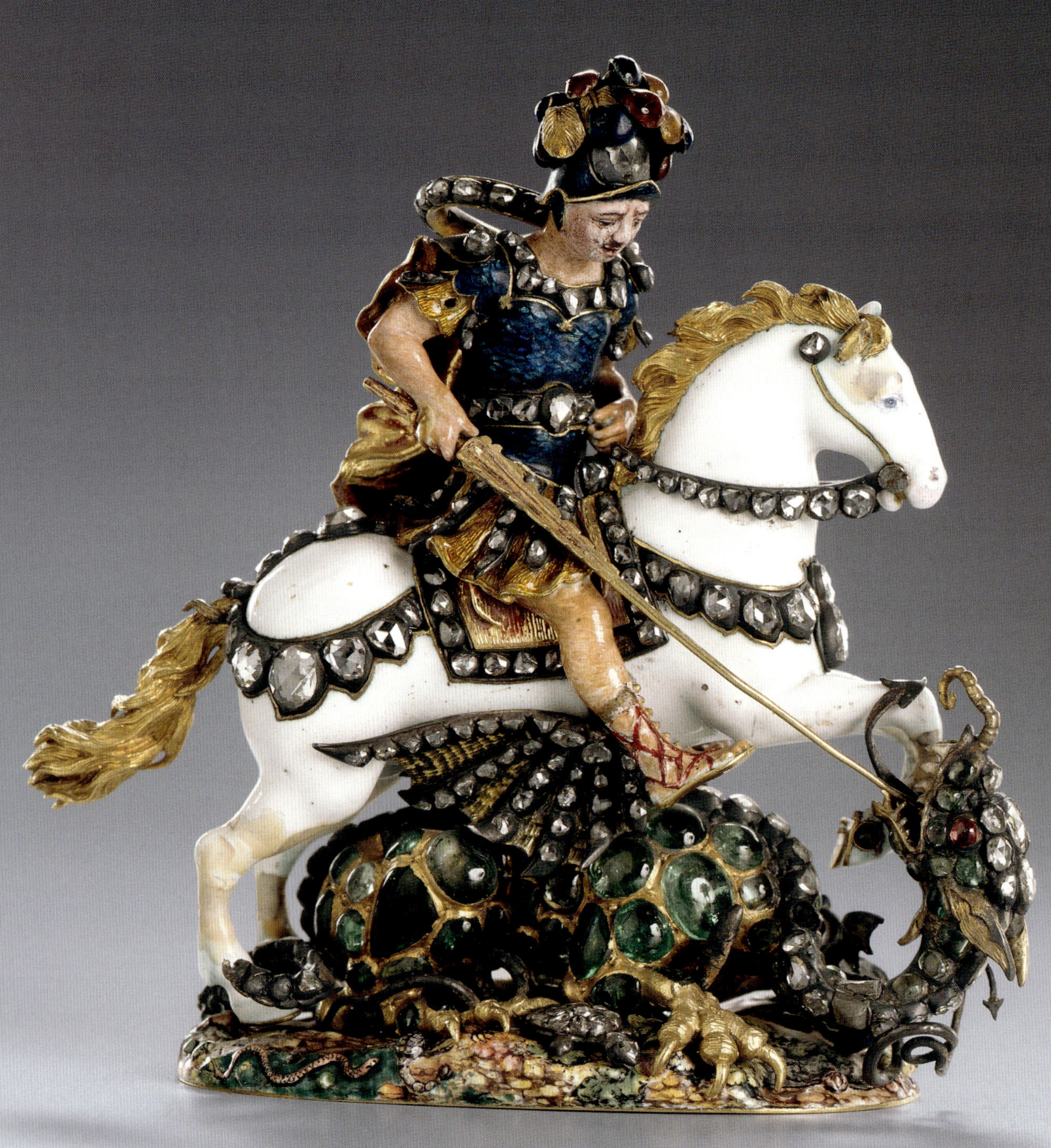

Wann genau der Juwelenkünstler Johann Melchior Dinglinger in Dresden eintraf und dort seine ersten Werke schuf, ist noch unbekannt. Es hat sich aber vor wenigen Jahren im Sächsischen Hauptstaatsarchiv ein Dokument aus dem Jahr 1691 gefunden, in dem Dinglinger Herzog Friedrich August, später August der Starke, unter anderem Galanterieobjekte und Emailmalereien in Rechnung stellte. Darin werden beispielsweise eine ovale, emaillierte Tabatiere für 48 Taler oder eine emaillierte Galanteriebüchse aus Gold für 100 Taler genannt. Galanteriewaren dieses Objekttyps haben sich im Grünen Gewölbe erhalten. Bewahrt wurden kleine Dosen, Riechfläschchen oder Siegelhalter, die zumeist aus Gold bestehen und überaus fein mit Email und Edelsteinen besetzt sind. Sie dürften zwischen 1695 und 1720 entstanden sein.

Das wohl älteste in der Reihe jener zierlichen Erzeugnisse der Juwelierkunst ist eine vor allem mit rotem Email gezierte Golddose mit Henkeln, deren Deckel Schmetterlinge und Krebse schmücken. Der als miniaturhafte Kettenflasche geformte Flakon dürfte zusammen mit der Henkeldose entstanden sein, denn in der königlich-dänischen Sammlung finden sich als Ensemble ähnliche, grün emaillierte Liebhaberstücke von Dinglinger, die allerdings etwas schlichter sind.

Das erste datierbare Werk Dinglingers entstand wohl im Jahr 1693 für Johann Georg IV., den älteren Bruder Augusts des Starken. Es ist ein »Greater George«, das große Anhängestück für einen Ritter des englischen Hosenbandordens. Am 26. Januar 1693 wurde der Kurfürst als Allianzpartner Englands im Krieg gegen Frankreich im Riesensaal seines Schlosses in den höchsten britischen Orden aufgenommen. Dinglinger schuf die kleine Goldemailstatuette für den Ritterorden in vorschriftsmäßiger Weise als Seitenansicht des den Drachen tötenden Ordenspatrons. Die besonderen künstlerischen Qualitäten Dinglingers werden bei der Betrachtung der Einzelformen deutlich, etwa im wehenden goldenen Mantel, im Drachen mit seinem Panzer aus Smaragdschuppen oder auch im naturalistisch wirkenden Waldboden mit aufgesetztem Getier. Zugleich wird das Ordenszeichen durch die vielen kleinen aufgesetzten Diamanten auf dem Pferdegeschirr, den Gewandsäumen des Ritters und dem Körper des Drachens zu einem funkelnden optischen Ereignis.

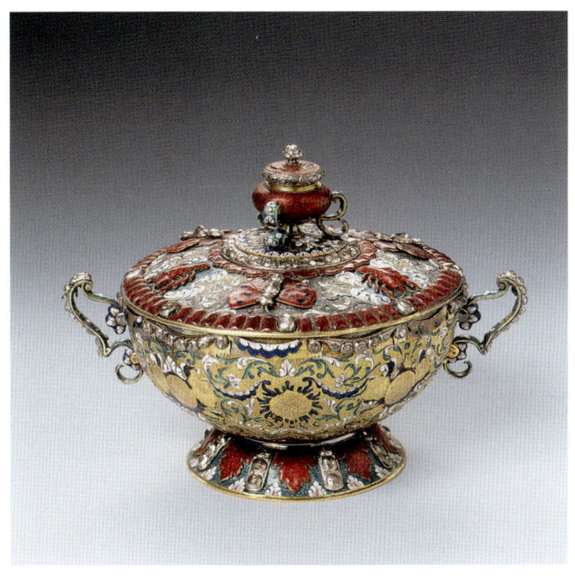

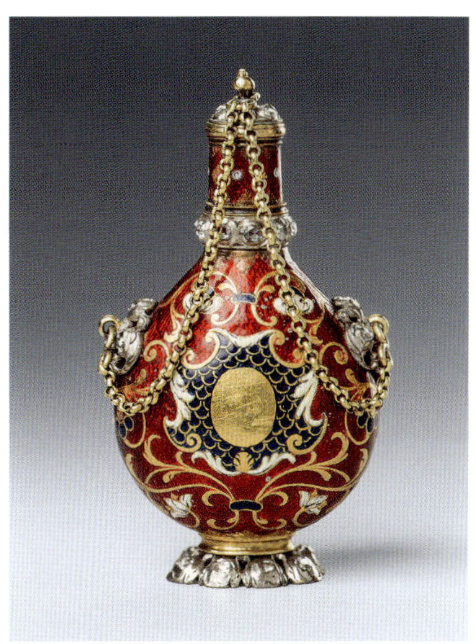

Das Grüne Gewölbe besitzt mit seinen etwa 40 Perlfiguren ungefähr drei Viertel des heute noch vorhandenen Bestandes dieser ganz besonderen Gattung der barocken Juwelierplastik. Es handelt sich dabei um kostbar gefasste, miniaturhaft kleine Figuren und Figurengruppen, deren Gestaltung jeweils von der bizarren Form einer zumeist extrem großen, unregelmäßig gewachsenen Barockperle ausgeht. Vorgänger für diese bizarren Figürchen waren die im späten 16. und frühen 17. Jahrhundert modernen Schmuckanhänger.

Eine große Anzahl der in Dresden befindlichen Perlfiguren gelangte über einen Händler, der als Ferbecq aus Frankfurt, William Verbeck oder Guillaume Verbecq in den Inventaren erscheint, in königlichen Besitz. Der aus dem französischen Kulturraum stammende Guillaume Verbecq ist als Händler von Pretiosen auch an anderen deutschen Höfen erfolgreich gewesen. Die durch das Dresdner Pretioseninventar von 1725 mit ihm verbundenen Kunstobjekte sind so unterschiedlich, dass sie nur von verschiedenen Goldschmiedemeistern geschaffen worden sein können. Sie belegen, dass kurz nach 1700 auch außerhalb Dresdens Juwelenkünstler tätig waren, die heute zwar nicht mehr namentlich bekannt sind, aber Objekte in hoher Qualität herstellten. Im Grünen Gewölbe blieben damit Kunstwerke erhalten, die zwar in ähnlicher Form, wenn auch nicht in vergleichbarer Menge, ebenso in anderen fürstlichen Sammlungen vorhanden waren. Der größte Teil dieser Juwelierkunstwerke wurde spätestens in der zweiten Hälfte des 18. Jahrhunderts aufgrund wechselnder Moden und der grundsätzlichen Veränderung des Geschmacks zerstört.

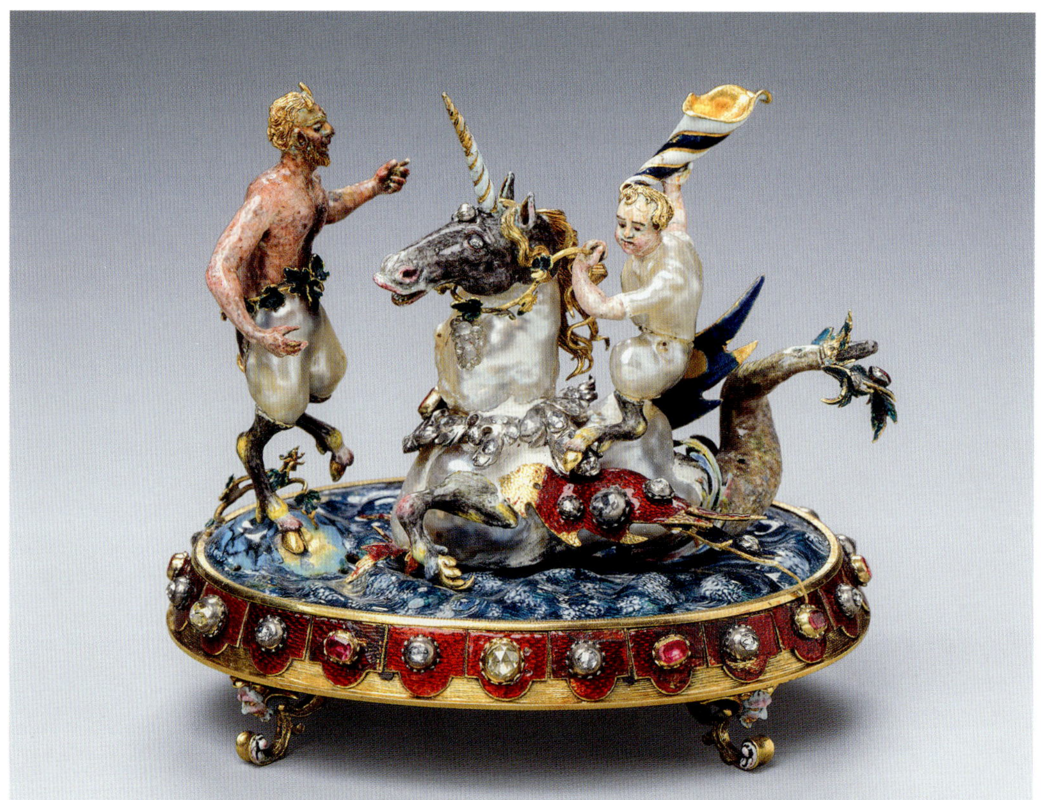

Barockperlen, Gold, Email,
Silber, vergoldet, Rubine,
Diamanten, Glas
erworben von Guillaume
Verbecq
Frankfurt am Main, vor 1725
H. 9,7 cm / Inv.-Nr. VI 117

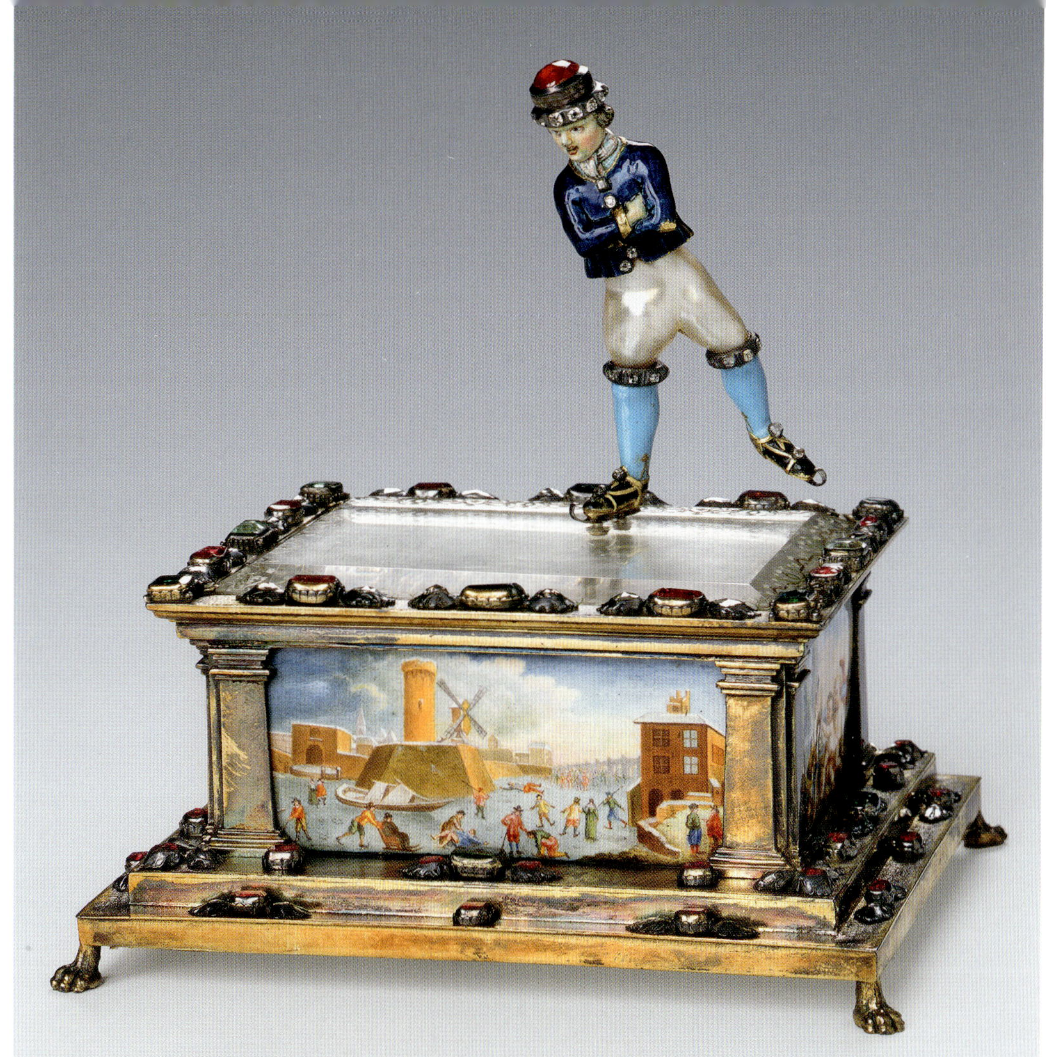

Von poetischem Reiz ist die Darstellung eines in sich versunkenen, auf einer Eisfläche
dahingleitenden holländischen Schlittschuhläufers. Die Arme hat der einsame Mann aus
Schutz vor der Kälte vor seiner Brust verschränkt, den linken Fuß in ruhiger Bewegung
leicht gehoben. Der unbekannte Goldschmied verlieh seiner Perlfigur einen nahezu medi-
tativen Charakter. Das kleine Kunstwerk befand sich bereits vor 1706 im Besitz Augusts
des Starken. Es findet sich in einer Liste von fast 100 Kostbarkeiten, darunter 34 Perlfiguren, die am 4. Dezember 1705 als Pfand von Dresden in eine Hamburger Bank transportiert wurden.

    Ein Vergleich des Schlittschuhläufers mit der spielerischen und vergnüglichen Gruppe
der beiden Satyrn mit dem See-Einhorn macht offensichtlich, dass zwei verschiedene
Goldschmiede sie hergestellt haben, auch wenn als Herkunftsquelle im Inventar beide
Male Verbecq genannt wurde. Bei dem später in die Schatzkunstsammlung gekommenen
See-Einhorn ist vor allem die intensive Verwendung von Barockperlen auffällig. Sie
bilden, teilweise verkittet, den Körper des Einhorns. Sie bestimmen aber auch die Körper-
lichkeit des kleinen Satyrs und den Unterleib des größeren ungezähmten Naturgeistes.
Von hoher Qualität ist bei diesem Stück die Beherrschung der Emailmalerei, die das
See-Einhorn auf einer Gischt sprühenden Meeresoberfläche schwimmen lässt.

D ie Bezeichnung »Groteskfigur«, die für Perlpretiosen häufig verwendet wird, leitet
sich vom grotesken oder karikierenden Thema ab, das sie darstellen. Ein gutes
Beispiel dafür ist die Perlfigur des Kochs mit skurrilen Gesichtszügen und ver-
gnügtem Lächeln. Die Figur besitzt einen durch Wachstumsstörungen hervorgerufenen
gedrungenen Körperbau. Daraus erklären sich die stämmigen, kurzen Beine, die stark
hervortretende Brustpartie, der bucklig gekrümmte Rücken und der überproportional
große Kopf. Kleinwüchsigkeit galt damals als wundersame Laune Gottes. Als Hofnarr
und sogenannter Hofzwerg konnten davon betroffene Menschen eine ehrenvolle und
wichtige Position am Hof einnehmen.

Der Juwelenkünstler, der diese Perlfigur geschaffen hat, ließ sich von einer Bildvorlage inspirieren, die auf Jacques Callots 1616 veröffentlichte »Varie Figure Gobbi« zurück-
geht. Die mit Liebe zum Detail gestaltete Perlfigur gibt sich nicht allein durch den Bratrost
als Koch zu erkennen; diesem versucht er mithilfe eines Bratspießes Töne zu entlocken.
Von seinem Rücken hängt außerdem eine Gans mit Perlenkörper, und am diamant-
besetzten Gurt unterhalb seines Perlenbauchs finden sich eine Feldflasche und ein Vorlege-
messer. Der fröhliche Koch tanzt zu seiner Musikdarbietung einen höfisch-grazilen Tanz,
der die Komik seines Auftritts noch unterstreicht.

Der hockende Hofnarr mit dem Wackelkopf wurde im Inventar zwar als Harlekin
verzeichnet, trägt aber das typische Narrengewand. Die frech herausgestreckte Zunge und
vor allem der Spiegel, in dem er sich selbst betrachtet, sind für den Narren typisch. Ursprünglich war er in der Schatzkunstsammlung nicht allein, denn zu dem hockenden Narren gab
es ein Pendant. Dieses wurde in der Fürstenabfindung nach dem Ersten Weltkrieg an das
Haus Wettin übereignet und befindet sich heute im Rijksmuseum in Amsterdam.

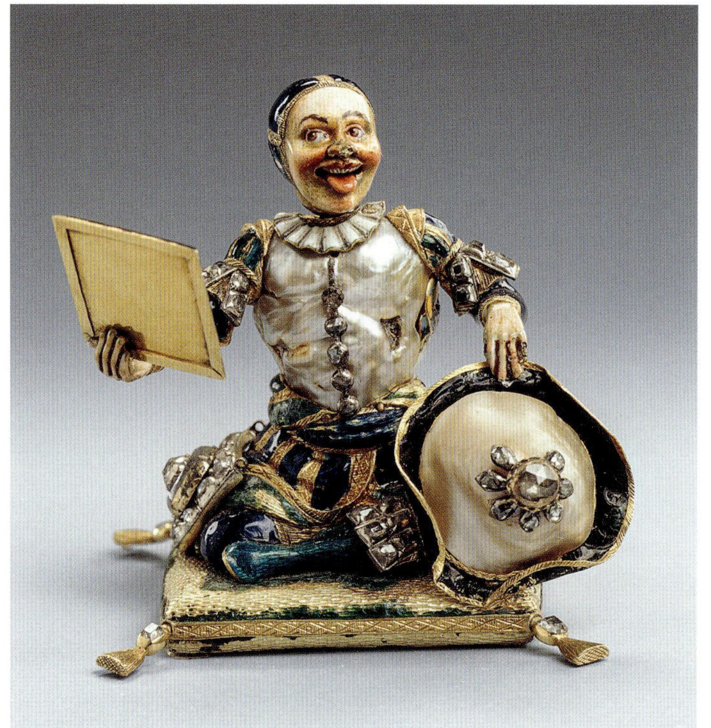

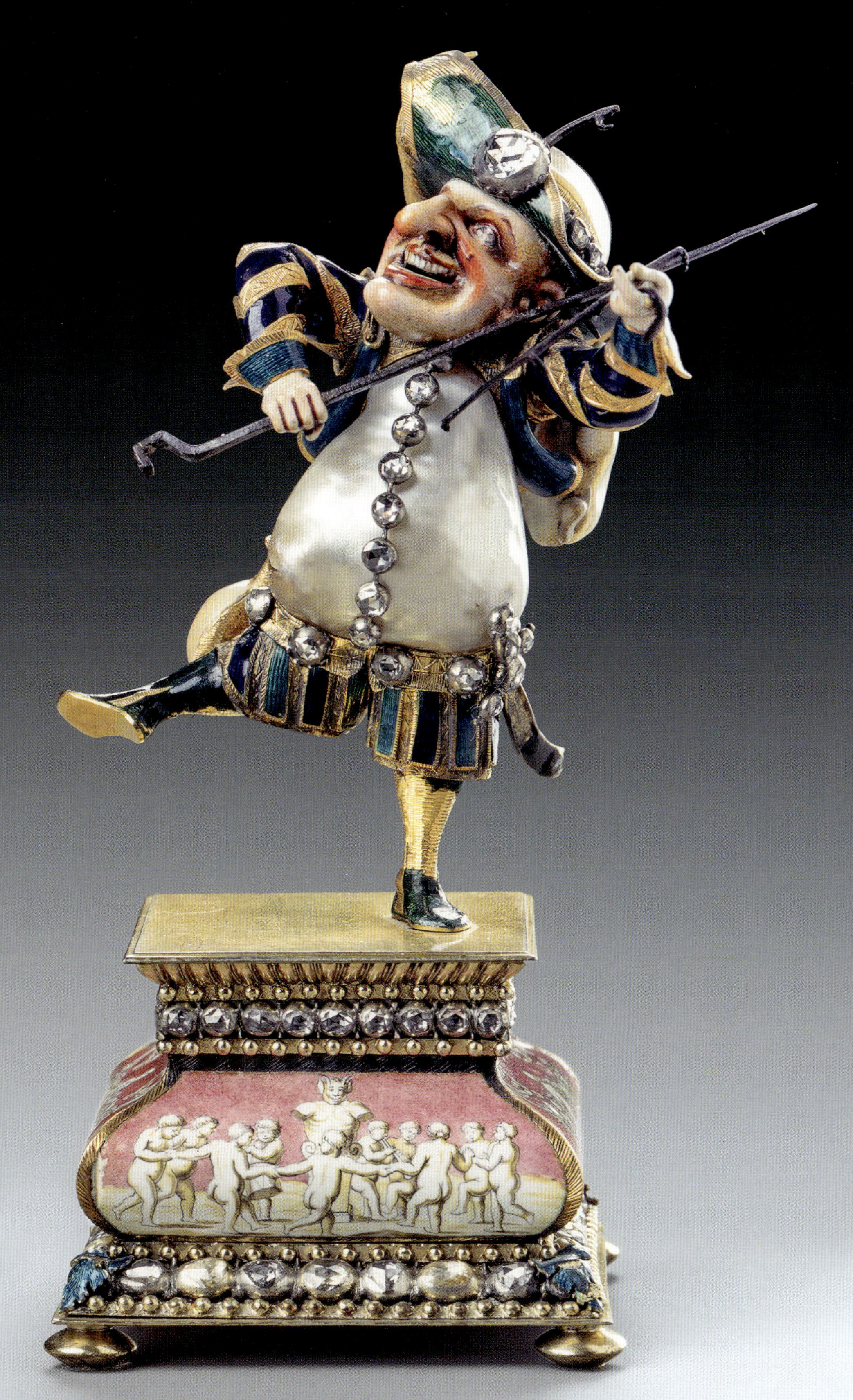

D er Hofgoldschmied der Königin Sophie Charlotte, Gemahlin des ersten preußischen Königs Friedrich I., war Jean Louis Girardet. Er wurde wohl um 1681 als
Sohn eines Hugenotten im burgundischen Autun geboren und war seit Beginn
des 18. Jahrhunderts in Berlin als »orfèvre en or et jouaillier« tätig. Heute ist dieser
bemerkenswerte Juwelenkünstler der kunsthistorischen Forschung kaum bekannt, denn
sein überliefertes Œuvre besteht aus fünf Perlfiguren, die im Dresdner Pretioseninventar
von 1725 mit »Gerardet aus Berlin« verzeichnet sind.

Vier der Arbeiten befassen sich mit dem Soldatenleben. Für August den Starken war
das ein bekanntes Sujet. Zu Beginn des 18. Jahrhunderts kämpfte er, der selbst den Großen Nordischen Krieg gegen Schweden angezettelt hatte, über Jahre als weitgehend er-
folgloser Feldherr in Polen, bis schließlich 1706 der schwedische König Karl XII. Sachsen
besetzte und den Thronverzicht des Kurfürst-Königs erzwang. Es zeugt von seiner Ernst-
haftigkeit im Umgang mit der Schatzkunst, dass neben zwei eher heroischen Soldaten-
darstellungen zwei weitere Perlfiguren von Girardet in die königliche Sammlung gelangten, die das große Leid invalider Soldaten zum Thema haben.

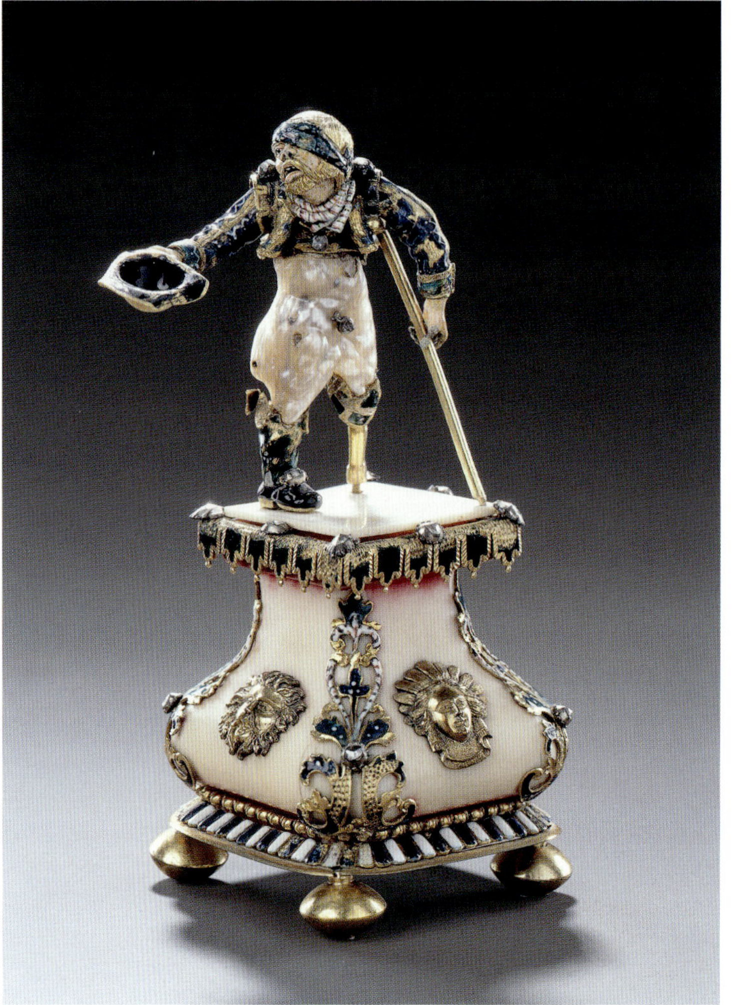

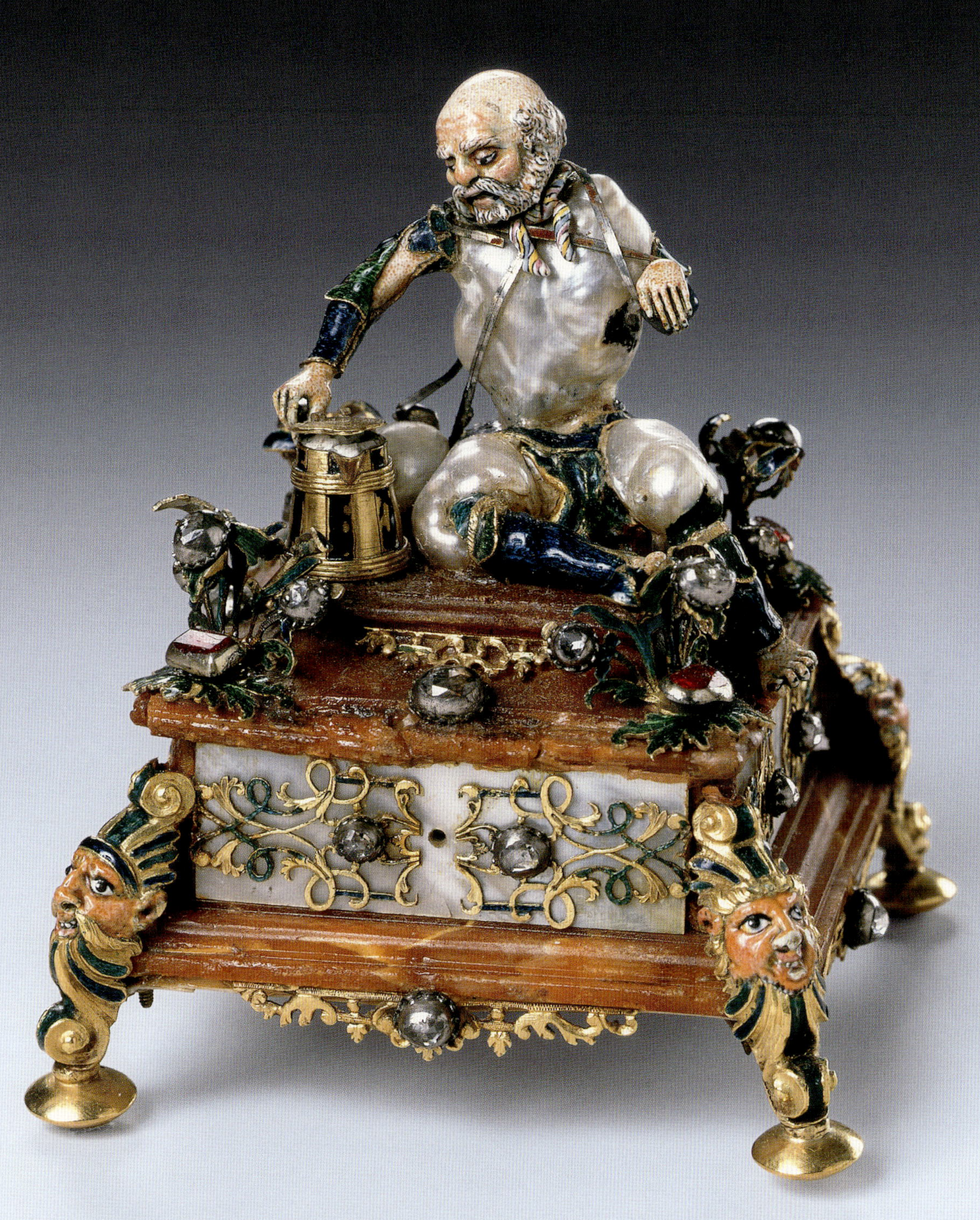

Die eine Perlfigur beschreibt einen Mann, dessen Körper nahezu vollständig aus einer einzigen Barockperle besteht. Er hat eines seiner Augen verloren. Von seinem linken Fuß ist ihm nur noch ein Stumpf geblieben, sodass er auf eine einfache Prothese sowie eine Krücke angewiesen ist. Um Almosen bittend, streckt der Mann einem imaginären Gegenüber in flehender Geste seinen Hut entgegen. Dies ist die Darstellung eines hilfsbedürftigen Menschen, den auch die strengen Kategorien des 18. Jahrhunderts zu den »wahren Armen« gezählt hätten. Der Stulpenstiefel und die kurze, an eine Uniform erinnernde Jacke sowie der aus einer Perle geformte Tornister auf dem Rücken des Bettlers lassen erkennen, dass es sich bei der armseligen Gestalt um einen ehemaligen Soldaten handelt.

Auch der grauhaarige Mann mit oben kahlem Schädel, der auf einem reich geschmückten Bernsteinsockel sitzt, war früher Soldat. Nun trägt er seinen zerschossenen linken Arm in einer rotemaillierten Schlinge und greift mit seiner Rechten nach einer großen Bierkanne. Die grün-blaue Kleidung, die den Uniformteilen des einäugigen Bettlers mit Stelzfuß weitgehend entspricht, ist verschlissen, und Schuhe trägt der Alte auch nicht, wohl aber blaue Strümpfe. Mit der Gestalt des in sich versunkenen Invaliden gelingt es dem Juwelenkünstler aus Berlin, die Einsamkeit und Not des sich selbst überlassenen ehemaligen Soldaten aus der Distanz eines sorgfältigen Beobachters wiederzugeben.

In den ersten Jahren als Sammler besaß August der Starke kaum mehr Werke der Schatzkunst, wie zum Beispiel Kunststücke, Perl- und Elfenbeinfiguren sowie Galanterieobjekte, als es für Sammler des Hochadels seiner Zeit üblich war. Mit dem Erwerb des Goldenen Kaffeezeugs im Jahr 1701 änderte sich das entscheidend. Von da an schuf der Kurfürst-König nach und nach ein »Feenreich«, das bis heute einzigartig ist.

»Bey verlust Dero hohen Gnade« befahl August der Starke im Dezember 1701 dem drei Jahre zuvor zum Hofjuwelier ernannten Johann Melchior Dinglinger, das gerade fertiggestellte, überaus kostbare »Thée oder Coffee Servis« in das winterliche Warschau zu bringen. Das königliche Service ist das erste großformatige Hauptwerk Dinglingers und wechselte für stolze 50 000 Taler den Besitzer. Um den Preis richtig ermessen zu können, muss man bedenken, dass eine Elfenbeingruppe Permosers 200 Taler kostete und für ein gutes zeitgenössisches Gemälde kaum mehr als 300 Taler zu bezahlen waren.

Das als Typus damals völlig neuartige Tafelgerät eines Services wurde von Dinglinger nach der Krönung Augusts des Starken im September 1697 ohne königlichen Auftrag begonnen und drei Jahre später fertiggestellt. Es ist nur scheinbar dem Genuss der damals in Mode kommenden exotischen Getränke gewidmet, denn die grandios emaillierten Goldtassen oder gar die zerbrechlich wirkende Kanne waren für Heißgetränke keinesfalls geeignet. So ist das »Coffe Zeug« vor allem ein kostbarer Gegenstand der Schatzkunst.

Das Service besteht aus 45 Gefäßen, die auf fünf Ebenen eines pyramidalen Aufsatzes aus vergoldetem Silber angeordnet sind. Vier elfenbeinerne Figuren, die wohl der Hofbildhauer Paul Heermann geschaffen hat, umlagern die mittlere Ebene der Pyramide. Sie stellen die antiken Gottheiten Neptun und Ceres sowie Merkur und Minerva dar und symbolisieren die vier Elemente. Die den jeweiligen Göttern zugeordneten Tassen mit Unterschalen, Spülschalen, Tabletts und Glasflakons geben in Emailmalerei, Elfenbeinfigürchen und Glasschnitt Symbole und mythologische Szenen wider, die sich auf die Elemente Feuer, Wasser, Erde und Luft beziehen.

Die kräftig gefärbten Koppchen bestehen aus Gefäßkörpern aus reinem Gold, die von Georg Friedrich Dinglinger meisterhaft von allen Seiten mit sorgfältiger Emailmalerei umhüllt wurden. An den Schmalseiten des Kaffeezeugs stehen zwei weißgrundige Deckeltassen mit Henkeln, deren Wandungen fernöstliche Darstellungen schmücken. Es handelt sich bei ihnen um eincs dcr frühesten Beispiele der europäischen Chinamode. Gut ein Jahrzehnt vor der Erfindung des europäischen Hartporzellans durch Johann Friedrich Böttger in Dresden bezeugen die Gefäße aus Goldemail den Wunsch Augusts des Starken, selbst Porzellan herstellen zu können.

Dinglingers »Coffezeugk« war in mehrfacher Hinsicht ein innovatives Kunstwerk. Es entstand am Anfang der Entwicklung hin zum gebrauchsfähigen Prachtservice des 18. Jahrhunderts. Zudem huldigt es der kurz vor 1700 aufkommenden Vorliebe für Kaffee, Tee und Schokolade. Das prächtige Goldene Kaffeezeug ist aber vor allem ein barockes Gesamtkunstwerk par excellence und der glanzvolle Auftakt des »Augusteischen Barock«.

Die weitere Geschichte des Goldenen Kaffeezeugs ist symptomatisch für das Verhältnis des Besitzers zu seiner Schatzkunstsammlung. Aufgrund des widrigen Verlaufs des Nordischen Krieges war es August dem Starken im Dezember 1701 zweifelsohne nützlich, um in Polen Respekt vor seiner Majestät und Eindruck vor seiner Finanzkraft zu schaffen. 1704 gelangte es dann nach seiner Rückkehr in die kursächsische Kunstkammer nach Dresden. 1705 wurde es, noch nicht vollständig bezahlt, nach Hamburg verpfändet und 1715 wieder ausgelöst. 1725 gelangte das Goldene Kaffeezeug, von Dinglinger überarbeitet und in seine heutige Form gebracht, ins Grünen Gewölbe und 1730 schließlich für zwei Jahrhunderte in das neu errichtete Juwelenzimmer, wo es neben dem sächsisch-polnischen Kronschatz einen würdigen Platz fand.

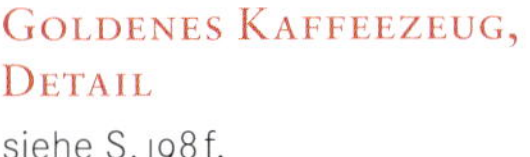

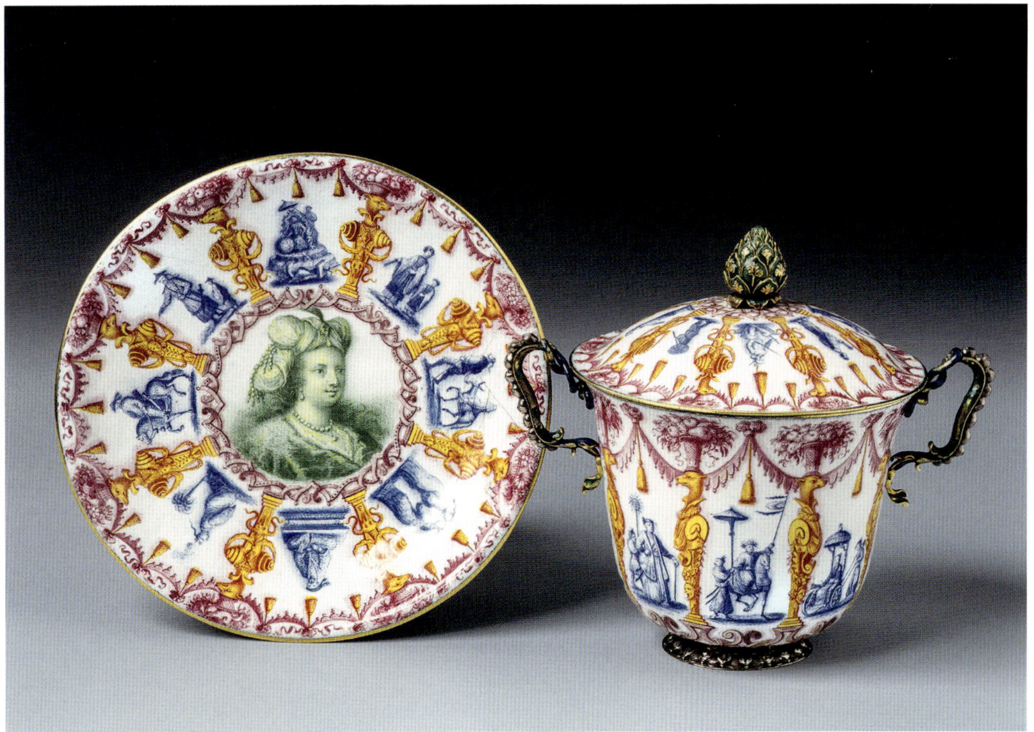

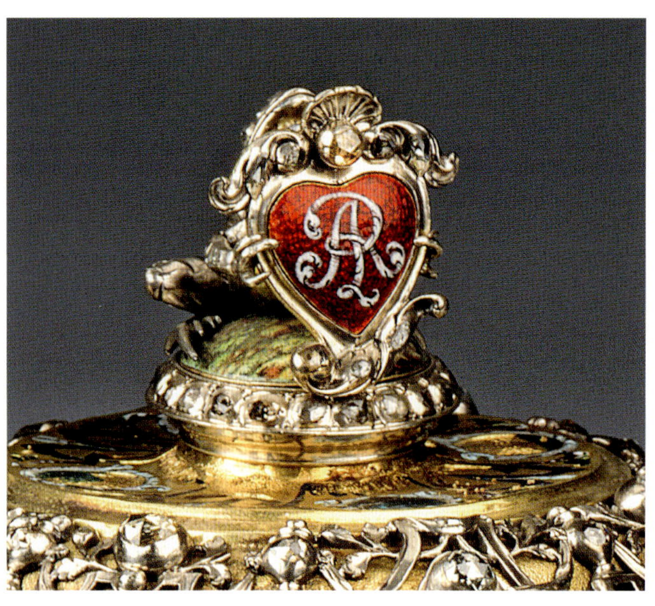

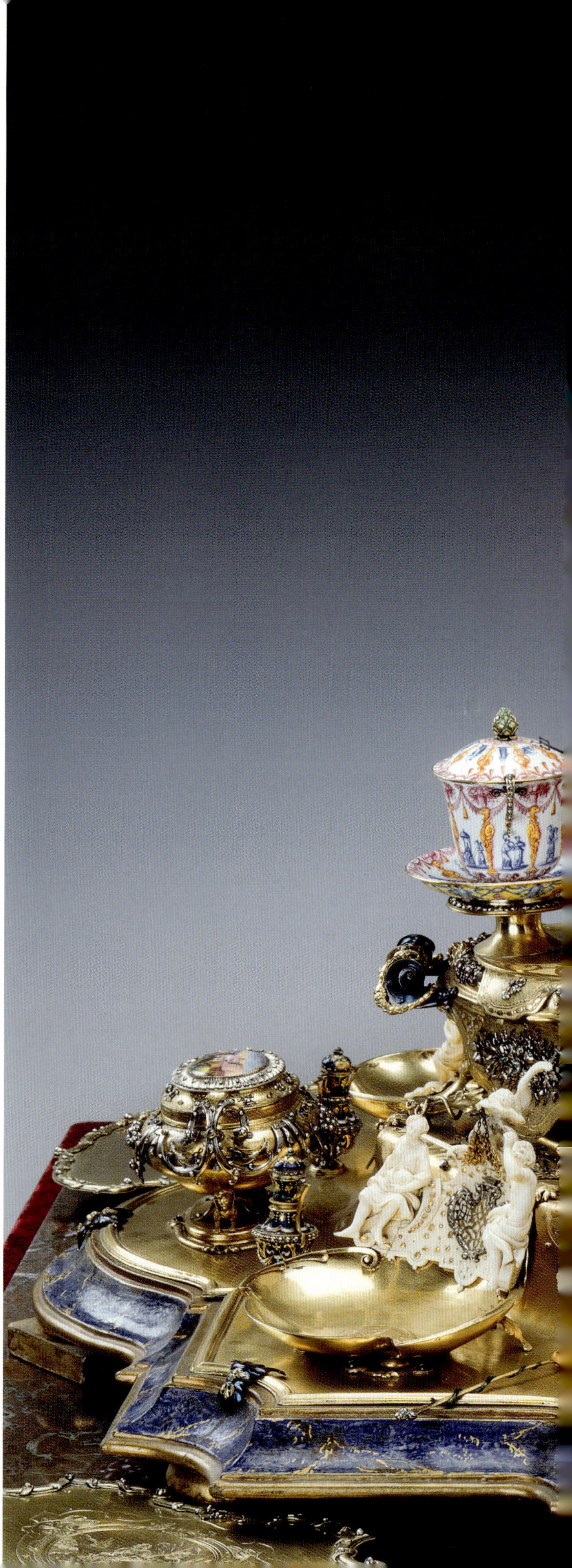

Holzkern, Gold, Silber, ver-
goldet, Edelsteine, Email, Glas,
Elfenbein
Entwurf und Goldschmiede-
arbeit: Johann Melchior
Dinglinger
Emailmalerei:
Georg Friedrich Dinglinger
Elfenbeinskulpturen:
wohl Paul Heermann
Dresden, 1697–1701, über-
arbeitet 1725
H. 96,0 cm, B. 76,0 cm
Inv.-Nr. VIII 203

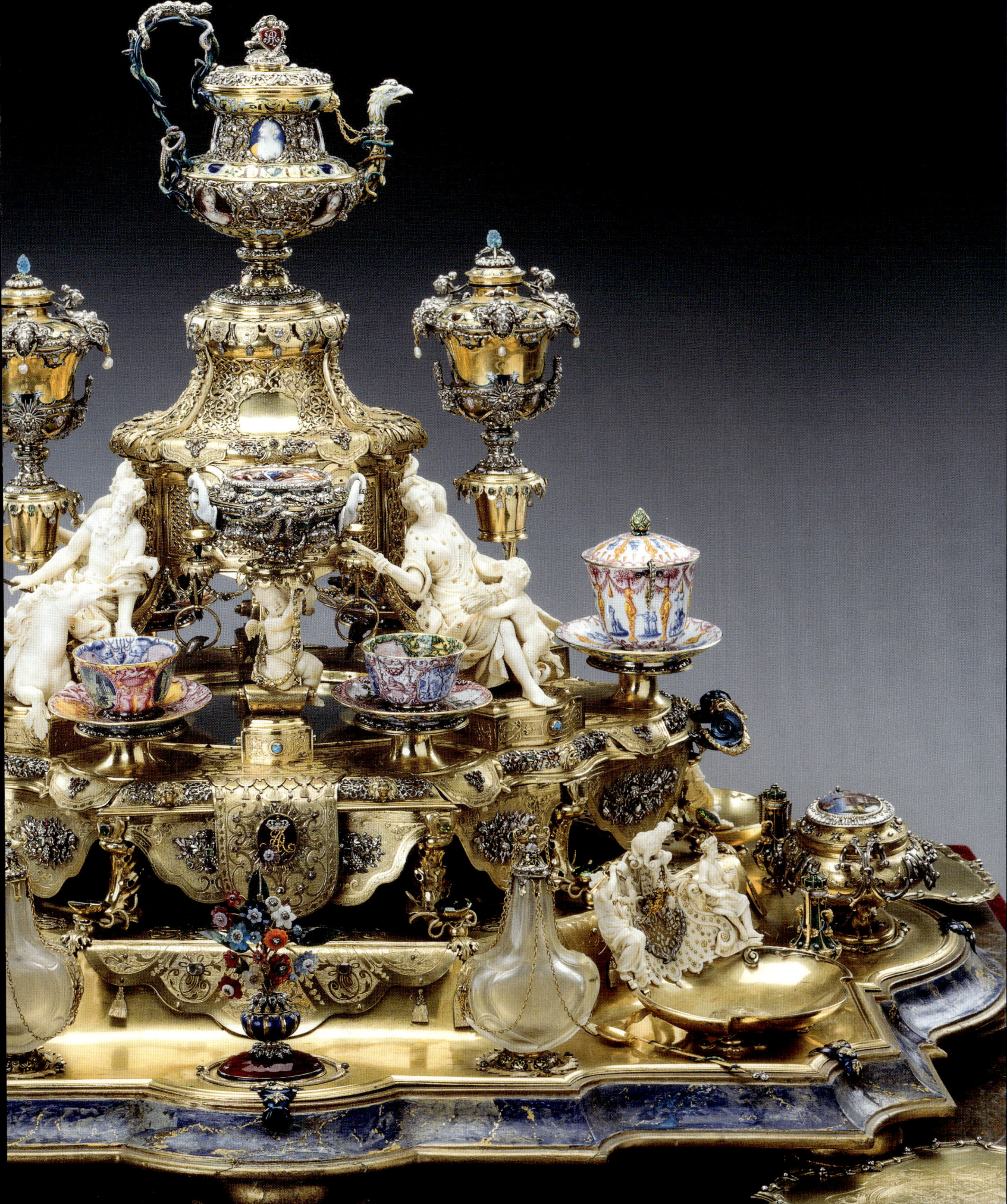

Innerhalb von etwas mehr als zehn Jahren entstanden in der Werkstatt Johann Melchior Dinglingers, in der auch dessen Bruder Georg Friedrich als genialer Emailmaler und Georg Christoph als Juwelenkünstler arbeiteten, mehrere einzigartige Prunkgefäße. Diese sind innerhalb der Kunst des Spätbarock ebenso außergewöhnlich wie die großen Arbeiten dieser brüderlichen Gemeinschaft von Juwelenkünstlern. Bereits die älteste von ihnen, die Zierschale mit dem Bad der Diana, war so virtuos, dass sich Johann Melchior Dinglinger später mit ihr portraitieren ließ.

Mit angeborener Schönheit und Grazie sitzt die von Balthasar Permoser aus Elfenbein geschnitzte Diana zusammen mit einem kleinen Putto unter dem Baldachin eines prächtigen Throns. Die keusche Jagdgöttin bereitet sich auf ihr Bad vor. Silbriges Wasser perlt aus Delphinmäulern in die lichtbraune Chalzedonschale. An deren Rändern findet sich auf zwei Tabletts alles, was eine Dame des frühen 18. Jahrhunderts zur Körperpflege brauchte. Ein drahtiger schwarzer Jagdhund bewacht aufmerksam das abgelegte Gewand und die Waffen der mit einen Jagdspieß bewehrten, sonst nur lose von einem Tuch umhüllten nackten Frau. Diana kann sich vor indiskreten Blicken geschützt fühlen, denn der Kopf des Jägers Aktäon, der in das göttliche Intimleben eindrang, weil er sie unbeabsichtigt beim Bade erblickte, liegt, von seinen Hunden zerfleischt, zu Füßen der Schale auf bemoostem Waldboden. Die empörte Unsterbliche hatte ihn in einen Hirsch verwandelt. Die Legende am Fußrand des Kabinettstücks gibt die moralisierende Grundaussage der prachtvollen Zierschale an: DISCRETION SERT EFFRONTERIE PERD (»Takt und Anstand ziert, Taktlosigkeit verliert«). Mit äußerster handwerklicher Präzision, künstlerischer Inspiration und unbändiger Erzählfreude befasste sich Johann Melchior Dinglinger bei diesem Kunstwerk mit der antiken, bei Künstlern des Barock beliebten Erzählung aus den Metamorphosen Ovids. Emailbildnisse Georg Friedrich Dinglingers geben das Schicksal von Kallisto und Mera wieder, zweier Nymphen aus dem Gefolge der Diana, die das Missfallen der sittenstrengen Unsterblichen erregt hatten und deshalb in Tiere verwandelt wurden.

Ein künstlerisches Wunderwerk ist die Dianaschale durch den gelungenen Versuch, spielerisch die Schwerkraft zu überwinden. Über dem Haupt des unglücklich zu Tode gekommenen Waidmanns schwebt Diana in einer mondgleichen Schale. Das erzählfreudige Hauptwerk der Schatzkunst mit reichem Zierrat aus Silber, Edelsteinen und virtuos bemalten Emailmedaillons ruht, kaum bemerkbar, nur auf drei Spitzen des mächtigen Hirschgeweihs. Im Dezember 1704 erwarb August der Starke dieses Kabinettstück für 8 000 Taler.

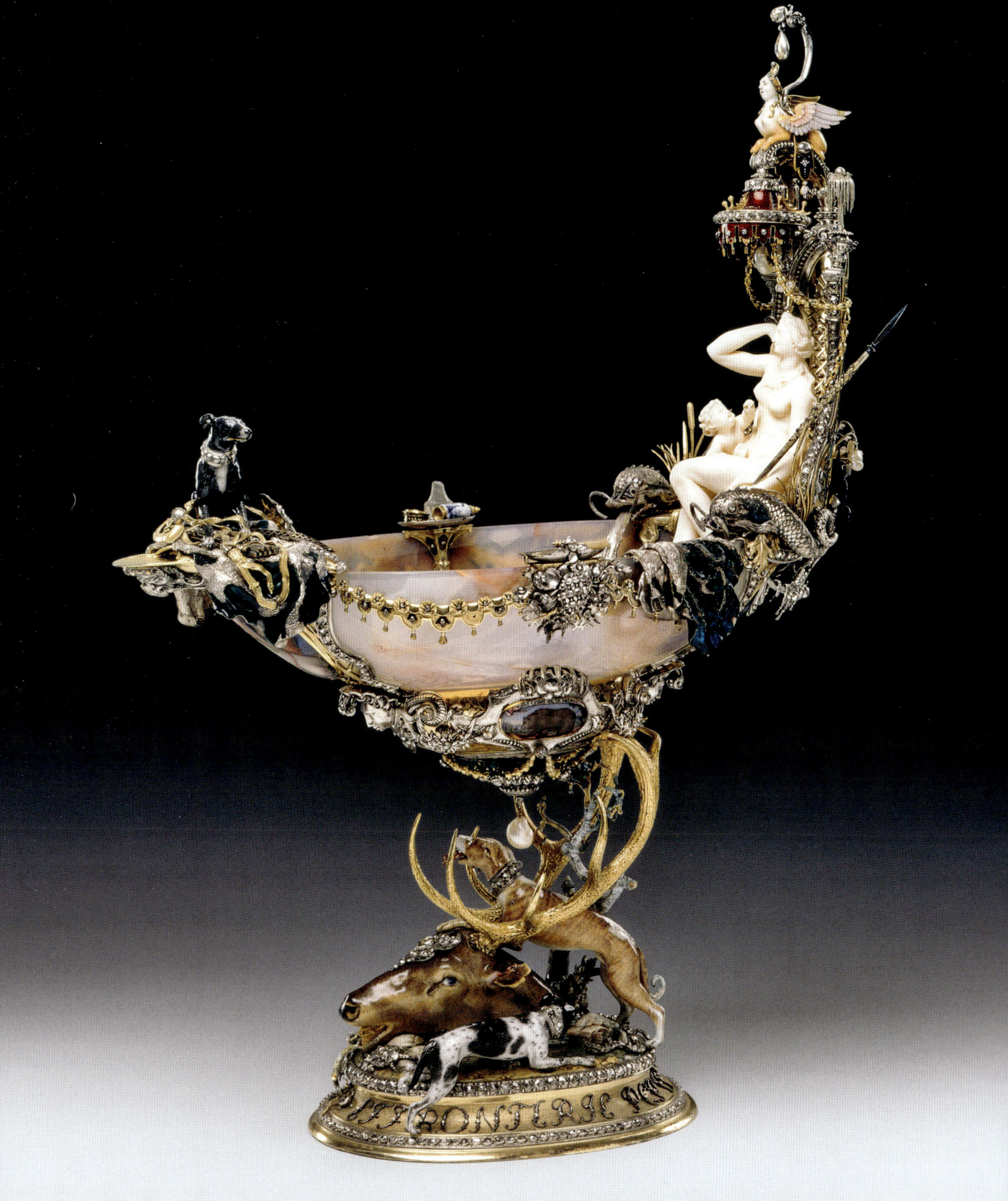

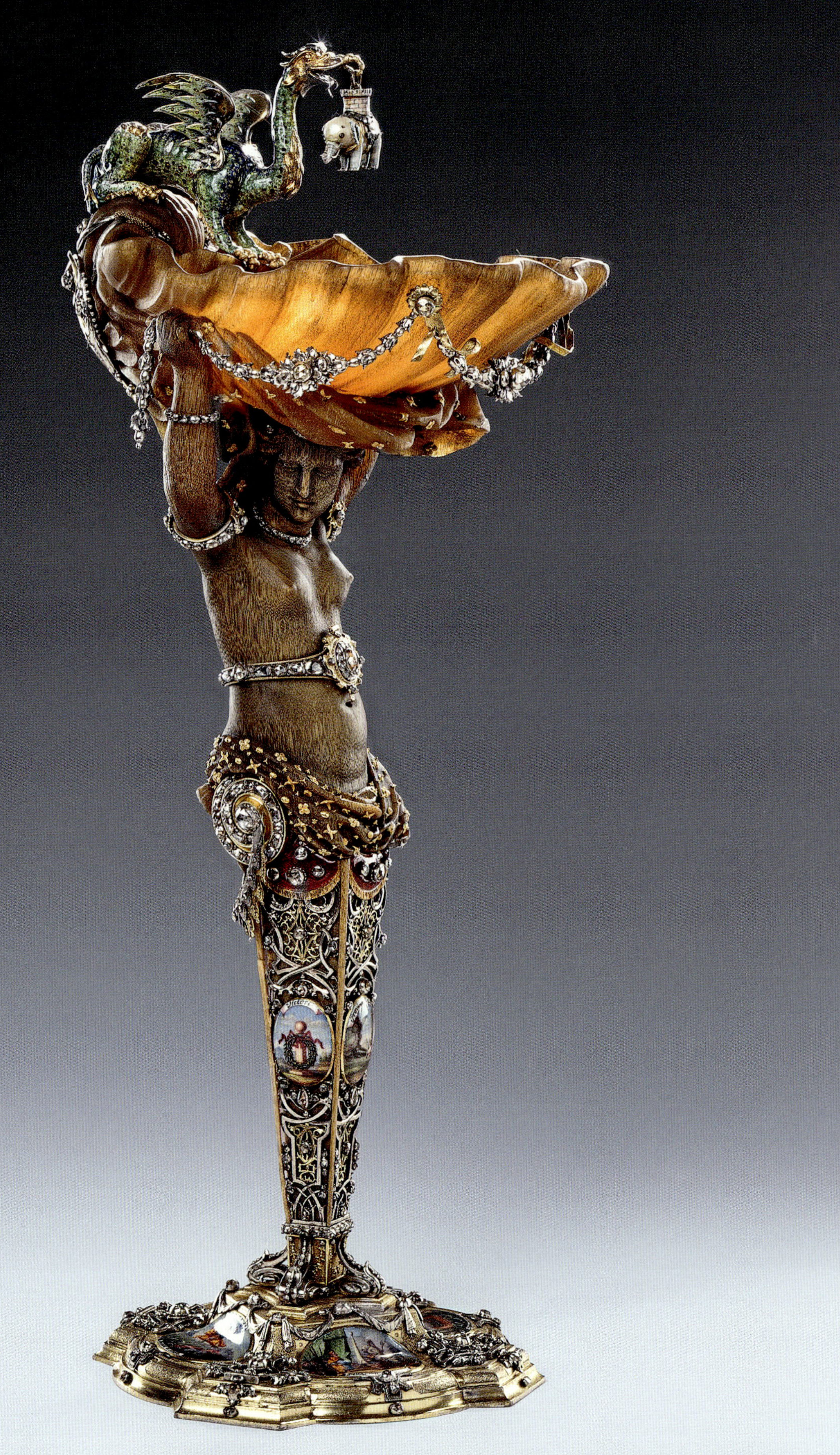

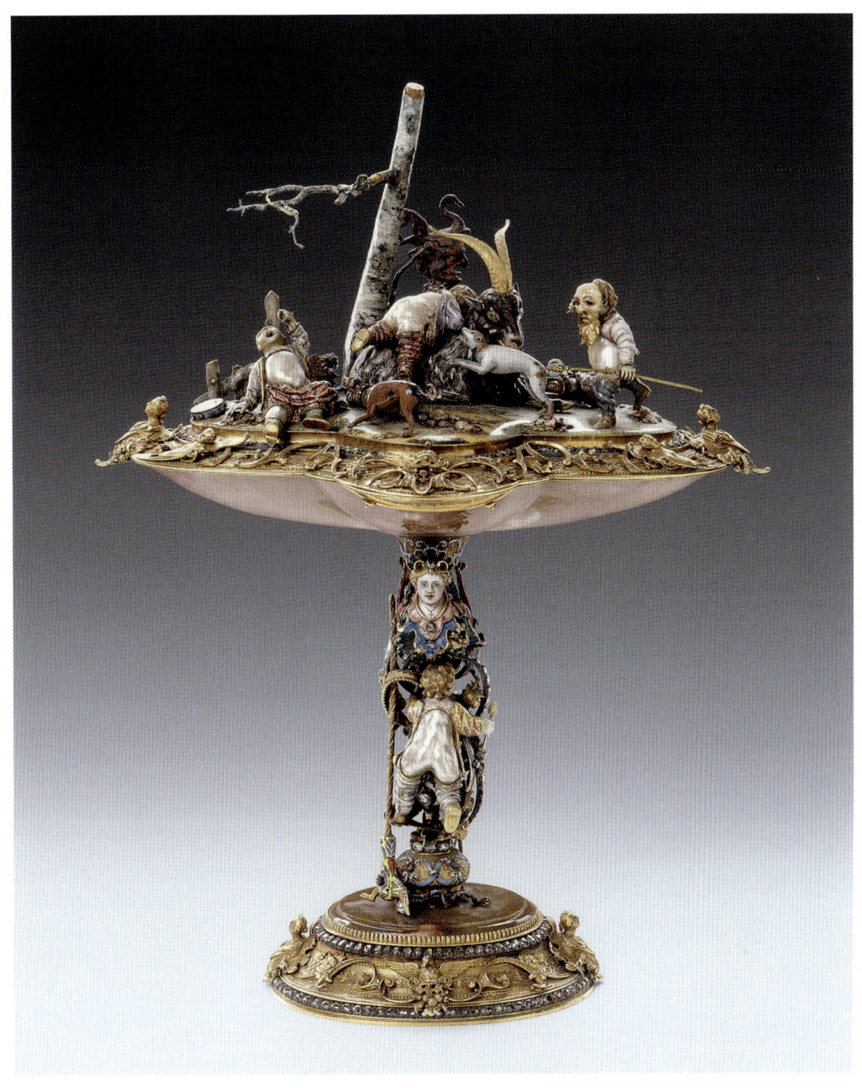

Am 16. April 1705 wurde der »kostbahre Trache so onix sein soll undt von H. Ding-
lingern Auffs Neue Anderst gefaßt worden« in die kurfürstliche geheime Schatzkammer im Grünen Gewölbe geliefert. In einer Rechnung vom 25. Juni 1709
gibt Dinglinger seine Aufwendungen für die Neufassung der »in Form eines Drachens
geschnittene Agath-Schale« mit 3 978 Talern für »Gold, Diamant und Arbeit« an. Dort
findet sich auch erstmals der deutende Name »Medea-Schale«. Dinglinger hatte eine teilweise zerbrochene Schale aus kurfürstlichem Besitz zu einem neuen Kunstwerk gestaltet.
Die Schale in Form eines Vogels mit Drachenkopf stammt aus dem späten 16. Jahrhundert
und kann der Werkstatt der Saracchi in Mailand zugeschrieben werden. Johann Melchior
Dinglinger führte bei seiner Neufassung zahlreiche Ergänzungen durch und legte die bei
derartigen Mischwesen der Renaissance abstehend gespreizten Flügel an den Körper an,
wodurch auf dessen Rücken eine geeignete Sitzfläche für die Zauberin der griechischen
Argonautensage geschaffen wurde. Medea, die Tochter des Königs von Kolchis, verhalf

Jason zum Raub des von einem Drachen bewachten Goldenen Widderfells (»Vlies«), das Ruhm, Ehre und Reichtum symbolisierte. Dinglingers Medea auf dem Drachen hält aber nicht das Zauberöl in der Hand, mit der sie das unbesiegbare Untier unschädlich machte, sondern das Monogramm »AR« König Augusts II. von Polen-Litauen. Damit schuf Dinglinger während der Tiefphase des Nordischen Krieges aus einem prächtigen, aber zerbrochenen Schatzkunstwerk ein tagespolitisch besetztes Kabinettstück, das die Zielstellung des kommenden Staatsbesuchs des dänischen Königs im Sommer 1709 und damit die Rückgewinnung Polens und die Bezwingung des schwedischen Königs durch Sachsen-Polen und Dänemark vor Augen führt.

Bei dem aus einem Rhinozeroshorn geschnitzten Prunkgefäß befasste sich Dinglinger erneut mit Jason und der Suche und Eroberung des Goldenen Vlieses. In der Rechnung vom 29. April 1718, die den sich über Jahre hinziehenden Kauf dieses Kunstwerks abschloss, heißt es: »Ein schöner Pocal von Renoceros, sehr künstl. aus einem Stück geschnitten, da die Hülse eine Mohrin ist, auf dem Kopf eine Muschell haltendt, auf welcher ein Drach von Gold sizet ganz emaillirt und mit Diamanten gezieret in dem Schnabel den Elephanten Orden von einen Perlein hält, der Mohrin Bild ist sehr reich mit Diamanten garnirt, auf dem Fuß sind zwischen denen Diamanten ziraten, wie auch an der Hülßen, Acht Emaillirte Platten von der Historie des güldenen Vlises, mit unterschiedl. Inscriptionen. Dieses Pocal siehet ganz antique aus, und findet man viele Arbeit daran.« Dinglinger erhielt für dieses Kunstwerk 3 500 Taler.

Der Prunkpokal verdankt seine Ausstrahlung der ungewöhnlich schönen Hornschnitzerei, die die Grenzen des spröden Rinozeroshornes großartig überwindet. Die feingliedrige weibliche Herme von subtiler Erotik trägt eine weichschwingende, kammmuschelartige Schale auf ihrem Kopf. Vier kleine Emailgemälde am Fuß der Prunkschale schildern Begebenheiten der Jasonsage. Vier weitere Emailmedaillons am Schaft enthalten Symbole und Devisen, die sich auf Ruhm und Ehre beziehen. Jason und Medea erscheinen gemeinsam in einem Emailbild am rückseitigen Kamm der Muschel. Die Emailbilder wurden von Georg Friedrich Dinglinger zum Teil auf den Rückseiten signiert und mit 1708 und 1709 datiert.

D ie flache, vierpassig geschliffene Schale aus orientalischem Achat, die dem ausgelassenen Treiben von vier perlfigurigen Kindern als Grundlage dient, wurde genauso wie der Pokal aus Rhinozeroshorn mit der Herme und zwei weiteren Prunkgefäßen im Mai 1718 von August dem Starken erworben. Die Umstände dieses Ankaufs machen das hohe unternehmerische Risiko deutlich, dass Dinglinger mit seinen Werken einging. Ohne direkten Auftrag geschaffen, war ihr Erwerb von der Gnade und Finanzkraft des Kurfürst-Königs abhängig. So dauerte es bis zu neun Jahre, bis diese prächtigen und beziehungsreichen Kabinettstücke in königlichen Besitz übergingen.

Die Prunkschale mit dem Kinderbacchanal, wie sie heute genannt wird, ist für das Œuvre der Dinglingerfamilie etwas Besonderes. Neben der Schale mit dem kämpfenden Herkules finden sich unter den Arbeiten der Dinglingerschen Werkgemeinschaft keine weiteren Werke, bei denen Perlfiguren eine wichtige Rolle spielen. Auf dem goldenen, sehr naturalistisch als Waldboden emaillierten Deckel tollen drei kleine Jungen, deren Körper aus Barockperlen bestehen, mit einem geduldig ruhenden Ziegenbock und zwei aufgeregten Hunden herum. Ein Junge versucht, den Ziegenbock zu besteigen, ein anderer

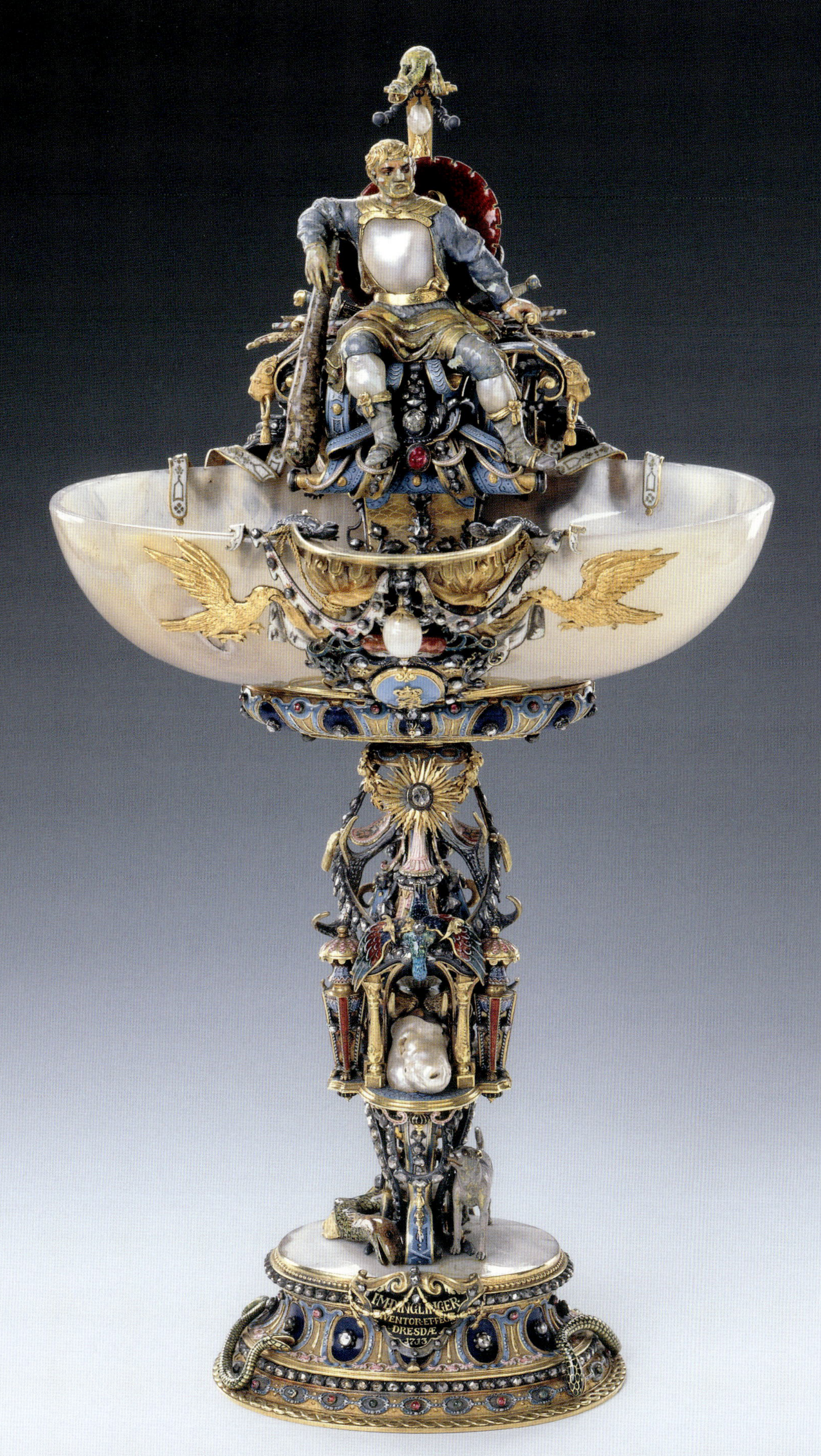

I.M.DINGLINGER.
INVENTOR.ET.FEC.
DRESDÆ
1713

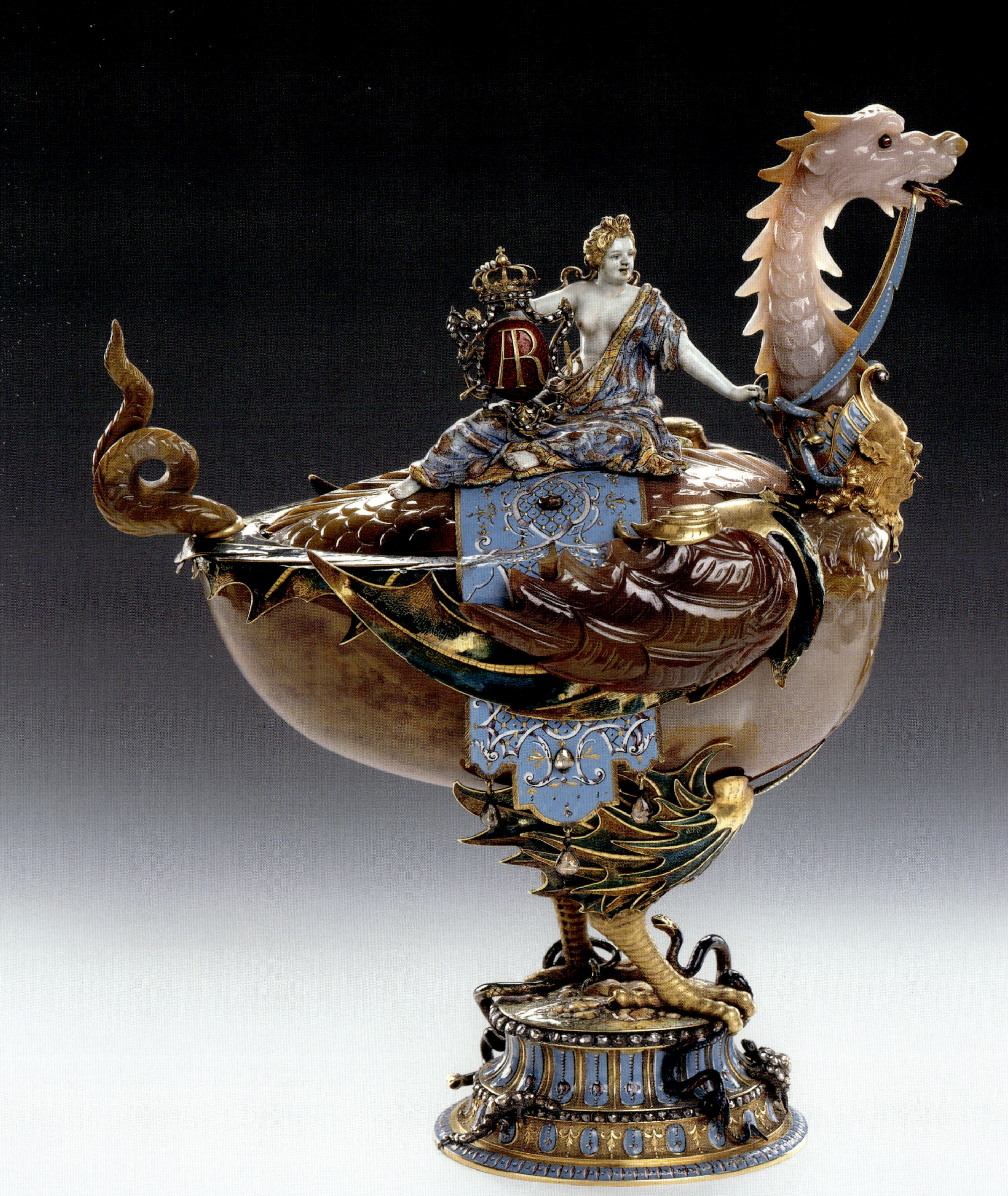

läuft mit vorgehaltener Maske und dem Thyrsosstab, dem Attribut des Dionysos und seiner Begleiter, einher, der dritte liegt schreiend auf dem Boden. Eine Inschrift auf einer umgestürzten Pansherme interpretiert das chaotisch anmutende Geschehen: »SERIA NESCIT TURBA MINUTA« (»Die winzige Schar kennt nichts Ernstes«). Der Schaft der Schale ist in verschlungenes Ornament aufgelöst, das neben einer emaillierten Frauenbüste und einem Steckenpferd einen hinaufkletternden Knaben enthält, der im goldenen, mit Diamantrosen verzierten Bandelwerk ein Vogelnest ausnehmen will. Dinglinger hat das Werk signiert und mit der Jahreszahl 1711 datiert. Für das Kinderbacchanal erhielten die Gebrüder Dinglinger 9 000 Taler.

Im Schaffen Dinglingers hat die »Schale von dem Hercule« eine besondere Bedeutung besessen. Das antikisierend geformte Gefäß aus perlgrauem Chalzedon mit goldenem Ausguss bekrönt die aus Barockperlen, Gold und Email gebildete Darstellung des auf einem »von Curiosen Zierrathen künstlich durcheinander geschlungenen Thron« sitzenden Heros. Der ruhende Herkules stützt sich auf seine Keule. Über ihm züngelt ein kleiner Drache. Als Rückenlehne dienen dem schwebenden Thron »die Waffen, welche Er (Herkules) von einigen Göttern, als von dem Apolline die Pfeile, von Mercurio das Schwerd, vom Vulcano den Harnisch und von der Minerva den Schild, sich derer in dem Streit wider die Thebaner zu bedienen, emfangen«. Der hohe Schaft setzt sich aus Gegenständen zusammen, die auf die zwölf Taten des Herkules verweisen, so beispielsweise der Kopf der gefangenen kerynitischen Hirschkuh, einer der getöteten stymphalischen Vögel oder die erlegte Lernäische Schlange (die Hydra). Das mit der Jahreszahl 1713 von Johann Melchior Dinglinger datierte und signierte Kabinettstück reflektiert die Identifikation Augusts des Starken als »Hercules Saxonicus«. Die 1718 für 10 000 Taler erworbene Prunkschale war ihrem Besitzer so wichtig, dass er sie 1729 auf einem speziellen Tisch in seinem Juwelenzimmer frei aufstellen ließ.

W ohl mehr als zwölf Jahre stand die monumentale Prunkschale mit dem Kämpfenden Herkules im Atelier Johann Melchior Dinglingers. Erst nach seinem Tod 1731 gelangte sie in den Besitz Augusts des Starken, dem »sächsischen Herkules«, den der Hofgoldschmied doch indirekt selbst durch dieses Kunstwerk feiern wollte. Auf der Rückseite des Spiegels, vor dem der unbezwingbare Heros in zerfetzter Kleidung, erbittert mit dem Nemeischen Löwen ringend, seine erste Heldentat vollbringt, findet sich das jugendlich idealisierte Bildnis des Kurfürst-Königs. Unter dem Herrscherbildnis hockt der Adler des Königlich-Polnischen Weißen Adlerordens, die Kette mit dem Ordenskreuz in den Fängen haltend. Bei der Prunkschale geht es um Polen-Litauen. Die Darstellung der zwölf übermenschlichen Heldentaten, die den Kraftmenschen zum Halbgott werden ließen, diente Dinglinger gleichsam als Allegorie auf die Rückeroberung des Königreichs Polen-Litauen durch August den Starken nach 1709. Medaillons mit den mythologischen Darstellungen sind am Rand der reich mit Edelsteinen belegten Schale aus gelblich-braunem Jaspis an goldenen Draperien angebracht und schmücken ebenfalls den glockenartig ansteigenden Sockel des Prunkgefäßes. Besonders eindrucksvoll ist der fein gearbeitete Schaft aus goldenem, emailliertem, mit Diamanten besetztem und durcheinandergewundenem Schweifwerk. In dieser nahezu aufgelösten Stütze hängt leblos und kopfüber ein mächtiger, mit großen Smaragden belegter Drache. Durch seinen Schweif windet sich eine gleichfalls besiegte, grünemaillierte Riesenschlange.

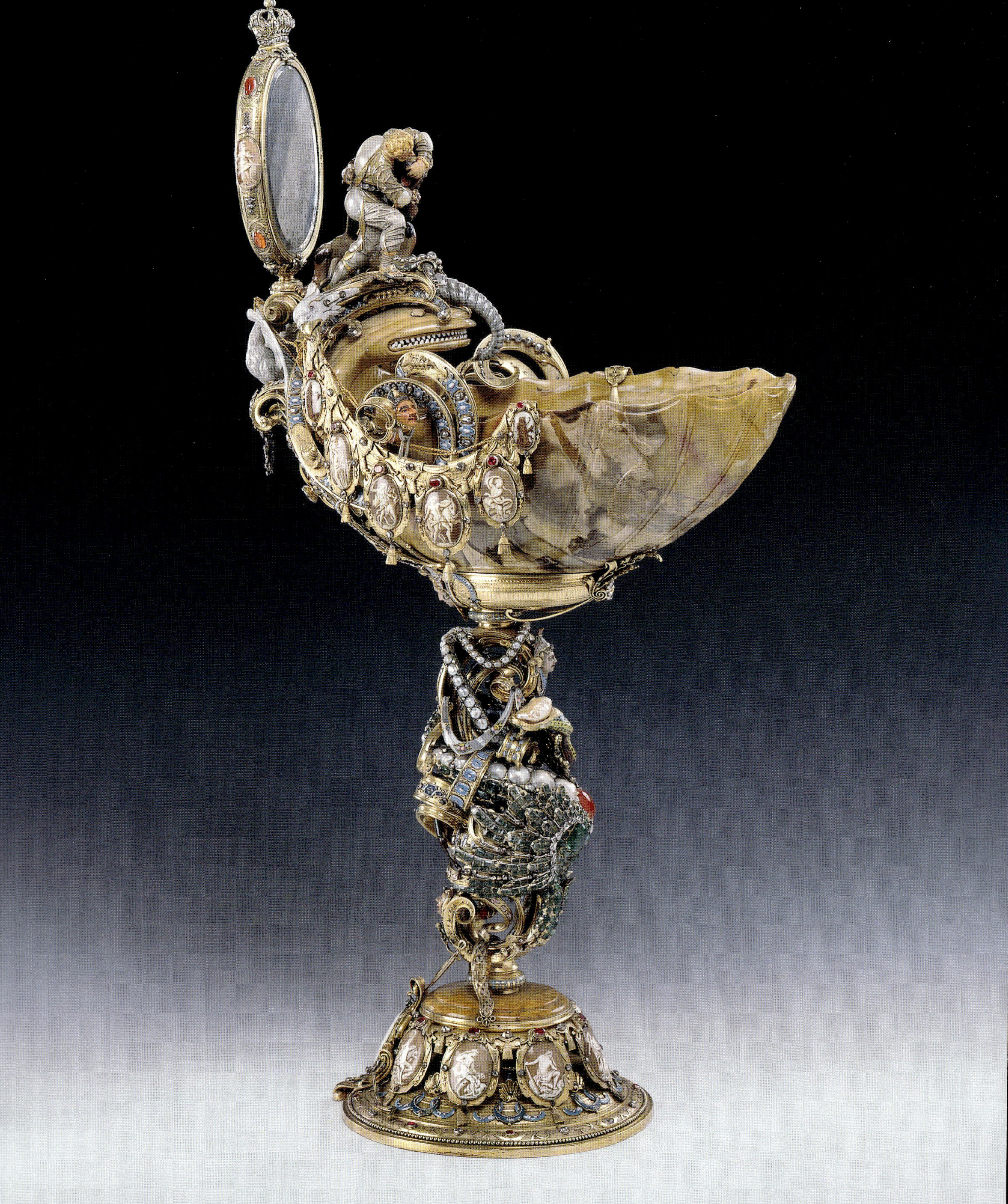

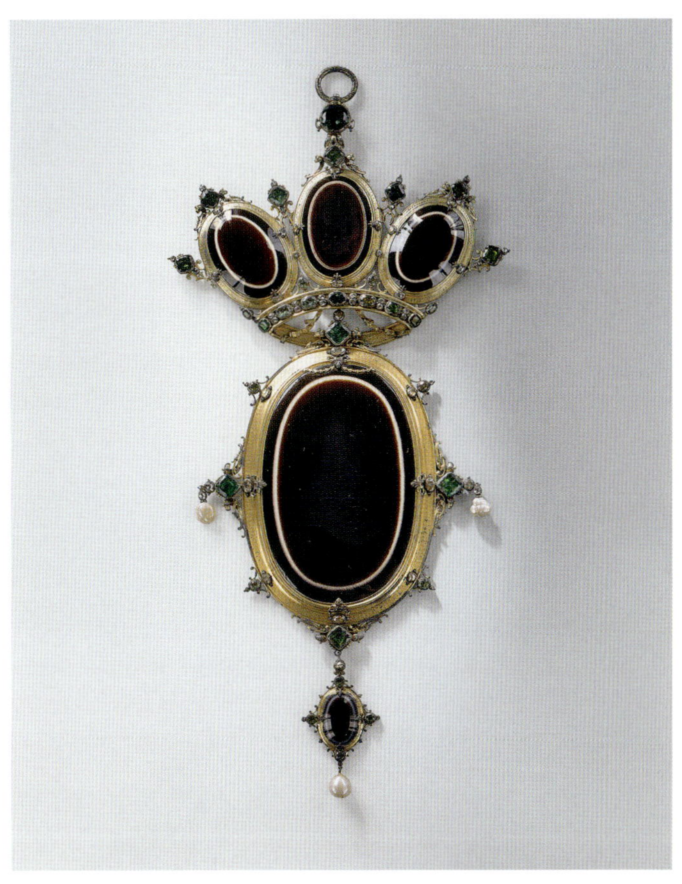

Aus dem Bericht eines Reisenden aus dem Jahr 1727 wissen wir, dass die Schale mit anderen, noch in Arbeit befindlichen Kostbarkeiten in Dinglingers Werkstatt in der Großen
Frauengasse auf ihren Käufer wartete. Dort konnte man, so der Reisebericht, damals auch
den großen Onyxanhänger sehen. Bei diesem ist der kulturgeschichtliche und ehemals auch
materielle Wert heute nicht mehr so offensichtlich wie bei der Prunkschale. Für einen
Betrachter des 18. Jahrhunderts aber war er eine ganz erstaunliche Kostbarkeit. Der Edelstein Onyx, der zur Familie der Achate gehört, wurde von fürstlichen Sammlern des Spätbarock als »König der Steine« sehr geschätzt. Die 15,5 Zentimeter hohe und 9,5 Zentimeter
breite ovale Platte, die Dinglinger wohl in den 1720er Jahren erworben hatte, galt bis weit
ins 18. Jahrhundert als der größte Onyx der Welt. Mit Phantasie und sicherem Formgefühl
schuf der Juwelenkünstler für dieses »Naturwunder« eine angemessene Präsentationsform.
Er bekrönte die große Onyxscheibe mit drei mittelgroßen Platten von gleichfalls eben-
mäßigem Schliff, ließ das mächtige Mitteloval nach unten in einem zierlichen kleinen Oval
ausklingen und umgab die Edelsteine mit einer raffinierten, mit Smaragden, Perlen und
Diamanten besetzten Fassung. Wohl unmittelbar nach seiner Vollendung erwarb der Kurfürst-König den Zieranhänger für einen hohen Preis; die zeitgenössische Reiseliteratur
sprach von 45 000 oder 48 000 Talern. Der Zieranhänger gelangte 1729 in das gerade
vollendete Juwelenzimmer des Grünen Gewölbes, wo er, an einer goldenen Kette hängend,
als Blickfang auf dem verspiegelten Mittelpfeiler präsentiert wurde.

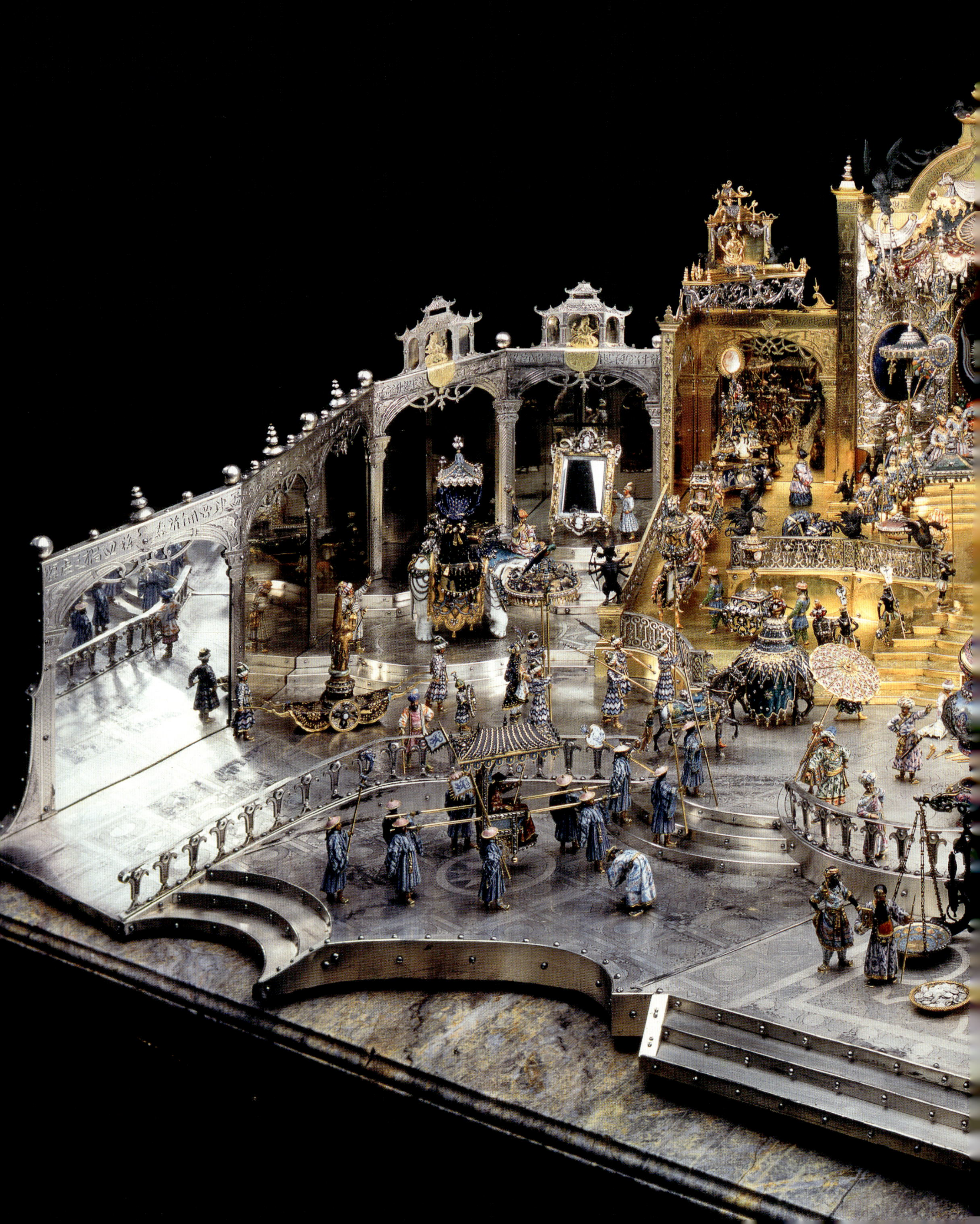

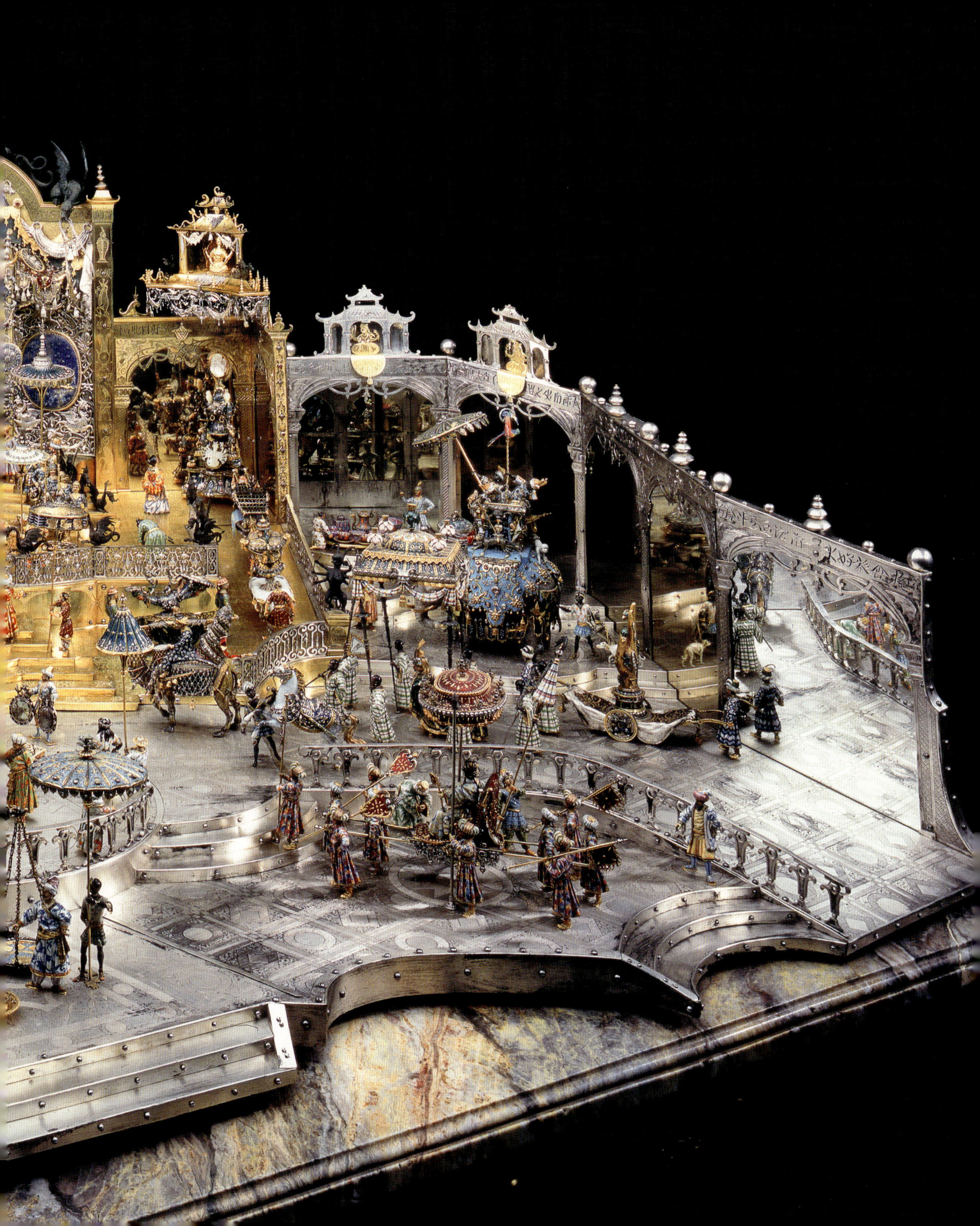

D er Schöpfer des spektakulärsten Goldschmiedekunstwerks des Spätbarock war sich ganz sicher, dass »dergleichen Arbeit noch niehmaln von einem Künstler ist vorgestellt worden, auch nach der Zeit nicht geschehen wird«. Johann Melchior Dinglinger holte den Reichtum und die Pracht des Orients mit der Darstellung der fünftägigen Geburtstagsfeier des indischen Großmoguls Muhammad Aurangzeb in die Schatzkammer Augusts des Starken. Doch ist es nicht allein der den Zeitgenossen bekannte mongolisch-islamische Herrscher, der uneingeschränkt über fast den ganzen indischen Subkontinent herrschte, unfassbaren Reichtum besaß und darüber hinaus Herr über die einzigen damals bekannten Fundstellen von Diamanten war. Es ist der sagenhafte Ferne Osten insgesamt, vom damaligen Persien bis China, der in diesem bezaubernden Kunstwerk gefeiert wird. Dessen Realisation waren umfangreiche Recherchen durch Johann Melchior Dinglinger in illustrierten Reisewerken sowie völkerkundlichen und kunstgeschichtlichen Berichten vorausgegangen, denn der Hofjuwelier legte Wert auf exakte und wirklichkeitsnahe Darstellung. So entstand noch vor Beginn der Aufklärung des späten 18. Jahrhunderts eine der Enzyklopädie – oder der heutigen Wikipedia – gemäße Zusammenfassung des gesamten europäischen Wissens.

Der Großmogul Aureng-Zeb lädt zur Audienz, und die großen Fürsten und mächtigen Ministerialen seines gewaltigen Reiches nähern sich ihm mit Geschenken und voll Ehrerbietung. 1701 begann Johann Melchior Dinglinger mit dieser exotischen Bühne der Macht und dies ohne königlichen Auftrag, nur »encouragiert« durch August den Starken. Sieben Jahre später, 1708, hatte Johann Melchior Dinglinger mit seinen beiden Brüdern und zahlreichen Helfern den europäischen Traum vom überquellenden Reichtum des Orients, bestehend aus einer über einen Quadratmeter großen, architektonisch gestaffelten Bühne, 132 Figuren aus Goldemail und 32 miniaturhaft feinen Geschenkgegenständen, in Dresden vollendet. Dinglingers Thron des Großmoguls Aureng-Zeb umstrahlen 4 909 Diamanten, 160 Rubinen, 164 Smaragde, ein Saphir, 16 Perlen und zwei Kameen (391 Edelsteine und Perlen sind im Lauf der Zeit abhandengekommen). Bereits auf der Leipziger Michaelismesse des Jahres 1707 offerierte Dinglinger sein Werk August dem Starken zum ersten Mal und fügte seinem Werbeschreiben auch gleich die detaillierte Rechnung über 58 485 Talern hinzu. Doch damals war der Kurfürst von Sachsen ein König ohne Land, denn er hatte, gezwungen vom schwedischen König, im September 1706 auf Polen-Litauen verzichten müssen. Am 6. Februar 1709 bestätigte der Oberhofmarschall dann, »daß vorher emelter Mogol nebst seinem prächtigen Thron, Figuren und Praesenten, vor Sr. Königl Majt umb Sechzig Tausend Thaler behandelt, alsdenn mit allem Zubehör [...] zu der Geh. Verwahrung richtig und accurat geliefert worden«. August der Starke brauchte den sagenhaften orientalischen Glanz, denn für den Mai 1709 hatte sich sein Vetter, der dänische König Frederik IV., zum Besuch angesagt. Für die Dinglingers war das hohe Risiko aufgegangen. Der Thron des Großmoguls war nun das teuerste Kunstwerk seiner Epoche und die Geheime Verwahrung im Grünen Gewölbe auf dem Weg zum Schatzkammermuseum.

Thron des Grossmoguls Aureng-Zeb
Holzkern, Gold, Silber, teilweise vergoldet, Email, Edelsteine, Perlen, Lackmalerei
Entwurf: Johann Melchior Dinglinger
Goldschmiedearbeit: Johann Melchior Dinglinger und Werkstatt
Emailmalerei: Georg Friedrich Dinglinger
Dresden, 1701–1708
H. 58,0 cm, B. 142,0 cm, T. 114,0 cm / Inv.-Nr. VIII 204
siehe S. 210 f.

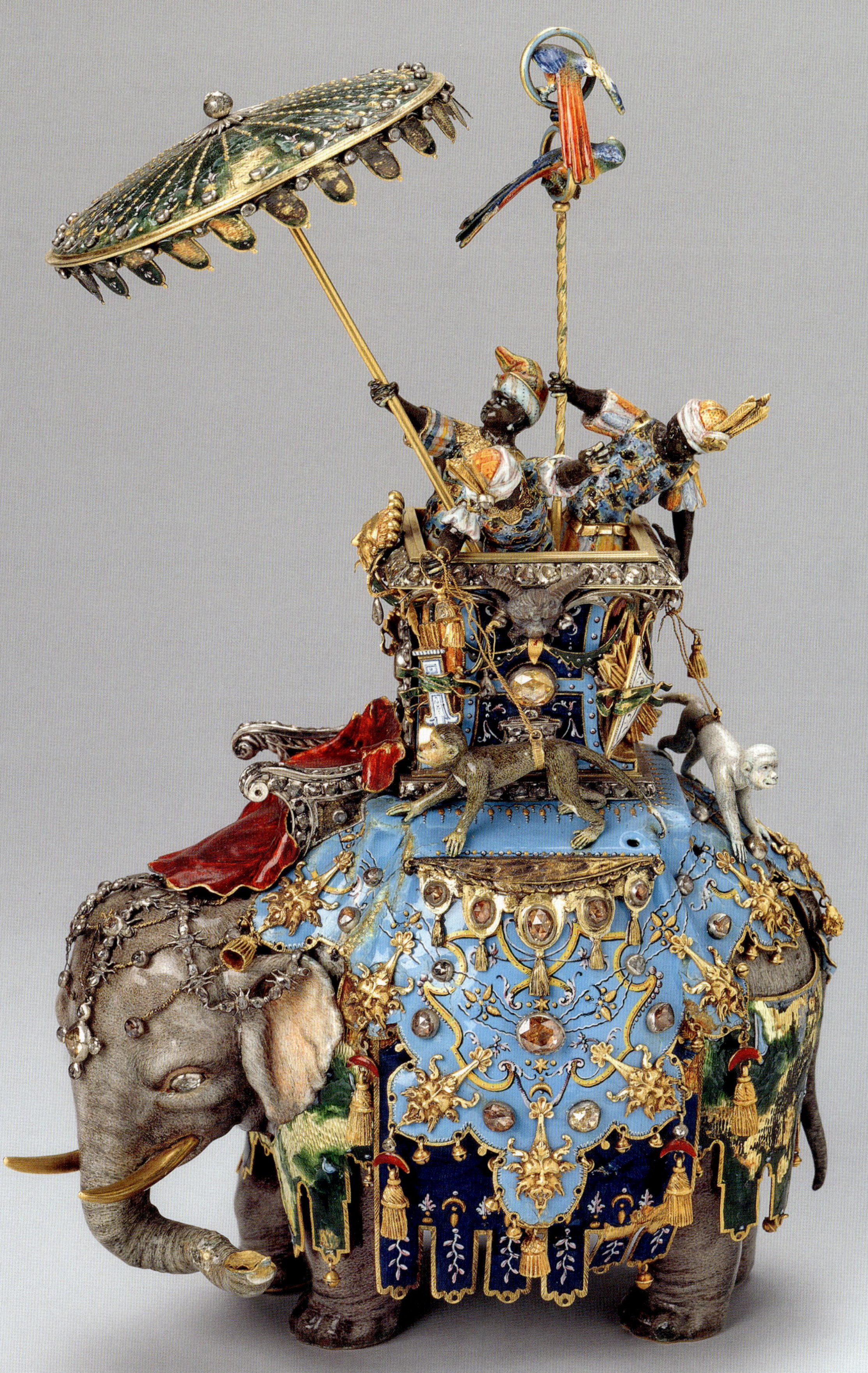

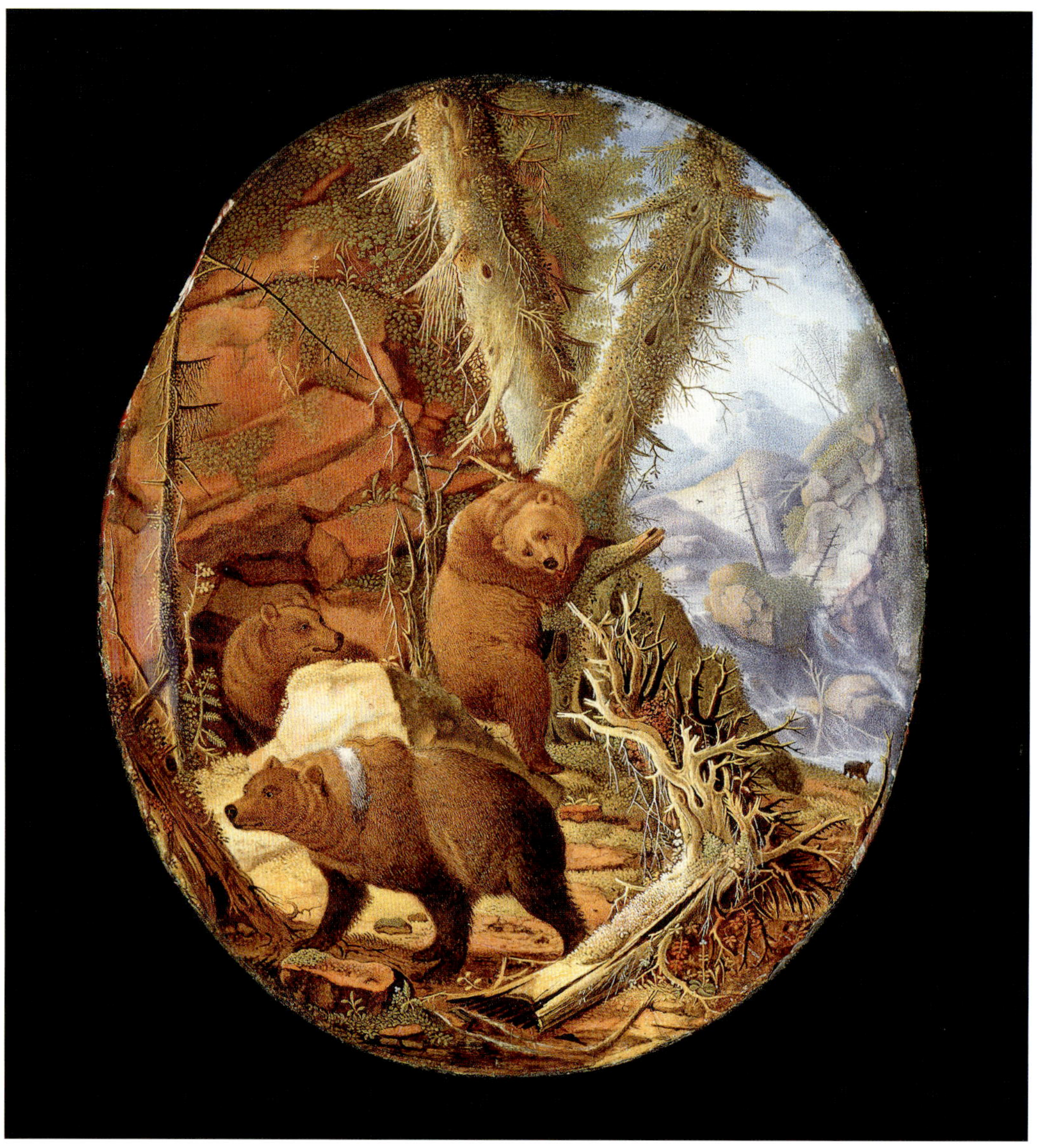

Der 1704 zum Hofemailleur ernannte Georg Friedrich Dinglinger war seit 1693 immer wieder aus der Heimatstadt der Familie, dem oberschwäbischen Biberach, in die sächsische Residenzstadt gereist, um seinen Bruder Johann Melchior bei dessen Werken zu unterstützen. Letztlich übersiedelte er nach Dresden. Die märchenhafte Wirkung des Throns des Großmoguls Aureng-Zeb, aber auch der Prunkschalen beruht auch auf der Kunst Georg Friedrich Dinglingers. Zugleich schuf der »Feuermaler« zahlreiche Bildnisminiaturen, die zu den bedeutendsten ihrer Art zählen.

Kurz vor 1712 unternahm Georg Friedrich erste Versuche, eigenständig wirkende Emailgemälde von größerem Format zu schaffen. Eines seiner schönsten ist die auf Kupfer emaillierte Darstellung einer Bärenhöhle. Die Naturansicht weist enge Bezüge zu Werken des Malers Johann Melchior Roos auf, der zwischen 1716 und 1718 mehrere Gemälde von Bären in freier Wildbahn schuf, wobei er besonderes Augenmerk auf zerklüftete

Felsformationen legte. Mit ihrer farblichen Leuchtkraft, ihrer Feinheit der Zeichnung und ihrem wirkungsvollen Kontrast zwischen Licht und Schatten auf spiegelglatter Oberfläche werden die ästhetischen Möglichkeiten einer Emailmalerei gegenüber der traditionellen Tafelmalerei deutlich sichtbar.

Noch größeren Formats sind zwei weitere Emailgemälde des Grünen Gewölbes. Neben dem Gastmahl der Kleopatra ist es das lebensgroße Brustbild der Jungfrau Maria, das 1712 von August dem Starken erworben und später als eines der Hauptwerke seines Schatzkammermuseums an der nördlichen Schmalwand des Pretiosensaals im Grünen Gewölbe aufgehängt wurde.

Die Darstellung des berühmten Gastmahls der ägyptischen Königin Kleopatra, die dieses für den römischen Feldherrn Marcus Antonius veranstaltete, um ihn zu betören, besticht durch die Vielzahl der Figuren, ihre in verschiedenen Farben und Tönungen gehaltenen Gewänder und den großen Licht- und Schattenkontrast. Das reizvolle Historienbild geht auf ein Ölgemälde gleichen Themas zurück, das Ottmar Elliger d. J. gemalt hat. Dinglinger veränderte jedoch die Komposition der Vorlage für seine Umsetzung in die technisch weitaus schwierigere Emailmalerei. Meisterhaft löste er das Problem, die malerische Farbgebung großflächig in Emailfarben aufzubringen und anschließend auf die Kupferplatte zu schmelzen. Hier offenbart sich nicht allein ein großer Künstler, sondern auch ein experimentierfreudiger Erfinder. Trotzdem gelang der Brand nicht perfekt. Das Kunstwerk kam 1769 aus dem Besitz des Grafen Brühl als »Göttermahl« in das Grüne Gewölbe.

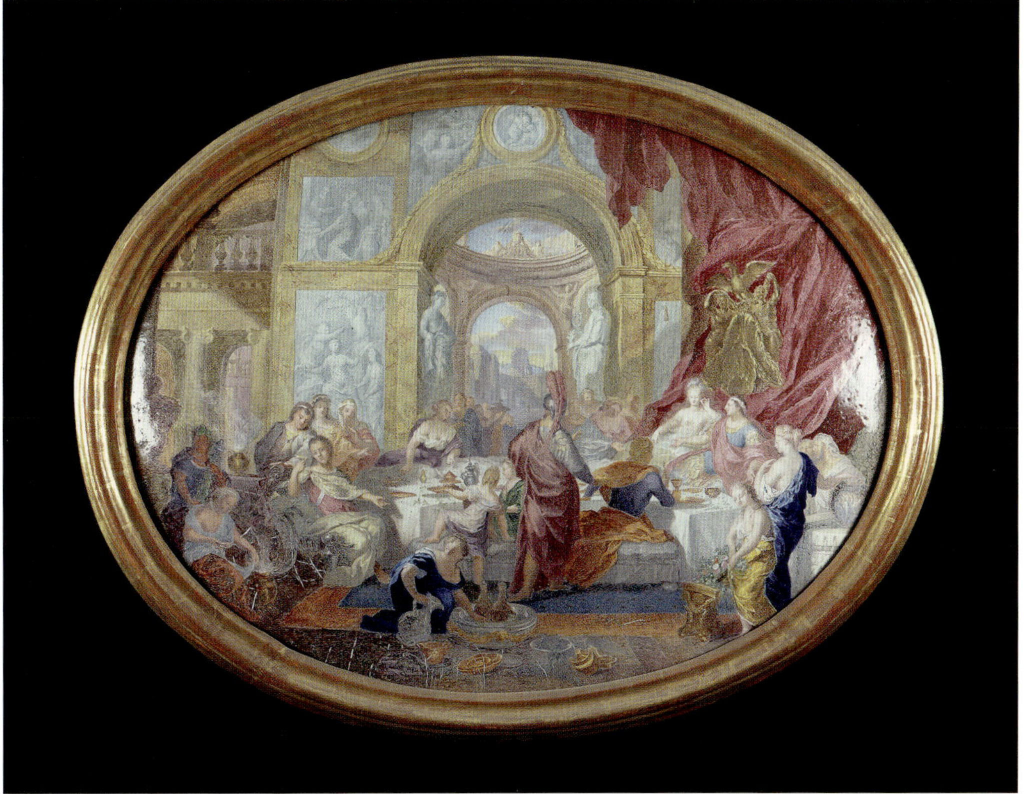

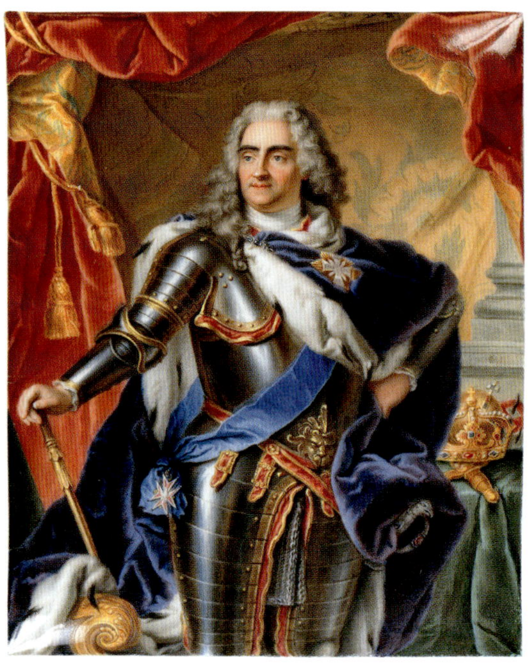

Im Laufe des 17. Jahrhunderts entwickelte sich die Emailminiatur zu einer begehrten Gattung der Portraitmalerei. Emailgemälde besitzen gegenüber der sonst zumeist für Miniaturportraits verwendeten Aquarellmalerei eine hohe Haltbarkeit und farbliche Möglichkeiten, die eine besonders differenzierte, naturnahe Wiedergabe erlauben. Selbst gegenüber der Ölmalerei zeichnete sich die Emailmalerei in Brillanz, Ausdruckskraft und Beständigkeit der Farben aus. Ein Beweis dafür ist das Portrait des Zaren Peters des Großen von Georg Friedrich Dinglinger.

Zusammen mit weiteren Emailbildnissen und Medaillons erwarb August der Starke 1714 das Brustbild seines Freundes und militärischen Verbündeten für 500 Taler. Es soll, so besagen es zeitgenössische Quellen, »nach der Natur« gemalt worden sein. Das Portrait entstand ziemlich sicher im November 1712, als der Zar nach einem Kuraufenthalt im böhmischen Karlsbad für acht Tage Dresden besuchte und dazu im Haus des Hofjuweliers Johann Melchior Dinglinger Quartier bezog. Dessen Bruder Georg Friedrich nutzte die Gelegenheit für die Portraitzeichnung des 40-jährigen, jugendlich wirkenden Zaren. Das ausgeführte Bildnis besitzt eine für Emailportraits ungewöhnliche Größe und, trotz seiner Orientierung an der Bildformel des Staatsportraits, einen durchaus intimen Charakter. Nicht mehr vorhanden ist die das Bildnis bekrönende russische Kaiserkrone mit dem heiligen Georg.

Der Emailleur Charles Boit hatte sich auf Portraitgemälde großer Fürsten spezialisiert und bereiste dazu ganz Europa. Gegen 1718 entstand das repräsentative Bildnis Augusts des Starken, der mit allen Insignien seiner polnisch-litauischen Königsmacht dargestellt ist. Es handelt sich um eine weitgehend getreue Kopie des Paradeportraits, das Louis de Silvestre für den Eckparadesaal der 1719 eingeweihten Paradegemächer im Dresdner Residenzschloss anfertigte und das dort seit 2019 wieder in dem sensibel rekonstruierten Raum hängt.

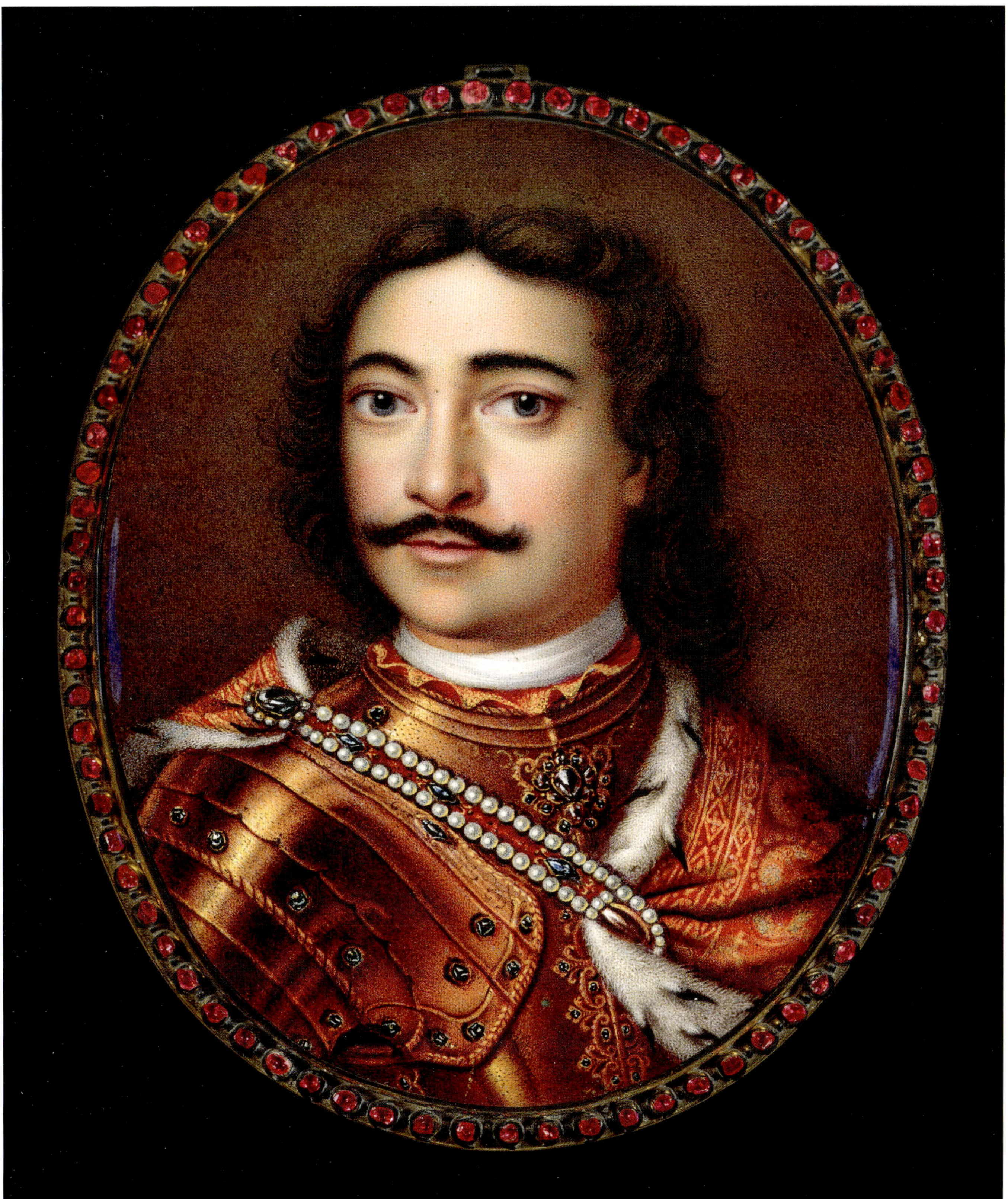

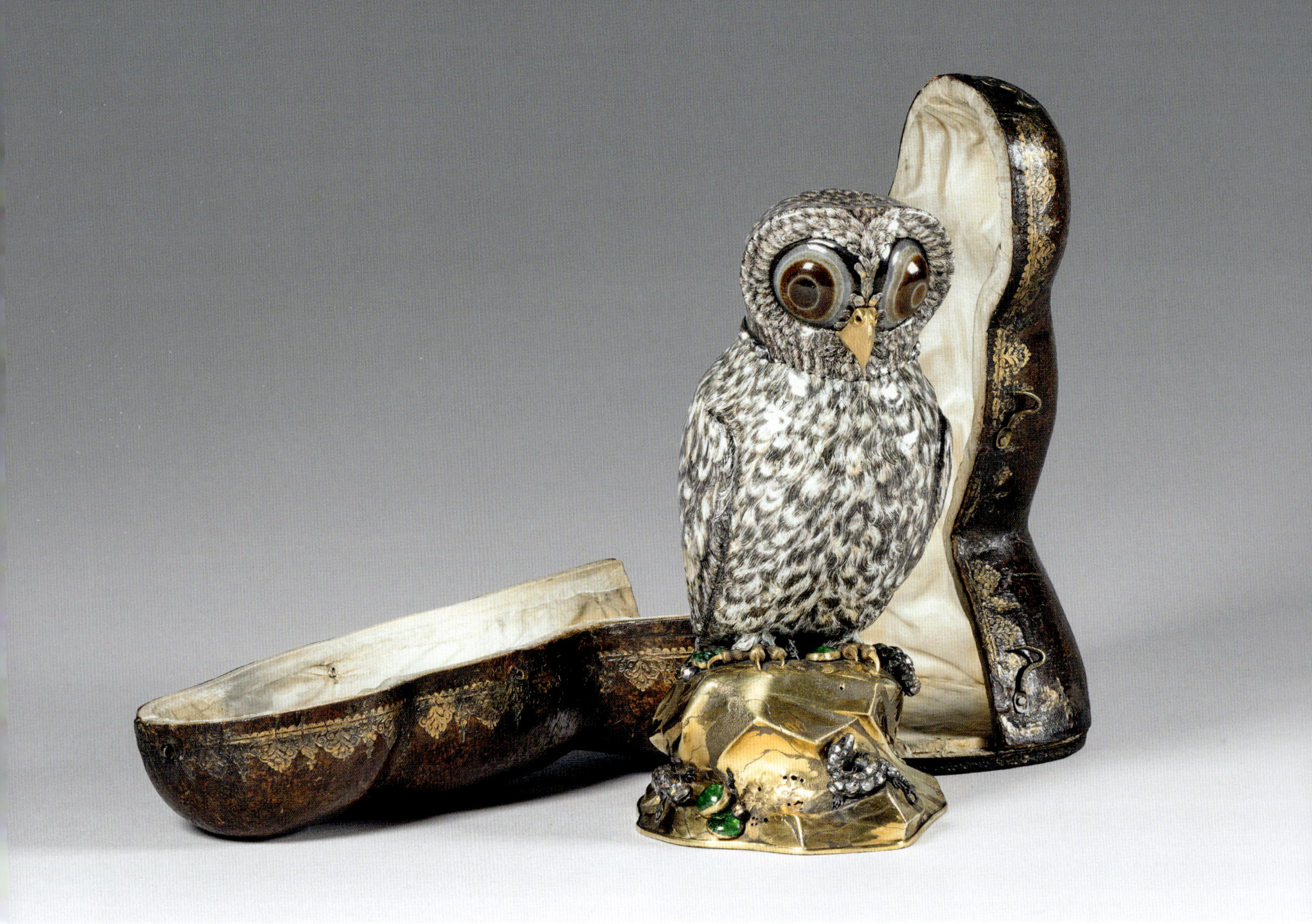

EULE ALS TRINKGEFÄSS MIT IHREM ETUI
Gold, Silber, vergoldet, Email, Achat, Diamanten, Leder, goldgeprägt, Seide
Gottfried Döring
Dresden, vor 1713
H. 16,2 cm / Inv.-Nrn. VI 17, E 28

Gottfried Döring war seit 1686 als Goldschmied in Dresden tätig, ebenso wie sein etwas jüngerer Schwager Johann Melchior Dinglinger. Neben der zauberhaften kleine Eule und dem imposanten Nautiluspokal mit Venus, der an Dinglingers Dianaschale erinnert, findet sich ein halbes Dutzend weiterer Arbeiten von ihm im Grünen Gewölbe. Im Jahr 1703 ernannte August der Starke Döring zu seinem Hofjuwelier. Dörings schöpferische Qualitäten werden in dieser kleinen, mit einem sorgfältig emaillierten Gefieder versehenen Eule aus Gold erkennbar. Die suggestiv blickenden Augen des Nachtvogels, in dem die europäische Tradition ein Sinnbild der Weisheit sah, bestehen aus halbkugelig geschliffenen Achatscheiben. Die Eule steht auf einem hohen, mit Smaragden bedeckten Sockel, auf dem sich auch diamantenbedeckte Eidechsen tummeln. Der Vogel selbst trägt um seinen abnehmbaren Kopf ein Halsband aus funkelnden Diamanten. Im Inneren der Eule befindet sich ein silbervergoldeter Einsatz, der es ermöglichte, das Sammlerstück bei Bedarf auch als Trinkgefäß zu verwenden. Diese naturalistische Goldschmiedeplastik erwarb der Kurfürst-König 1713 für 1 200 Taler. Als Döring 1718 starb, ernannte August der Starke Johann Heinrich Köhler zu dessen Nachfolger im Ehrenamt eines Hofjuweliers.

Zu diesem Meisterwerk barocker Schatzkunst hat sich das passend angefertigte Etui erhalten. Es wirkt fast wie ein modernes Kunstwerk, wurde aber geschaffen, um das in ihm eingefügte Objekt vor Schaden zu bewahren. Manche der Etuis entstanden schon vor der Erwerbung der Kostbarkeiten fern von Dresden und dienten dem Transport in die Schatzkammer, andere wurden geschaffen, weil das Eckkabinett, in dem Perl- und Elfenbeinfiguren wie auch kleine Kabinettstücke zu Hunderten aufgestellt waren, im Winter ein für die präsentierten Objekte schädliches Klima entwickelte und deshalb teilweise beräumt werden musste. Und schließlich nahm der Kurfürst-König immer wieder einzelne Objekte mit sich auf seine Reisen nach Polen und Litauen. Im Bestand des Grünen Gewölbes befinden sich deshalb noch mehr als 300 Etuis, die im 17. und 18. Jahrhundert aus einem stabilen Holzkern und einer Hülle aus Leder passgenau für die einzelnen Schatzkunstobjekte von Buchbindern angefertigt wurden.

Johann Heinrich Köhler wurde 1701 in die Zunft der Dresdner Goldschmiede als Meister aufgenommen und schuf bald schon Werke für die Schatzkunstsammlung des Kurfürst-Königs. Im Jahr 1718 erhob August der Starke ihn in den Rang eines Hofjuweliers. Seitdem war Köhler mit der Pflege des königlichen Pretiosenschatzes befasst. Er erstellte 1725 auch dessen erstes Inventar. In den 1720er Jahren scheinen Köhlers Werke immer stärker den Wünschen Augusts entsprochen zu haben, sodass er zeitweise zu seinem bevorzugten Goldschmied aufrückte.

Die Figur eines Bergsängers, der auf einer Uhr steht, entstand wohl im ersten Jahrzehnt von Köhlers Schaffen. Nur noch der dunkelgrüne Schachthut, das außen rot gefärbte Hinterleder und die in ihrer Funktionalität deutlich reduzierten Kniebügel weisen den Musikanten als Bergmann aus. Seine festlich schwarz-weiße Livree verbindet diese typischen Teile der sächsischen Bergmannstracht mit den schwarzen Schuhen, dem rosa bestickten Umlegetuch und den aus einer unregelmäßig gewachsenen Barockperle bestehenden Hosen eines bürgerlichen Habits. Der breitbeinig dastehende Mann spielt eine Cister, ein damals beliebtes Zupfinstrument. Gleichzeitig hat er den Mund zum Singen geöffnet und den Kopf leicht nach rechts gehoben. Der Musiker steht auf dem Imitat eines naturgewachsenen Malachits, der unter seinen Füßen wie ein kostbarer Fels erscheint. Musizierende Bergleute lassen sich in Verbindung mit dem sächsischen Hof schon im letzten Drittel des 16. Jahrhunderts nachweisen. Zunächst wirkten sie nur als Vokalmusiker. Seit der zweiten Hälfte des 17. Jahrhunderts wurde es üblich, dass ein Cisterspieler eine Gruppe von Bergsängern bei ihrem Gesang begleitete. Mit dem Regierungsantritt Kurfürst Friedrich Augusts I. 1694 dienten ganze Gruppen »Churfürstlicher Bergsänger« der Unterhaltung am Dresdner Hof und traten auch immer wieder bei den kurfürstlichköniglichen Festveranstaltungen auf.

Mit dem Gehäuse für die Hubertusuhr gelang Köhler eine der eindrucksvollsten Tisch- oder Stutzuhren des 18. Jahrhunderts. Der Goldschmied hat das Gehäuse auf der Unterseite signiert und mit der Jahreszahl 1727 datiert. Das Uhrwerk der Prunkuhr mit der Hubertuslegende schuf der Uhrmacher Johann Gottlieb Graupner.

Das allseitig verzierte Gehäuse der Prunkuhr steht auf einem marmoriert bemalten Holzsockel, den auffällig hellgrüne Olivine zieren. Der Uhrenkörper aus vergoldetem Silber ruht vorne auf zwei Löwen und hinten auf zwei Bären. Zwei Jagdhornisten an den

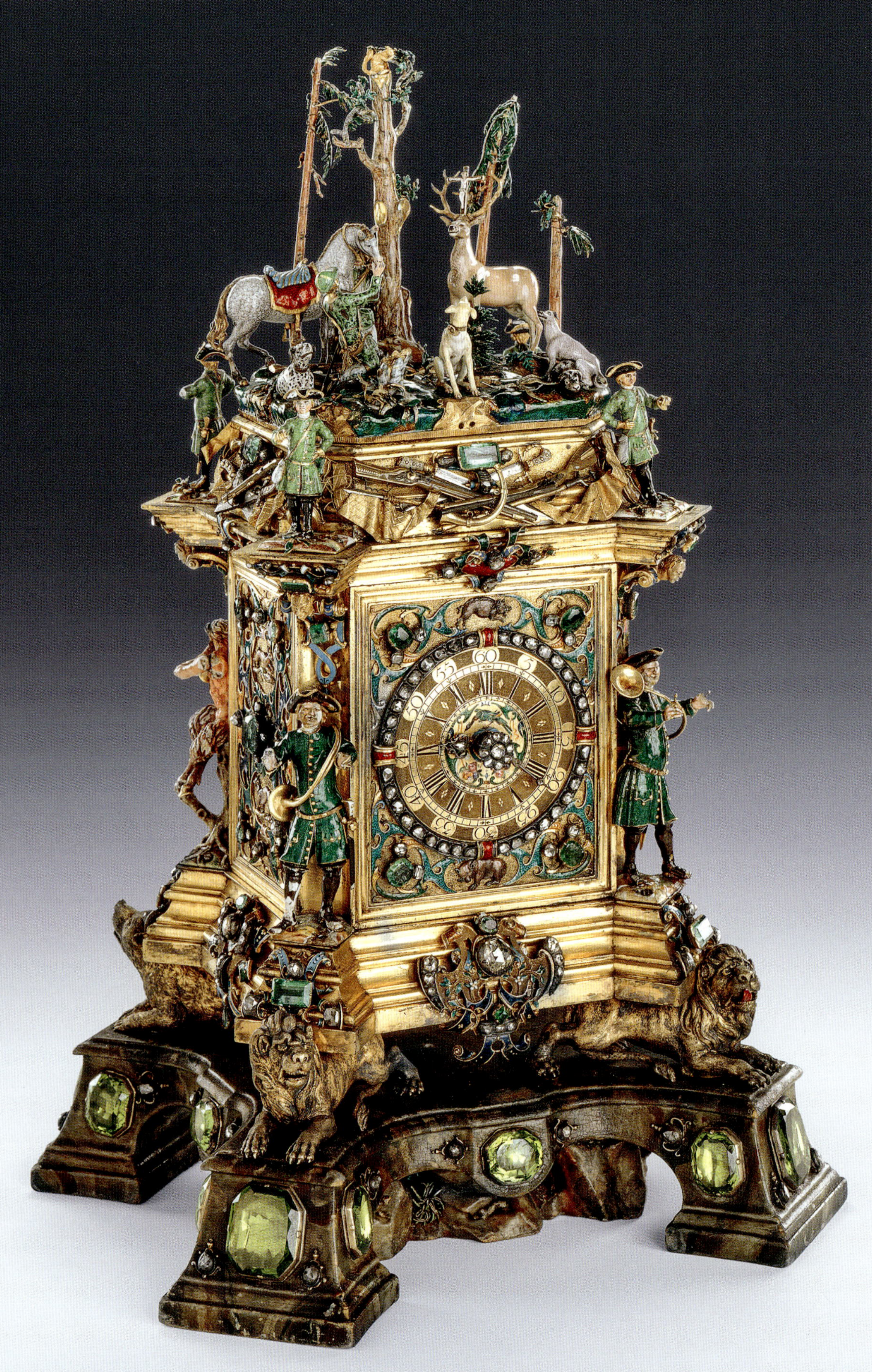

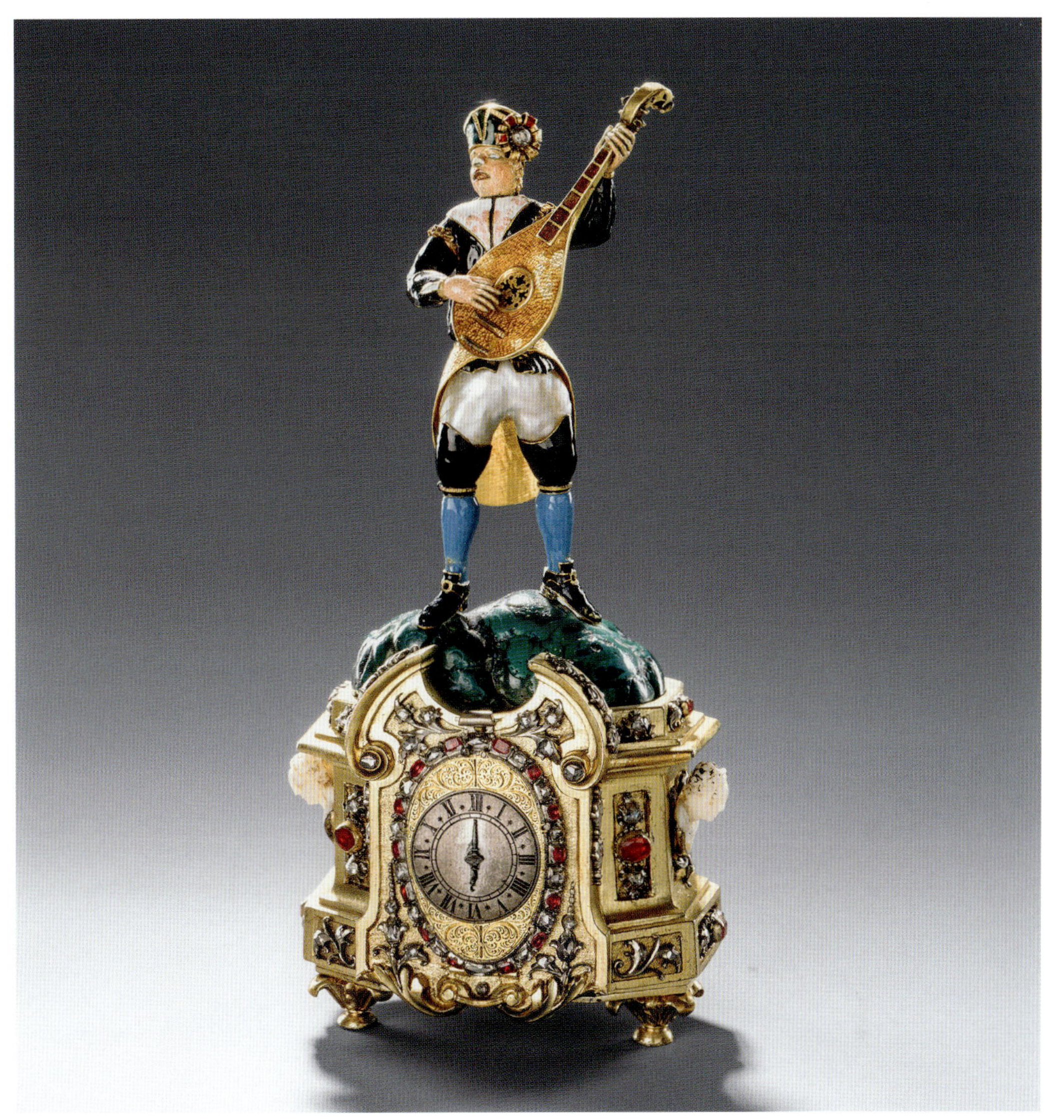

abgeschrägten Ecken der Gehäuseflächen flankieren das mit Diamanten umgebene Ziffer-blatt. An der Rückseite nehmen zwei musizierende Satyrn ihren Platz ein. Das fürstliche Jagdthema wird durch kleine Emailreliefs von Jagdtieren aufgenommen, die auf allen Flächen zwischen dem grün emaillierten Ornament und dem Besatz mit Smaragden angebracht wurden. Oberhalb der realen und mythologischen Waldhüter stehen auf dem Kranzgesims vier höfische Jäger in Livree. Sie flankieren einen mit Jagdwaffen ge-schmückten Aufsatz, der als Bühne für die detailreich inszenierte Legende des heiligen Hubertus dient. Zu Ehren des Schutzpatrons der Jäger veranstaltete man alljährlich am Hubertustag, dem 3. November, große Parforcejagden. Köhlers prachtvolle Hubertusuhr wurde von dem selbst die Jagd frönenden Kurfürst-König so sehr geschätzt, dass er sie in der Fensternische des Juwelenzimmers im Grünen Gewölbe auf einem vergoldeten Tisch aufstellen ließ.

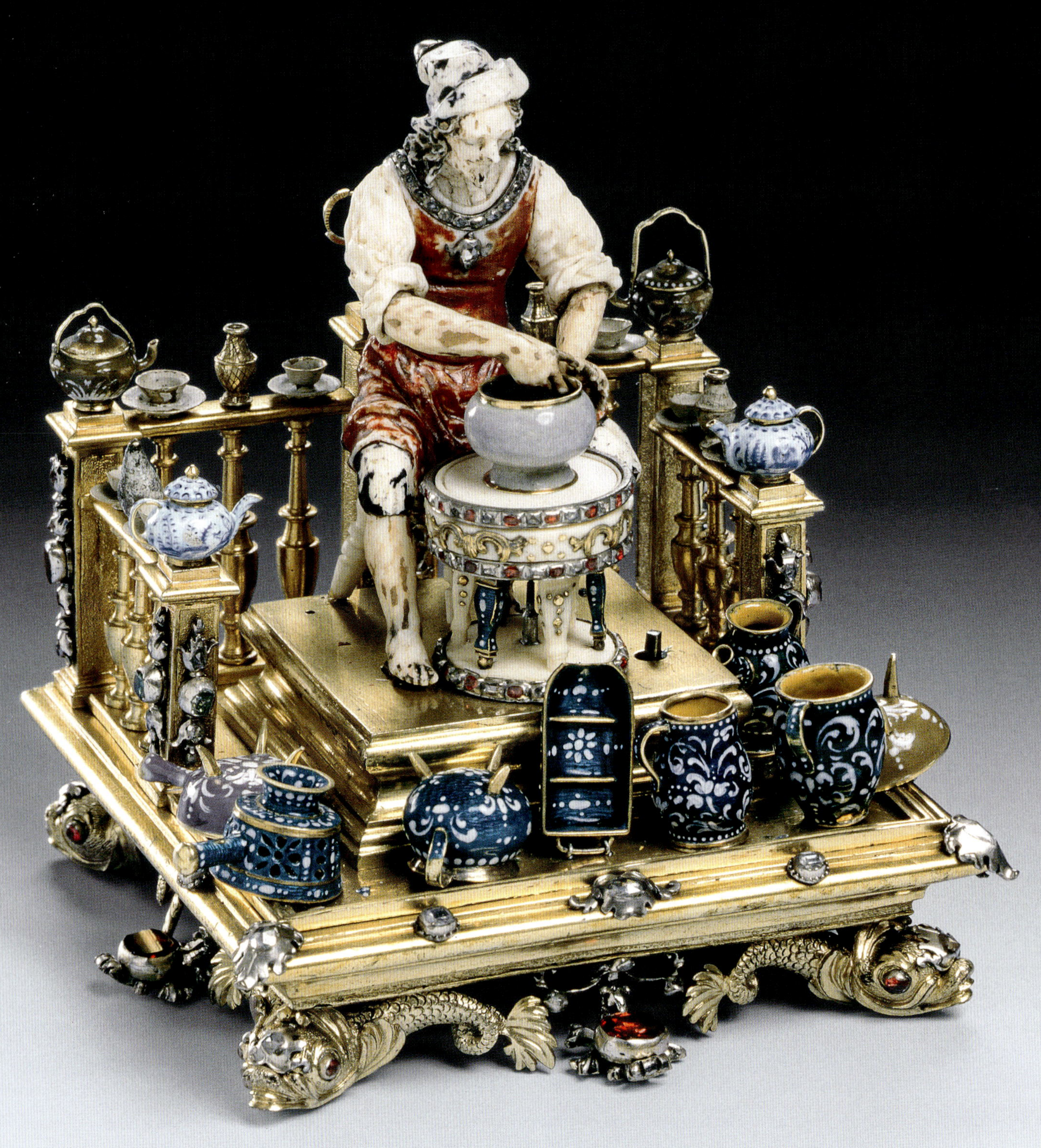

Zum Œuvre des Juwelenkünstlers Johann Heinrich Köhler gehören mehrere aus Elfenbein geschnitzte kleinformatige Genrefiguren auf edelsteinbesetzten Sockeln. Derartige Werke der Schatzkunst waren in den Jahrzehnten um und vor allem nach 1700 an fürstlichen Höfen begehrt und weit verbreitet. Die dazu notwendigen Elfenbeinstatuetten entstanden in verschiedenen, heute unbekannten Werkstätten und wurden von den Goldschmieden erworben, um derartige Schatzkunstobjekte anzufertigen.

Köhlers Scherenschleifer wurde, einer nur in Abschrift erhaltenen Aktennotiz zufolge, 1708 für 176 Taler erworben und am 2. Dezember 1709 zum Grünen Gewölbe gegeben. Die Rechnung ist spezifiziert. Für die fein gearbeitete Elfenbeinstatuette berechnete Köhler 30 Taler, für die gläsernen Schleifsteine, die er ebenfalls nicht selbst hergestellt hatte, 16 Taler und für das von ihm für die Fassung verwendete Material sowie seinen Macherlohn 130 Taler. Die Ausgabe hat sich für August den Starken gelohnt, denn der Köhlersche Scherenschleifer ist unter den im Grünen Gewölbe und in anderen Museen bewahrten Genrefiguren dieses Typus sicherlich der prachtvollste.

Auch beim Töpfer an der Scheibe wurden dem Juwelenkünstler das Format und das genaue Thema durch die als »Rohmaterial« erworbene Elfenbeinstatuette vorgegeben. Köhler schuf allerdings nicht nur die detailreiche Genredarstellung eines sich auf seine Arbeit an der Töpferscheibe konzentrierenden Handwerkers, sondern ein wichtiges kulturgeschichtliches Zeugnis. Die Scheibe, hinter der der Töpfer aufmerksam und leicht nach vorn gebeugt sitzt, ließ sich »als ein Uhrwerck« aufziehen, wodurch sie zu rotieren begann. Der Töpfer ist gerade dabei, ein großes Gefäß anzufertigen. Vor ihm stehen und liegen schon einige Krüge und Töpfe sowie eine Kanne, ein Wärmebecken und eine Backform, die sich durch ihre stark farbigen, mit weißem Rankenwerk bedeckten Wandungen als bürgerliche Gebrauchskeramik ausweisen. Die Teekannen, Trinkschalen und Vasen auf der Balustrade seitlich und hinter dem Handwerksmeister reflektieren hingegen sehr genau die gestalterischen Möglichkeiten und die anfängliche Farbpalette der um diese Zeit in Meißen begonnenen Herstellung von Porzellangefäßen.

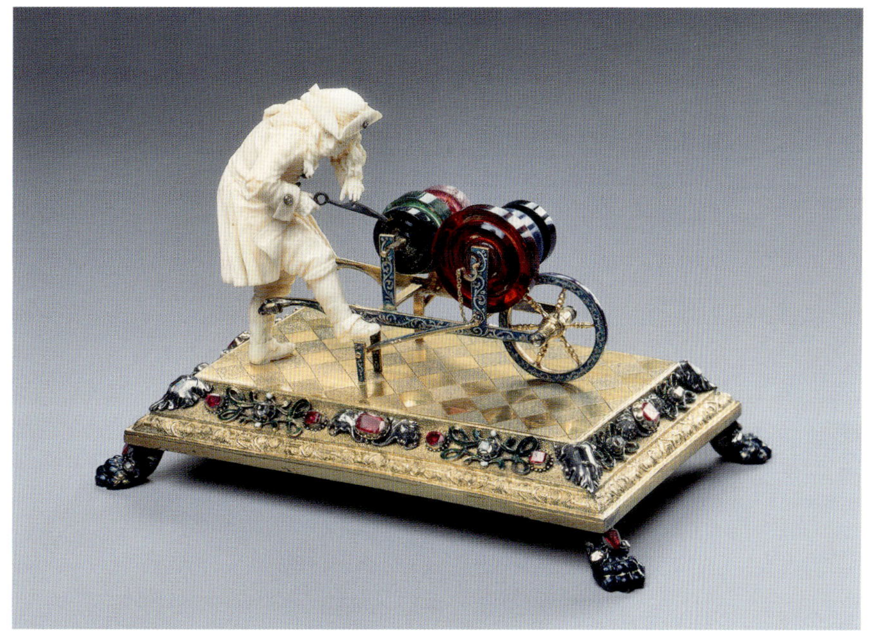

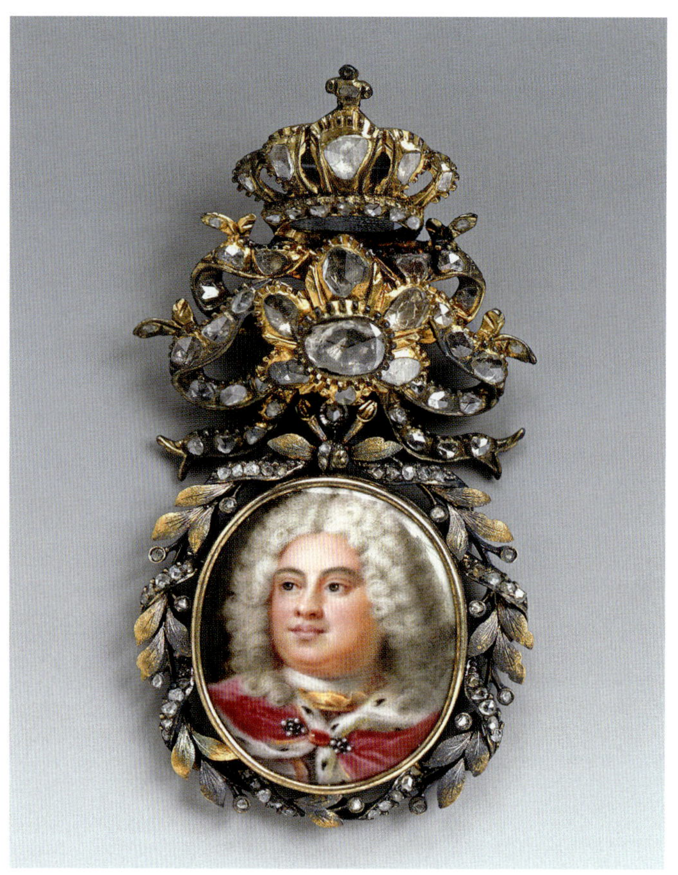

Nach langen diplomatischen Bemühungen gelang es August dem Starken, bei Kaiser Karl VI. die Vermählung seiner Nichte, der Erzherzogin Maria Josepha, mit dem sächsischen Kurprinzen Friedrich August zu erwirken. Die Hochzeit fand in Wien statt, richtig gefeiert wurde aber ab dem 2. September 1719 vier Wochen lang in Dresden, wo aus diesem Anlass zuvor zahlreiche neue königliche Gebäude entstanden waren. Nicht nur der Zwinger wurde vollendet, auch das Dresdner Residenzschloss erhielt in seinem Westflügel ein prächtiges Paradeappartement, das mit seinem goldenen Audienzgemach und dem Paradeschlafzimmer mit den königlichen Empfangsräumen der anderen europäischen Königsschlösser durchaus konkurrieren konnte. Im Grünen Gewölbe haben sich zwei für den heutigen Betrachter eher unscheinbare Kostbarkeiten erhalten, die zeigen, wie sehr manche Objekte des Schatzkammermuseums direkt und zugleich auf eine sehr intime Weise in die Geschichte zu führen vermögen.

So ist der mit Diamanten besetzte Anhänger mit dem Bildnis des 23-jährigen Kurprinzen Friedrich August unmittelbar mit dessen Verlobung mit der Erzherzogin verbunden. Das Portrait schuf der Hofemailleur Georg Friedrich Dinglinger, die später veränderte Fassung in Form einer Schleife entstand in der Werkstatt Johann Melchior Dinglingers. Es handelt sich bei dieser sogenannten Kontrafektschleife um ein Schmuckstück von großer dynastischer und zeremonieller Bedeutung, denn sie diente am 13. August 1719, eine Woche vor dem Hochzeitstermin, als offizielles Verlobungsgeschenk an die

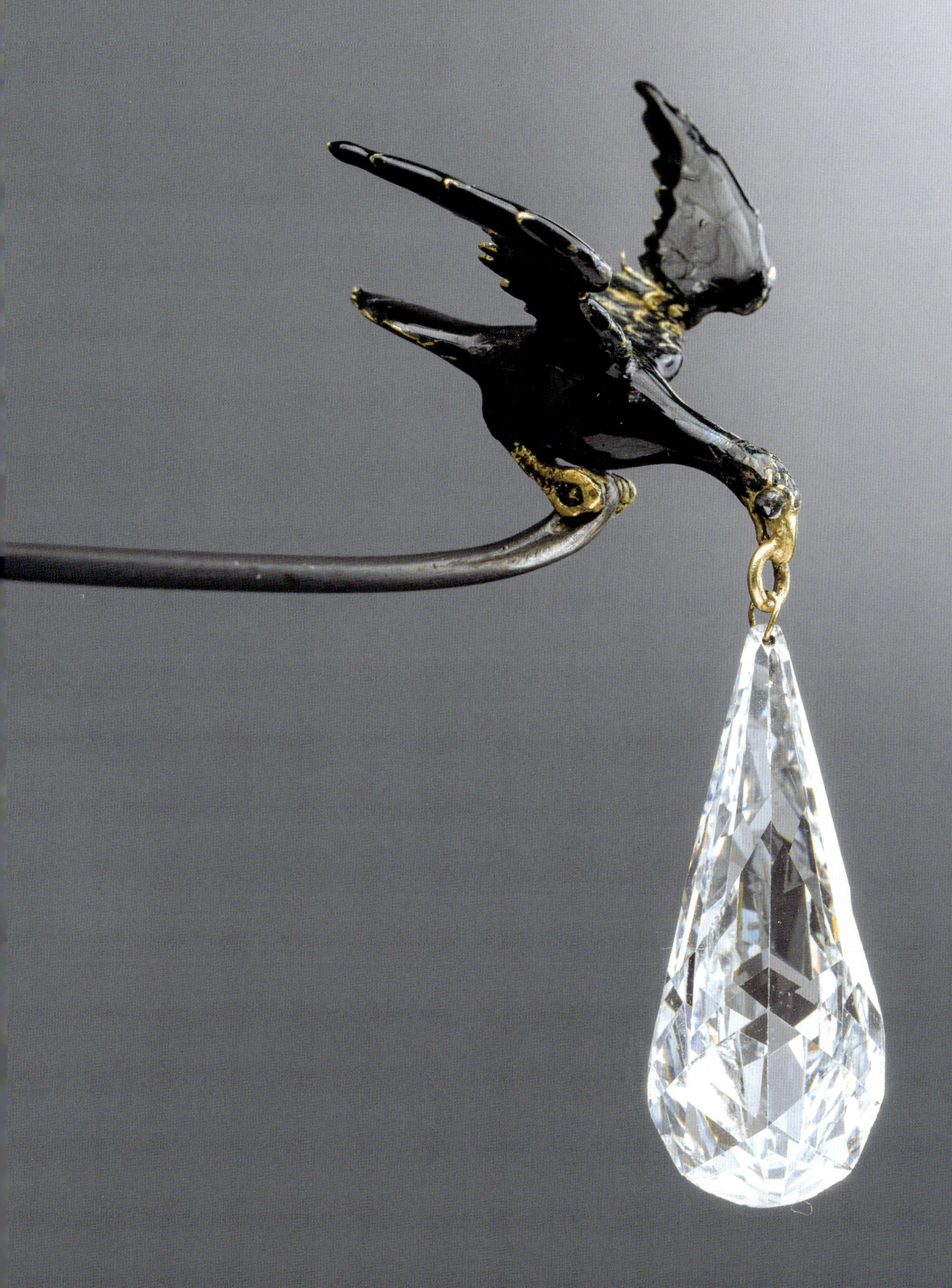

Erzherzogin Maria Josepha. In Vertretung des künftigen Bräutigams hatte der sächsisch-polnische Kabinettsminister Jacob Heinrich Graf von Flemming in der Wiener Hofburg zunächst Karl VI., den kaiserlichen Onkel der Auserwählten, und danach deren Tante, Großmutter und Mutter um Zustimmung zur Hochzeit ersucht. Zuletzt wurde auch die Braut dazu konsultiert. Danach überreichte er ihr dieses wohl erst später bekrönte Abbild des ihr durchaus schon persönlich bekannten künftigen Gatten. Das für die Geschichte des Hauses Wettin sehr wichtige Schmuckstück konnte 1928 für das Grüne Gewölbe erworben werden.

Die kostbare Haarnadel wurde nachweislich 1713 vom Dresdner Hofjuwelier Johann Melchior Dinglinger an August den Starken geliefert. Das Stück war ursprünglich als Pretiose des Polnischen Weißen Adler-Ordens für Augusts Gemahlin Christiane Eberhardine angefertigt worden, die es 1719 vielleicht selbst ihrer habsburgischen Schwiegertochter übergab. Aus Anlass der Hochzeit wurde der polnische weiße Adler geschickt farblich in den schwarzen, kaiserlichen Adler verwandelt. Der Greifvogel gibt sich seitdem in Schwarz und Gold, den Farben des Hauses Habsburg. Dazu wurden auch die den polnischen Wappenfarben folgenden Rubineinlagen der Augen durch Diamanten ersetzt. Dass die Haarnadel unmittelbar im Zusammenhang der Hochzeit in den Besitz der Prinzessin kam, belegt ein Miniaturbildnis der neuen Kurprinzessin Maria Josepha aus dem Jahr 1719, das sich ebenfalls im Bestand des Grünen Gewölbes befindet.

KABINETTSTÜCK
MIT DEM BILDNISKAMEO
DES RÖMISCHEN
KAISERS CLAUDIUS
Onyxkameo, Elfenbein,
Kameen, Edelsteine, Perlen,
Achat, Jaspis, Gold, Silber,
vergoldet, Email
Kameo: römisch, wohl 41 v. Chr.
Goldschmiedearbeit und
Entwurf: Johann Melchior
Dinglinger
Elfenbeinskulpturen:
Balthasar Permoser
Dresden, vor 1722
H. 44,0 cm / Inv.-Nr. V 1

D as Kabinettstück mit dem Kaiserkameo und der Obeliscus Augustalis gehören sowohl inhaltlich als auch räumlich zusammen. Im Mittelpunkt des zwar kleinformatigen, aber durchaus monumenthaft wirkenden Kabinettstücks steht der 13 Zentimeter hohe und 10 Zentimeter breite antike Onyxkameo mit dem Bildnis des Kaisers Claudius. Dieses seltene Beispiel antiker Steinschneidekunst wurde zu Beginn des 18. Jahrhunderts als Darstellung des römischen Kaisers Augustus gedeutet und deshalb auch im Kabinettstück mit Kurfürst-König August II. verbunden. Um die Beziehung noch zu verdeutlichen, ließ Dinglinger zwei vertieft geschnittene Intaglien in die Grundfläche des im Hochschnitt erscheinenden Kaiserbildes einfügen. Sie stellen einen Delphin und einen »Ziegenfisch« dar. Letzterer wird im Tierkreiszeichen Steinbock genannt; das Tierkreiszeichen, unter dem Kaiser Augustus geboren wurde. Gleichfalls barocke Hinzufügungen sind die in die Fläche des antiken Bildniskameo eingelassenen goldenen Sterne. Als Bekrönung des Goldrahmens, der das Bildnis einfasst, benutzte Johann Melchior Dinglinger eine kleine Kamee mit der Darstellung zweier Frauen, die vor einem Götterbild opfern.

Das symbolhafte Kabinettstück mit seinem Sockel aus Achat ist auf prächtigste Weise mit 106 Diamanten, 77 Rubinen, 58 Smaragden und zwei Perlen verziert. Der aufwendige und vergleichsweise hohe Sockel lässt das Zeugnis kaiserlicher Kunst der römischen Antike fast wie eine weltliche Reliquie erscheinen. Das Postament umgeben in lockerer Gruppierung bewegte Elfenbeinfiguren. Sie werden Balthasar Permoser zugeschrieben. Zur Rechten sitzt eine Frauengestalt, bei der es sich nach der Beschreibung von 1722 um »die Ewigkeit, den Nahmen A R in einem königl. Schild mit der linken Hand haltend und mit der rechten auf den Nahmen weisend, um denselben zu verewigen« handelt. August der Starke erwarb das Kabinettstück, in dem mit seinem römischen Namensvetter sein eigener Ruhm als Herrscher und Schirmherr der Künste verherrlicht wurde, im Jahr 1722 für 12 000 Taler.

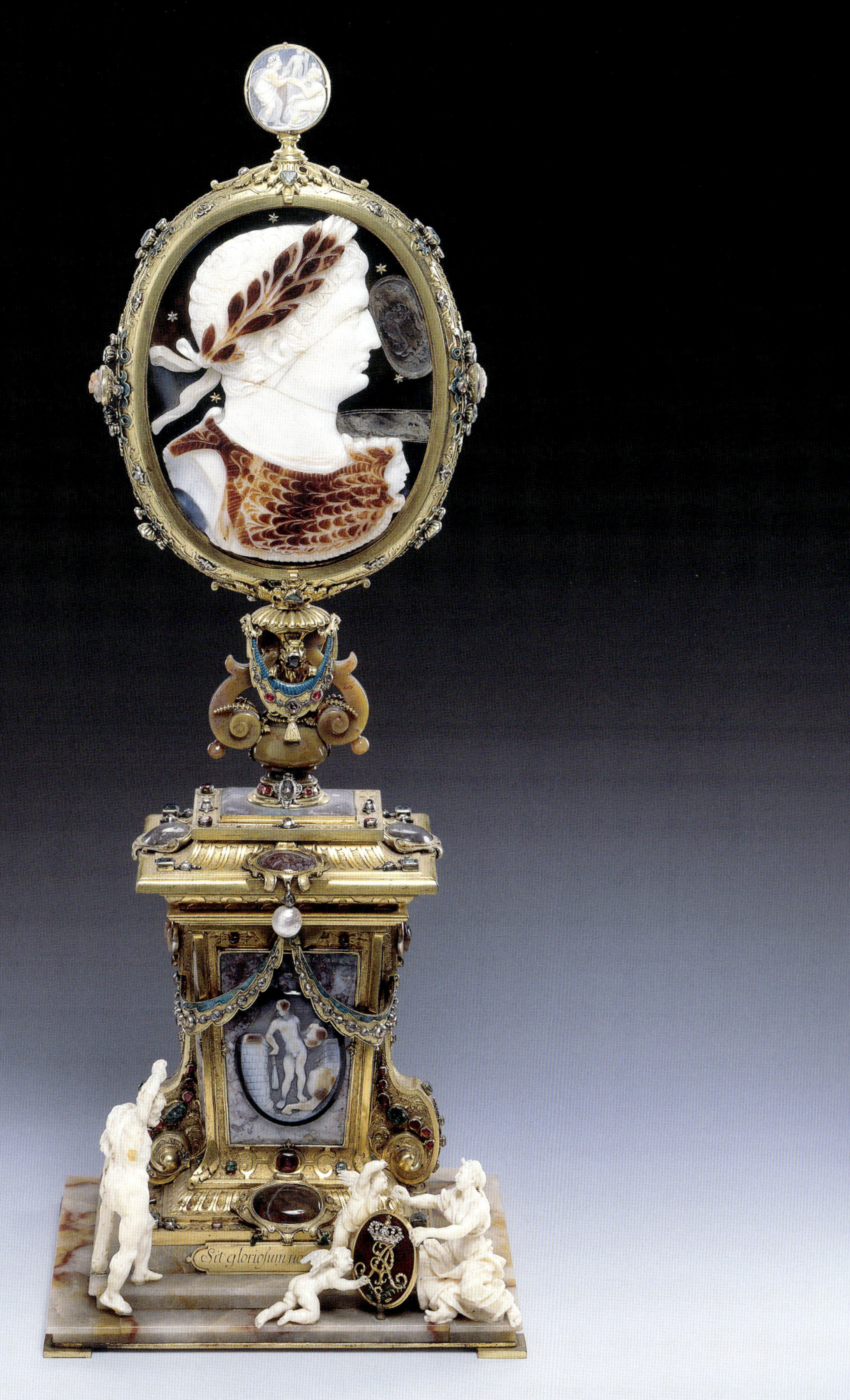

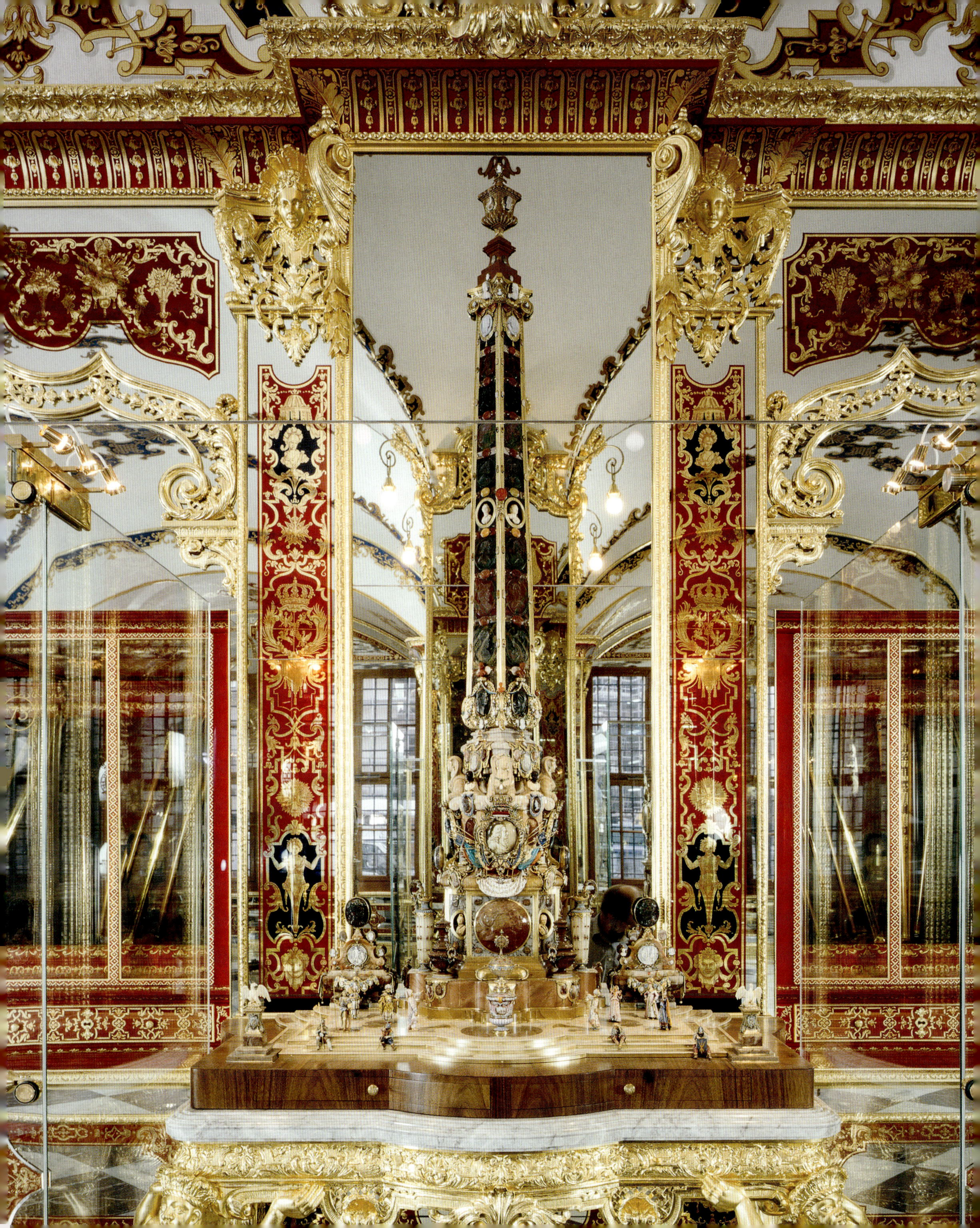

Bereits am 9. Februar 1722 kam der Obeliscus Augustalis im Pretiosensaal des Grünen Gewölbes zur Aufstellung. Damals war die Geheime Verwahrung im Grünen Gewölbe noch ein einfacher Schatzraum. Erst im nächsten Jahr, am 1. Juni 1723, begann unter Leitung des Oberlandbaumeisters Matthäus Daniel Pöppelmann die erste Phase des Innenausbaus, die den bestehenden Renaissanceraum in ein barockes Gesamtkunstwerk verwandelte. Wie kein anderes Kunstwerk hat dieses über zwei Meter hohe Hauptwerk der Schatzkunst die Gestaltung des Grünen Gewölbes geprägt. Das von Dinglinger als Saalmonument konzipierte Kabinettstück definiert und beherrscht in großartiger Weise jeden Raum, indem es schon allein durch seine physische Größe, aber auch durch seine materielle Pracht und seine hoheitliche Form zum dominierenden Teil der Innenarchitektur wird. Der Obeliscus braucht eine verspiegelte Wand. Und deshalb muss sich der Aufstellungsraum an dem Kunstwerk orientieren, denn der wandgebundene Obelisk ist so gefertigt, dass er sich erst durch die Wiederspiegelung optisch zu einem vollplastisch erscheinenden Ganzen zusammengefügt. Waren die vorausgehenden großen Kabinettstücke Dinglingers, das Goldene Kaffeezeug und der Thron des Großmoguls, noch darauf ausgelegt, in Teilen in die Hand genommen zu werden und besaßen damit einen eher privaten, auf die sammelnde Persönlichkeit des Königs bezogenen Charakter, so richtet sich der Obeliscus an einen größeren und anonymen Betrachterkreis.

Im Zentrum dieses Kunstwerks steht August der Starke selbst. Sein meisterhaft in der Art einer antikisierenden Kamee mit Emailfarben gemaltes Portrait beherrscht den Sockel. Mit dem Kurhut Sachsens und der Krone Polen-Litauens versehen, umgeben von den militärischen Zeichen des siegreichen Herrschers und drei Orden, deren Ordensritter oder Ordenssouverain er war, nimmt es den Sockel ein. Doch nicht die Bewunderung seiner Zeitgenossen, vielmehr die der Völker der Antike wird dem Kurfürst-König zu Teil. Während vier altertümlich bekleidete Wachsoldaten auf dem in drei Stufen ansteigenden Vorplatz lagern, bestaunen Angehörige verschiedener Nationen der Antike das Monument.

Neben dem regierenden Kurfürst-König feiert der Obelisk zudem verschlüsselt die 1719 vollzogene Vermählung der Erzherzogin Maria Josepha mit dem sächsischen Kurprinzen. Auch deshalb preisen die meisterhaft geschnittenen Kameen am Obeliskenschaft in der Gegenüberstellung bedeutender Männer und Frauen der Antike symbolhaft die Tugenden des künftigen Herrscherpaares.

Über den Preis für seine Verherrlichung konnten sich August der Starke und Johann Melchior Dinglinger zunächst nicht einigen. Der Kurfürst-König war nicht geneigt, die geforderten 60 000 Taler zu zahlen. Es dauerte bis ins Jahr 1728, dann musste er die vom Hofjuwelier festgesetzte Summe akzeptieren, denn im gleichen Jahr ließ der königliche Sammler das mächtige Kabinettstück als raumbeherrschendes Kunstwerk in dem in der zweiten Phase des Schatzkammerausbaus neu entstandenen Juwelenzimmer aufstellen.

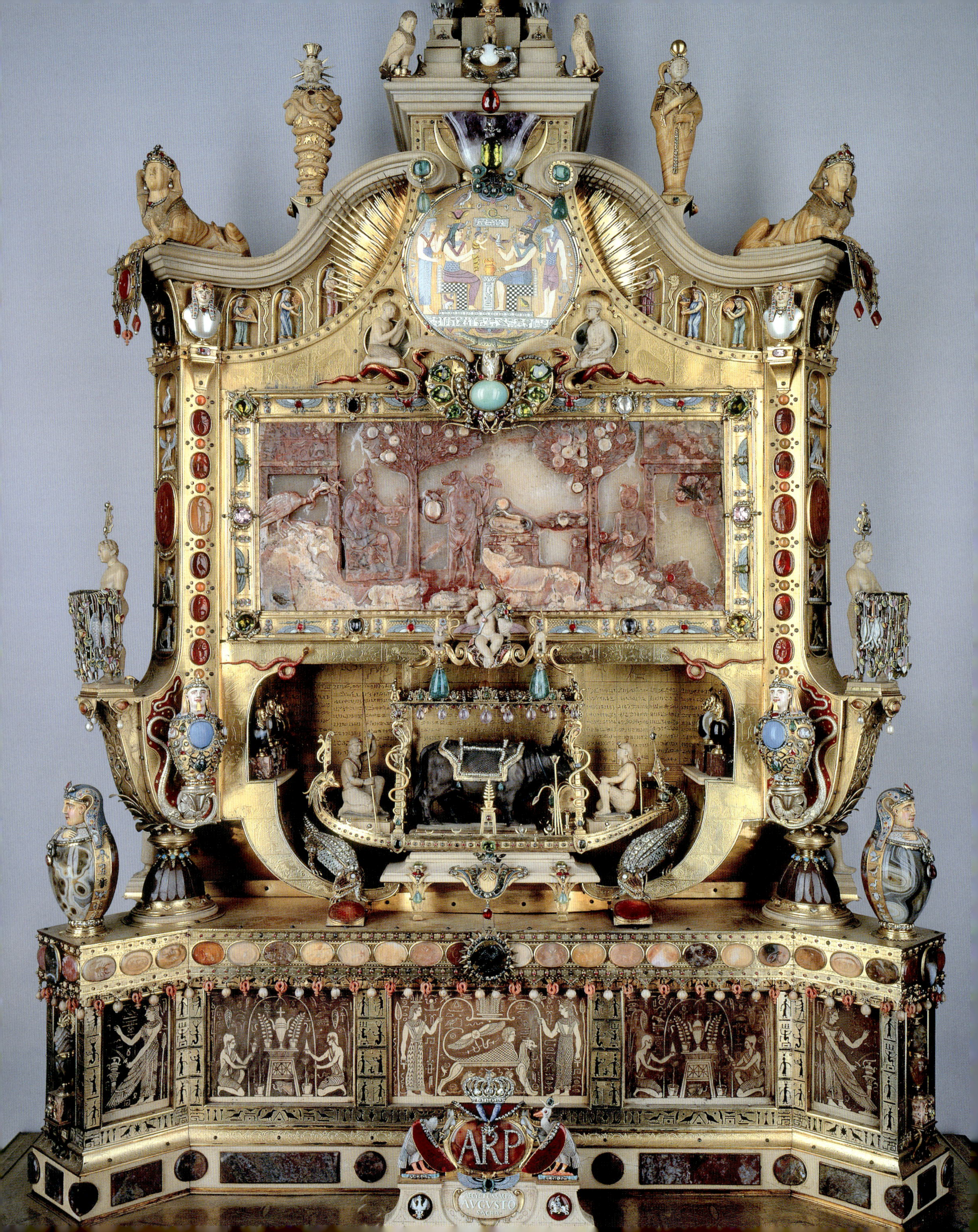

Johann Melchior Dinglinger war nicht nur ein meisterhafter Goldschmied, der kostbare Materialien – Gold, Silber und Edelsteine – hervorragend und mit sicherem Formgefühl zu bearbeiten wusste, er war auch ein Künstler mit einem besonderen organisatorischen Geschick, der zur Vollendung seiner Vorstellungen andere Künstler, Kunsthandwerker und Handwerker einzubinden wusste. Auf diese Weise entstanden unnachahmliche Juwelierkunstwerke, die in den seltensten Fällen nur die Augenlust befriedigten, zumeist aber auf aktuelle Geschehnisse künstlerisch allegorisch reagierten. In den späten Werken Dinglingers geht es um den Abschied von der barocken Welt.

Der Apis-Altar ist das letzte Werk Johann Melchior Dinglingers, das wohl in seinem Todesjahr 1731 und zwei Jahre vor dem Ableben Augusts des Starken weitgehend fertiggestellt war. Das Kabinettstück zeugt erneut von den ungewöhnlich hohen intellektuellen, künstlerischen und handwerklichen Fähigkeiten dieses Juwelenkünstlers. Das von einem Obelisken bekrönte Kunstwerk bildet das Denkmal der im frühen 18. Jahrhundert in Europa bekannten Gedanken- und Formenwelt des alten Ägyptens. Im Mittelpunkt der Bilderflut steht der altägyptische Osiris-Mythos. Der Sockel gibt die Darstellung des ägyptischen Fruchtbarkeits- und Unterweltgottes Osiris auf der Totenbahre wieder. In der darüber liegenden Nische, die eine auf vergoldete Platten gravierte Hieroglyphenschrift hinterfängt, erkennt man die aus plastischen Figuren bestehende Überfahrt des Apisstieres, der irdischen Erscheinung des Gottes Osiris, auf einer Barke über den Nil. Der von Johann Christoph Hübner geschnittene, außergewöhnlich große Kameo aus Achat stellt die Verehrung des hundeköpfig dargestellten Göttervaters Osiris nach seinem Tod durch seine Gattin Isis und andere Götter des formenreichen ägyptischen Pantheons dar. Das darüber folgende, runde Emailgemälde gibt die verklärte Sphäre des göttlichen Paares Isis und Osiris sowie ihres Kindes Horus wieder. Weitere Götter finden sich auf dem Gebälk zu Füßen des 75 Zentimeter hohen Obelisken. Er ist eine exakte Wiedergabe des altägyptischen Monuments, das 1588 in Rom vor dem Lateran wiederaufgerichtet worden war. Auf seiner Spitze erhebt sich der goldemaillierte Ibis des Gottes der Weisheit und tiefsten Erkenntnis Thot. Wie ein mächtiger Schlussakkord vereint der Apis-Altar großartige Einzelleistungen in Steinschnitt, Emailmalerei und Juwelierkunst zu einem unvergleichlichen Meisterwerk.

Erst 1738 wurde das insgesamt 195 Zentimeter hohe Schaustück sächsischer Frühaufklärung wie auch barocker Gelehrsamkeit von August III. für das Grüne Gewölbe erworben und im Juwelenzimmer am Wandpfeiler zwischen den beiden Fenstern aufgestellt. Dort steht heute wieder der dort 1733 von August dem Starken gedachte Tisch, auf dem sich unter anderem das Kabinettstück mit dem Kaiserkameo präsentiert.

APIS-ALTAR

Kelheimer Stein, Chalzedon, Achat, verschiedene Edelsteinvarietäten, Diamanten, Perlen, Silber, vergoldet, Email, historischer Tisch: Holz, vergoldet
Entwurf: Johann Melchior Dinglinger
Goldschmiedearbeiten: Dinglingerwerkstatt
Steinschnitt: Johann Christoph Hübner
Bildhauerei: Johann Gottlieb Kirchner
Dresden, wohl 1724–1731, datiert 1731
H. 195,0 cm / Inv.-Nr. VIII 202

it dem Entschluss Augusts des Starken, die Geheime Verwahrung des Grünen Gewölbes als Schatzkunstmuseum ausbauen zu lassen und damit seiner großen Sammlung eine architektonische Fassung zu geben, setzte er bei seinen Hofkünstlern Kreativitätsschübe frei, die zu phantasiereichen Kunstwerken führten. Die erste Ausbauphase von 1723 bis 1724 betraf das heutige Silbervergoldete Zimmer sowie den Pretiosensaal mit dem angrenzenden Turmzimmer. Zwischen 1727 und 1729 entstand das heutige Historische Grüne Gewölbe, wobei der Kurfürst-König den drei bereits bestehenden Ausstellungsräumen noch fünf weitere hinzufügen ließ.

Ob es der Auftrag des Kurfürst-Königs an Balthasar Permoser und Johann Heinrich Köhler war, aus den im Vorrat des Grünen Gewölbes verwahrten beschädigten Objektteilen Neues zu schaffen, oder ob es die reine Lust der beiden Künstler am Experimentieren war, ist nicht überliefert. So fügte der Hofbildhauer Permoser dem nun musealisierten Grünen Gewölbe wohl 1724 ein Kunstwerk hinzu, für das er auf Fragmente älterer Gegenstände zurückgriff. Er wählte hierfür die Büste des als Claus Narr bekannten Claus Rann-

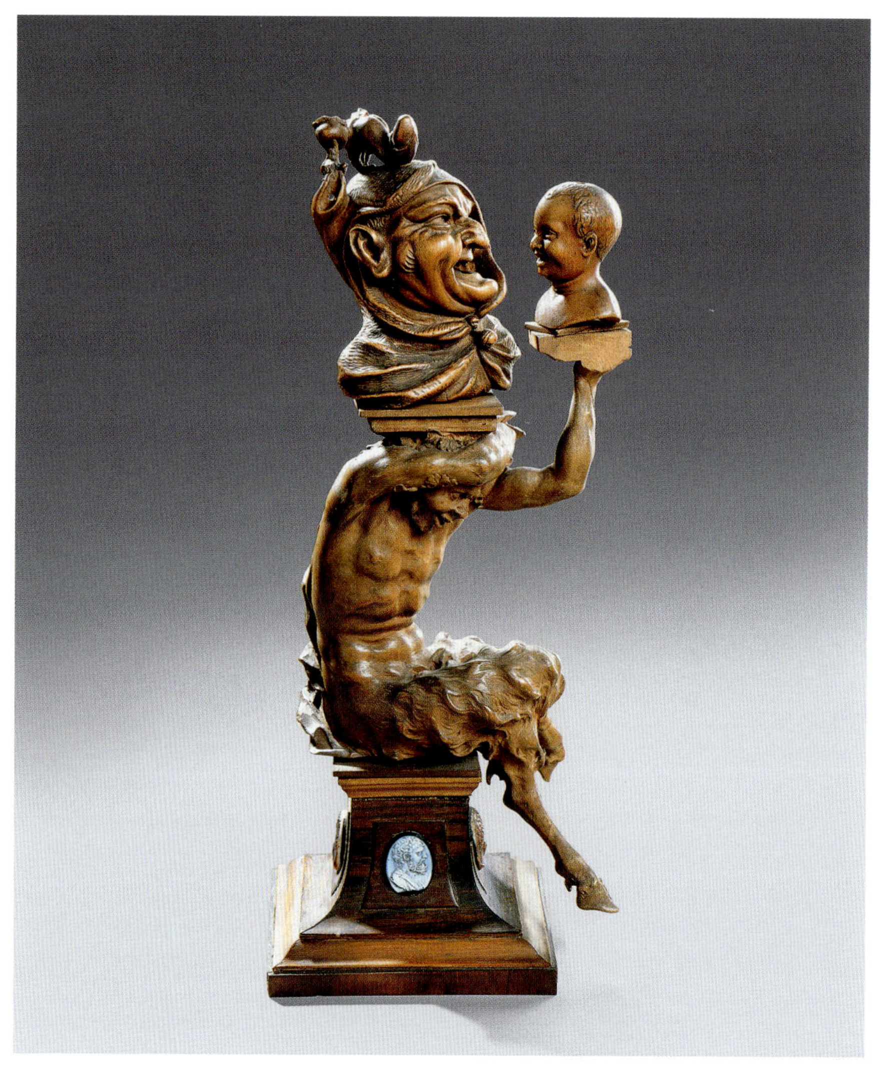

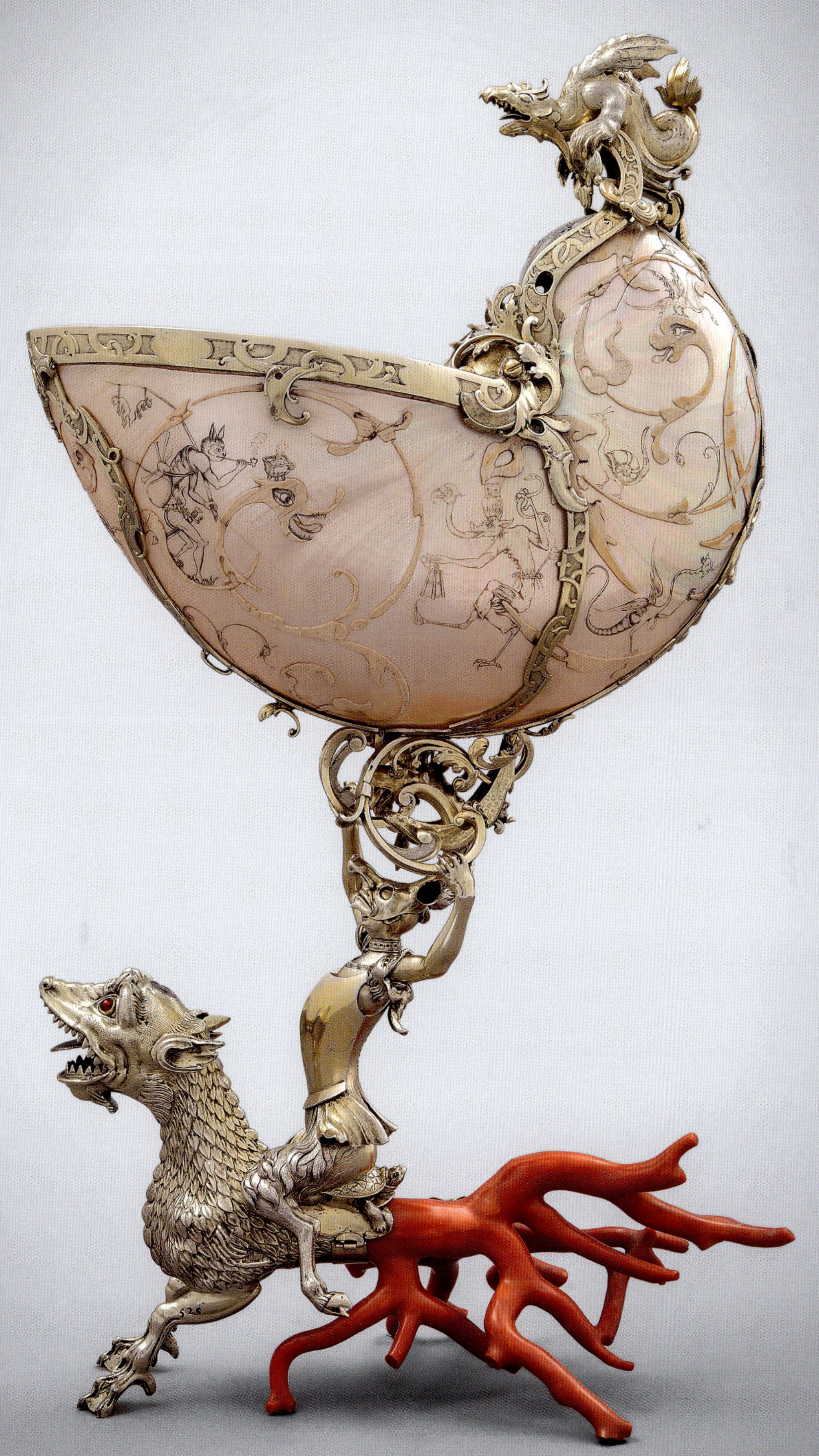

stedt sowie einen Kinderkopf, beides Arbeiten aus der Zeit um 1600. Der Narrenkopf bildete ursprünglich den oberen Abschluss eines Narrenzepters. 1723/24 verband der Künstler die nicht zusammengehörigen Teile sinnvoll und geistreich, indem er sie auf eine an die Großplastik des Zwingergartens erinnernde Tragefigur in Gestalt eines hockenden Satyrs montierte und so eine vergnügliche, fast schon moderne Assemblage schuf.

An den Hofjuwelier Johann Heinrich Köhler erging im Spätherbst des Jahres 1723 der königliche Auftrag, den großen, für die Ausstattung des neuen Schatzkammermuseums vorgesehenen historischen Bestand an Goldschmiedearbeiten, Edelsteinschalen und Geräten aus Straußeneiern, Nautilus- und Seeschneckengehäusen gründlich durchzusehen und ausstellungsfähig zu machen. In erstaunlich kurzer Zeit und unterstützt von acht Gehilfen wurden 155 Kunstwerke restauriert, das Silber geputzt, neue Vergoldungen aufgetragen, die farblichen Fassungen kräftig aufgefrischt und zahlreiche Teile ergänzt. Im Sommer 1724 wurde alles übergeben, und die Konsolen der neuen Museumsräume konnten bestückt werden.

Nicht zu dieser Maßnahme gehörte die vollständige Neufassung eines Nautilusgehäuses, das wohl dem Vorrat des Grünen Gewölbes entnommen wurde. Das exotische Gehäuse eines Kopffüßlers hatte man viele Jahrzehnte zuvor in der Amsterdamer Werkstatt der Familie Bellekin mit skurrilen Gravuren und Reliefs versehen. Köhler fügte nun das große, dünnwandige Gehäuse unter Zuhilfenahme des Schaftes eines älteren zerbrochenen Gefäßes zu einem wunderschönen, außerordentlich phantasiereichen Pokal zusammen. Dazu schuf er die maskierte, auf dem Korallendrachen reitende Groteskfigur und den ebenso niedlichen wie kraftvollen kleinen Drachen auf dem Wirbel des Nautilusgehäuses.

D ie beiden mächtigen, dickwandigen Gehäuse der Turbo marmoratus, der Turbanschnecke, hat der für solche Arbeiten berühmte Perlmutterschneider Cornelis van Bellekin bereits in den letzten Jahrzehnten des 17. Jahrhunderts mit Darstellungen von Putten in der Landschaft beschnitten, graviert sowie geschwärzt – und als stolzer Künstler die Gehäuse zuletzt signiert. Aus diesen perlmuttrigen Schneckenhäusern, die der Schatzkammer des Kurfürst-Königs entnommen oder auf dem Kunstmarkt erworben wurden, fertigte Johann Heinrich Köhler 1724 ein wirklich prächtiges, aufeinander bezogenes Pokalpaar an.

Seit dem Beginn des 16. Jahrhunderts hat man exotische Seeschnecken- und Nautilusgehäuse als Sammlungsobjekte der Kunst- und Schatzkammern in Edelmetall gefasst. Diese beiden Schneckengehäuse auf pokalartige Weise zu fassen, hatte aber mit den Plänen Augusts des Starken zu tun, die Geheime Verwahrung im Grünen Gewölbe zu einer sich dem Publikum öffnenden Sammlung umzugestalten. Um dieser barocken Zurschaustellung optimal zu entsprechen, arbeitete Köhler, der als verantwortlicher Goldschmied des Grünen Gewölbes tätig war, die beiden Kunstobjekte als Paar. Sie unterscheiden sich vor allem durch die Schaftfiguren: einer Nereide und einem Trition. Beides sind Mischwesen und göttliche Bewohner des Meeres. Sie entstammen der griechischen Mythologie. Die kraftvolle Goldschmiedefassung bezieht sich deshalb auf das Element Wasser und damit auf den Ursprungsort des exotischen Seeschneckengehäuses. Seepferde und Delphine in Muschelschalen befinden sich vorne und hinten an diesem Sockel. Während der Pokal mit der Nereide von der Darstellung des Neptuns mit Dreizack bekrönt wird, fehlt der Gott des Meeres bei dem Tritonenpokal heute.

Zwei Turboschneckenpokale mit Nereide und Triton

Turboschneckengehäuse mit Flachrelief und Schwarzgravur, Silber, vergoldet
Perlmutterarbeit: signiert von Cornelis van Bellekin
Amsterdam, 2. Hälfte 17. Jahrhundert
Goldschmiedefassung: Johann Heinrich Köhler
Dresden, 1724
H. 34,4 und 29,5 cm
Inv.-Nrn. III 146 und III 142

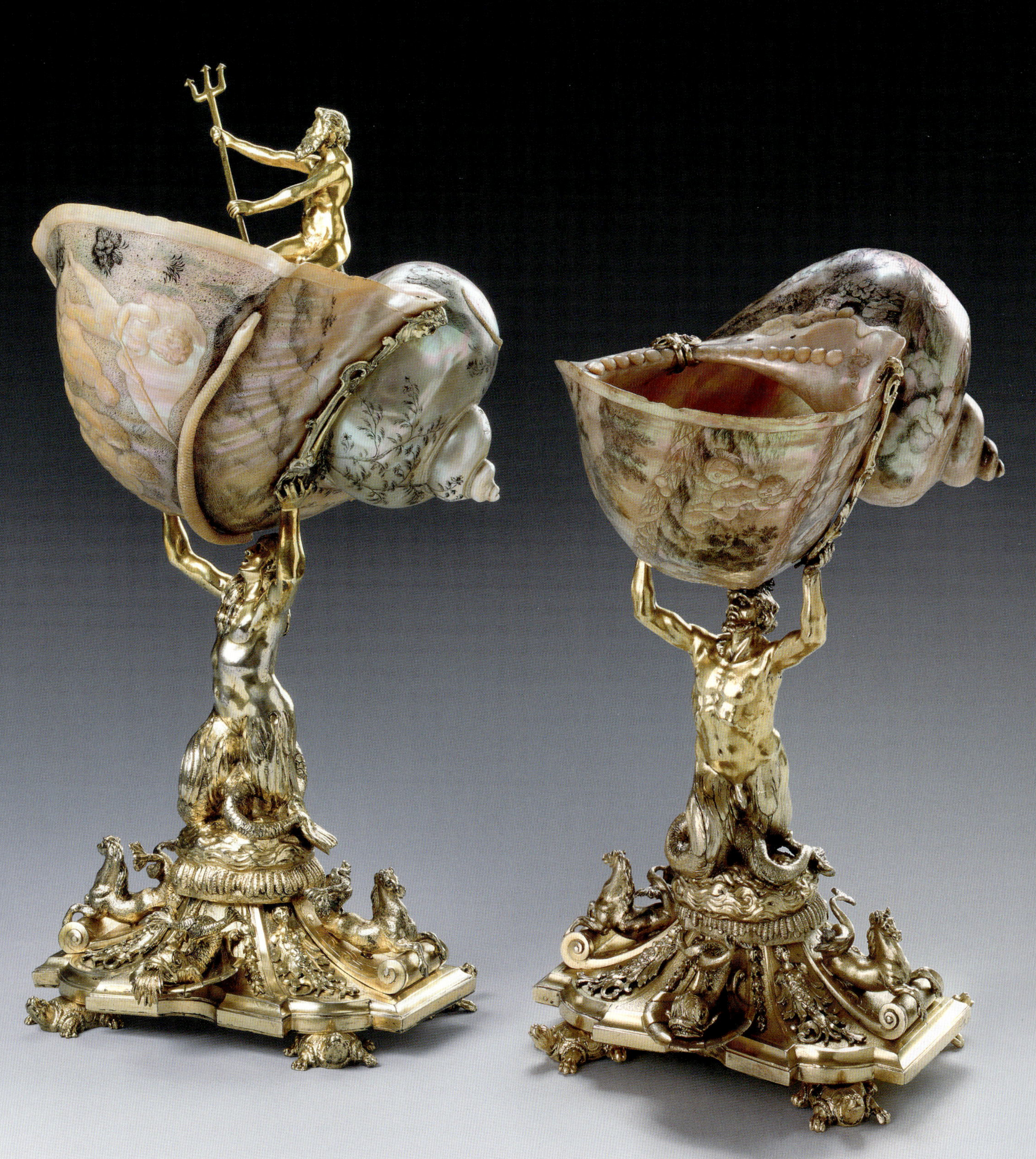

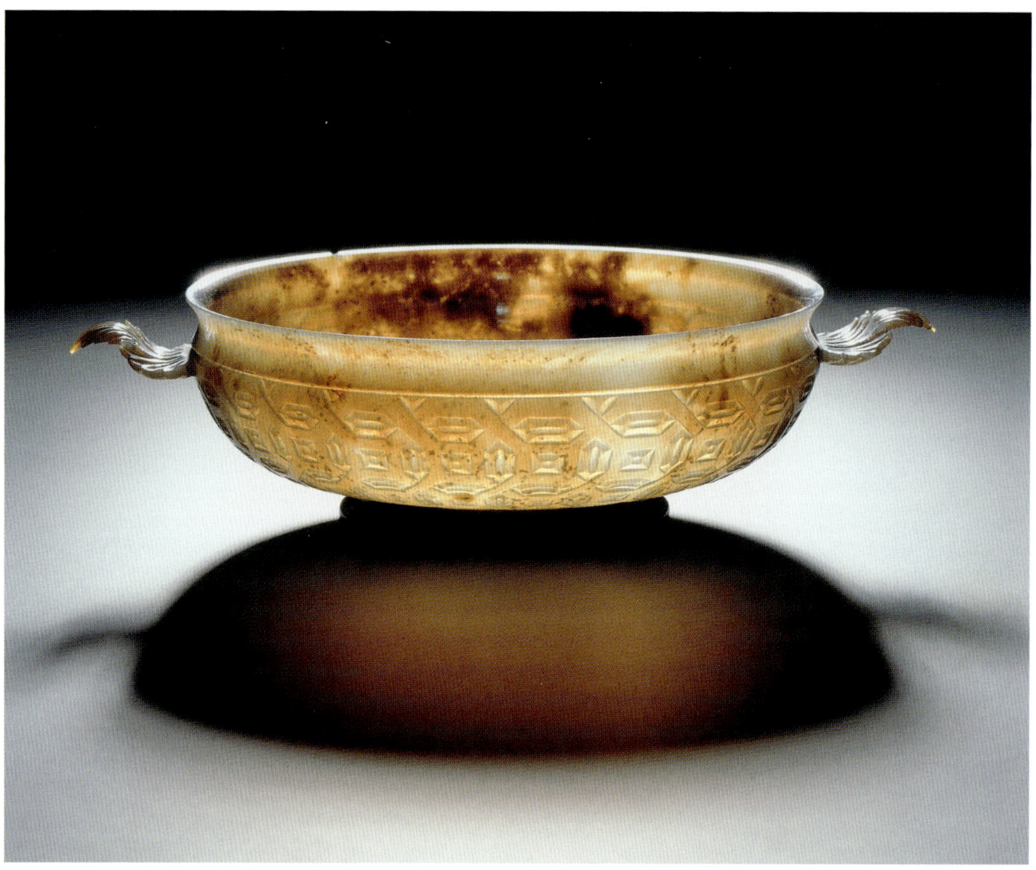

Der Alchimist und Chemiker Johann Friedrich Böttger ist heute nur als Erfinder des europäischen Hartporzellans bekannt. Seit ihm dies 1709 gelungen war, befasste er sich mit der stetigen Verbesserung der Porzellanfarben und der Weiterentwicklung der technologischen Prozesse bei der Porzellanherstellung. Frühe Zeugnisse seines an den Edelstein Jaspis erinnernden Böttgersteinzeugs waren so geschätzt, dass sie Aufnahme ins Grüne Gewölbe fanden. Dort trifft man auch auf Zeugnisse der Steinschneidekunst, die mit dem Chemiker und Technologen Böttger in Verbindung stehen. Auf Wunsch seines Fürsten hatte Böttger an der Weißeritz bei Dresden eine moderne Schleif- und Poliermühle eingerichtet. Dort sollten sächsische Landedelsteine handwerklich und künstlerisch bearbeitet werden. Neben einigen Tabatieren aus hellem Quarz, Korallenachat und Amethyst stammt auch die hauchdünn gearbeitete Chalzedonschale mit blattförmigen Henkeln aus Böttgers Steinmühle. Deren Anlage wurde allerdings nie vollständig fertiggestellt, und es haben sich nur wenige weitere Stücke aus dieser Produktionsstätte erhalten.

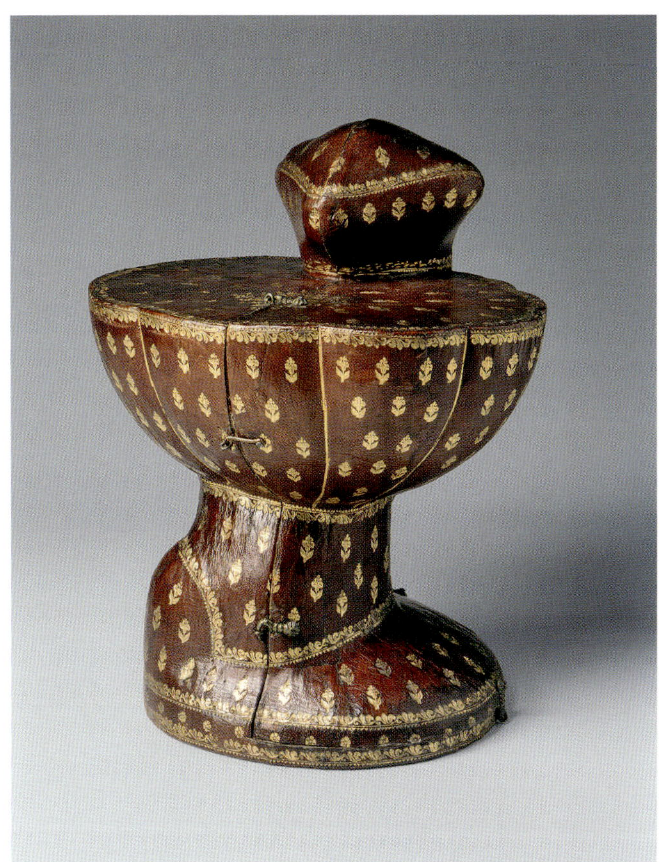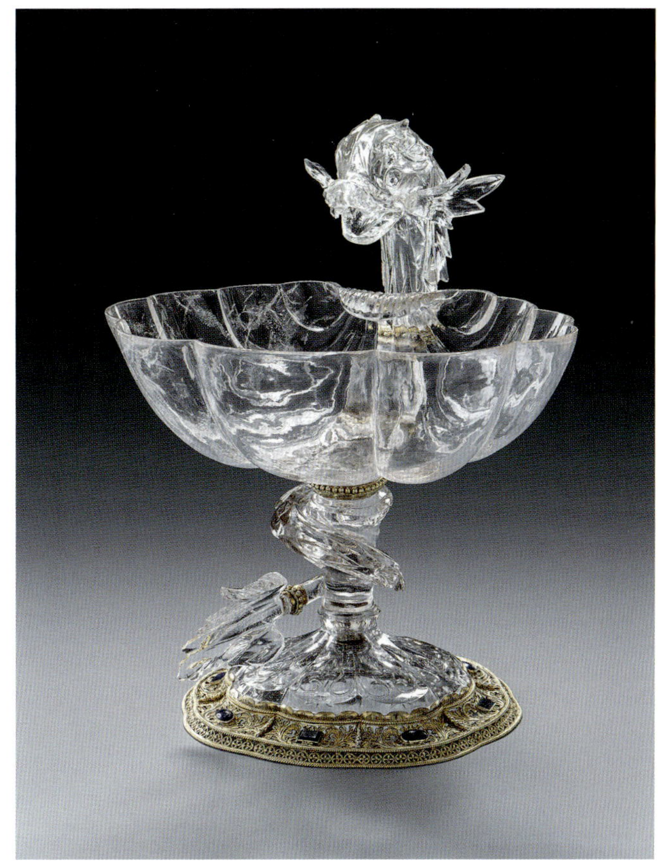

Ungefähr zur gleichen Zeit, als die Schale »aus einem Sächs. Kiesel Stein« mit fremdartigem Dekor nach ostasiatischen Vorbildern bei Dresden geschnitten wurde, schickte August der Starke seinen Geheimen Kämmerer Alphonso nach Italien. Dort sollte er unter anderem in Mailand Bergkristallarbeiten erwerben. Der Kurfürst-König wollte diesen besonders kostbaren Sammlungsbereich mit modernen Arbeiten vergrößern und wusste, dass mit Giovanni Battista Metellino einer der letzten großen Vertreter dieser Kunst für König Louis XIV. von Frankreich in der lombardischen Metropole gearbeitet hatte. Metellino schuf barocke Versionen der Bergkristallkunst, bei denen muschelförmig geschnittene Schalen von vollplastischen Delphin- und Drachenfiguren getragen wurden. Viele dieser Gefäße besitzen eine für ihn typische Fassung aus vergoldetem Silberfiligran mit Lapislazulibesatz. Die 1716 aufgenommenen Geschäftsbeziehungen hielten bis zum Tod Metellinos. Und selbst danach wurden Arbeiten aus seinem Erbe erworben. Darunter befand sich die große Muschelschale mit Delphin, zu der sich im Dresdner Kupferstich-Kabinett die Angebotszeichnung erhalten hat. Dadurch ist überliefert, dass sie 1724 für 200 Golddukaten (640 Taler) für das Grüne Gewölbe erworben wurde. Auch das Etui, mit dem die Muschelschale mit Delphin aus Mailand über die Alpen reiste, hat sich im Bestand des Grünen Gewölbes erhalten.

Kurfürst August erhielt 1581 einen mit 16 zum Teil sehr großen Smaragdkristallen besetzten Brocken aus limotischem Urgestein von Kaiser Rudolf II. als Geschenk übergeben. Die dunkelgrünen Edelsteine stammen aus der erst kurz zuvor von spanischen Eroberern erschlossenen Smaragdmine im kolumbianischen Chivor-Somondoco. Die aus einzelnen großen Smaragden zusammengesetzte Smaragdstufe gelangte sogleich in die sächsische Kunstkammer und galt dort als die kostbarste der in dieser Sammlung verwahrten Hervorbringungen der Natur. Das scheinbare Naturwunder, dessen üppiger Besatz mit Smaragden nicht allein natürlichen Ursprungs ist, wurde von Kurfürst August so hoch eingeschätzt, dass er kurz vor seinem Tod im Jahr 1586 anordnete, die »Schmarallen stuffe« bei seinem »Chur-Fürstl: Hause und Stamme, zum ewigen Gedächtnüs« zu bewahren. Als fast anderthalb Jahrhunderte später August der Starke daranging, das Grüne Gewölbe zu seinem Schatzkammermuseum ausbauen zu lassen, ließ er für die Smaragdstufe, in der heute allerdings nur noch vier große und fünf kleine Smaragde sitzen, von seinem Hofbildhauer Balthasar Permoser einen als Statue geformten prachtvollen Sockel schaffen. Dieser wird allgemein mit seinem historischen Begriff als »Mohr« bezeichnet. Bei dem kraftvoll, lässig und stolz mit einem Tablett aus Schildpatt, auf dem die Smaragdstufe liegt, einherschreitenden jungen Mann handelt es sich physiognomisch um einen Afrikaner. Der mit einem juwelenverzierten Federschmuck gekrönte Mann ist aber zugleich aufgrund der von Johann Melchior Dinglinger geschaffenen Kleidung und seines Schmucks als indigener Bewohner des amerikanischen Mississippideltas erkennbar, wie auf einem Kupferstich eines Reiseberichts aus dem 16. Jahrhundert überliefert ist. Die ethnologisch exakten Körpertätowierungen weisen ihn ebenso als Ureinwohner Amerikas aus wie die kostbaren Hals- und Armbänder, der Brustschmuck, die Federkrone, der Lendenschurz und die Fußbekleidung.

Ein zweiter »Mohr« mit ähnlicher Kleidung und Schmuck, diesmal als Träger einer eindeutig künstlich gefertigten Stufe aus sächsischen Landsteinen dienend, wurde 1724 von Johann Heinrich Köhler in das Grüne Gewölbe geliefert. Das Paar Trägerfiguren mit ihrer Smaragd- und Landsteinstufe stand zunächst im Pretiosensaal und fand dann ab 1729 im Juwelenzimmer seinen endgültigen Platz. Möglicherweise regten zwei »Amerikanische königliche Prinzen«, die seit 1722 als Eigentum eines englischen Kapitäns in Dresden lebten und dort der staunenden Öffentlichkeit vorgeführt wurden, zu diesen exotischen Ausstellungshilfen an.

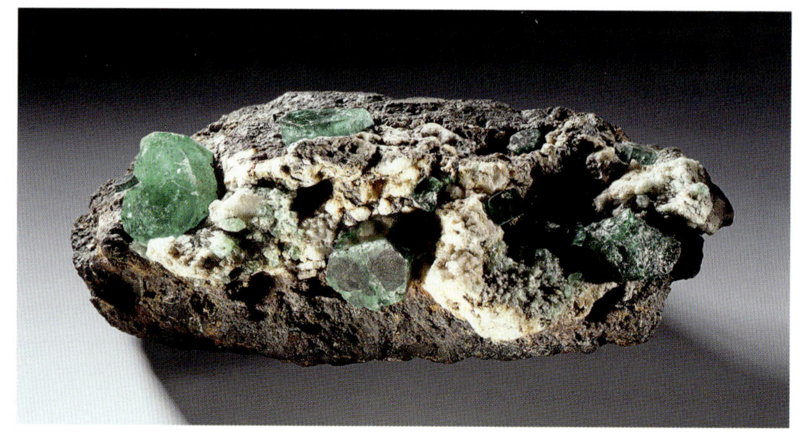

»MOHR« MIT DER SMARAGDSTUFE

Birnbaumholz, lackiert, Silber, vergoldet, große Smaragdstufe, Smaragde, Rubine, Saphire, Topase, Granate, Almandin, Schildpatt
Skulptur: Balthasar Permoser
Fassung: Dinglingerwerkstatt
Schildpattfurnier: Wilhelm Krüger
Lackierung: wohl Martin Schnell
Dresden, wohl 1724
H. 63,8 cm / Inv.-Nr. VIII 303

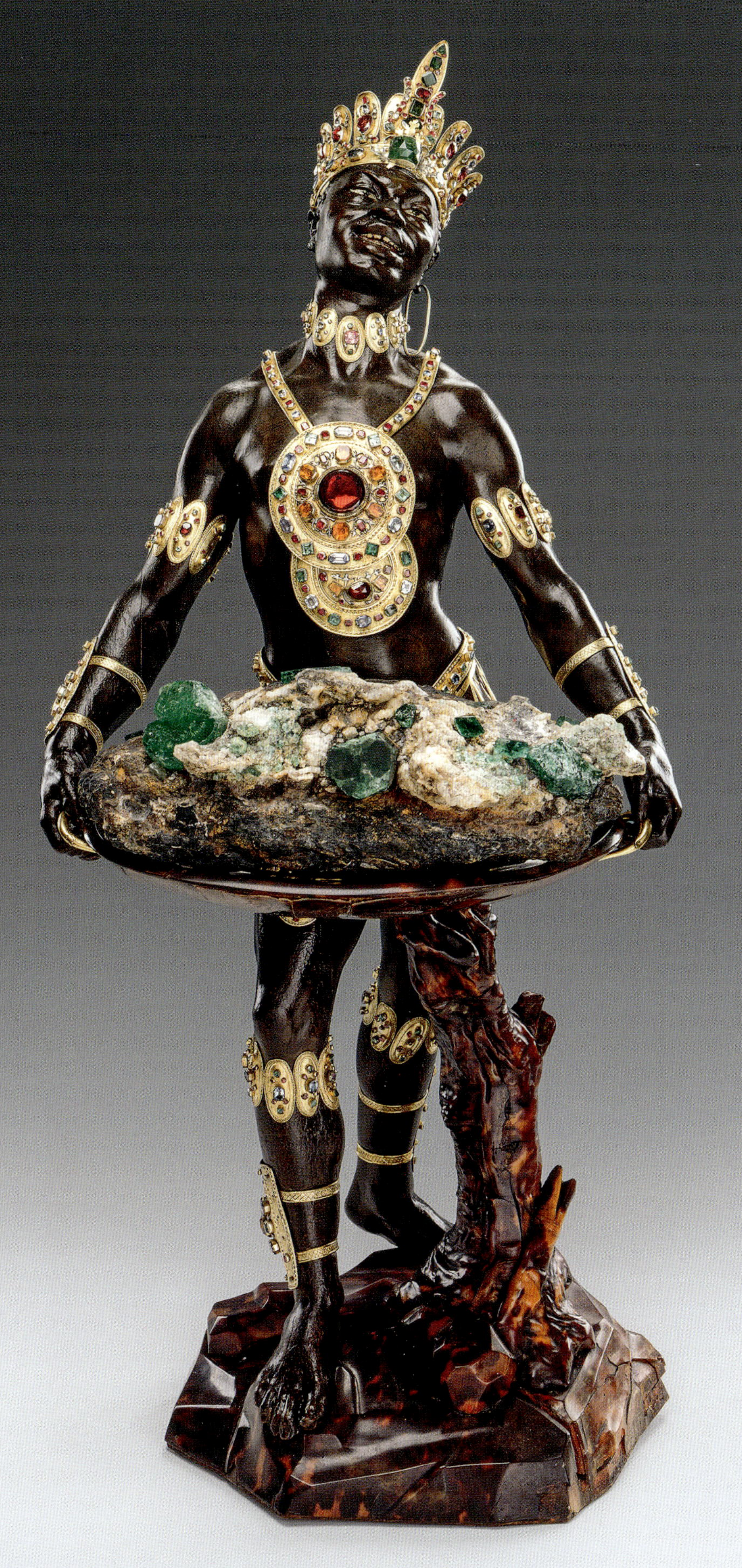

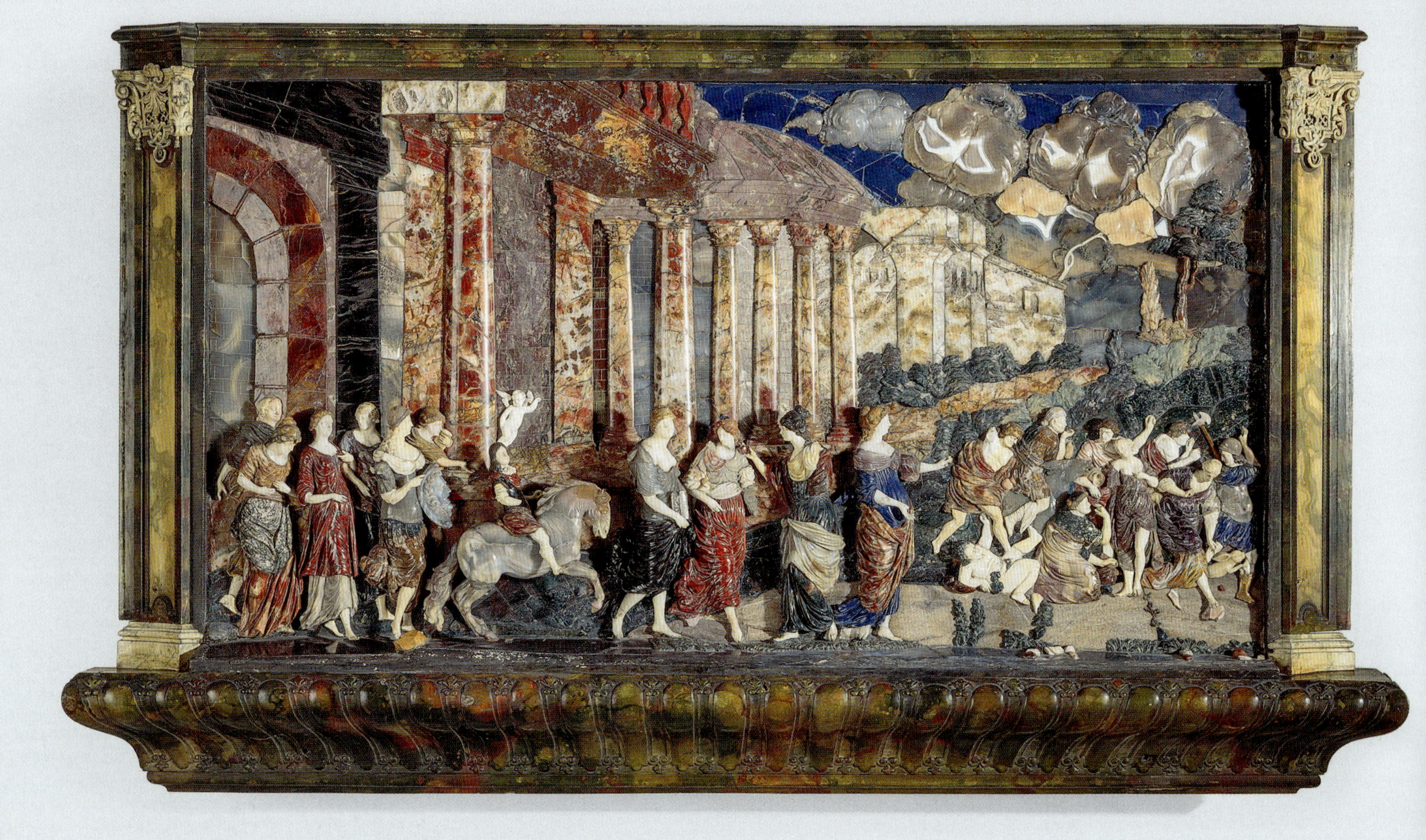

Die 1723 und 1724 erfolgte erste Phase des Ausbaus des Grünen Gewölbes zum Schatzkammermuseum muss, so legt es das umfangreiche Pretioseninventar von 1725 nahe, zu einem ziemlich vollgestopften Pretiosensaal mit zugehörigem Turmzimmer geführt haben. Der vom Schlossgarten aus betretbare Silberraum nahm hingegen alles fürstliche Silber auf, das im Besitz Augusts des Starken war. Als sich dieser 1727 entschloss, seine Schatzkammer im Grünen Gewölbe noch prächtiger auszustatten, die Aufstellung der Kostbarkeiten zu systematisieren und den historischen Bereich der Geheimen Verwahrung mit fünf zusätzlichen Ausstellungsräumen zu einem beeindruckenden Manifest seiner Regierung zu vergrößern, ließ er durch seine Agenten zusätzliche Kunstobjekte ankaufen, die geeignet waren, den gewünschten Eindruck noch zu steigern.

So erwarb er 1729 von seiner Verwandten Henriette Charlotte von Sachsen-Merseburg den aus verschiedenen Edelsteinvarietäten bestehenden Kaminsims mit der figurenreichen Darstellung dessen, was ein junger Fürst tun und auf jedem Fall meiden sollte. Bis 1728 hing die Steintafel über einem Kamin im Kaisergemach des südhessischen Schlosses von Idstein. Graf Johannes von Nassau-Idstein ließ sie als moralische Unterweisung seines Sohnes durch den berühmten Steinschneider Christoph Labhardt in den 1670er Jahren anfertigen und legte dazu das Bildprogramm der Tugenden und Laster genau fest. Die kostbare Steintafel schmückt heute die schmale Nordwand des Pretiosensaals im Grünen Gewölbe.

Dort befindet sich heute auch die wunderschöne, aus einem zusammengesetzten Amethyst-
block gearbeitete und mit vergoldetem Kupfergewand versehene Büste der antiken Venus
Medici. Auch sie fand ihren Weg nach Dresden als Ankauf aus einer Erbschaft. Sie
gehörte dem Jesuitenkardinal Filippo Gualtieri und sollte nach seinem Tod im April 1728
mit seinen Kunstschätzen von den Erben zur Ablösung seiner Schulden verkauft werden.
Es gelang Baron Raymond Leplat, dem Kunstintendanten Augusts des Starken, der sich
damals in Rom aufhielt, die Büste für den erheblichen Preis von 800 Scudi romani zu
erwerben.

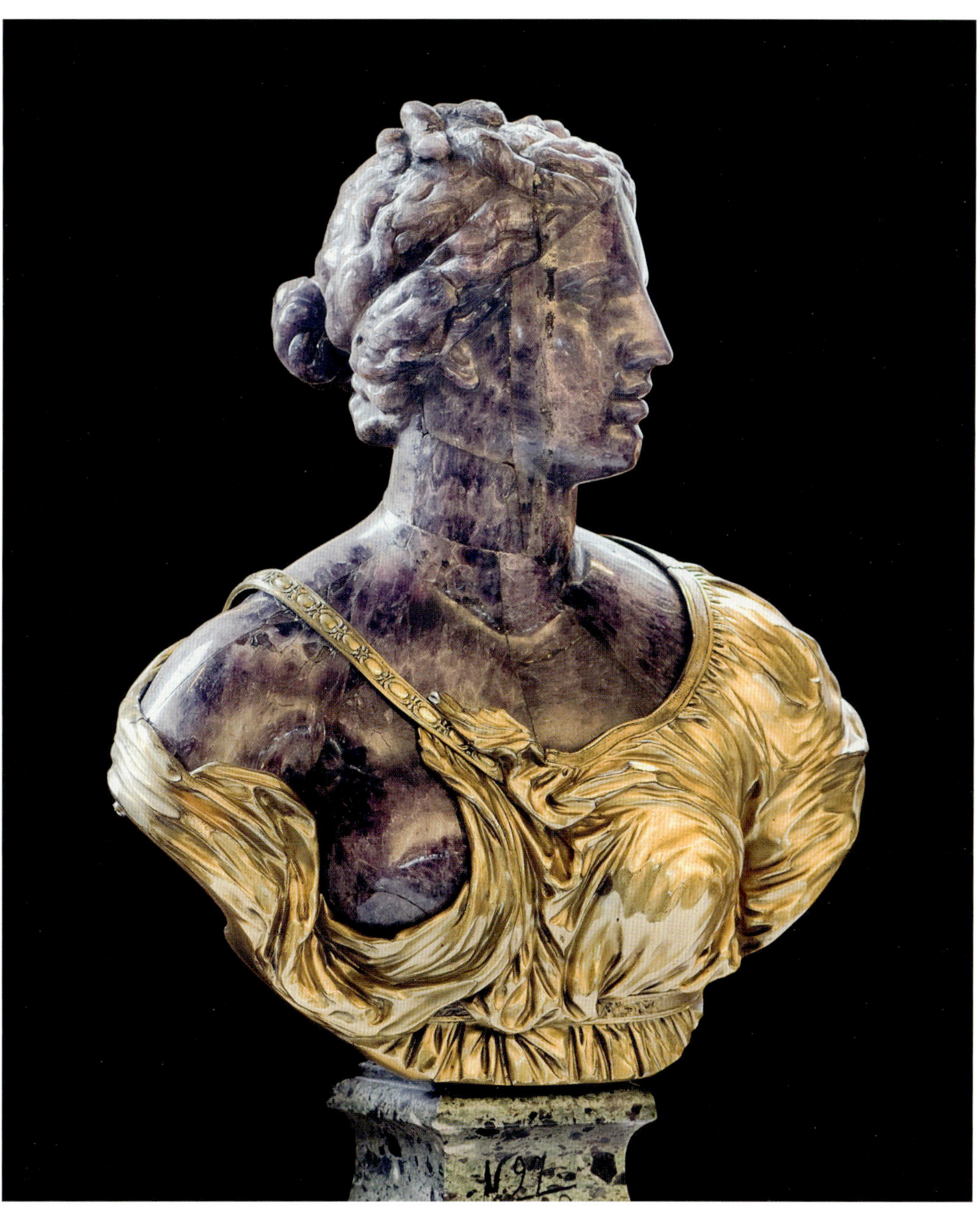

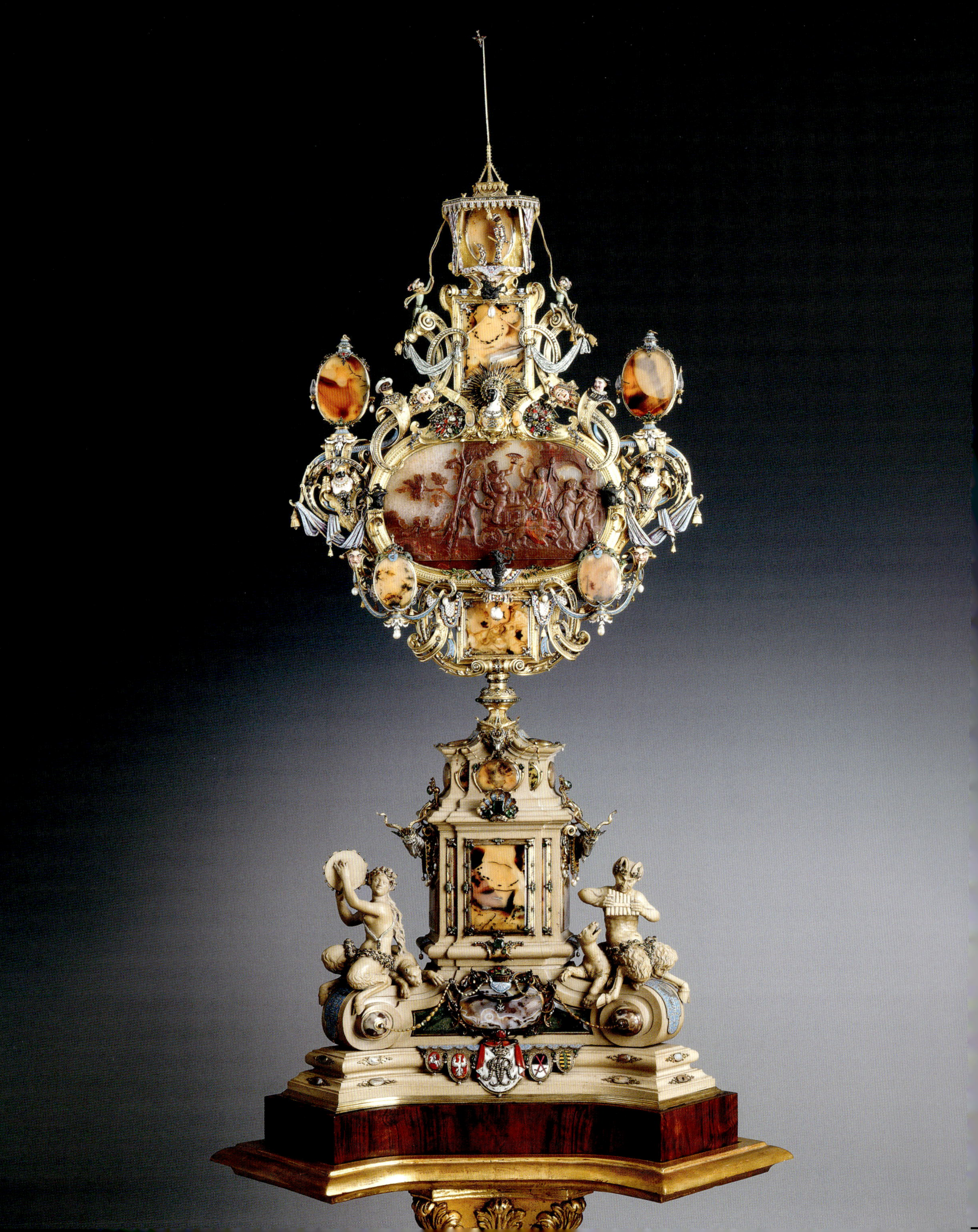

Als Johann Georg Keyßler im Oktober 1730 das gerade als Schatzkammermuseum eröffnete Grüne Gewölbe besuchte, standen zwei ungewöhnlich große und außergewöhnlich geformte Kabinettstücke bereits am verspiegelten Mittelpfeiler des Juwelenzimmers. Sie wurden von Johann Melchior Dinglinger als aufeinander bezogenes Paar konzipiert und sind ursächlich mit der Einrichtung des Grünen Gewölbes verbunden. Das Nachtragsinventar der Pretiosen verzeichnet sie im Frühjahr 1733 als »Ursprung und Ausbruch« sowie als »Folge und Ende« der menschlichen Fröhlichkeit. Das eine zeigt am Fuß die Skulpturen des Bacchusknaben und der Göttin Ceres und auf dem Relief einer großen Achatplatte die Opfer an den Weingott und die Göttin des Ackerbaus. Das andere stellt Pluto und Proserpina dar und enthält ein Relief mit der Überfahrt der Seelen der Toten über den Styx, den Fluss der Unterwelt. So wird in den beiden Kabinettstücken der Reichtum des Lebens der Allmacht des Todes gegenübergestellt.

Das dritte, besonders prächtige Kabinettstück, von Keyßler die »Baccanalia« genannt, sah der weltgewandte Reiseschriftsteller 1730 noch unvollendet in der Werkstatt des »geschicklichsten« Künstlers Dresdens, »der seines namens Gedächtnis durch viele treffliche Wercke im grünen Gewölbe gestiftet hat«. Von diesem Werk Dinglingers berichtet er, dass »in dessen Mitte auf einem Sardonix [...] Bacchi triumphierender Einzug en bas relief« sei und dass »auf den Seiten [...] masquierte Damen, Harlequins und andere lustige Aufzüge« erscheinen. Wenige Jahre später, erst nach dem Tod Dinglingers 1731, gelangte es an die dritte Seite des Mittelpfeilers im Juwelenzimmer.

Das Kabinettstück der »Höchsten Freuden des Lebens« bildet nach Größe und Reichtum der künstlerischen Gestaltung den Höhepunkt der zusammengesetzten Trilogie. Im Zentrum der Gesamtkomposition steht der mit 28 Zentimeter Breite und 16 Zentimeter Höhe außergewöhnlich große Kameo aus orientalischem Achat. Er zeigt den Triumphzug des Bacchus als Höhepunkt der Lebenslust. Die phantasie- wie figurenreiche Fassung aus ineinander gewundenen emaillierten und vergoldeten Bändern, die mit Maskenköpfen belegt sind, ist von einer großen Vielzahl von Edelsteinen ausgeziert.

Schöner als mit diesen drei großen Kabinettstücken kann man den Reichtum, der im Juwelenzimmer vereint ist, nicht relativieren. Inmitten der kostbarsten Schätze der Kurfürst-Könige bildeten die drei Kabinettstücke einen spielerischen und dennoch gut verständlichen Verweis auf das »Memento mori«, die Vergeblichkeit und Eitelkeit menschlichen Tuns, aber auch auf die daraus resultierenden Freuden.

Der bedeutendste Unterhaltungskünstler am sächsisch-polnischen Hof war Joseph Fröhlich. Über 30 Jahre lang genoss der Müller aus Alt-Aussee in der Weststeiermark, der 1727 von August dem Starken zum Hoftaschenspieler und »Kurzweiliger Rat« ernannt worden war, eine große Beliebtheit. Die gute Kenntnis verwirrender Zaubertricks, verbunden mit einem geschickten Mundwerk und einem natürlichen Witz sowie die bedenkenlose Neigung zu derben Streichen sicherten ihm bis zu seinem Tod im Jahr 1757 die anhaltende Gunst seiner Dienstherren. Die Darstellung dieses Spaßmachers und Zauberkünstlers ist in zahlreichen Figuren aus Porzellan, Ton, Fayence, Sandstein, Elfenbein, aber auch auf Kupferstichen, Radierungen, Gemälden und Medaillen überliefert. Nach der Königsfamilie gehörte er zu den am meisten dargestellten Personen des Hofes.

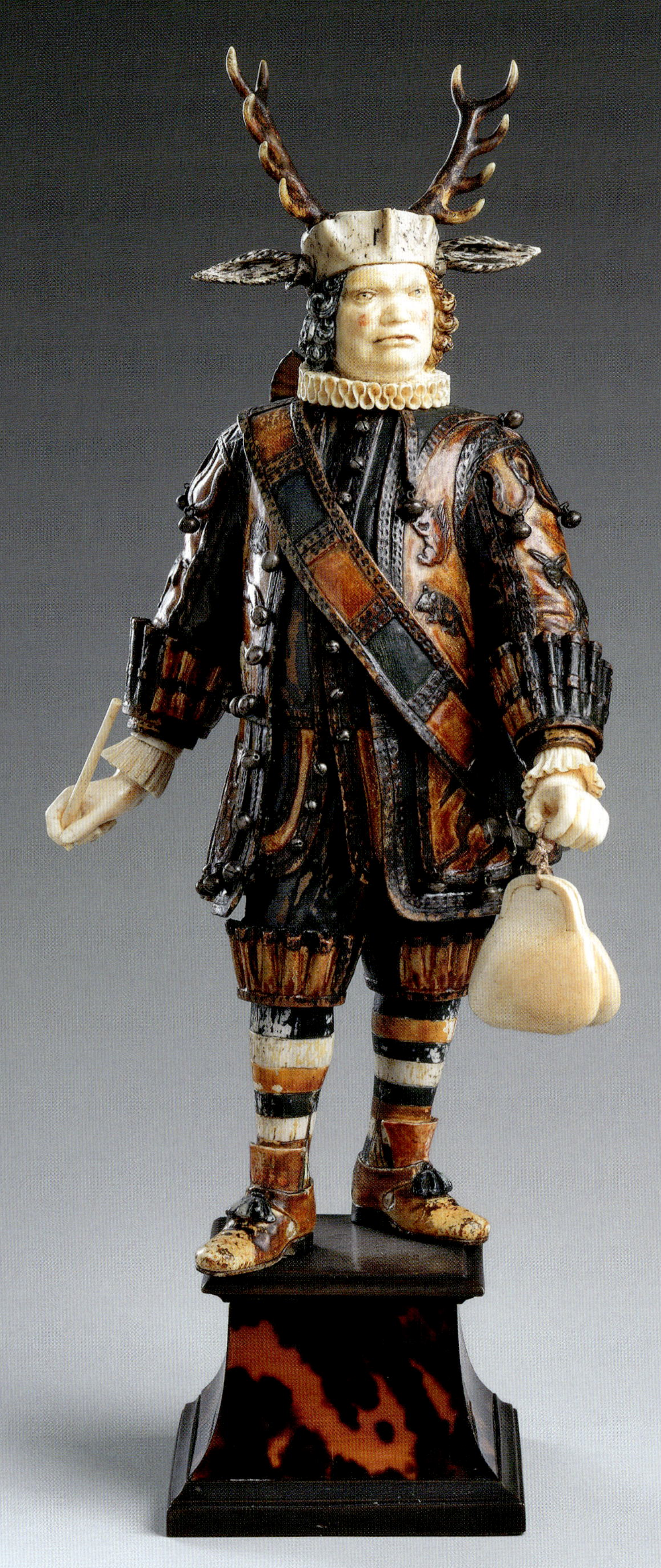

Um 1731 gelangten mehrere kleinformatige Statuetten aus Holz und Elfenbein mit dem Abbild des Hofnarren Fröhlich in die Schatzkunstsammlung. Darunter befand sich wohl auch das Bildnis des Hoftaschenspielers in seiner Dienstkleidung. Fröhlich trägt auf dem Kopf eine an den Kurhut erinnernde Kappe, der ein Hirschgeweih und Eselsohren entwachsen. In den Händen hält er seinen Zauberstab und seinen Taschenspielerbeutel. Auf den an der höfischen Mode orientierten langen Gehrock sind Tiere appliziert und aufgemalt, unter anderem ein Affe, ein Esel und eine Eule. Es sind Wesen, die ikonographisch auf die närrische Profession bezogen wurden.

Bei einem anderen Kunstobjekt, das sich Joseph Fröhlich widmet, handelt es sich eigentlich um ein kostbares Schreibgerät, denn der aus Nussbaum gefertigte Sockel nahm in einer Schublade mehrere Schreibutensilien auf. Auf dem Sockel jedoch fährt in einem eigentümlich geformten Wagen der rundköpfige »Kurzweilige Rat«. Er trägt seine karikaturhaft übersteigerte steiermärkische Landestracht: einen lächerlichen, damals längst veralteten Rundkragen und einen Spitzhut mit Narrenschelle. Mit der ausgestreckten linken Hand hält er seinen Taschenspielerbeutel, mit der rechten die goldenen Zügel eines Wildschweingespanns. Der aus kostbarem Ebenholz gefertigte Wagen hat es in sich. Öffnet man eine der seitlichen Türen, so erkennt man, dass der Hofbeamte mit heruntergelassener Hose wie auf einer Toilette im Wagen sitzt. Der Wagen ist ein fahrbarer Nachtstuhl.

Die beiden Darstellungen des Hofnarren Joseph Fröhlich haben zu einem unbekannten Zeitpunkt den Bestand des Grünen Gewölbes verlassen und wurden erst im 20. Jahrhundert wieder für die Sammlung zurückerworben.

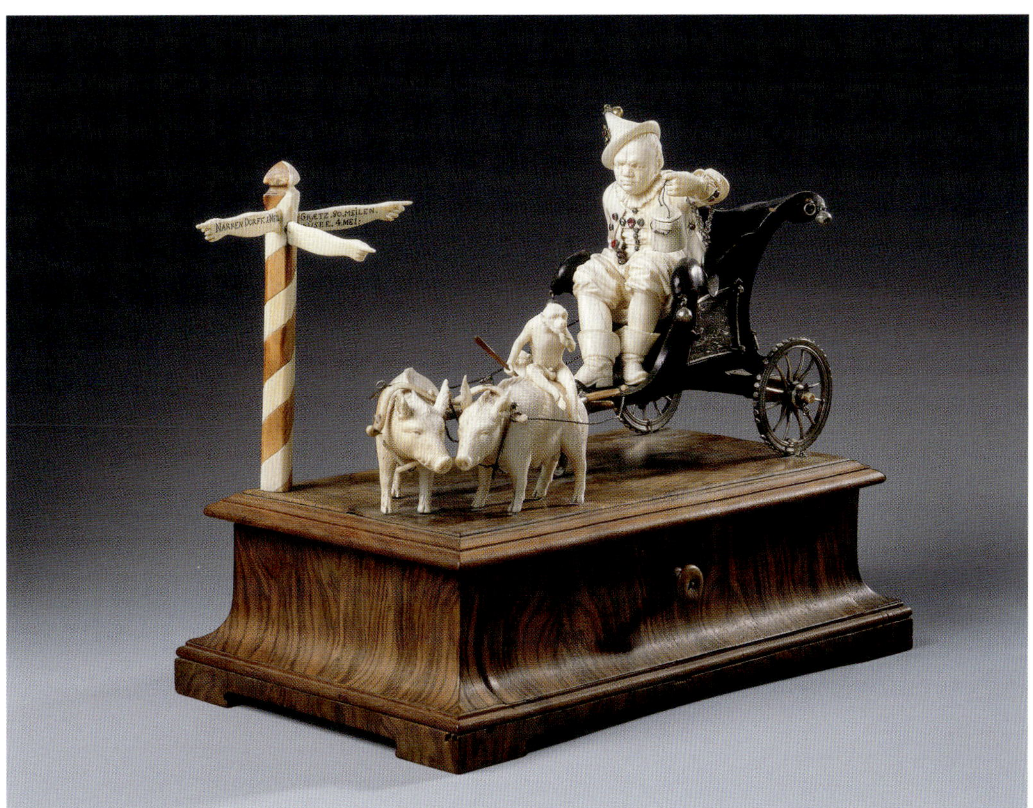

Im 18. Jahrhundert bildete der Juwelenschmuck der beiden Kurfürst-Könige August des Starken und August III. den materiell bei weitem kostbarsten Bestand des Schatzkammermuseums im Grünen Gewölbe. Ihre Juwelengarnituren waren der Hauptbestandteil des sächsisch-polnischen Kronschatzes und leisteten einen unverzichtbaren Beitrag zur Repräsentation ihrer königlichen Majestät. Als junger Herzog hatte August der Starke im Schloss von Versailles König Louis XIV. von Frankreich in seiner mit Diamanten bedeckten Galakleidung erlebt und war von dessen prachtvollem Ausdruck majestätischer Würde nachhaltig beeindruckt. Im Gegensatz zum französischen Vorbild konzentrierte sich das Interesse des sächsischen Monarchen aber nicht allein auf Diamantschmuck, er übertrug vielmehr seine persönliche Vorliebe für farbige Edelsteine auch auf die Juwelengarnituren. Während seiner Regierungszeit gab August der Starke zwölf Juwelengarnituren in Auftrag. Er plante insgesamt 24 Garnituren. Bis heute haben sich, wenn auch teilweise später im 18. Jahrhundert neu gefasst, je eine Diamantgarnitur im Rosen- und eine im Brillantschliff sowie eine Saphir-, eine Rubin-, eine Smaragd-, eine Karneol-, eine Achat- und eine Schildpattgarnitur erhalten. Von der Goldenen Jagdgarnitur und der Topasgarnitur existieren noch einzelne Schmuckstücke. Ihren Namen verdanken die barocken Schmuckensembles den dominierenden Steinen oder dem hervorstechenden Material. Alle Teile dieser Juwelengarnituren sind zusätzlich mehr oder weniger reich mit mittelgroßen und kleinen Diamanten besetzt.

Zu jeder Juwelengarnitur gehörte eine große Zahl Rock- und Westenknöpfe, ursprünglich mindestens 36 Stück von jeder Sorte, sowie Manschetten- und Halshemdenknöpfe, weiterhin Schnallen für die Schuhe, die Kniehose und den Hut. Ebenfalls unverzichtbar und besonders kostbare Bestandteile waren der Hutschmuck oder die Hutagraffe, der Hofdegen und das nur in der Saphirgarnitur erhaltene zehnteilige Set von Beschlägen für ein Wehrgehänge, mit dessen Hilfe der Degen am Körper getragen werden konnte. Für den Kurfürst-König waren die Ordenszeichen des Königlich-Polnischen Weißen Adlerordens, die aus dem adlerförmigen Kleinod und dem Ordensstern bestehen, von größter Bedeutung. Seit 1722 kamen noch Schmuckformen des Ordens vom Goldenen Vlies hinzu. Die einzelnen Teile eines Ensembles konnten bei Bedarf auf das ausgewählte Prunkkleid aufgenäht oder mit ihm getragen werden.

Das umfangreiche Schmuckensemble mit den ältesten, von August dem Starken in Auftrag gegebenen Bestandteilen ist heute die Saphirgarnitur. Bei ihr wurden nicht allein Saphire, sondern auch Amethyste und mit blauer Folie unterlegte Bergkristalle verwendet. Die Konzeption des Schmuckensembles, das in seiner Ornamentauswahl dem frühen 18. Jahrhundert verpflichtet ist, geht auf den Hofjuwelier Johann Melchior Dinglinger zurück. 1719 wurde die damals noch nicht so stark mit Diamanten verzierte »Saphirne Garnitur« auf einen Gesamtwert von 73 390 Taler taxiert.

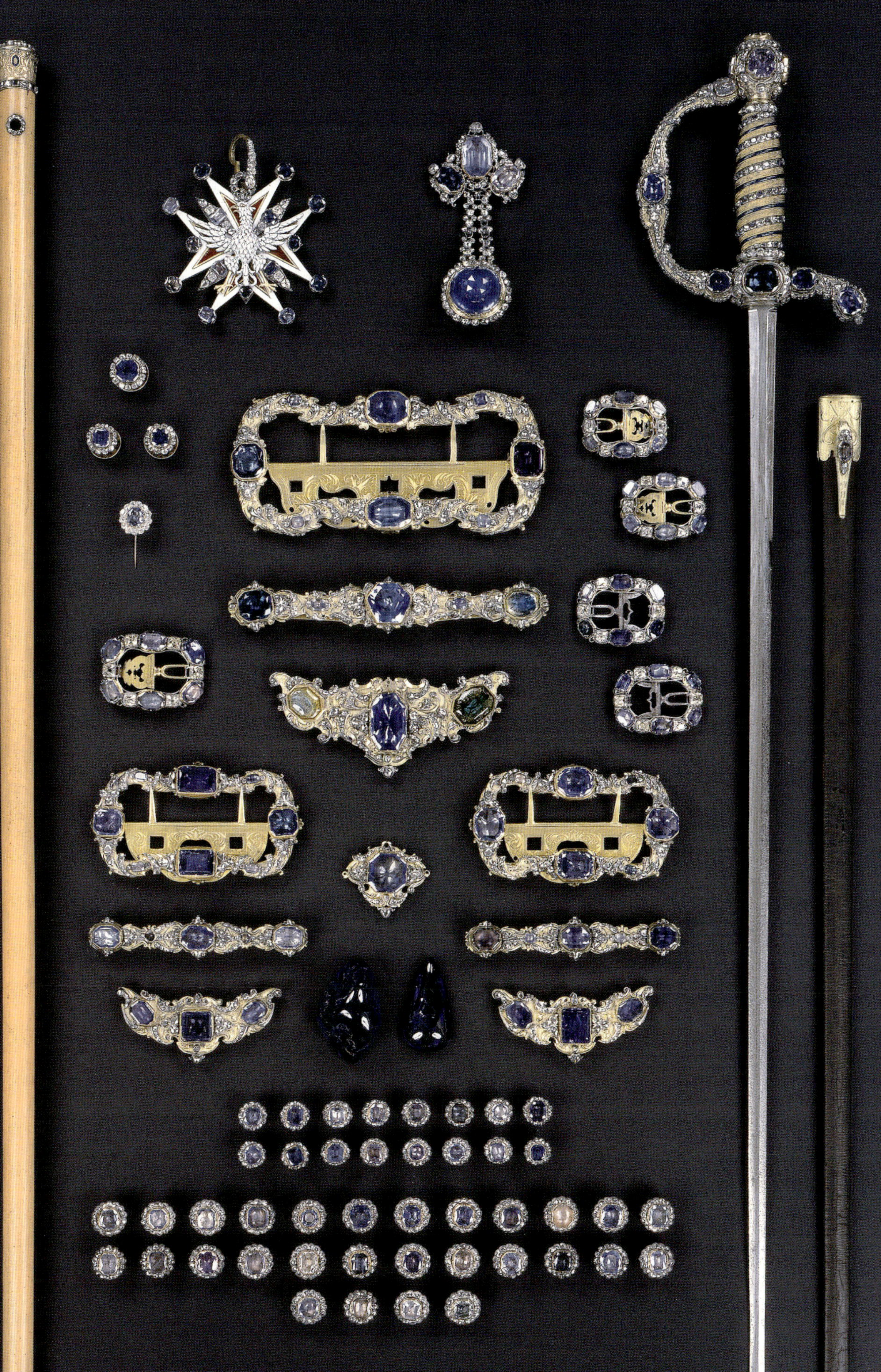

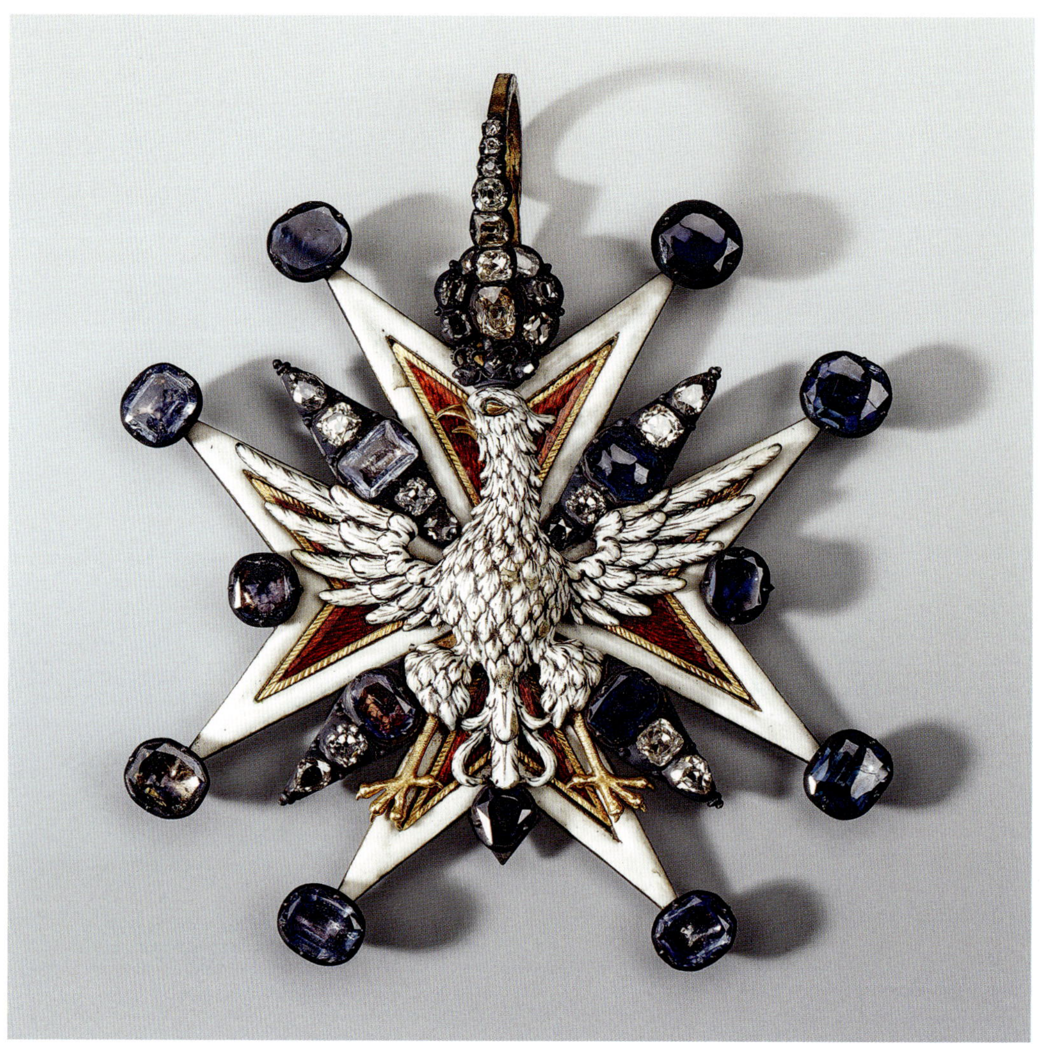

Zur Saphirgarnitur gehört das älteste Kleinod des Königlich-Polnischen Weißen Adlerordens aus königlichem Besitz. Mithilfe des 1705 gestifteten Ritterordens rang August der Starke im für ihn immer ungünstiger verlaufenden Großen Nordischen Krieg um die Gunst des polnisch-litauischen Adels und verband diesen zugleich mit dem seiner Erblande Sachsen. Als Ordenszeichen dient ein mit dem Kopf nach links gewandter, weiß emaillierter Adler mit ausgebreiteten Schwingen auf achtspitzigem Kreuz. Johann Melchior Dinglinger war nicht nur der einzige vom Kurfürst-König autorisierte Hersteller von Ordenszeichen, der Hofjuwelier entwickelte in engem Zusammenspiel mit seinem Souverän auch das Aussehen des Ordens. Bis gegen 1718 war die für das weitere 18. Jahrhundert gültige Form des Ordenkleinods festgelegt.

Von königlicher Eleganz ist der Degen dieser Garnitur. Der Juwelenkünstler Dinglinger gab ihm die Form eines repräsentativen Hofdegens. Charakteristisch für Dinglinger ist die Gestaltung des Degengriffs: Die Wicklungen fein gedrehter Goldfäden, die in Rillen eingelegt sind, wechseln in diesem Fall mit blau emaillierten Bändern.

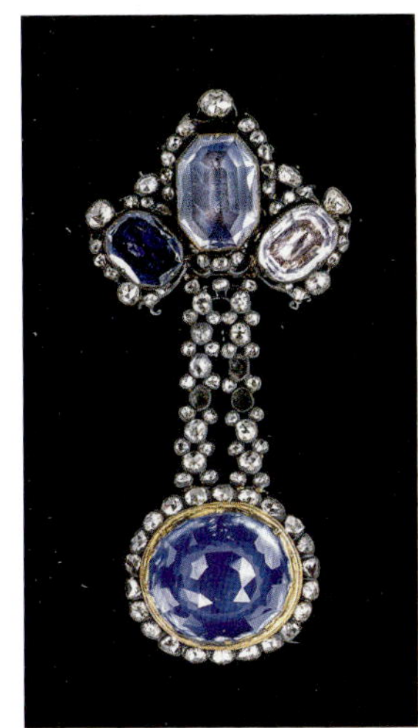

Zur gleichen Zeit wie der Degen wurde der außergewöhnlich geformte Luchssaphier (blauer Cordierit aus Ceylon) in die heute vorhandene Hutzier eingefügt. Mithilfe eines solchen Schmuckstücks konnte der aufgekrempelte Rand des dreieckigen Huts in der gewünschten Stellung fixiert werden. Der hohe, facettierte Stein ist, wie die meisten besonderen Steine der Juwelengarnituren, nur mittels feiner Silberdrähte in der Agraffe verankert. Deshalb konnte er leicht aus der Fassung herausgenommen werden. So geschah es im Jahr 1734, als der Saphir die Krone Augusts III. beim Krönungszeremoniell in Krakau zierte.

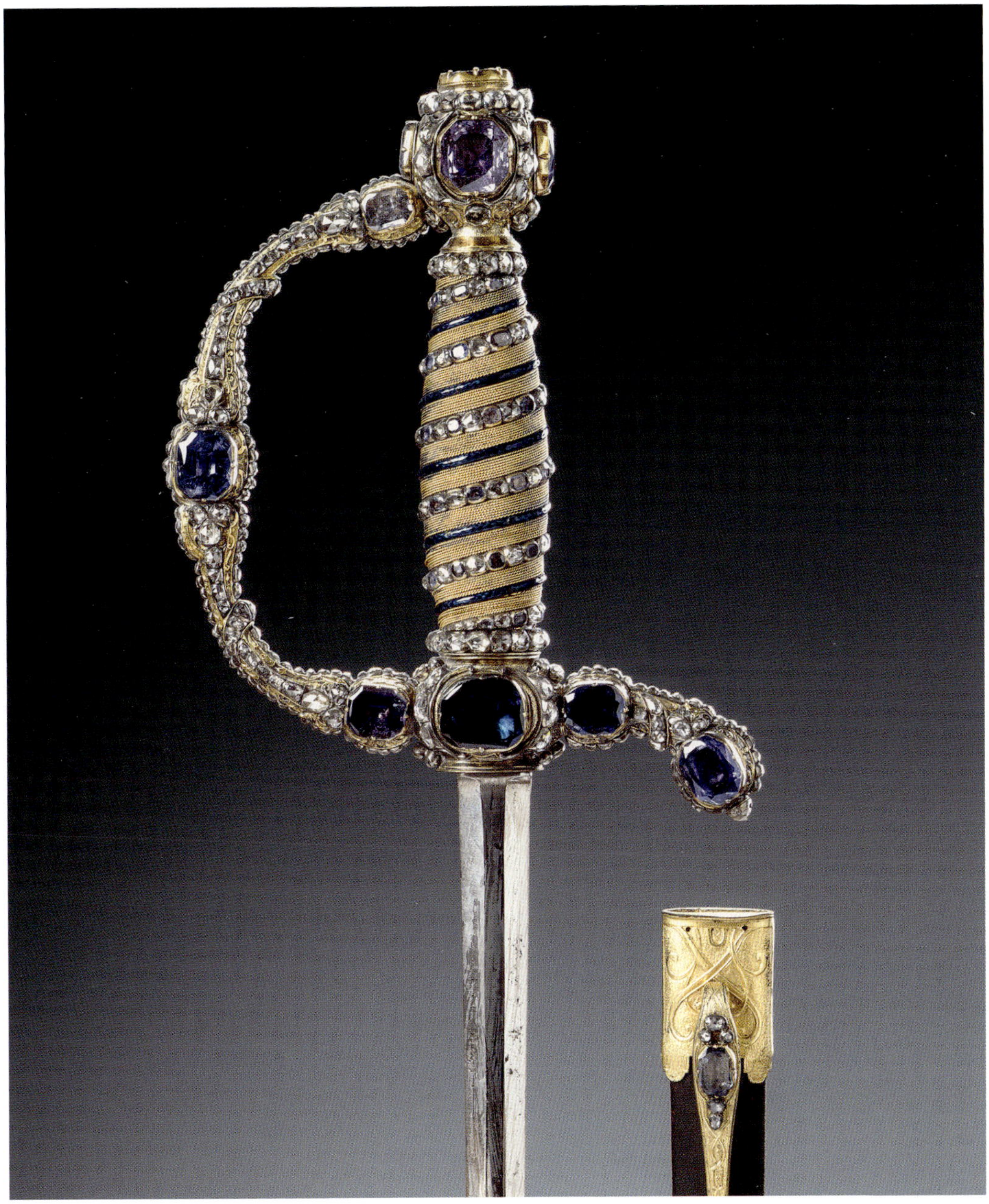

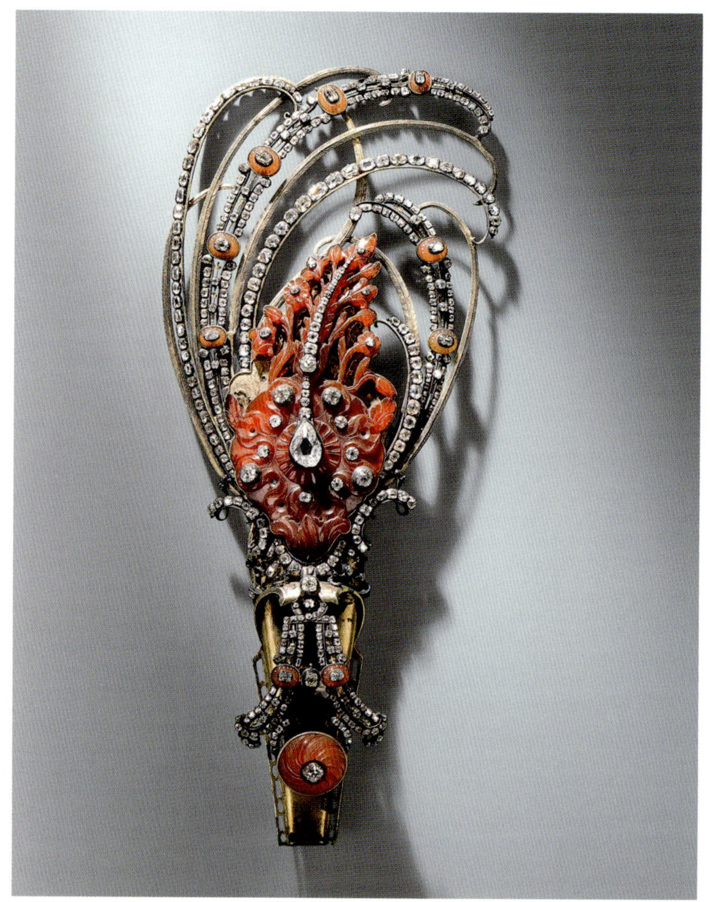

Die Karneolgarnitur ist mit 127 erhaltenen Einzelteilen die umfangreichste Juwelen-garnitur des Spätbarock. Wahrscheinlich war das Ensemble in Teilen bereits um 1710 vorhanden oder fast fertiggestellt. Ihre bis heute bestehende Form erhielt die Karneolgarnitur anlässlich der Hochzeit des Kurprinzen Friedrich August mit Maria Josepha 1719. Im Juweleninventar desselben Jahres wurde der Gesamtwert der Garnitur auf 47 922 Taler geschätzt. Davon entfielen allein 4 680 Taler auf die Herstellungskosten durch Dinglinger. Der vollständig erhaltene Bestand an Rock- und Westenknöpfen dieses Schmuckensembles lässt die einstige Reichhaltigkeit der anderen Dresdner Juwelen-garnituren abschätzen. Durch die 24 tropfenförmigen »ungarischen« Zierknöpfe und das Vorhandensein von gleich zwei Tabaksdosen und einem länglichen Etui aus Karneol wird der Formenreichtum dieser Garnitur sichtbar.

Zur Karneolgarnitur gehört eine aufwendig verzierte Taschenuhr. Sie hängt an einer 1713 gelieferten Uhrkette aus goldenen, feingeflochtenen Zöpfen, die im unteren Bereich drei Aufhängungen besitzt. Während an der mittleren die kostbare Uhr befestigt wurde, befinden sich an den seitlichen zwei Siegel Augusts des Starken, deren kleine goldene Griffe die Form seines Monogramms aufweisen. Das mit Edelsteinen bedeckte Gehäuse der Uhr wurde aus Anlass des während der Hochzeit von 1719 veranstalteten Saturn-festes geschaffen.

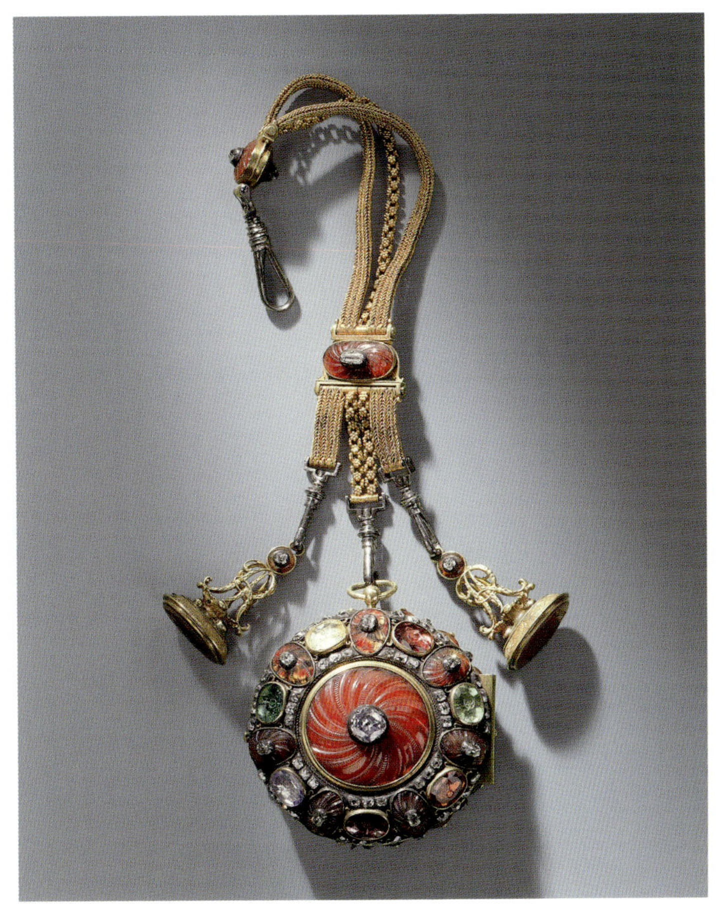

Der prächtigste Bestandteil der »Carniole mit großen und kleinen Brillanten carmisirte(n) Jagd Garnitur« ist die Aigrette – eine Form der Hutzier, die in Deutschland seit der Spätrenaissance beliebt war. Die Mitte des Hutschmucks nimmt eine große, reliefartig geschnittene Karneolplatte in Form einer symmetrischen Rosenblüte mit naturalistisch angeordneten Staubgefäßen ein. Dieser wurden an den oberen Seiten kleine ornamenthafte Blätter angesetzt. Die sensibel gearbeitete Naturform der Rose erhält durch eine rechts geneigte Blattrispe, die aus ihrem oberen Rand mit kleinen Blättern und Knospen entspringt, eine eigene Dynamik. Asymmetrisch angeordnete »wehende« Reiherfedern aus vergoldetem Silber, belegt mit Diamanten, umgeben die Karneolplatte. Dieses sprühende Feuerwerk der Juwelierkunst entfaltet sich über dem brillantbesetzten Monogramm des Königs, einem großen »A«. Eine große wirbelnde Karneolrosette unter der Platte markiert den Hutknopf, mit dem die Aigrette am aufgekrempelten Hutrand befestigt werden konnte. Die Aigrette mit ihrer vegetabilen Bekrönung ist von größter höfischer Eleganz und zugleich ein einzigartiges Juwelenkunstwerk des Spätbarock.

Zur Zeit Augusts des Starken war die Smaragdgarnitur weitaus extravaganter und auch künstlerisch noch eindrucksvoller gestaltet als heute. Auf fast allen größeren Teilen dieses Ensembles, dem Hofdegen ebenso wie der Jagdpeitsche, befanden sich figurale Jagdmotive. Erhalten hat sich aus dieser frühen Phase nur der Hirschfänger. Stichwaffen dieser Art nahmen bei Jagdgarnituren die zentrale Bedeutung des Hofdegens ein. Die weidmännische Repräsentationswaffe wurde bei Jagdfesten getragen. Sie geht auf die im 17. und 18. Jahrhundert allgemein gebräuchliche Seitenwaffe des Jägers zurück, mit der er dem verwundeten Wild den tödlichen Fangstoß versetzte. Als passionierter Jäger besaß August der Starke gleich mehrere Jagdgarnituren, sodass sich in seinen Juwelenensembles bis heute vier Hirschfänger erhalten haben.

Der Hirschfänger der Smaragdgarnitur ist ein prachtvolles Schmuckstück. Sein kompakter Griff besteht aus einem hellbraunen Achat, in den gewundene Rillen eingeschnitten sind. In der für die Prunkwaffen Dinglingers typischen Form wurden in diese gedrehte Goldschnüre eingelegt. Mehrfach variierte der Künstler auf der plastisch geformten, aus Gold gegossenen Parierstange und anderen Stellen das Motiv der Jagd. Dort finden sich in Gold gegossene Löwenköpfe und sorgfältig gestaltetes Wild der heimischen Wälder. Die Stahlklinge ist mit beidseitig gestochenen und vergoldeten Jagddarstellungen verziert: vor allem Rotwild, aber auch Bär, Wildschwein, Fuchs und Hase. Ursprünglich bildete der Hirschfänger mit dem 1737 zerbrochenen Hofdegen und der Jagdpeitsche eine gestalterische Einheit, die die Schmuckgarnitur mit der Hofjagd und zugleich mit der auf Nahbetrachtung ausgerichteten Schatzkunst verband.

Einen besonderen Rang innerhalb des Repräsentationsschmucks nahm stets der Hofdegen ein. Er diente nicht als Waffe, sondern als Zeichen des Adels und damit des gesellschaftlichen Ranges seines Trägers. Gleichzeitig repräsentierte er mit seiner Ausstattungspracht und seinem materiellen Wert die jeweilige Stellung, die sein Besitzer in der höfischen Gesellschaft einnahm. Bei dem prachtvollen Hofdegen der Achatgarnitur bestehen Knopf, Handbügel und Parierstange des Degengefäßes aus weißem Achat. Für den kompakten Griff wurde bräunlicher Achat verwendet, der sich in harmonischem Farbklang von den anderen Edelsteinteilen absetzt. Eine wahrhaft pretiöse, zerbrechliche Waffe entstand, deren Degengefäß fast vollständig aus geschnittenen Edelsteinen besteht. Dabei gab ein heute unbekannter Dresdner Steinschneider dem Bügel und der Parierstange einen zierlichen und bewegten Umriss aus vegetabilen Elementen und rahmendem Bandelwerk. Der Griff, dessen fünfeinhalb Windungen mit Bändern aus rot folierten Diamantrosen ausgefasst sind, wirkt entmaterialisiert und trägt zum Eindruck eines funktionsfreien Kunststücks bei. Die im oberen Bereich vergoldete, zweischneidige Klinge ist kunstvoll geätzt. Beidseitig findet sich auf ihr die Devise »Si Fortune me Tourmente / Le Esparance me Contente« (Wenn das Schicksal mich ängstigt / macht die Hoffnung mich froh).

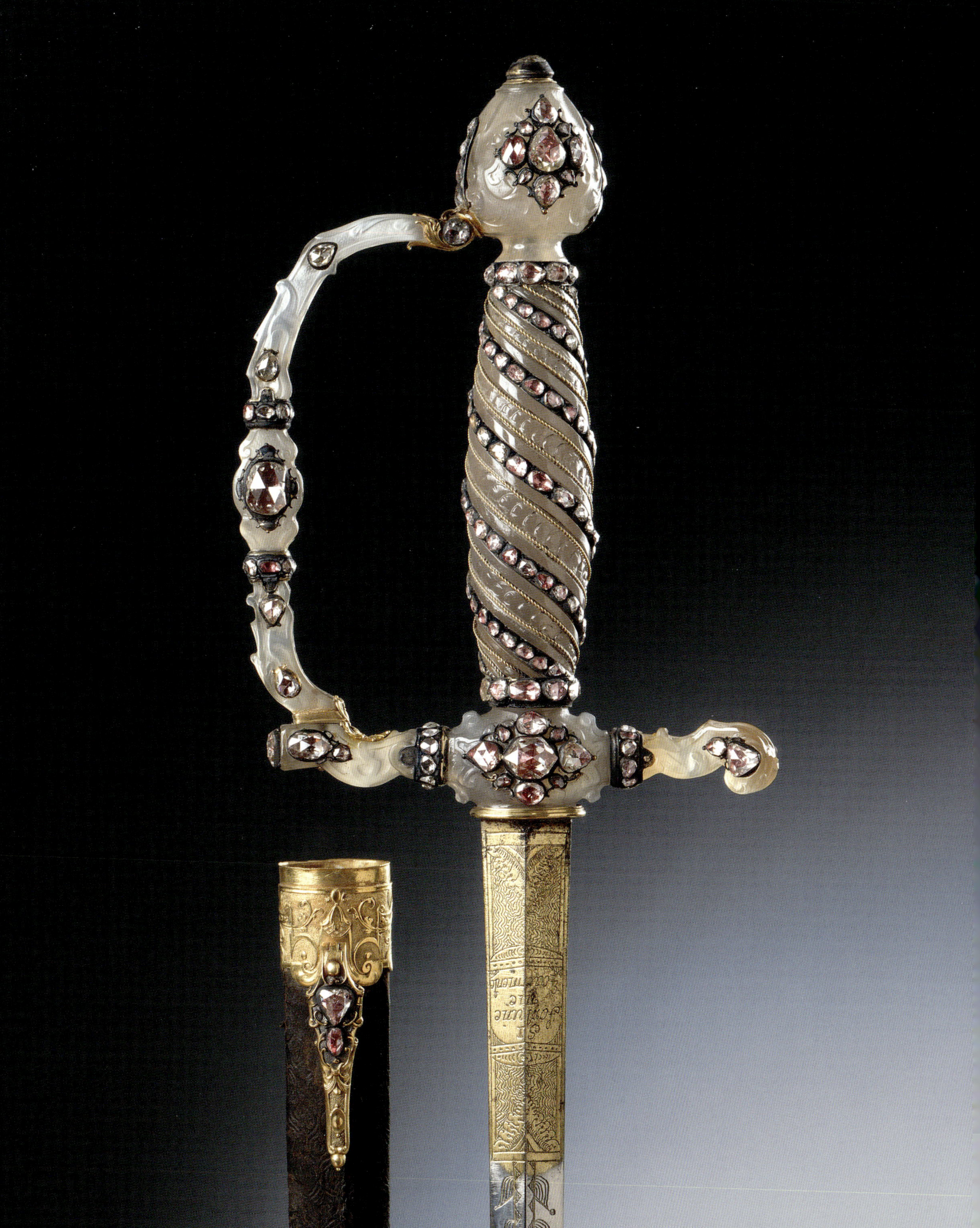

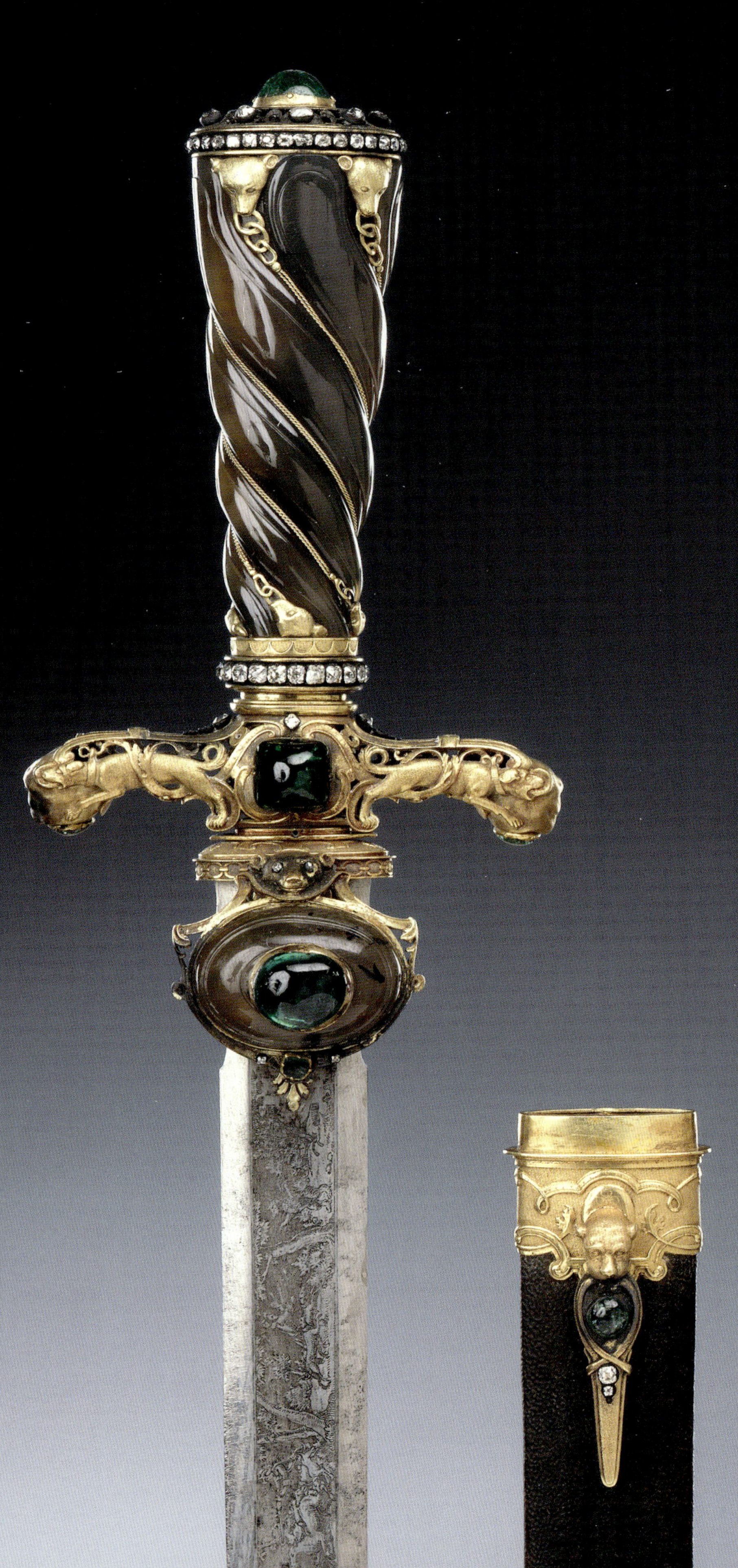

Tabatieren befanden sich in jeder Juwelengarnitur des Kurfürst-Königs. Seit dem letzten Viertel des 17. Jahrhunderts hatte sich in Europa der Gebrauch von Schnupftabak allgemein verbreitet. Die Hofkultur machte aus seinem Konsum eine Zeremonie. Sowohl die Handhabung der Dose als auch die Möglichkeiten, den Tabak zu fassen, zur Nase zu führen und in diese einzuziehen, wurden standesgemäß zelebriert. Im Mittelpunkt des Tabakkonsums stand die Tabatiere, die bald schon eine handgerechte Form erhielt. Tabatieren besitzen immer einen intimen Charakter. Die Verwendung wertvoller und ungewöhnlicher Materialien, die Ausschmückung durch feingearbeitete Ornamente sowie durch sorgfältige Darstellungen ist auf Nahsicht angelegt und auf den sinnlichen Reiz, die Tabatiere in die Hand zu nehmen und von allen Seiten zu betrachten. So übernahm die Tabatiere am Ende des ersten Drittels des 18. Jahrhunderts die Funktion, die für August den Starken und seine Fürstengeneration einstmals die kleinformatigen Objekte der Schatzkunst besaßen. Während die anderen Bestandteile der Goldenen Jagdgarnitur um 1788 »zerbrochen« wurden, hat sich ihre feingearbeitete, flache Tabatiere erhalten.

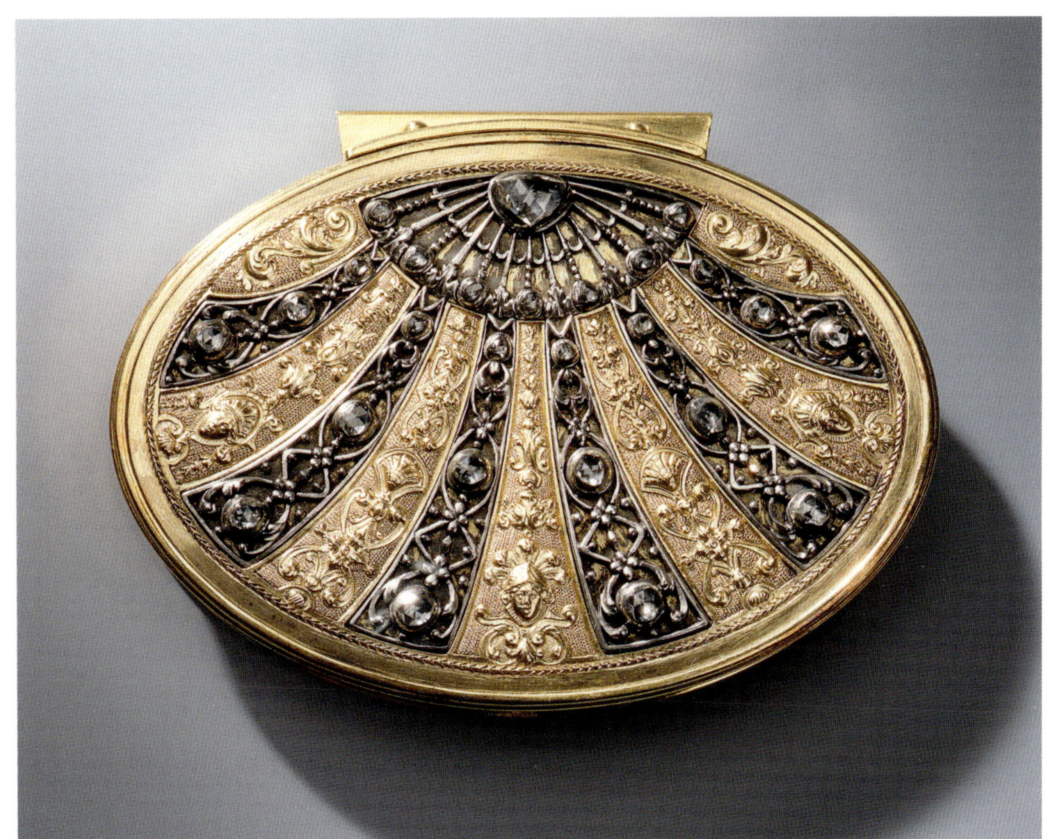

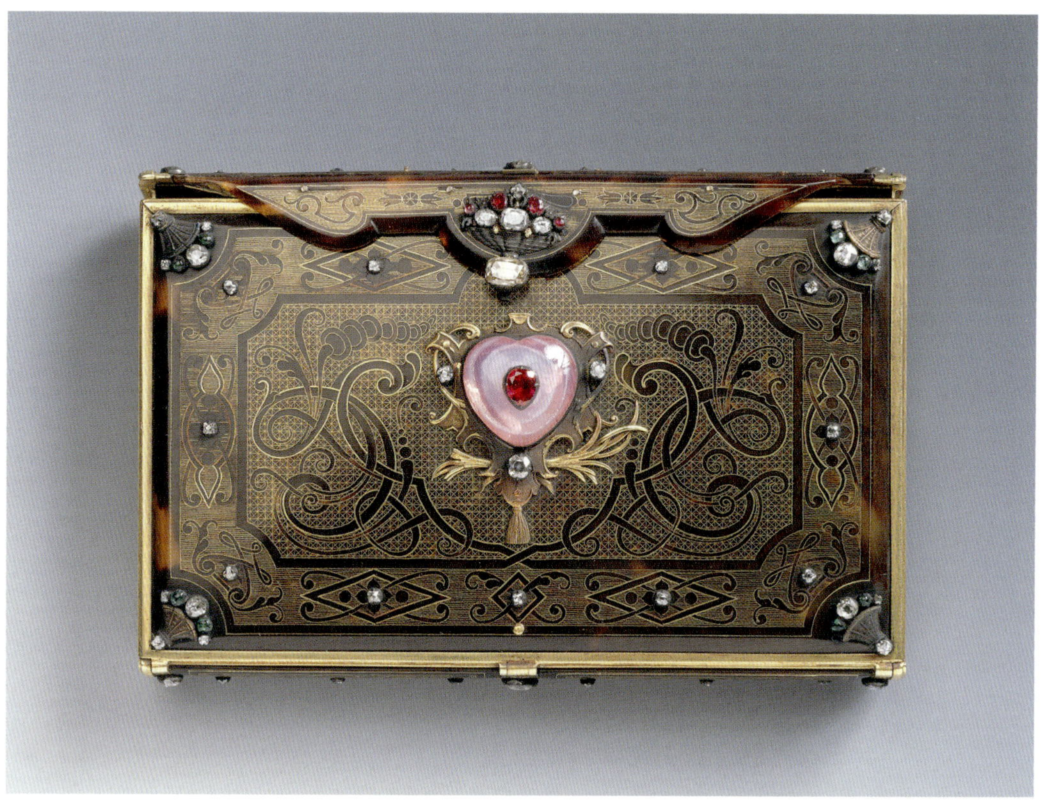

Die Schildpattgarnitur wurde 1722 als letzte vollständige Juwelengarnitur der Regierungszeit Augusts des Starken begonnen. Der Schöpfer der in mühevoller Inkrustations-
technik gearbeiteten Bestandteile ist Pierre Triquet. Er verlieh den vielen einzelnen Elementen dieser Garnitur den Charme intimer Kabinettstücke. Durch unglaublich feine
Bearbeitung wurden mithilfe einer Lupe hauchdünne Goldfäden in das Schildpatt eingelegt. Bei Schraffuren finden sich bis zu sechs Goldfäden auf einer Breite von nur zwei
Millimetern. Zu dieser außergewöhnlichen Garnitur gehört neben Tabatiere und Taschenuhr auch ein Etui in Form eines Buches. Es handelt sich dabei um ein Art Notizbuch.
Seine Oberseite ist besonders delikat gestaltet. In deren Mitte findet sich eine Kartusche
aus Gold, in die ein herzförmiger, rot unterlegter Opal eingelassen ist. Dieser trägt in seinem Zentrum einen wunderbaren Rubin von blutroter Farbe. An den Ecken des Deckels
sind mit Brillanten und Smaragden besetzte Körbchen angebracht. Ein etwas größerer
Brillant unterhalb des Opals dient als Druckknopf für ein Schnappschloss, mit dessen
Hilfe das Schaustück geöffnet werden konnte. Im Inneren des Etuis stößt man zunächst
auf zwei dünne Elfenbeinplatten, die als Schreibtafeln dienen konnten. Unter diesen verborgen, befand sich ursprünglich in einem gesonderten Fach ein Spiegel, der von Edelsteinen eingerahmt war und das Monogramm des Besitzers bekrönte.

Zeremonial- und Zierstöcke gehören zu den ältesten Hoheitszeichen menschlicher
Kultur. Sie symbolisierten Kraft, Würde und Macht. Das 18. Jahrhundert war – zumindest
für die Vertreter des Adels – ein Jahrhundert des Gehstocks. Zusammen mit der Tabak-
dose bildete er die Utensilien, die am besten geeignet waren, die elegante Lebensform

eines Höflings zu charakterisieren. Mit diesen beiden Elementen der Galanterien wurde seit dem 17. Jahrhundert ein kostspieliger Aufwand betrieben. Den Abstand zwischen der Person des Königs und dem Adel charakterisierte, dass der Sonnenkönig Louis XIV. nie ohne Stock in die Öffentlichkeit ging, niemand anders aber – mit Ausnahme des Generalkontrolleurs der Finanzen – das Recht hatte, in seiner Gegenwart das beliebte Modeaccessoire mit sich zu führen.

Der Stockknopf des Zierstocks aus der Rubingarnitur entstand, wie auch der Edelsteinbesatz des Notizbuchs der Schildpattgarnitur, in der Werkstatt Johann Heinrich Köhlers. Der Stockknopf ist prächtig gestaltet. Die Kappe seines Knaufs besteht aus einem leicht gewölbten und oval geschliffenen Rubin, dessen Rand facettiert wurde. Den großen Rubin umzieht ein Kranz von Brillanten. Ein weiterer Brillantenkranz markiert den Abschluss der goldenen Hülse, die mit reichem Bandelwerkdekor überzogen ist.

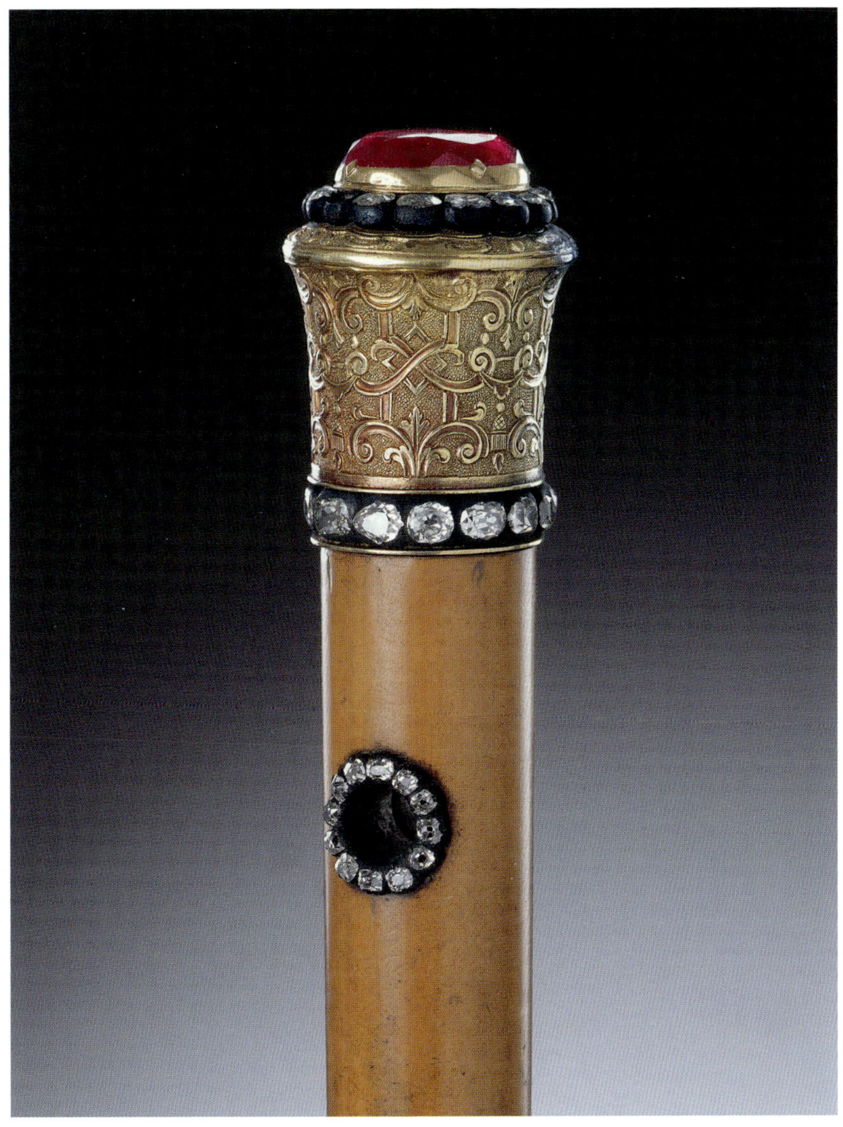

SPAZIERSTOCK AUS DER
RUBINGARNITUR
Gold, Silber, 1 ovaler Rubin,
53 Brillanten, Stahl, spanisches
Rohr
wohl Johann Heinrich Köhler
Dresden, vor 1733
L. 94,2 cm / Inv.-Nr. VIII 126

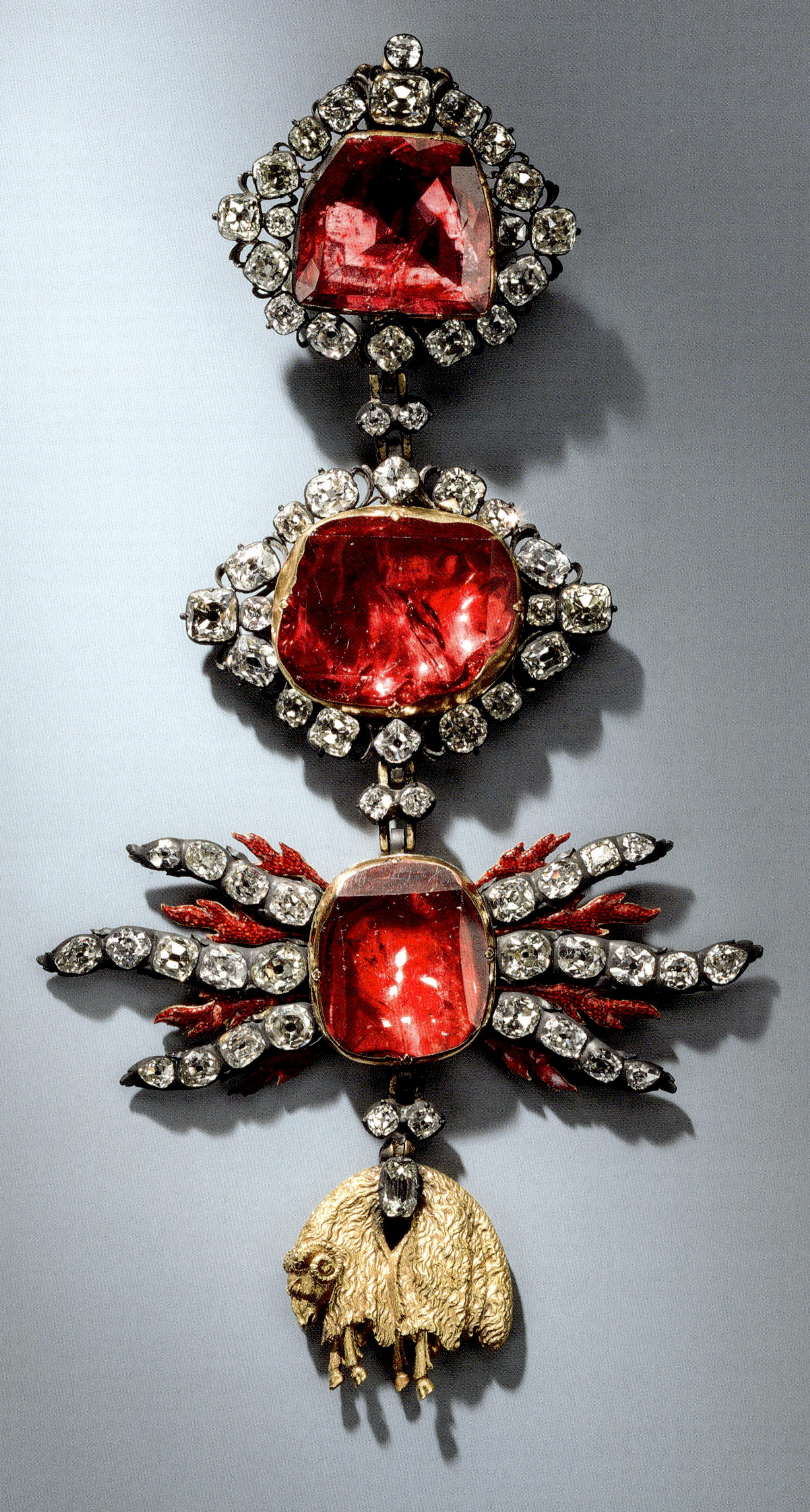

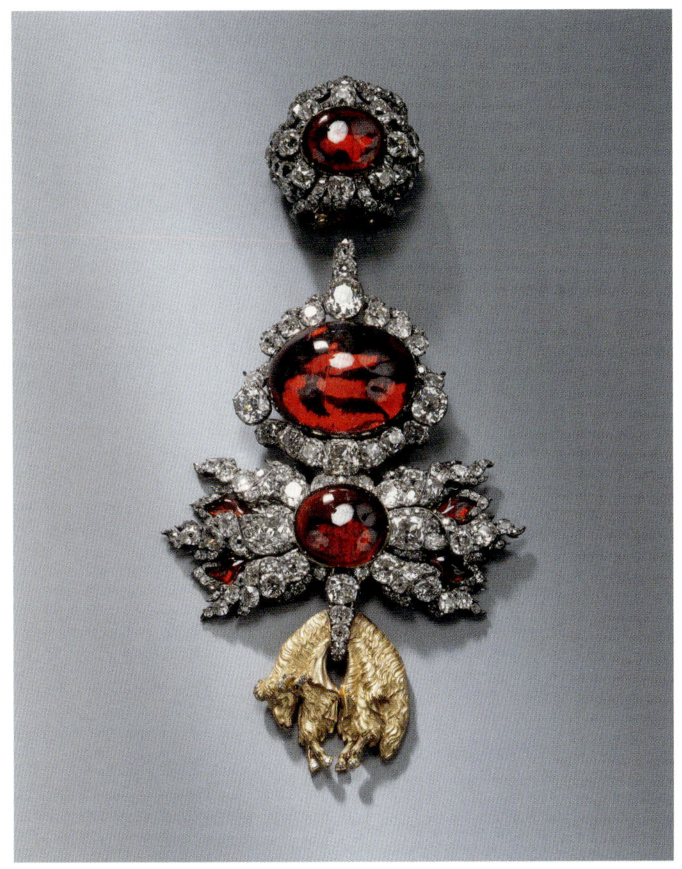

Kleinode weltlicher Ritterorden machten den exklusivsten Schmuck fürstlicher Kleidung aus. Einer der ältesten und angesehensten unter ihnen war und ist das Goldene Vlies. Er war ausschließlich Fürsten katholischen Glaubens vorbehalten. 1430 vom burgundischen Herzog Philippe III. (Philipp der Gute) gegründet, wurde der »toison d'or« seit dem frühen 16. Jahrhundert zum höchsten Orden des Hauses Habsburg, dem die Würde des Ordenssouverains mit seinem burgundischen Erbe zugefallen war. Das an die Person des jeweiligen Ritters gebundene Ordenszeichen, ein goldenes Kleinod in Form eines Widderfells an einer Kette, der Collane, die aus wechselnden Gliedern in Form von Feuereisen und Feuersteinen besteht, wurde vom Ordenssouverain verliehen. Das Widderfell geht auf die griechische Argonautensage zurück, die von der Eroberung des berühmten Vlieses durch eine Gruppe griechischer Helden, den Argonauten, unter Führung Jasons berichtet.

Das Kleinod des Goldenen Vlieses der Rubingarnitur wurde unter dem Datum des 29. Juni 1722 im Inventar eingetragen. Es ist damit eines der ersten, das sich August der Starke anfertigen ließ. Wenige Wochen zuvor war er offiziell in den höchsten katholischen Ritterorden aufgenommen worden. Von all seinen Juwelengarnituren haftet der Rubingarnitur die größte politische Symbolik an, denn das Rot der Rubine oder Spinelle (Balasrubine) und das Weiß der Diamanten repräsentieren die Nationalfarben Polens.

Für das Vlies-Kleinod der Rubingarnitur hat Dinglinger drei ungewöhnlich große Balas-rubine in die Hauptbestandteile des Kleinods eingesetzt. Sie besitzen noch den ursprünglichen, in Indien gefertigten Tafelschliff mit unregelmäßigem Umriss. Die Dreizahl herausragender Hauptsteine entwickelte sich zum Ideal eines prächtigen Vliesordens. Auf Symbole oder Ornament wurde – bis auf die unvermeidbaren Flammen und das Widderfell – zugunsten der unglaublichen Größe der Edelsteine verzichtet.

Ein Vierteljahrhundert jünger ist die Schmuckausführung des Goldenen Vlieses, die die damals größten bekannten Granatsteine enthält. Wenige Jahre nach seiner Krönung gewann August III. immer mehr Interesse an exklusiven Schmuckausführungen des Goldenen Vlieses, die er der aktuellen Mode anpasste. Die Schmuckausführung des Kleinods mit großen Granaten entstand in Prag. In ihm ist der »extra große böhmische Granat« von 46 ¾ Karat enthalten, der 1734 vorübergehend in die Krone des Königs eingefügt wurde. Prachtvoll werden die drei großen Granatschalen von vier kleineren Granaten und 316 Brillanten eingefasst. Die Brillanten formen auch das elegante, reich bewegte »flammende Feuereisen«, an dem das goldene Widderfell hängt. Im Dezember 1749 wurde das Granatvlies im Grünen Gewölbe inventarisiert.

Auf der Leipziger Ostermesse des Jahres 1742 fand die sich über längere Zeit anbahnende Erwerbung des 160 Grän oder 41 Karat wiegenden seladongrünen Diamanten ihren Abschluss. In London hatte der makellose, aus dem Gebiet um Golkonda in Indien stammende Diamant seinen Schliff erhalten. Über die näheren Umstände des Kaufs wie auch über den Kaufpreis findet sich nichts in sächsischen Akten. Der preußische König Friedrich II., der gewöhnlich durch seine Spione gut informiert war, überliefert aber in einen Brief, dass August III. bei der Belagerung von Brno (Brünn) im Mai 1742 über keine geeignete Artillerie verfügte, weil er zuvor für 400 000 Taler einen großen grünen Diamanten erworben habe. Diese exorbitante Summe entsprach dem Wert von 4 Tonnen Gold.

Kurz nach dem geheimen Ankauf erhielt Johann Friedrich Dinglinger als erster Hofjuwelier den Auftrag, den kostbaren Edelstein in einen Vliesorden einzufügen. Die Arbeiten waren wohl Ende Mai 1742 abgeschlossen. Dinglingers Orden existierte nur knapp vier Jahre. 1746 schuf Jean Jacques Pallard ein neues Kleinod. Das funkelnde Kunstwerk des Juwelenkünstlers, der wohl prächtigste Schmuckorden des Goldenen Vlieses seiner Zeit, wurde 1769 zerstört. Als eigenständiges Schmuckstück blieb sein floraler Coulant erhalten, dessen Mitte ein recht großer, viereckiger Brillant einnimmt, den zehn mittelgroße und viele kleine Brillanten umgeben. Auch das Goldene Widderfell dieses Ordens existiert noch in der Karneolgarnitur.

August III. starb am 5. Oktober 1763. Sein Sohn Friedrich Christian folgte ihm am 17. Dezember des gleichen Jahres. Erbe des Kurfürstentums und des Juwelenschatzes wurde der 13-jährige, noch unmündige Enkel Friedrich August. Da Sachsen schwer unter den Folgen des Siebenjährigen Krieges litt, wurde ein großer Teil des Brillantschmucks zur Kreditaufnahme verpfändet. Mit der am 23. Dezember 1768 anstehenden Volljährigkeit und Herrschaftsübernahme Friedrich Augusts III. wurde eine repräsentative Juwelengarnitur zur fürstlichen Repräsentation jedoch dringend benötigt. Weil der neue Kurfürst

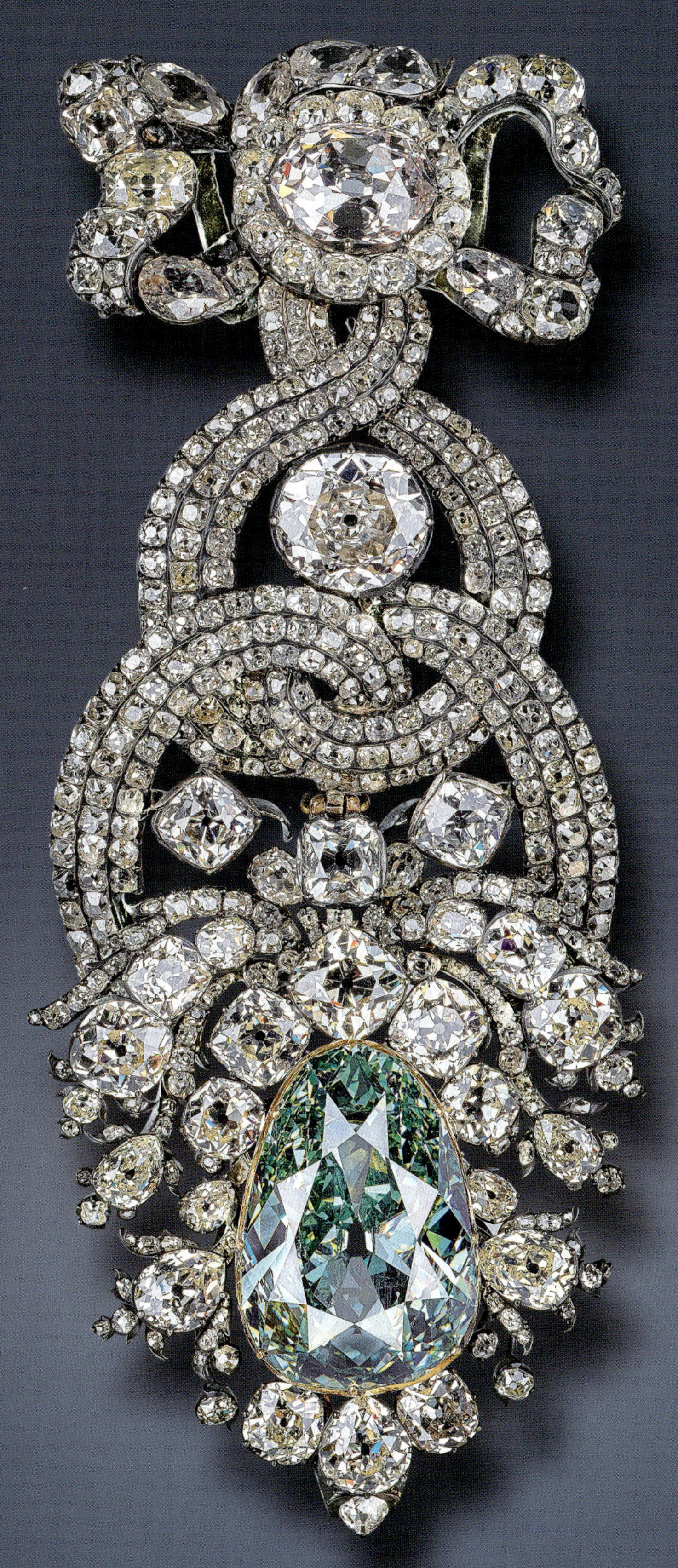

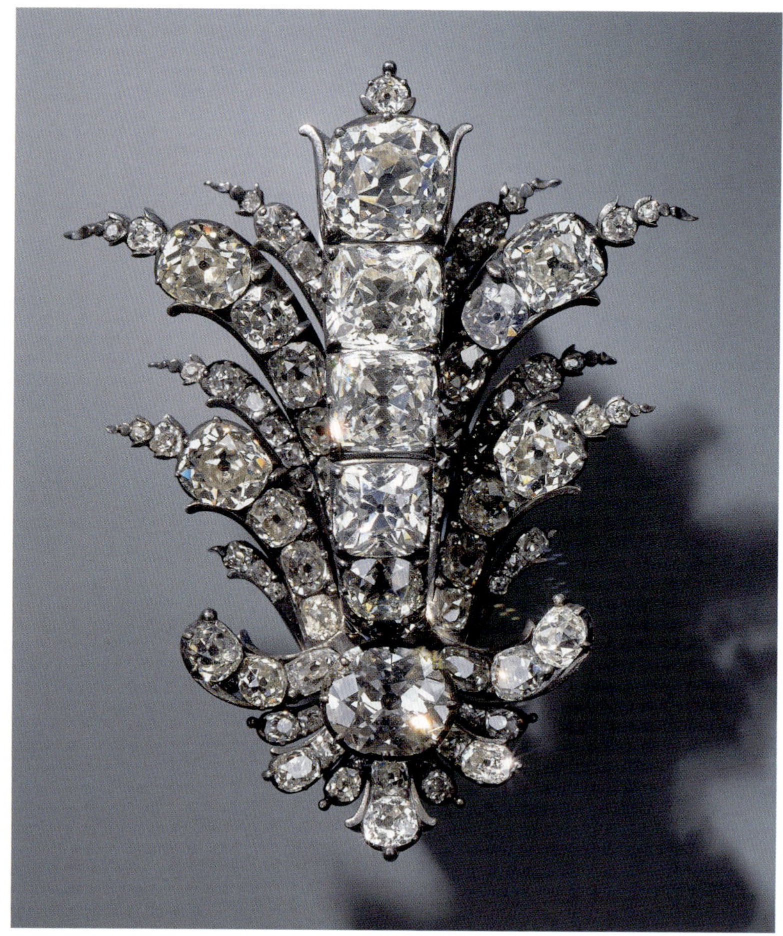

den Orden des polnischen Weißen Adlers dem des Goldenen Vlieses vorzog, war für ihn ein prächtiges Ordenskleinod nicht mehr notwendig. So wurde im Dezember 1768 der kostbarste Vliesorden Augusts III. zerbrochen.

Die neu entstandene Hutzier mit dem »Dresdner Grünen« vereint die Formensprache des Rokoko mit der des Frühklassizismus. Das ehemalige Feuereisen Jean Jacques Pallards diente der neuen Schmuckspange als Hauptknopf, der mit der Hutkrempe verbunden wurde. Franz Michael Diespach schuf die verschlungenen, aus jeweils drei Brillantbändern gebildeten Kettchen. Die Mitte des obersten Teils der Hutzier besetzte er mit dem großen Diamanten, der in Pallards Vliesorden im Zentrum des Flammenbündels saß. 1769 war damit ein modernes Schmuckstück entstanden, das sich bewusst die Schönheit eines ursprünglichen Ordenskleinods zunutze machte.

262

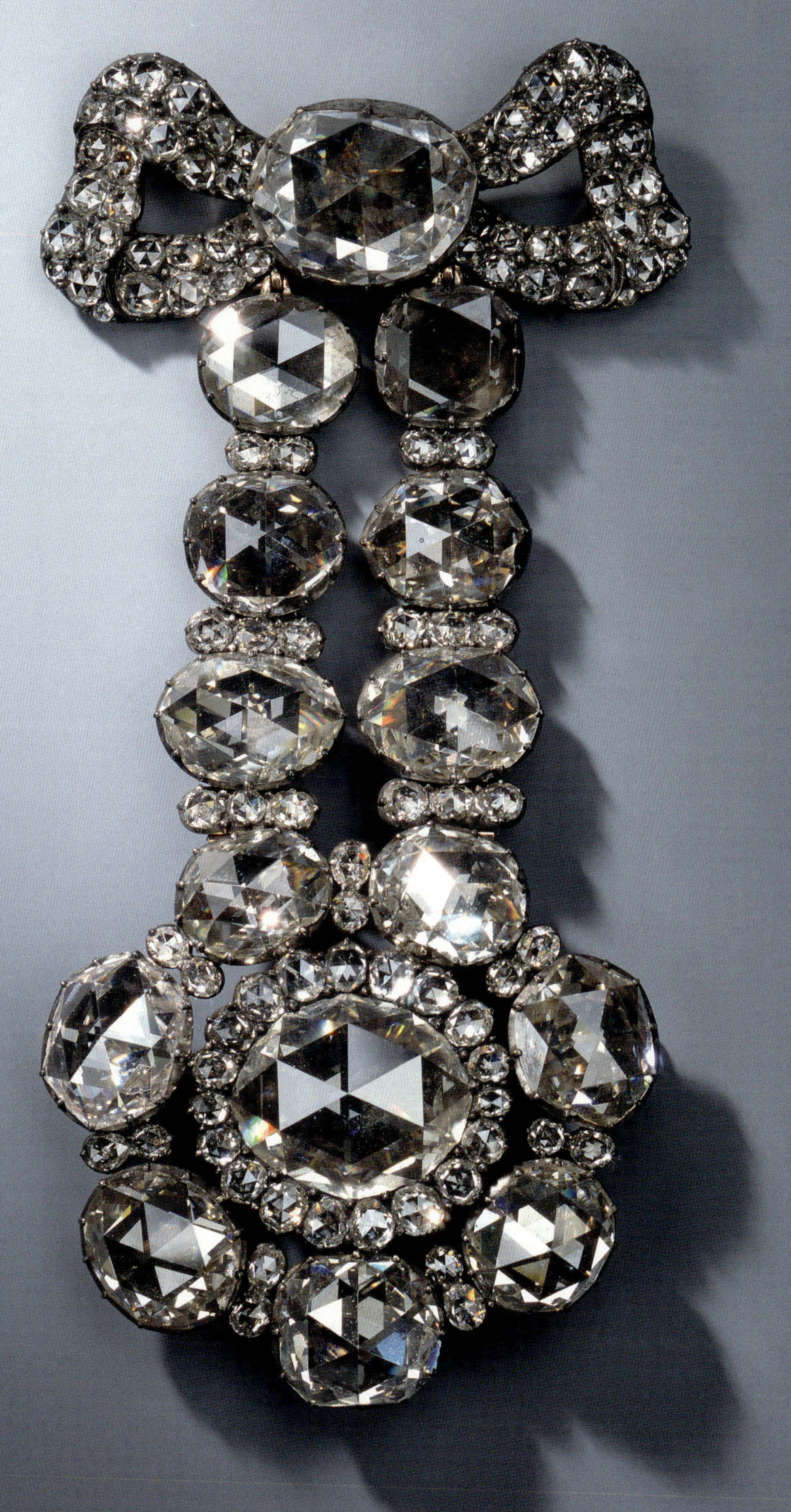

och Louis XIV., der französische Sonnenkönig und passionierte Diamantensammler, unterschied bei seinem Diamantschmuck nicht zwischen den beeindruckend großen Diamanten im Rosenschliff und den zumeist kleineren, aber weitaus stärker funkelnden Diamanten im Brillantschliff. Für den Rosenschliff verwendete Diamanten waren relativ flach und besaßen ein kuppelförmiges Oberteil aus dreieckigen Facetten, die sich im Mittelpunkt trafen. Dadurch erschienen die Diamanten zwar besonders groß, dies aber auf Kosten des Glanzes, der nicht ganz so strahlend ist wie beim Brillantschliff.

Vielleicht war August der Starke der erste europäische König, der zur Staatsrepräsentation jeweils eine vollständige Brillantgarnitur und eine noch umfangreichere Diamantrosengarnitur anfertigen ließ. Die Diamantrosen, die durch ihre Größe Reichtum vermittelten, gerieten wenige Jahrzehnte nach 1700 aus der Mode. Trotzdem blieben die beiden sächsisch-polnischen Kurfürst-Könige diesem eindrucksvollen Schmuck treu. Kurfürst Friedrich August III., der seit 1806 als erster sächsischer König den Thronnamen Friedrich August I. annehmen sollte, ließ sich aus dem 1749 auseinandergebrochenen Diamantrosenschmuck seines Großvaters zwischen 1782 und 1789 durch Christian August Globig und dessen Sohn August Gotthelf einen neuen Repräsentationsschmuck herstellen. Dazu gehörte auch die Hutkrempe.

Die kostbarste Juwelengarnitur des Grünen Gewölbes war die Brillantgarnitur. Sie stand im 18. Jahrhundert im Mittelpunkt der fürstlichen Repräsentation und wurde wie keine andere immer wieder verändert und modernisiert. Als Franz Michael Diespach 1768 bis 1769 für den gerade volljährigen Kurfürsten Friedrich August III. eine kleine Brillantgarnitur anfertigte, entstanden auch wesentliche Bestandteile der Epaulette der Brillantgarnitur. Dieser Gewandschmuck war als repräsentative Ergänzung zur Hutagraffe mit dem Dresdner Grünen Diamanten gedacht und wurde auf der Schulter getragen, wobei die unteren Teile locker herabhingen. Von einer älteren Achselzier stammen die beiden dicht mit kleinen Brillanten besetzten, ineinandergreifenden Bandschlingen, die denen der Hutagraffe ähneln. Fast 20 Jahre später erhielt die Epaulette der Brillantgarnitur ihre endgültige Form. Christian August Globig fügte dem Achselband das Schulterstück mit dem »Sächsischen Weißen«, dem mit 49,84 Karat größten Brillanten des Hauses Wettin, hinzu. Wie kein anderes Schmuckstück der sächsischen Juwelengarnituren dokumentiert die Epaulette der Brillantgarnitur die Leidenschaft für besonders schöne und besonders große Edelsteine, die drei Herrschergenerationen bewegte.

In den frühen Morgenstunden des 25. November 2019 wurden die Hutkrempe aus der Diamantrosengarnitur und die Epaulette der Brillantgarnitur mit zehn weiteren Schmuckstücken, acht Rockknöpfen der Diamantrosengarnitur sowie einer einzelnen Diamantrose beim Einbruch in das Grüne Gewölbe gestohlen.

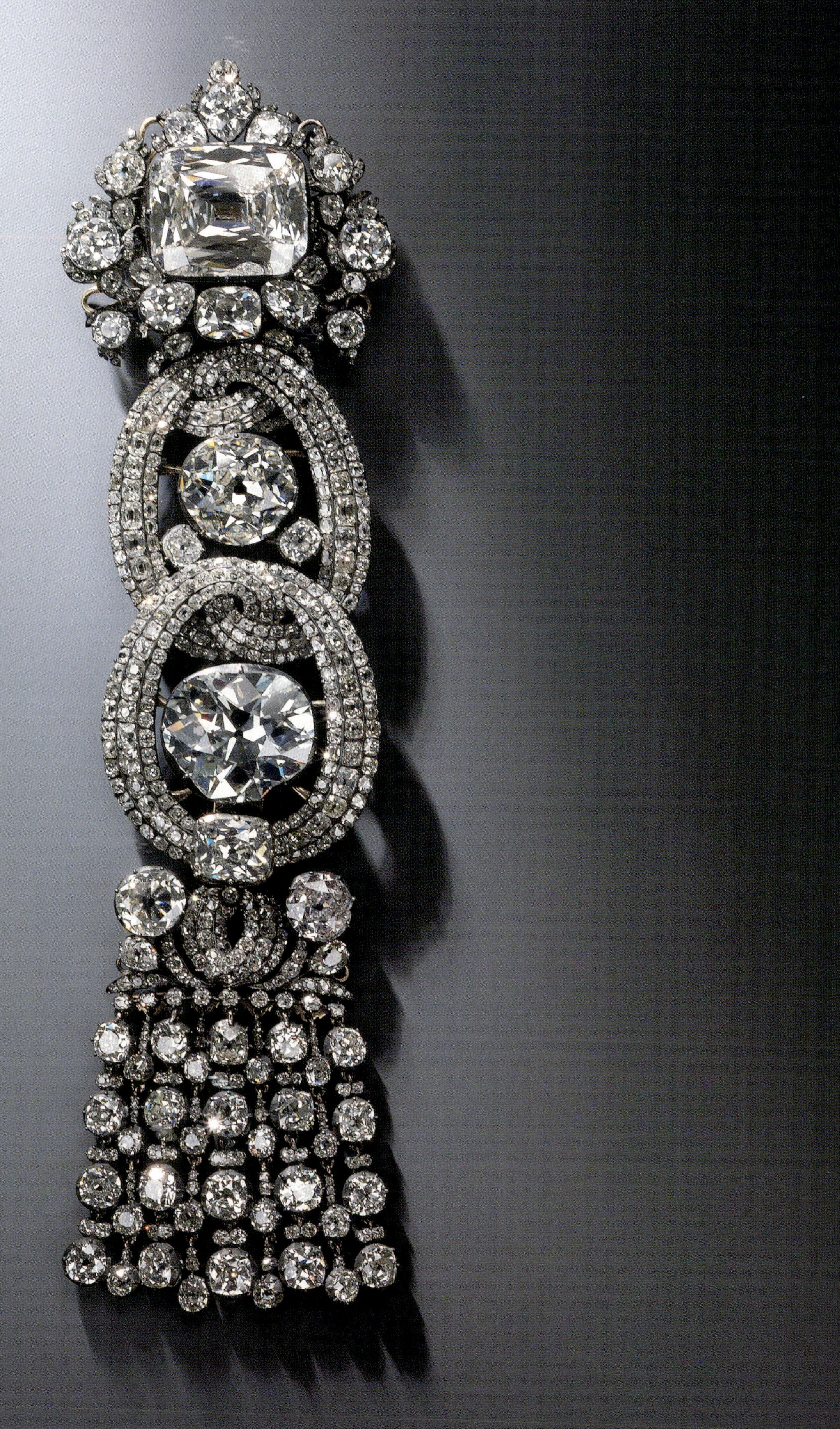

Anhang

Literatur

Auswahl-Publikationen
zum Thema

Open access verfügbar:

Christine Nagel:
Bibliographie Grünes Gewölbe
1800 bis 2020

doi.org/10.11588/arthistori-
cum.809

e-ISBN: 978-3-948466-97-8

www.arthistoricum.net

Ausstellungskataloge mit umfangreichen Beiträgen des Grünen Gewölbes

Barock in Dresden. Kunst und Kunstsammlungen unter der Regierung des Kurfürsten Friedrich August I. von Sachsen und Königs August II. von Polen, genannt August der Starke 1694–1733 und Kurfürst Friedrich August II. von Sachsen und Königs August III. von Polen 1733–1763, hrsg. von Ulli Arnold/Werner Schmidt, Ausst.-Kat. Villa Hügel Essen, Leipzig 1986

Der silberne Boden. Kunst und Bergbau in Sachsen, hrsg. von Manfred Bachmann/Harald Marx/Eberhard Wächtler, Ausst.-Kat. Staatliche Kunstsammlungen Dresden, Stuttgart/Leipzig 1990

Wiedergewonnen. Elfenbeinkunststücke aus Dresden. Eine Sammlung des Grünen Gewölbes, hrsg. von Dirk Syndram/Brigitte Dinger, Ausst.-Kat. Deutsches Elfenbeinmuseum Erbach, Erbach 1995

Von allen Seiten schön. Bronzen der Renaissance und des Barock. Wilhelm von Bode zum 150. Geburtstag, hrsg. von Volker Krahn, Ausst.-Kat. Skulpturen-sammlung, Staatliche Museen zu Berlin Preußischer Kulturbesitz, Berlin 1995

Deutsche Steinschneidekunst aus dem Grünen Gewölbe, hrsg. von Jutta Kappel, Ausst.-Kat. Deutsches Edelsteinmuseum Idar Oberstein, Kunstgewerbe-museum Berlin, Staatliche Kunstsammlungen Dresden, Idar-Oberstein 1998

»… und ein leib von perl.« Die Sammlung barocker Perlfiguren im Grünen Gewölbe, hrsg. von Dirk Syndram/Ulrike Weinhold, Ausst.-Kat. Staatliche Kunstsamm-lungen Dresden, Dresden/Wolfratshausen 2000

In fürstlichem Glanz. Der Dresdner Hof um 1600, hrsg. von Dirk Syndram/Antje Scherner, Ausst.-Kat. Museum für Kunst und Gewerbe Hamburg, Mailand 2004

The Glory of Baroque Dresden. The State Art Collec-tion Dresden, hrsg. von Heinz-Werner Lewerken, Ausst.-Kat. Jackson, Mississippi Arts Pavilion, Jackson/Mississippi 2004

Kabinet dragocennostej Avgusta Sil'nogo. Iz sobranija Zelenych Svodov Drezden [Das Juwelenkabinett Augusts des Starken. Aus der Sammlung des Grünen Gewölbes], hrsg. vom Ministerium für Kultur und Kommunikation der Russischen Föderation, mit Beiträgen von Galina Markowa und Dirk Syndram, Ausst.-Kat. Staatliches Kulturhistorisches Museum »Moskauer Kreml« in Moskau, Moskau 2006 (russ.)

Splendeurs de la cour de Saxe: Dresde à Versailles, hrsg. von Béatrix Saule/Dirk Syndram, Ausst.-Kat. Établissement public du château, du musée et du domaine national Versailles, Paris 2006

Giambologna in Dresden. Die Geschenke der Medici, hrsg. von Martina Minning/Dirk Syndram/Moritz Wölk, Ausst.-Kat. Staatliche Kunstsammlungen Dresden, Berlin/München 2006

Goldener Drache, Weißer Adler. Kunst im Dienst der Macht am Kaiserhof von China und am sächsisch-polnischen Hof (1644–1795), hrsg. von Cordula Bischoff/Anne Hennings, Ausst.-Kat. Staatliche Kunstsamm-lungen Dresden, Palastmuseum Peking, München 2008

Mit Fortuna übers Meer. Sachsen und Dänemark – Ehen und Allianzen im Spiegel der Kunst (1548–1709), hrsg. von Jutta Kappel/Claudia Brink, Ausst.-Kat. Staatliche Kunstsammlungen Dresden, Berlin/München 2009

Böttgersteinzeug. Johann Friedrich Böttger und die Schatzkunst, hrsg. von Dirk Syndram/Ulrike Weinhold, Ausst.-Kat. Staatliche Kunstsammlungen Dresden, Berlin/München 2009

The Dream of a King – Dresden's Green Vault, hrsg. von Dirk Syndram/Claudia Brink, Ausst.-Kat. Museum of Islamic Art, Doha (Qatar), München 2011

Der Dresdner Hofjuwelier Johann Heinrich Köhler. Dinglingers schärfster Konkurrent, hrsg. von Dirk Syndram/Susanne Thürigen/Ulrike Weinhold, Ausst.-Kat. Staatliche Kunstsammlungen Dresden, Dresden 2019

Weitere Literatur

Sebastian Bock, Ova struthionis. Die Straußeneiobjekte in den Schatz-, Silber- und Kunstkammern Europas, Freiburg im Breisgau 2004

Ulli Arnold, Schmuckanhänger. Schriftenreihe Grünes Gewölbe, Dresden 1965 (1. Auflage), 1970 (3. Auflage)

Ulli Arnold, Die Bergmannsgarnitur Johann Georgs II. von Samuel Klemm in Freiberg, in: Dresdener Kunst-blätter, 9. Jg., Heft 3/1965, Dresden 1965, S. 42–46

Ulli Arnold, Lutherandenken im Grünen Gewölbe, in: Dresdener Kunstblätter, 11. Jg., Heft 11/12/1967, Dresden 1967, S. 182–187

Ulli Arnold, Dinglingers Tafelgeschirr, Leipzig 1966

Ulli Arnold, Die Juwelen Augusts des Starken, München/Berlin 2001

Ulli Arnold, Der Historische Bestandsverlust an Silber im Jahre 1772, in: Jahrbuch der Staatlichen Kunstsammlungen Dresden, Bd. 21 (1989/90), Dresden 1992, S. 55–63

Rudolf Distelberger, Die Saracchi-Werkstatt und Annibale Fontana, in: Jahrbuch der Kunsthistorischen Sammlungen in Wien, 71, 1975, S. 95–164

Rudolf Distelberger, Beobachtungen zu den Steinschneidewerkstätten der Miseroni in Mailand und Prag, in: Jahrbuch der Kunsthistorischen Sammlungen Wien, 74, 1978, S. 79–152

Rudolf Distelberger, Dionysio und Ferdinand Eusebio Miseroni, in: Jahrbuch der Kunsthistorischen Sammlungen in Wien, 75, 1979, S. 109–188

Rudolf Fritz, Die Gefäße aus Kokosnuss in Mitteleuropa 1250–1800, Mainz 1983

Gerhard Glaser, Das Grüne Gewölbe im Dresdner Schloss als Weiterentwicklung der barocken Architekturidee des Spiegelkabinetts und als Ausgangspunkt gegenwärtiger Museumsgestaltung, in: Jahrbuch der Staatlichen Kunstsammlungen Dresden, Bd. 12 (1980), Dresden 1980, S. 7–67

Hans R. Hahnloser/Susanne Brugger-Koch, Corpus der Hartsteinschliffe des 12. bis 15. Jahrhunderts, Berlin 1985

Gerald Heres, Dresdener Kunstsammlungen im 18. Jahrhundert, Leipzig 1990

Eva Maria Hoyer, Sächsischer Serpentin. Ein Stein und seine Verwendung, Leipzig 1995

Jutta Kappel, Ein »comesso in pietre dure« aus der Hofwerkstatt Kaiser Rudolfs II. zu Prag um 1600, in: Dresdener Kunstblätter, 34. Jg., Heft 4/1990, Dresden 1990, S. 104–109

Jutta Kappel, Der kaiserliche Glas- und Edelsteinschneider Caspar Lehmann (Uelzen 1563/65 – Prag 1622). Eine Studie zu seinen Werken für den Dresdner Hof, in: Jahrbuch der Staatlichen Kunstsammlungen Dresden, Bd. 24 (1993), Dresden 1997, S. 33–45

Jutta Kappel, Das Bergkristallgefäß der Königin Jadwiga von Polen. »In der Mitten mit einer Münchs Schrifft von schwarzen Buchstaben«, in: Dresdener Kunstblätter, 44. Jg., Heft 3/2000, Dresden 2000, S. 76–84

Jutta Kappel, Bauern, Händler, Komödianten und andere Leute. Die Sammlung barocker Elfenbeinfigürchen im Grünen Gewölbe zu Dresden, Ausst.-Katalog Museum Hülsmann Bielefeld, Bielefeld 2002

Jutta Kappel, Elfenbeindrechselkunst am Dresdner Hof, in: In fürstlichem Glanz. Der Dresdner Hof um 1600, hrsg. von Dirk Syndram/Antje Scherner, Ausst.-Kat. Museum für Kunst und Gewerbe Hamburg, Mailand 2004, S. 176–179

Jutta Kappel, Sächsische Serpentinkunst, in: In fürstlichem Glanz. Der Dresdner Hof um 1600, hrsg. von Dirk Syndram/Antje Scherner, Ausst.-Kat. Museum für Kunst und Gewerbe Hamburg, Mailand 2004, S. 198–205

Jutta Kappel, Mailänder Bergkristallgefäße in der Dresdner Schatzkammer, in: In fürstlichem Glanz. Der Dresdner Hof um 1600, hrsg. von Dirk Syndram/ Antje Scherner, Ausst.-Kat. Museum für Kunst und Gewerbe Hamburg, Mailand 2004, S. 250–267

Jutta Kappel, Bernsteinkunst aus dem Grünen Gewölbe, mit einem Beitrag von Annika Dix, Ausst.-Kat. Staatliche Kunstsammlungen Dresden, München 2005

Jutta Kappel, Elfenbeinkunst im Grünen Gewölbe zu Dresden: Geschichte einer Sammlung: wissenschaftlicher Bestandskatalog – Statuetten, Figurengruppen, Reliefs, Gefäße, Varia, Dresden 2017

Jutta Kappel/Ulrike Weinhold, Das Neue Grüne Gewölbe. Führer durch die ständige Ausstellung, München/Berlin 2007

Jutta Kappel, Schiffe im Grünen Gewölbe zu Dresden. Ein Sujet der Schatzkunst, in: Vom Anker zum Krähennest. Nautische Bildwelten von der Renaissance bis zum Zeitalter der Fotografie (= Deutsche Maritime Studien 17, Schriftenreihe des Deutschen Schiffahrtsmuseums Bremerhaven), hrsg. von Nicole Hegener/Lars Uwe Scholl, Bremen 2011, S. 151–161

Jutta Kappel, Johann Christian »Neuber à Dresde«: Schatzkunst des Klassizismus für den Adel Europas, Ausst.-Kat. Staatliche Kunstsammlungen Dresden, Dresden 2012

Hilda Lietzmann, Hans Reisingers Brunnen für den Garten der Herzogin in München, in: Münchner Jahrbücher, 46, 1995 (1996), S. 117–142

Regina Löwe, Die Augsburger Goldschmiedewerkstatt des Matthias Walbaum. Forschungshefte des Bayerischen Nationalmuseums, Bd. 1, München 1975

Klaus Maurice, Der drechselnde Souverän. Materialien
zu einer fürstlichen Maschinenkunst, Zürich 1985

Joachim Menzhausen, Der Hofjuwelier Johann Heinrich
Köhler als Restaurator, in: Jahrbuch der Staatlichen
Kunstsammlungen Dresden, Bd. 5 (1965/66), Dresden
1966, S. 91–99

Joachim Menzhausen, Der Goldschmied Elias Geyer.
Aus dem Grünen Gewölbe. Schriftenreihe der Staatlichen Kunstsammlungen Dresden, 1963 (1. Auflage), 1970
(3. Auflage)

Joachim Menzhausen, Dresdner Kunstkammer und
Grünes Gewölbe, Leipzig 1977

Christine Nagel, Schmuck aus dem Besitz der Kurfürstin Anna von Sachsen im Grünen Gewölbe,
in: Dresdener Kunstblätter, 53. Jg., Heft 2/2009,
Dresden 2009, S. 114–125

Helmut Nickel, Über die graphischen Vorlagen des
»Mohren mit der Smaragdstufe« im Grünen Gewölbe
zu Dresden, in: Dresdener Kunstblätter, Gedenkhaft
zu Ehren Johann Melchior Dinglingers anlässlich seines
250. Todestages, 25. Jg., Heft 1/1981, Dresden 1981,
S. 10–19

Helmut Nickel, The great pendant with the arms of
Saxony, in: Metropolitan Museum Journal 15/1980,
S. 185–192

Ernst Ludwig Richter, »D:Luthers Mund-Becher«, in:
Dresdener Kunstblätter, 48. Jg., Heft 4/2004, Dresden
2004, S. 266–269

Friedrich Sarre, Ein syrischer Glasbecher, in:
Mitteilungen aus den sächsischen Kunstsammlungen,
1. Jg., 1910, Leipzig 1910, S. 18–20

Antje Scherner, Bronzeplastik in der kurfürstlich-sächsi-
schen Kunstkammer, in: In fürstlichem Glanz. Der
Dresdner Hof um 1600, hrsg. von Dirk Syndram/Antje
Scherner, Ausst.-Kat. Museum fur Kunst und Gewerbe
Hamburg, Mailand 2004, S. 268–270

Lorenz Seelig, »Natterzungen-Kredenz« und »Stammbaum Christi«. Zu einem Werk der spätgotischen Goldschmiedekunst im Grünen Gewölbe, in: Dresdener
Kunstblätter, 48. Jg., Heft 4/2004, Dresden 2004,
S. 262–265

Helmut Seling, Der Doppelpokal von Hans Schebel,
in: Dresdener Kunstblätter, 48. Jg., Heft 4/2004,
Dresden 2004, S. 250–253

Jean Louis Sponsel, Führer durch das Grüne Gewölbe
zu Dresden, hrsg. und kommentiert von Ulli Arnold,
Dresden 2002

Jean Louis Sponsel, Das Grüne Gewölbe zu Dresden,
4 Bde., Leipzig 1925–1932

Jean Louis Sponsel, Führer durch das Grüne Gewölbe
zu Dresden, 2. Auflage, Dresden 1921

Erich von Stromer, Prunkgefäße aus Bergkristall,
Wien 1947

Dirk Syndram, Naturschätze – Kunstschätze.
Vom organischen und mineralogischen Naturprodukt
zum Kunstobjekt, Bielefeld 1991

Dirk Syndram, Der Thron des Großmogul. Johann
Melchior Dinglingers goldener Traum vom Fernen Osten,
Leipzig 1996

Dirk Syndram, Das goldene Kaffeezeug Augusts des
Starken, Johann Melchior Dinglingers erstes Meisterwerk im Grünen Gewölbe, Leipzig 1997

Dirk Syndram, Die Schatzkammer Augusts des Starken.
Von der Pretiosensammlung zum Grünen Gewölbe,
Leipzig 1999

Dirk Syndram, Die Ägyptenrezeption unter August
dem Starken. Der »Apis-Altar« Johann Melchior
Dinglingers, Mainz 1999

Dirk Syndram, Schatzkunst der Renaissance und
des Barock. Das Grüne Gewölbe zu Dresden, Berlin/
München 2004

Dirk Syndram/Jutta Kappel/Ulrike Weinhold,
Die barocke Schatzkammer, das Grüne Gewölbe zu
Dresden, Berlin/München 2006

Dirk Syndram, Die Juwelen der Könige, Schmuckensembles des 18. Jahrhunderts aus dem Grünen
Gewölbe, Berlin/München 2006

Dirk Syndram, Juwelenkunst des Barock, Johann
Melchior Dinglinger im Grünen Gewölbe, München/
Dresden 2008

Dirk Syndram, Der Thron des Großmoguls im Grünen
Gewölbe zu Dresden, Leipzig 2009

Dirk Syndram/Martina Minning (Hrsg.), Die kurfürstlich-
sächsische Kunstkammer in Dresden. Geschichte einer
Sammlung, Dresden 2012

Dirk Syndram, Vom Preis der Kunst um 1600, Köln 2018

Franz Wagner, »Halt veste uns kommen Geste«, Greifenklauen als festliche Trinkgeschirre, in: Kunst und Antiqui-
täten, 3/1986, S. 64–79

Michael Wagner/Ulrike Weinhold, Der Diana-Automat
im Grünen Gewölbe. Technologische und künstlerische
Aspekte einer Augsburger Figurenuhr, in: Jahrbuch
der Staatlichen Kunstsammlungen Dresden, Bd. 30
(2002/03), Dresden 2006, S. 25–46

Carsten-Peter Warncke, Johann Melchior Dinglingers
»Hofstaat des Großmoguls« – Form und Bedeutung
eines virtuosen Goldschmiedewerkes, in: Anzeiger des
Germanischen Nationalmuseums 1988, S. 159–188

Erna von Watzdorf, Fürstlicher Schmuck der Renaissance aus dem Besitz der Kurfürstin Anna von Sachsen,
in: Münchner Jahrbuch der bildenden Kunst, 11, 1934,
S. 50–64

Erna von Watzdorf, Johann Melchior Dinglinger,
Der Goldschmied des deutschen Barock, 2 Bde.,
Berlin 1962

Ulrike Weinhold, Von »kunst und geschicklichkeit«.
Goldschmiedekunst am Dresdner Hof um 1600, in:
In fürstlichem Glanz. Der Dresdner Hof um 1600,
hrsg. von Dirk Syndram/Antje Scherner, Ausst.-Kat.
Museum für Kunst und Gewerbe Hamburg,
Mailand 2004, S. 206–249

Ulrike Weinhold, Maleremail aus Limoges im Grünen
Gewölbe (Bestandskatalog), mit Beiträgen von Erika
Speel, München/Berlin 2008

Ulrike Weinhold, Präsentationsformen im Wandel –
die beiden Mohren mit der Smaragd- und der Landsteinstufe im Grünen Gewölbe, in: Dresdener Kunstblätter,
54. Jg., Heft 2/2010, Dresden 2010, S. 99–115

Ulrike Weinhold/Simone Bretz, »Außwendig vnd
Inwendig mit glaß vberzogen«. Zwei Doppelwandbecher
mit Hinterglasmalerei von 1571–1584 für August und Anna
von Sachsen, in: Dresdener Kunstblätter 57. Jg.,
Heft 3/2013, Dresden 2013, S. 14–25

Ulrike Weinhold/Theresa Witting (Hrsg.), Natürlich
bemalt. Farbfassungen auf Goldschmiedearbeiten
des 16. bis 18. Jahrhunderts am Dresdner Hof, mit
Beiträgen von Ulrike Weinhold/Theresa Witting/
Eve Begov/Christoph Herm/Sylvia Hoblyn/Rainer
Richter/Maria Willert, Dresden 2018

Ulrike Weinhold, Das Silberbuffett im Turmzimmer
des Residenzschlosses, in: Annette Loesch (Hrsg.),
Das Porzellankabinett im Hausmannsturm des Dresdner
Residenzschlosses, Dresden 2019, S. 20–27

Historische Persönlichkeiten

Impressum

Herausgeber
Staatliche Kunstsammlungen Dresden,
Dirk Syndram

Postfach 120551
01006 Dresden
Telefon 0351 – 4914 2000
besucherservice@skd.museum
www.skd.museum

Redaktion
Dirk Syndram, Christine Nagel

Bildredaktion
Dirk Weber

© 2021
Sandstein Verlag
Goetheallee 6, 01309 Dresden

Lektorat
Adrienne Heilbronner, Sandstein Verlag

Gestaltung
Michaela Klaus, Sandstein Verlag

Satz und Reprographie
Gudrun Diesel, Jana Neumann,
Sandstein Verlag

Druck und Verarbeitung
FINIDR s.r.o., Český Těšín

Schrift
Sabon, Corporate

Papier
Novatech matt 150 g/m

Diese Publikation wurde gefördert durch
Freunde des Grünen Gewölbes e.V.

Titelbild
Pokal aus Rhinzeroshorn mit einer Herme,
Detail, s. S. 202/204

Bildnachweis

Carlo Böttger
S. 12, 261

David Brandt
S. 6, 46/47

Arrigo Coppitz
S. 100, 101

Jürgen Karpinski
Titel, S. 8, 16, 41, 48, 51, 53–57, 59–61, 63–80, 82–99,
102–105, 108–115, 116 (links), 117 (rechts), 118–131, 133–139,
141–183, 185–217, 220–232, 235–240, 242–259, 262–265

Hans-Peter Klut
S. 11, 116 (rechts)

Paul Kuchel
S. 81, 83 (Detail), 132, 140, 184, 233

Jörg Schöner
S. 62

Dirk Weber
S. 39, 40, 42, 43, 50, 52, 56 (Detail), 58 (Detail), 61 (Detail),
106, 117 (links), 218, 241

Agence Photographique de la Réunion des Musées
Nationnaux (Jean Binot)
S. 27

Bildarchiv Grünes Gewölbe
S. 9, 14, 15, 19, 38, 107, Erna von Watzdorf: S. 33,
Paul Friedemann: S. 35

Dresden, Landesamt für Denkmalpflege Sachsen,
Plansammlung
S. 18

SLUB/Deutsche Fotothek
S. 32, Max Fischer: S. 21, 22, 24, 29, Paul Wolff: S. 31,
Bernhard Braun: S. 36, 37, Walther Möbius: S. 34, 43

Die Deutsche Nationalbibliothek verzeichnet diese
Publikation in der Deutschen Nationalbibliografie;
detaillierte bibliografische Daten sind im Internet über
http://dnb.dnb.de abrufbar.

Dieses Werk einschließlich seiner Teile ist urheber-
rechtlich geschützt. Jede Verwertung außerhalb
der engen Grenzen des Urheberrechtsgesetzes ist
ohne Zustimmung des Verlages unzulässig und strafbar.
Das gilt insbesondere für die Vervielfältigung, Über-
setzungen, Mikroverfilmungen und die Einspeicherung
und Verarbeitung in elektronischen Systemen.

www.sandstein-verlag.de
ISBN 978-3-95498-582-1